朝鮮民衆運動の展開

朝鮮民衆運動の展開

士の論理と救済思想

趙 景 達

岩波書店

目 次

凡例

① 漢文史料は、原則として現代語に翻訳した。ただし原文の語感を尊重して、文語調で翻訳したものもある。
② 古文調の日本語史料は、適宜濁点と句読点を付した。また、変体仮名は現代仮名に改めた。
③ 引用史料・文献中の〔 〕は原注であるが、（ ）はすべて著者が補ったものである。傍点もすべて著者が付したものである。
④ 旧字体は新字体に改めたが、一部固有名詞は旧字体のままとしたものもある。
⑤ 朝鮮の人名は、章ごとに初出の場合についてのみ、朝鮮語音のルビをカタカナで付した。
⑥ 原則として、一八九五年までは陰暦として必要に応じて陽暦を付記し、一八九六年以降は陽暦として必要に応じて陰暦を付記した。ただし、一八九六年以降でも、陰暦の月しか分からない場合にはやむなく陰暦のみを記した。

序章　方法と課題

第一節　民衆運動史の方法

一九〜二〇世紀にかけて朝鮮は、未曾有の民衆運動の時代を迎える。洪景来《ホンギョンネ》の反乱に始まって、解放後の反独裁民主化闘争に至るまで、朝鮮民衆は苛酷な闘争を数多く経験してきている。とりわけ、民衆的宗教の東学が台頭した一九世紀中頃から植民地期にかけての民衆運動は、王朝末期的症状に加え、近代文明との接触や異民族支配という契機にも規定され、その激しさと頻発性、あるいはその形態や思想において、特徴的在り方を示している。ただしそれは、近代移行期ないしは近代の民衆運動として、世界史的に通底する内容を持つものであったことも言うまでもない。

この時期の民衆運動については、民主化という実践課題をおよそ半世紀にもわたって背負ってきた韓国に、やはり相当な研究蓄積がある。わけても、民衆史学という潮流が形成された一九八〇年代以降の研究の進展にはめざましいものがある。民衆史学が台頭するようになった経緯は、およそ次のように総括される。

一九七〇年代に入って以降、韓国は急速な経済発展を遂げ、独占資本の巨大化が進行し、富の偏在が起こる状況となった。こうした中で、それまでの民主化運動とともに労働運動も活発化するようになり、朴正熙《パクチョンヒ》独裁政権の終焉(一九七九年一〇月)と光州事件(一九八〇年五月)という重大事件が相次いで引き起こされた。朴正熙後を襲った全《チョン》斗煥《ドゥファン》政権下においても経済発展は依然として引き続いたが、それは市民社会の成長をも促すものとなり、民主化闘争の高揚のうちに、ついに盧泰愚《ノテウ》による民主化特別宣言（一九八七年六月）が発せられることとなった。民衆史学は、このような政治社会状況を背景として誕生したものである。もっともそれは、当然ながら韓国歴史学の発展的姿であることも看過してはならない。

解放以前には、日本人歴史学者によって主に流布された植民主義史学がある一方で、朝鮮人歴史研究者の間では民族史学・社会経済史学・実証主義史学という三つの歴史学の潮流が形成されていた。解放後には「史観なき実証研究の時代」がしばらく続いたが、一九六〇年の四月革命は新たな民族史学を模索する画期となった。それは解放以前の民族史学とは違い、社会経済史学と実証主義史学を統合して実証性と科学性をも追求しようとするものであり、またその基底には民衆性を備えようとする意欲を持つものであった。そこには、「朝鮮革命宣言」を執筆した民族史学の祖ともいうべき申采浩《シンチエホ》の精神を継承しようとする志向がとりわけ強いといわれる。(1) 姜萬吉《カンマンギル》『分断時代の歴史認識』は、民衆的視野に立って分断克服のための歴史学を目指そうとした、民族史学の記念碑的な代表著作である。(2) 史学史的に見た時、民衆史学はこのような民族史学を土台として、一九七〇年代後半に台頭する民衆論と、それに引き続くマルクス主義の本格的受容を契機として提唱されるようになったものであると言うことができる。

民衆史学の誕生は、それを標榜する歴史研究団体の相次ぐ誕生によって具体的に表象されるが、代表的団体には望《マン》遠《ウォン》韓国史研究室（一九八四年設立）・韓国近代史研究会（一九八五年設立）・歴史問題研究所（一九八六年設立）などが挙げられる。民衆史学と一口に言っても、その内容は一様ではないが、基本的には「歴史を民衆の主体性が拡大していく過程と解釈し、これを土台に民衆が主人たる社会を建設するための変革の展望を模索する実践的な学問傾向」と定義することができる。そしてその共通理解としては、①非資本主義的発展の道を模索し、②民衆を「労働者・農民はもちろん民族矛盾と階級矛盾に直面している小市民・民族資本家・知識人など広範な階級・階層を包括する範疇」

として捉える点が挙げられる。(3)

民衆史学は、国定『国史』教科書の作成にも影響を与え、一九九四年には「近現代史波動」事件と呼ばれる教科書論争を巻き起こした。これは、第六次教育課程(同年一一月)に対応した「『国史』準拠案」試案が公開された際、民衆史学的視角を取り入れた危険な「左派的発想」のものだとして批判されるのみならず、修正を余儀なくされた事件である。民衆史学的歴史認識が教科書に反映されることを恐れた既成歴史学界の一部と一般世論が、反共勢力の後押しもあって民衆史学への批判攻撃を本格的に展開したのである。(4)民衆史学批判の中でも、古代史家李基東《イギドン》のものは、「近現代史波動」事件以前になされたものだが、総括的にして鋭い。その批判は大きく四点からなっている。(5)第一には、民衆史学においては階級闘争的意味での民衆像しか描かれていないという批判である。生産大衆、とりわけ小農層が歴史の主人公、進歩的階層だとするのは問題であり、指導層の問題も無視できないし、「民衆の情緒」や「具体的な生活史」が書かれなければならないという。第二には、歴史研究と叙述を「政論化」しているという批判である。これは歴史研究が政治に従属しているということへの危惧の表明であるが、御用史学への批判が民衆史学にも逆の意味で当てはまるという。第三には、近代化論への批判は必ずしも正当ではないという批判である。民衆史学においては近代化の主体は民衆でなければならないというが、これは社会主義化を標榜するものであり、近代化論に肯定されるべき点があることを理解していないという指摘である。最後に第四には、「上からの歴史」を軽視しているという批判である。支配の正当性確保のため、支配イデオロギーは持続性を確保しようと努めるのであり、それゆえに「上からの歴史」は「下からの歴史」と同様に重要であるという。李基東は以上を要するに、民衆史学は「韓国版マルクス主義」に過ぎないと断じてもいる。

李基東の批判は鋭くはあっても、社会主義に否定的で、近代化論を一面擁護するなどの点で、ややイデオロギー的な性格を持っている。彼自身は第二の批判からも分かるように、決して体制的歴史家ではないが、著者は必ずしも与するものではない。しかし、第一の批判に関して言えば、傾聴すべき指摘だと考える。民衆を最も基幹的な変革主体と見なす点で、民衆史学の主張はどこまでも正しいが、しかし民衆は常に闘っているわけではない。一九世紀中頃より民衆運動は高揚していくといっても、それは全国的にそうなのであって、同一地域内で毎年のように激しい民衆運動が繰り返されていたわけではない。数十年にわたって民乱といえるほどの民衆運動が起きなかった地域の方が、はるかに多い。甲午農民戦争や三・一運動などでは多くの府郡で民衆は決起したが、その時でさえ全く行動を起こさなかった地域もある。一人の民衆が生涯に経験する、死をともなうような民衆運動というのは、せいぜい数回かそれを少し上回る程度であり、数年に何度も死線を越えるような経験は、稀な生涯に属するのではないかと推測される。

民衆史学の最大の功労者と言ってよい鄭昌烈《チョンチャンニョル》はかつて、「闘争する人民を「民衆」と概念化」したことがあった。(6)著者は彼の歴史家としての真摯な思索に深甚な敬意を表するものであるが、しかしその民衆概念は決して等身大の民衆像となり得ていない。いかに動乱の時代に生き、またいかに不条理な抑圧と貧困の中に身を置きながらも、民衆はその運命に必死に耐え、暴力手段に容易には打って出ることができなかったことが認識されなければならない。闘争の局面だけをもって民衆を見ようとするなら、民衆の生涯はほとんどが意味のないものになってしまう。別言すれば、民衆の日常性こそが顧みられなければならないということである。そのことに目を向けるならば、日常的には彼らがどのように支配の論理に合意していたのかという問題意識も開かれてくる。李基東が行った第四の批判も、「下からの歴史」の重要性を再確認した上でなら、承認し得るものである。最近では、民衆の生活史や伝統的国家・社会観などに対する研究関心が出てきつつあるようにも見受けられる。林志弦《イムジヒョン》によって、抵抗と闘争の主体としてのみ民衆を捉えるのは、神話に過ぎないという批判もなされている。(7)しかし、問題意識としてはいまだ本格的に展開されていないように思われる。

民衆史学的歴史観は、日本でいう人民闘争史観と近似した内容を持っている。それは、一九六〇年代後半から提唱され出し、一九七〇年代の歴史学界で全盛を極め、一九八〇年代のある時期までなお有効だと思われていた民衆史の方法である。深谷克己の言葉を借りればそれは、「統一戦線型の結集、内部矛盾、階級と身分、「中間」層、そして国家というような諸論点と対応」するものであり、[8]また「国家との対抗性において「国民」をとらえよう」とするものであったと一応総括されよう。[9]変革主体の成長・発展に焦点を合わせて歴史を見ようとする点で、やはり民衆史学と同じ地平に立つ歴史認識であったと言わざるを得ない。そして、民衆の運動や闘争の背景にある日常性への関心が希薄であったことが、いつしかそうした方法への疑問を増大させていくこととなった。それに代わって近年では、むしろ日常への関心から、民衆運動史という歴史認識が一般化してきている。これも深谷が定義するところによれば、「運動・闘争の諸局面をとりあげながらも、単に国家対抗的な事象だけをとらえず、運動・闘争を生み出しているそれぞれの社会のその時代固有の深い地盤や意識の構造に関心を払おうとする」ものであり、逆に言えば「運動を、時代と社会の全体性を表象するものとして認識しようとする」ものであるとされる。[10]著者なりに敷衍して言えば、民衆運動史というのは、単に変革主体の動態に目を向けるだけでなく、運動・闘争という非日常的世界から、むしろ民衆の日常的世界を逆照射しようとするところにその意義があるということである。

ここには一見問題があるように見える。何故に、直接的に民衆の日常性に切り込んでいかないのかということである。しかし、答えはそれほど難しいものではない。それは民衆が自らを語ることを不得手とし、史料をあまり残さなかったからである。あえて日常性のみを問題にしようとすれば、民俗学的手法を主としなければならないような研究になるであろう。歴史学は史料に基づいて事実を復元、構成する学問であるが、民衆を語った史料は、民乱や農民戦争、あるいは犯罪や義賊・民衆宗教の活動などの非日常的世界が展開された際に残されることが多い。安丸良夫は、「既存の社会関係のなかでは目立たず、むしろ覆い隠されているような契機が、一揆のような極限状況のなかでは、緊張・葛藤・対抗などにさらされて独自に展開するのであり、そのような意味で平穏な日常態では捉えがたいような次元まで洞察するようにと私たちを促しうるのである」と述べているが[11]、全くその通りであろう。民衆運動史は、歴史の転換と方向を察知すると同時に、民衆の日常世界をも透視しようとするような研究領域であると言うことができる。

では、民衆とは何か。「労働者・農民はもちろん民族矛盾と階級矛盾に直面している小市民・民族資本家・知識人など広範な階級・階層を包括する範疇」という、先の民衆史学的捉え方ではあまりに広すぎる。それはすなわち、変革主体概念を最大限に拡大した人民概念と言うことができるものだが、この概念では農民をはじめとする底辺民衆の自律的な営みは見えにくくなってしまう。ややもすれば彼らは、知識人や対自的な階級意識に目覚めた労働者などに指導される存在としてのみ把握されることになる。非資本主義的発展の道を模索しながらも、近代を切り開く主体を民衆とし、理想的な民族の国家(国民国家)を追求しようとする点で、民衆史学もまた近代主義的であることを免れないものであると著者は考えている。当然のように思われる統一戦線的視点こそは、実は自律的な民衆の営為から目を背けさせ、近代の高みから歴史を眺望することになりかねないものである。事実、かつての人民闘争史研究においてはそうした嫌いがあった。底辺民衆、なかんずく農民を自律的存在として見る観点においてこそ、民衆の日常性に接近できる姿勢が確保されるはずだし、またそうした民衆の価値世界の発見によってこそ、近代という時代も相対化され得るであろう。

農民の営為を自律的なものと見る視点は、言うまでもなく先駆的には、フランス革命を複合革命として捉えたジョルジュ・ルフェーブルによって提示されたものである。[12] 彼によれば、フランス革命の場のうちに農民革命が進展したが、にもかかわらずそれは、その発生・進行・危機・傾向の点で独自な自律性を備えるものであった。それは、「民衆運動ないし「民衆」の内面にわけ入り、これを「生きられた存在」として捉えることを通じて、まず、民衆を固有の文化をもつ自律的存在として復権する」という問題意識に連なっている。[13] このような問題意識は日本では、安丸良夫によって、日本近世・近代の場において先駆的に提示されてきたことは周知の通りである。[14]

近年国民国家論が盛んに唱えられる中で、近代を相対化する作業が進展しつつも、ややもすれば民衆を主体的に捉えるという研究視角が希薄になってきたように思われる。国民国家を語る際、ベネディクト・アンダーソンの『想像の共同体』[15] があたかも絶対的定理のように見なされる傾向がある。それには中村平治の辛辣な批判[16]をはじめ、違和感を表明する研究者もいるが、著者もまたそうである。栗田禎子も言っていることだが、[17] アンダーソンには、民族形成過程における民衆運動が持つ役割についての関心が欠落している。日本では、「下から歴史を考える」という視角が戦後歴史学の中で鍛えられてきたはずである。民族形成については、江口朴郎が先駆的に、「多数の民衆を行動に動かす、歴史的な共同体の危機の意識」に着目し、下からの民族形成について指摘していた。[18] 彼は、「一八世紀後半以降の、「国民国家」に基礎を置く権力政治的な世界のあり方に対する人民の側からの主体的要求の発展」を重視し、「それぞれの国家そのものが、内部的な人民の自覚によって再検討を迫られている」と指摘した。[19] それは今もなお、色あせることのない視点だと思われる。[20] こうした問題意識を継承した板垣雄三は、帝国主義はある地域の差別体制の重層構造を縦に貫き通し、しかもそれを拡大再生産することによって初めて維持されるという、いわゆるn地域論を提唱している。[21] 彼は、「民族的あり方・民族意識・民族的文化・民族的運動を日々いきいきとあらたに獲得しようとするものとしての民衆運動」に着目し、「民族主義は民衆の民族的運動にたいしてあくまでも対立的なものとしてとらえられ」ると主張する。そこではまずもって、民族的運動の担い手たる民衆のさまざまな営為が主体的なものとして捉えられている。民衆の民族的営為は、それを対抗的に成型化してある型枠に封じ込めようとする民族主義、いわば知識人のナショナリズムと明確に区別され、後者こそは、帝国主義体制の存続を担保するものだというのである。

国民国家論においては常に国民国家が主語で、民衆は受身として語られる傾向にある。これは現在の日本において、大事件が容易に起きない中で民衆(市民)運動が沈滞化し、歴史の激動を実感できなくなっている状況の反映ではないかとも思われる。大門正克は、国民国家論への批判から、「人ひとりについても、人と人の関係についても、「つながりの中で矛盾する存在」こそが人間であるという観点において、国民国家への拘束性と責任にまつわる矛盾に自覚的に立ち向かおうとする人間存在の場を設定すべきだと主張している。[22] それはいわば、主体的な民衆像を立ち上げることにつながる目論見と解釈される。日本ではもはや過去のこととして片づけられても、世界では民衆はなお多くの苦難に直面しており、さまざまな大事件の渦中にある。大門の問題提起は、必ずしも直接的に民衆運動史についてなされたものではないが、民衆運動史研究の重要性が、今さらのように示唆される。

第二節　本書の課題

本書は、以上のような問題意識に立脚しつつ、民衆運動史的方法において朝鮮の近代移行期から近代にかけての民衆運動を描出しようとするものである。[23] この時期に展開されたさまざまな民衆運動の事例を、ほぼ時系列的に取り上げる中で、その運動の意味を解明するのみならず、民衆の心性ないし思想の性格について考えてみるということである。具体的には、民衆の在地秩序観(あるべき秩序観)や国家・国王観、あるいはその宗教意識や解放願望・ナショナリズムなどの性格について検討することになる。そして、本書ではこのことを、儒教社会であることと、朝鮮特有の身分階層である両班《ヤンバン》の存在に規定されて出てくる、民衆レベルにおける士意識の高揚と消沈に着目して考えていくことにする。

第一章は、本書全体の大前提をなす社会的・思想的背景について考察することに当てられる。詳しくはそこで述べることだが、両班とは士族ともいわれる読書人＝支配階層であるとともに、科挙やその他さまざまな手段を通じて上昇可能な階層であった。家格が固定され、ほとんど上昇が閉ざされていた日本の武士階層とは、およそ性格を異にしている。深谷克己によれば近世日本においては、「領主はつねに「御百姓」を撫育し土地の経界を正し「御救」の実践によって経営の維持をはかる「仁君」でなければならず、農民はつねに「仁君」に対する上納のために出精する律儀な「御百姓」でなければならない」とする思想があった(24)。兵農分離を前提に醸成される「御百姓」意識は、一揆の際における農民の主体意識でもあった。土地の売買も移動も不自由であったことと相俟って、この「御百姓」意識は農民の自律性を示唆するものである。これに対し、両班と一般農民が混住する朝鮮にあっては、そうした農民意識は醸成されにくかったように思われる。もちろん、「農は天下の大本なり」という農本主義意識は支配の側にも農民の側にもあった。しかし、身分上昇が可能な朝鮮にあっては、農民であることを絶対的な宿命と考える民衆意識は、一般的ではなかったと言える。朝鮮では、土地の売買も他村への移動も基本的に自由である。一般民衆にあっては、正確には把握できないものの、移動率がきわめて高かったことが指摘されている(25)。にもかかわらず、朝鮮農民もまた共同体を形成しており、自律的な営みをしていたことは、その村の共同組織の在り方に見て取ることができる。

朝鮮後期における村の共同組織の在り方については、近年多くのことが分かってきた。朝鮮王朝には、八道からなる大行政区域の下に、三四〇～三五〇ほどからなる邑(地域によって名称を異にし、府・牧・郡・県などという)があり、その下にさらに面(行政村)―洞・里(複数の部落からなる自然村)という末端行政区域が存在していた。この洞とか里と呼ばれた自然村における共同組織について、李海濬《イヘジュン》はおよそ次のように説明している。[26] 村には系統を異にする二つの共同組織があった。一つは支配層(士族)が組織した結社的性格を持つ洞契(契とは互助的な共同組織をいう)・洞約(村掟)であり、もう一つは基層民の生活共同体的な組織である村契というべき共同組織である。両者は名称が同じ場合があり、区別がつきにくいのだが、しかし明瞭に区分される。洞契・洞約が、士族が運営する閉鎖的な組織で観念的に村を支配しようとするものであるのに対し、村契は支配―被支配とは関係なく、生活自体を媒介にして村単位で組織される開放的なものであった。後者についてさらに言うと、それは村の生業や日常儀礼・共同行事・農作業などのさまざまな事案に共同に対処すべく組織されたもので、必ずしも成文化されたものではないが、村落民は自ら定めた規律によって互恵均等の関係を維持した。ところが、「壬辰・丁酉倭乱」(一五九二～一五九八年)と「丁卯・丙子胡乱」(一六二七、一六三六～一六三七年)の両乱を前後して士族支配体制が動揺を始めると、洞契・洞約と村契の関係には変化が表れ始める。士族は自身らの支配を維持していくために村契を取り込んで、上下合契組織を作るようになるのである。しかしこの組織はなお士族主導のものであり、共同納制を前提にした租税・洞政運営や高利貸的洞契運営に不満を持つ基層民は、一七～一八世紀に漸次この組織から離脱し、自前の洞会や各種の契を組織するようになる。こうした共同組織こそは、変革主体形成の前提条件となるものであった。

かくして朝鮮の村もまた、自律的な営みをしていたことが推察される。宮嶋博史によれば、一七世紀段階は農民が自立して小農社会に移行していく時期であった。[27] 李海濬は指摘していないが、一七～一八世紀に基層民による自前の洞会や各種の契が組織されるのは、そのことと決して無関係ではないであろう。崔在錫《チェジェソク》によればこうして出来上がった村の特徴は、およそ以下のように整理される。[28]

①洞神を崇拝して洞祭(部落祭)を行う。
②祈雨祭や安宅(巫女・巫覡《ふげき》などを呼んで家の厄払いと招福を家神に祈る行事)に参加する。
③広範な契やトゥレ(두레、共同労働組織)集団が存在している。
④村落民の吉凶事を村落全体の吉凶と意識して相互扶助を行う。
⑤村落の秩序破壊者に対しては洞里鞭や洞里追放などの共同制裁を行う。

村の共同体的自律性は、まずもって固有の民俗文化に規定され、生活や生産活動に貫流していたと言うことができる。中でも、主に田植えや除草の際に組織されるトゥレの共同体的自律性は特徴的である。トゥレには村単位で行われる洞トゥレと、参加自由を原則とする任意のトゥレの二つがあり、どちらも農楽と農旗(「農者天下之大本」「神農遺業」などと大書した神聖な旗)が必須のもので、共同饗宴が付随していた。李泰鎮《イテジン》によれば、トゥレは移秧法《いおう》(田植え)が普及する一七世紀後半に成立したもので、移秧法によって労働量が大幅に減少した結果生まれた余裕を背景に成立したものであると言う。[29] それに付け加えるに、小農社会の成立という事態も重要な要因としてあるであろう。洞トゥレについて言えば、各戸一人の成年男子の参加が義務づけられ、それを拒否する者には共同制裁が加えられた。農民世界の自律性を最も象徴する共同組織であると言うことができるであろう。[30]

一九世紀以降活発化する民衆運動は、以上のような農民的世界の自律性を背景に展開される。従ってそれは、当然に自律的な運動となる。両班との混住がなされたがゆえに、近世日本農民のような確固とした農民意識はなかったかもしれない。農民が日常的に接する両班は、農民の羨望の的であり、農民の規範意識をも規定する一面を確かに持っていたと言える。しかし農民は、小農自立への志向をますます強くさせ、やがて自らの自律的世界に士意識を持ち込むことで、逆に在地士族や地方権力に強力に異議申し立てをなし得る存在ともなる。儒教国家の朝鮮では、本来士だけが政治の実践主体であったがゆえに、民衆は士意識を持たずしては容易に政治的行動に出ることができなかったのである。もっとも士意識は、漸次的に高揚していくというものでは必ずしもない。政府の苛酷な弾圧や峻厳な植民地統治が行われる中で、士意識にも変化が表れる。

民衆運動の自律性を究極的なところで規定している民俗文化については、本書が専論として扱うところではない。しかし、民衆を精神の内から直接行動へと駆り立てるにおいては、土俗的な信仰や宗教、あるいは反近代的な論理などが往々にして決定的役割を果たすことが認識されなければならず、本書もこのことに着目したい。現在から見れば、迷信や図讖《としん》・占卜・呪術など非合理極まりないものであっても、当時の人々はなおそれらに強く拘束されていた。甲午農民戦争がいかに神秘主義的な異端集団によって構想、展開せしめられ、民衆はいかに呪術(不死信仰)や墓地風水などの土俗的信仰の中で闘争し、そこにはまたいかに国王幻想やユートピア(地上天国)、モラル・エコノミー、そして復讐や祝祭などの論理も働いていたかについては、別著で論じたところである(31)。

このことは、植民地期に至っても変わらない。むしろ、閉塞状況が深化する中で強まっていくようにさえ思える。近代的論理では、当時の民衆や民衆運動を理解できないところが多々ある。非合理的なものが、なお歴史の推進力となっているということである。近代世界とは隔絶しているそうした民衆の基層文化を民衆運動史の中に位置づける作業が不可欠である。実証研究としてはさておき、同様のことは最近、問題提起としてだけは並木真人によってもなされているが(32)、アナール学派の研究や日本の民衆運動史研究では以前から行われていたし、もちろん今も盛んに行われている。朝鮮近代史研究において、そうした研究方法が今までなされなかったことが反問されなければならないであろう。他律性史観や停滞論などの植民主義史学に対して、朝鮮史の自律的発展を証明して見せなければならなかった問題意識から、ひとたびは内在的発展論が提唱される必要があったことは理解できる(33)。しかしそれゆえに、朝鮮史研究はあまりに一国史的になされ、他分野の歴史研究への関心が薄く、交流もそれほど活発にはなされてこなかったように思われる。しかもそもそも、内在的発展論の視角自体に基層文化への関心を喚起する力はない。

内在的発展論の最大の功績者と言ってよい故梶村秀樹は、かつてこの方法論について、「史的唯物論の方法で一国史を対象化するというのと別のことではなく」、「各国史それぞれの基本的に自律的な内在的・法則的発展」が、複雑化しながらも近代に至るまで貫徹し、それは「内から下からの契機」に規定されるという歴史認識であると説明した[34]。だとすればそれは、依然として「世界史の基本法則」と言いつつ、その実は西欧的な発展段階法則が朝鮮一国にも内在的に貫徹しているという観点に立つ歴史観であると言える。こうした方法論においては、近代的な契機や論理を見出すことが重視され、前近代的なものの歴史上に占める積極的意味を問うことがおろそかにされるのもやむを得なかった。その結果、歴史を基本的に規定するという民衆のイメージも、単純明解なものに形象化されていかざるを得なかったように思われる。梶村は、「「朝鮮民衆」という「理念型」を立て、それの歴史の中での具体性を検証するという方法」もまた提唱していたが[35]、これはのちに宮嶋博史によって、「そもそも理念型として捉えられないのが民衆ではないのか」という批判を受けた[36]。民衆の主体形成は、民衆固有の歴史的文脈のうちに自律的になされるものなのであり、期待されるべき理念型的民衆像をア・プリオリに設定した後に歴史的に検証されるべきものではない。今や、資本主義が世界的な分業体制として成立したと見る世界システム論的視点が一般化する中にあって、内在的発展論は説得力を失っている。

本書の考察の範囲は、一九世紀中頃から植民地末期にまで及ぶ。近代文明との接触前後の民衆運動とその思想の性格は、果たして構造的にどのようなものであり、韓国併合を経ていかに連続し、またいかなる変化を見せるのであろうか。このことの解明は、朝鮮民衆運動の特質を明らかにするというに止まらず、民衆運動一般の在り方をも照射する一助になるものと考える。士意識が民衆の間に拡散していくと、思想家や郷村知識人・近代的知識人も、改めて士とは何であるのかを問わざるを得なくなるのだが、本書ではそうした人々の士意識の在り方や士をめぐる思想についても触れていくことにする。こうした作業は、朝鮮の政治文化を考える上での基礎作業となるものであり、現代の南北における政治意識や民主主義・独裁の論理を考える上でも、示唆するものがあろうかと思う。

(1) 宮嶋博史「韓国における「民族史学」について」(『歴史学研究』第四三九号、一九七六年)。

(2) 姜萬吉『分断時代의 歴史認識』(創作과批評社、서울、一九七八年)。日本語訳は、宮嶋博史訳『分断時代の歴史認識』(学生社、一九八四年)。

(3) 金聖甫《キムソンボ》「〈민중 사학〉아직도 유효한가」(『歴史批評』季刊一四号、서울、一九九一年)四九〜五〇頁。

(4) 「近現代史波動」事件の詳細については、鄭在貞《チョンジエジョン》『韓国と日本——歴史教育の思想』(すずさわ書店、一九九八年)参照。また、民衆史学と歴史教育の問題から見える政治文化の問題については、拙稿「韓国における歴史教育と民衆史学」(『日本歴史学協会年報』第一六号、二〇〇一年)参照。

(5) 李基東「民衆史学論」(李基白《イギベク》ほか『現代 韓国史学과 史観』一潮閣、서울、一九九一年)。

(6) 鄭昌烈「백성의식・평민의식・민중의식」(『현상과 인식』第一九号、서울、一九八一年)一〇六頁。

(7) 林志弦「〈근대〉의 담 밖에서 역사 읽기——二〇세기 한국 역사학과 〈근대〉의 신화」(『한국사론』三〇、国史編纂委員会、서울、二〇〇〇年)三二九頁。

(8) 深谷克己「民衆史研究について」(民衆史研究会編『民衆史を考える』校倉書房、一九八八年)二七二頁。

(9) 深谷克己「民衆運動史研究の今後」(同編『民衆運動史——近世から近代へ』五、青木書店、二〇〇〇年)一二頁。

(10) 同右。

(11) 安丸良夫『一揆・監獄・コスモロジー——周縁性の歴史学』(朝日新聞社、一九九九年)一〇頁。

(12) ジョルジュ・ルフェーブル〈柴田三千雄訳〉『フランス革命と農民』(未来社、一九五六年)。同〈高橋幸八郎・柴田三千雄・遅塚忠躬訳〉『一七八九年―フランス革命序論』(岩波書店、一九九八年)。

(13) 柴田三千雄『近代世界と民衆運動』(岩波書店、一九八三年)二三頁。

(14) 安丸良夫『日本の近代化と民衆思想』(青木書店、一九七四年)。

(15) ベネディクト・アンダーソン〈白石隆・白石さや訳〉『想像の共同体』(リブロポート、一九八七年)。同〈同訳〉『増補　想像の共同体』(NTT出版、一九九七年)。

(16) 中村平治「方法としてのエスノ民族問題」(『思想』第八五〇号、一九九五年)。

(17) 栗田禎子『近代スーダンにおける体制変動と民族形成』(大月書店、二〇〇一年)五〇七〜五〇九頁。

(18) 江口朴郎『帝国主義と民族』(東京大学出版会、第二版、一九七三年、初版は一九五四年)一七六頁。

(19) 江口朴郎『世界史の現段階と日本』(岩波書店、一九八六年)三、五頁。

(20) 江口史学の今日的意義については、小沢弘明「江口史学における民族」(『歴史評論』第五六三号、一九九七年)参照。

(21) 板垣雄三『歴史の現在と地域学――現代中東への視角』(岩波書店、一九九二年)二五〜三一頁。

(22) 大門正克「歴史意識の現在を問う――一九九〇年代の日本近代史研究をめぐって」(『日本史研究』第四四〇号、一九九九年)九三頁。ただし大門は、国民国家論者の中でも、近代民衆を国民国家のせめぎあいに焦点を合わせて論じている牧原憲夫は、「やや例外的な位置」にあるとしている。著者も同感である。牧原は、「(国民国家論は)われわれ自身を規定している「権力」のあり方を自覚化するためのひとつの方法、視座であって、国民国家を実体化し国民化・国民統合を歴史法則化してしまえば、批判理論としての活力は失われてしまう」(「私にとっての国民国家論」『人民の歴史学』第一三九号、一九九九年、九頁)と言っている。民衆を自律的存在と見る視点からすれば、国民国家に対する近代民衆のさまざまな抵抗や無関心こそが問題にされなければならない。牧原の『客分と国民のあいだ』(吉川弘文館、一九九八年)は、国民国家論の立場を維持しつつ、そうした企てがなされた研究であろうと思う。

(23) 著者は先に、『異端の民衆反乱――東学と甲午農民戦争』(岩波書店、一九九八年)においても、同様のことを試みたつもりである。しかし、月脚達彦の書評(『歴史評論』第五九六号、一九九九年)では意外な批判を受けた。彼の書評は総論的には著者の意図を汲み取ってくれたものと理解するが、個々の批判はいささか納得がいきかねる。そのいちいちについて再批判する場ではないので、ここでは差し控え、本書全体をもって著者の回答としたいが、ただ一点民衆運動史的方法へのいささかの無理解についてはここで指摘しておかなくてはならない。彼によれば、「本書の方法は基本的に人民闘争史であり、この点については従来の研究と大きく異なるものではない。自由や民族主義のために「闘う民衆」像は批判されるものの、本書においても道徳の回復や底辺民衆なりの正義のために「闘う民衆」が描かれることになる」という。著者は変革主体の動態を明らかにしようとする点で、人民闘争史的方法をすべて否定しようとは思っていないのは事実だが、しかし「闘う民衆」を描くのは人民闘争史であるというのは、乱暴な批判である。人民闘争史と民衆運動史の区別が果たしてできているのであろうか。近代的思想とは厳然と区別される、日常的にある「道徳の回復や底辺民衆なりの正義」の思想を見出そうとすることこそが、民衆運動の意義のはずである。「闘う民衆」に着目することの理由は、本文で述べている通りである。著者も参加した保坂智・岩田浩太郎・藪田貫・新井勝紘・深谷克己編になる『民衆運動史――近世から近代へ』(全五巻、青木書店、一九九九~二〇〇〇年)は、まさに人民闘争史との葛藤の末に民衆運動史的方法に到達した人々の成果である。そこでは当然に、一見したところでは「闘う民衆」が描かれているのだが、それはやはり人民闘争史と言うべきなのであろうか。著者への批判というのみならず、民衆運動史研究者全体への批判にもなり得るものでなので、ここにあえて一言しておく次第である。

(24) 深谷克己「百姓一揆の思想」(『思想』第五八四号、一九七三年)六三頁。
(25) 吉田光男「朝鮮の身分と社会集団」(『岩波講座　世界歴史』一三、一九九八年)二二八頁。
(26) 李海濬『조선시기 촌락사회사』(民族文化社、서울、一九九六年)一九八~二二六頁。
(27) 宮嶋博史「東アジア小農社会の形成」(溝口雄三・浜下武志・平石直昭・宮嶋博史編『アジアから考える』六、東京大学出版会、一九九四年)。
(28) 崔在錫〈伊藤亜人・嶋陸奥彦訳〉『韓国農村社会研究』(学生社、一九七九年、原著は同名で、一志社、서울、一九七五年)二八~二九頁。

(29) 李泰鎮「一七・八세기 香徒 조직의 分化와 두레 발생」(『震檀学報』第六七号、서울、一九八九年)。

(30) トゥレの具体相は、愼鏞廈《シンヨンハ》「두레共同体와 農楽의 社会史」(同『韓国近代社会史研究』一志社、서울、一九八七年)参照。洞トゥレは、各戸一人が等価の労働力を提供するため、無田農民や小土地耕作者には不利な共同労働組織であった。共同饗宴や祝祭的演出は、そうした人々の不満を抑え込む役割を果たしたが、共同体幻想の崩壊とともに植民地期には消滅していく。このことについては、拙稿「朝鮮人の労働観――大韓帝国期を中心に」(『ほるもん文化』二、一九九一年)参照。

(31) 前掲拙著。ちなみに、土俗的文化と民衆闘争の関連を論じたものとして、他に海野福寿「朝鮮測図事業と朝鮮民衆」(『駿台史学』第一〇〇号、一九九七年)がある。日本の朝鮮侵略を直感的に認識した朝鮮民衆の間に、日本の測図事業は、朝鮮人を祈り殺そうとするものだという迷信が呼び起こされた結果、しばしば妨害にあったという、興味深い事実を掘り起こしている。

(32) 並木真人「植民地期朝鮮政治・社会史研究に関する試論」(『朝鮮文化研究』第六号、一九九九年)一二二頁。

(33) 内在的発展論の意味と問題性については、以下の文献が参照される。吉野誠「朝鮮史研究における内在的発展論」(『東海大学紀要文学部』第四七集、一九八七年)、並木真人「戦後日本における朝鮮近代史研究の現段階」(『歴史評論』第四八二号、一九九〇年)。

(34) 梶村秀樹「朝鮮近代史研究における内在的発展論の視角」(滕維藻ほか編『東アジア世界史探求』汲古書院、一九八六年)五七六〜五七九頁。

(35) 梶村秀樹『朝鮮史――その発展』(講談社、一九七七年)二一七頁。

(36) 宮嶋博史「梶村・安秉珆論争雑感」(『梶村秀樹著作集』別巻、明石書店、一九九〇年)一二七頁。

第一章　士と民の境界――朝鮮後期における平等思想の形成

第一節　両班志向の形成

朝鮮王朝時代の身分制は一般に、両班・中人・良民(常人)・賤民の四階層からなっていたとされる。士族ともいわれる両班は支配階層であり、官僚ないしはその子孫から構成されていた。中人は科挙の雑科及第者とその一族からなっており、中下級の技術官僚層であった。被支配階層は良民と賤民であるが、前者は主に軍役からなる良役(徴兵・労役ないしそれに代替する布の納付義務)を負担する階層であり、後者は奴婢として官庁や両班に直接に隷属する階層であった。しかし、これらの階層は法制的に明確に規定されていたわけではない。かろうじて良賤制だけは法制的に規定されてはいたが、社会慣習的には賤民は奴婢だけを指したのではなく、七般公賤(妓生・内人・吏属・駅卒・牢令・官婢・有罪逃亡者)・八般私賤(僧侶・令人・才人・巫女・捨堂・挙史・白丁・鞋匠)といわれる雑多な職種の者を包括していた。(1)

わけても奇妙なことに、最も肝心な支配階層である両班の定義は、法制的にはほとんど明確化されていなかった。両班とは本来、東班＝文官と西班＝武官の総称であり、官僚を意味する言葉であった。しかしこの言葉は、いつしかその意味が拡散し、長きにわたって官僚を輩出していない家門の者であっても、在地社会では両班と認知されることがあった。宋俊浩《ソンジュノ》によれば両班とは、「法制的な手続きを通じて制定された階層ではなく、社会慣習を通じて形成された階層であり、従って両班と非両班との限界基準は非常に相対的であり、主観的なものであった」という。[2] 両班には大きく京班(在京両班)と郷班(在地両班)があったが、前者はソウルにあってその出自が明らかで、たやすく両班と社会的に認定され得た。問題は後者である。宮嶋博史は、宋俊浩の一連の議論を踏まえて、およそ次のように郷班の条件を提示している。[3]

①科挙及第者であること、ないしは高名な学者の子孫であることが明確な者であること。

②数代にわたって同一集落=班村(世居地)に居住していること。

③両班的な生活様式を保持していること。

④代々の姻戚が①②③の条件を満たしていること。

もっとも、在地両班がこれらの条件をすべて満たしていたわけではなく、それゆえ在地両班であるか否かの判断は状況に応じて変動的たり得た。続けて宮嶋は、在地両班の形成が国家の政策として行われたのではないとした上で、「一種の社会運動として行なわれたのであり、その形成には長い年月を要した」[4]と述べている。そして朝鮮社会は日本や中国と比べると徹底した農村社会であったが、そのことが両班という固有な階層を生み出し、さらには朝鮮社会の在り方を決定的に規定づけることになったとも述べる。

このような宮嶋の両班階層形成の捉え方は、両班を社会慣習的に形成されたと見る点で、宋俊浩と同じ観点に立っているが、判断基準の変動性を重視する点で宋俊浩と異なっている。宋俊浩の場合、両班であることの認定は相対的、主観的だとしても、それは在地社会の中で比較的固定的であったと考え、一八、九世紀はすでに出来上がっている両班制度の全盛期であったと捉える。それに対し宮嶋の場合は、朝鮮王朝後期の生産力の発展と小農自立の問題を視野に入れ、一八、九世紀はむしろ民衆の両班志向が顕著になる時期であると捉えるのである。今日までの社会経済史研究の成果を踏まえれば、宮嶋の議論は通説的理解を深めるものであり、妥当な見解だと言えよう。朝鮮王朝後期の身分制の変動については、およそ以下のような理解が成立している。

一七世紀頃移秧法が普及して小農社会が成立すると、それ以降生産力の発展にともなった小農自立とその安定への志向性は一層顕著になっていった。その結果身分制が動揺をきたし、支配身分たる両班の実力と権威は失墜化の方向を歩み始める。党争——四色といわれる党派(老論・少論・北人・南人)に収斂されつつ争われた政争——をはじめとする諸般の事情によって没落両班が輩出される一方で、一般民衆の身分上昇が図られていく。本来、両班としての格式を備えた者のみが入録を許されていた在地士族の名簿たる郷案には、一七世紀頃からの嫡長子優位の相続慣行とも相俟って、士族の階層分化が進行していくことを背景に、一八世紀以降経済的実力をもって饒戸・富民層や庶孽層などが入録される事態が一般化する。(5) いわゆる売郷による陞郷である。身分上昇の手段にはさまざまあり、ほかに納粟(危急時の穀物献納)行為による職帖(官職辞令)の取得や、郷校・書院の学籍への入録、さらには族譜への冒録や、果ては幼学(仕官していない儒生)の恣意的な冒称などがあった。(6)

このような変化は、伝統ある士族＝旧郷層と新興士族＝新郷層の対立を招かずにはおかず、やがて在地権力闘争に発展していくことになる。邑ごとの在地士族の自治組織であり、また吏胥(地方行政の実務に携わっていた下級官吏＝郷吏)の監督機関にして、中央から派遣される地方官＝守令の諮問機関でもあった郷庁の任員＝郷任(座首・別監等)は、郷案組織から選出されていたが、その選出をめぐって新旧の士族がいわゆる郷戦を繰り広げることになるのである。新郷層の在地機構への進出は、当然に邑以下の行政単位である面—洞・里の任員にも及んだことは言うまでもない。(7)

以上のような身分制の動揺は、一九世紀に入ると一層顕著になっていく。朝鮮王朝中興の名君といわれる英祖《ヨンジョ》と正祖《チョンジョ》の時代、それまで行われていた党争は蕩平政策(不偏不党政策)によって緩和され、王権はにわかに強化された。しかし、一八〇〇年純祖《スンジョ》が即位して安東金氏《アンドンキム》が外戚となると、国王の外戚が政治の実権を掌握するという、いわゆる勢道政治が新たに行われるようになり、王権は再び弱化の兆しを見せるに至る。安東金氏は純祖・憲宗《ホンジョン》・哲宗《チョルジョン》の三代にわたって勢道を恣にしたが、党争を勝ち抜いた老論を中核とするこの勢道政権下において、門閥政治が繰り広げられ、売官・売職の風が盛行することになる。それは勢い、下から始まった身分制を揺るがす動きと連動していくことになるであろう。郷戦は老論政権が新郷層を支援する姿勢をとったこともあって、旧郷層が郷任への就任を阻まれたり、あるいは自ら忌避する傾向を強めていき、その結果郷権は徐々に新郷層に握られ、郷案組織も解体に向かっていく。端的に言ってそれは、儒林層(旧郷層)と郷任層(新郷層)との分離を意味するものであった。(8)

一八世紀以降、とりわけ一九世紀は、まさに民衆がその上昇志向を通じて主体として立ち現れる民衆胎動の時代であったと言える。民衆は小農としての経営の安定化を高めていく中で、家の連続性を現実のものとし、さらには祖先観念や同族意識を強めることによって、両班的な価値規範や生活理念を共有しようとしたのである。(9) このような民衆の両班との平等化志向の進展は、思想史的にも確認することができる。

第二節　士概念の変容

実学においては一般に、徒食する世襲的・特権的両班に対する批判は厳しい。彼らを遊民として指弾する見解は、実学者のほぼ共通した認識である。それゆえ本来の士たる者への回帰が主張されることになるわけだが、一八世紀後半に活躍した実学の巨匠朴趾源《パクチウォン》は、自らの見解を「原士」という短い著作にまとめている。(10) 彼によれば、士とは必ず

しも身分を指していうものではない。「天子は原士であり、原士は生人の本である」が、爵位には高低や貴賤はあっても、士は不変であるという。すなわち、「両班は士族の尊称」であり、両班と士族は同義だが、士とは必ずしも同義ではないというのである。士とは、朝鮮の固有語で「ソンビ」(선비)に対応する漢語であり、本来「身分の高下や階級を超越して、学徳を備えた一つの人格体」をいう。[11]「孝悌は士の統である」という朴趾源にあっても、士の本質はあくまでも、人性いかんに求められており、両班という身分にア・プリオリに士を認めるものではない。「孝悌忠信」を「実」として学び、「礼学刑政」を「用」として学んで、実用に帰結する学問を行う者こそが、士というにふさわしいというわけである。ほかのところでも彼は、「士の学は実に農工賈《こ》を包摂するものであり、三者の業は必ずみな士を待ってのちに成るものである。(中略)後世に農工賈が業を失ったのは、すなわち士が実学をしない過ちのせいである」[12]と述べている。

しかしこれは、現実の両班支配を否定するものではない。「士は人の統である」とも述べる朴趾源は、士＝読書人論の立場から、「そもそも士は下には農工を列し、上には王公を友とする。位から言えば無等であり、徳からすれば雅事である。一士読書すれば、沢は四海に及び、功は万世に垂れる」と言い、本来の読書人としての本務を果たす士を農工の上に位置づけている。彼においては、両班が実学に努め民本の立場から民衆生活を利する存在である限り、両班を頂点とする朝鮮王朝支配体制は容認されるのである。彼が書いた『両班伝』[13]は、両班の遊民化や教条化した生活・思考態度などを批判的に風刺したものとして著名なものだが、しかしそれは他方で、両班になり得る素養を何ら持たないにもかかわらず、両班に成り上がろうとする庶人をも愚弄したものであり、そこに士としての朴趾源の自負を認めることができる。

以上のような朴趾源の士論に対して、朴趾源の孫で開化派の祖である朴珪寿《パクキュス》は、「原士」の議論を継承して、「士は生人の大本である」と述べながらも、次のように士について独自な説明をする。[14]

そもそも人に孝悌忠順の徳があれば、どうして士でないことがあろうか。士であって百畝《せ》の土地を己が憂となし、勤力して地財に長ずる者を農という。士であって五材を整えて民器を弁じ、利用厚生の物を開く者を工という。士であって有無を貿遷して四方の珍異な物を通じ、これらを世間に支給する者を商という。その身は士であり、その業は農工商賈なのである。(中略)業が同じでなくても道に違いはなく、名は四つに列せられてはいるけれども、実は士は一つである。(中略)それゆえ、その賤は匹夫よりその貴は天子に至るまで士でない者はいない。

朴珪寿は、「孝悌忠信」の徳の本来の所有者を読書人＝士のみに限定せず、朴趾源も一方では有していた士＝人性論の立場をより前面に押出して、士以外の農工商にも「孝悌忠順」の徳の所有を認めたのである。これはいわば、「孝悌忠順」という普遍的「道」の観点から現実の士身分の相対化を図ることによって、四民平等の論理的基礎を築いたものと見ることができる。ところが原田環によれば、これは朝鮮後期の身分制の解体化現象を論理化しようとしたものに過ぎず、「当時の階級支配を否定するものではなかった」という。朴珪寿の士論は、「農工商の上に立つ士」と、「士農工商に職分されるところの士」という二重の内容をなしているが、前者の論理が貫徹される限り、それは「階級的身分支配」を維持しようとする論理に帰着するというのである。[15]

なるほど朴珪寿の議論は、一見したところ士農工商を身分論的に論ぜずに、職分論的に論じたのみで、士の政治的優位性を否定するものとはなっていない。しかし、身分制の即完全廃棄を主張しなかったにせよ、身分と職業の概念を分断することによって、後者に「士道」を全一的に認めようとしたことは画期的意義を有し、長きにわたって両者を連続せしめるところに成り立っていた朝鮮王朝の身分支配体制を、思想の面において根底から揺さぶるものになるはずである。それはいわば、「全人民の総士化」の方向を指し示すものにほかならず、論理的には四民平等・人間平等の方向に突き進んでいかざるを得ないからである。[16]「農工商の上に立つ士」を容認したにせよ、それは世襲的特権を持たない官僚の政治支配、ないしは往々にして文字通りの士であり得る地主による階級的支配を是認したことにしかならず、「階級的身分支配」はやがて骨抜き化の方向に向かうしかないであろう。[17]確かに当時の階級支配を否定することができなかったというのは当然過ぎる事実だが、しかし身分支配の解体はすでに鋭く予見されていただけでなく、それを積極的に推し進める論理を構築してもいたのである。

しかも朴珪寿の議論でさらに注目すべきは、その労働観である。彼はとりわけ農を定義づけた、「士であって百畝の土地を己が憂となし、勤力して地財に長ずる者」という一句に示されているように、勤勉の結果として土地を集積するなどの蓄財を肯定している。これは私欲の肯定の上に立って、現実に進行している農民層分解を是認することを意味するものであり、基本的には朱子学をベースに持つ実学の枠組みを超えるものである。両班にして商業を営み巨額の富を築きながらも、最後にはすべて社会のために還元してしまい、自ら無一文となった人物を描いた『許生伝』[18]から分かるように、朴趾源にあっては、私欲は必ずしも否定されるべきものではなく、社会的に寄与する私欲はむしろ肯定されるべきものであった。しかし他の実学者同様に、彼は李朝前期より論議され続けていた均田論の立場から限田論を主張し、無制限な土地集積を否定したのである。朴珪寿の立場は、このような朴趾源とは明らかに違うものであると言えよう。

朴趾源と朴珪寿の士論が、およそ七〇年を隔てて、一見微妙な違いのように見えながら、その実は大きな変化を見せていることは明らかである。朴趾源の士論は、身分制が動揺をきたして両班が増大していく一八世紀後半の時代状況を反映し、新旧の両班に士たる者の内実を改めて問うことによって、両班支配体制をいかに再編、維持すべきかという問題意識を根底に持つものであった。それに対して朴珪寿の士論は、もはや身分制の動揺が抑止不能な状況となった一九世紀中葉の時代状況を反映し、その事実を追認する中で、身分支配よりは階級支配に力点を置いた朝鮮支配体制をいかに構築すべきかという問題意識を根底に持っている。それは地主制の再編強化という方向にベクトルを向けたものにならざるを得ないのだが、しかし同時にそれは、朝鮮的文脈において近代的な平等思想が追求される思考の在り方を示してもいる。そこでは、両班という朝鮮特有の身分は廃絶されるのではなく、本来あるべき両班の理想型を設定することによって民衆総体の身分上昇が構想されているのである。

このような上昇志向的な平等思想は、まさに当時の民衆が主体として立ち現れ、彼らもまたあるべき士像を追求していたことを示唆している。当時両班としての格式を何ら有していないにもかかわらず、あるべき士として世間から認知され、あるいは自らも士としての自覚を持とうとした者の存在が想定される。そのことは、朴趾源の一世代後輩で朴珪寿よりは一世代強先輩の、やはり実学の巨匠である丁若鏞《チョンヤギョン》の次のような指摘から察することができる。(19)

今の人は布衣白徒を士人といっているが、これは間違っており、士とは仕のことである。士には、公卿大夫から郎官に至る朝士より、書吏軍官から皁隷《そうれい》に至る庶士までである。およそ公に仕える者はみな士である。今の布衣は四民の中には入らず、家に食禄があるわけではなく、身は操業するわけでもない。天下の窮民である。ひとたび凶年に遇えば、死あるのみである。守令が飢民を選定する時には、このことに十分留意しなければならない。

ここではまずもって、官人はたとえ賤なる者であっても、天下国家に貢献する者はすべて士なのだという士＝公人論が展開されているのだが、これは結果的に徒食する両班や新旧の士族を批判するものとなろう。しかしここでの論点は、「布衣白徒」は士ではないということである。「白徒」とは本来科挙を経ずして官員になる者をいうのだが、ここでは幼学を指しており、(20)「布衣白徒」とは、正確には「布衣寒士」、すなわち「無官の貧困な儒生」をいうものと考えてよい。丁若鏞は、没落した両班ないしは官職を目指しながらも官職に就き得ない貧窮化した儒生を、世間では士として扱い、また彼らもそのように自処してはいても、彼らは士ではあり得ないのだから、凶年には救済の対象にしなければならないと言っているのである。

もとより官職経験者や、由緒ある家門出身者で両班的生活様式を維持し得る者は、在地社会で両班として遇せられた。しかし、この丁若鏞の指摘から逆説的に読み取れるのは、たとえ官途には就いておらず、また両班というには貧窮し過ぎた者であっても、儒生として「学徳を備えた一つの人格体」であることが認証されれば、両班としてはともかく、少なくとも士として遇せられた者たちが多くいたということである。宮嶋博史は、「祖先にいくら著名な人物を有していたとしても、世居地を離れて単独で居住する家族や個人は、その居住地で在地両班としての社会的認知を受けることは、不可能なことであった」と言っているが、[21] そう断言することにはいささか疑問を覚える。たとえ落魄した儒生ではあっても、社会的に士として、少なくとも郷班に準じた扱いを受ける者がいたことが想定される。「学徳を備えた一つの人格体」であることを自処し、主観的には天下国家のために言動しようとした儒生こそは、両班への羨望と嫉妬を無意識にせよそのうちに潜め、儒教的民本主義の正義を貫こうとすべく、何らか民衆に接点を持とうとした人々である。一九世紀の民衆運動・思想において彼らが果たした役割は、きわめて大きい。一八六〇年東学《トンハク》を創始した崔済愚《チエジエウ》は、典型的な没落両班としてまさにそうした自意識のもとに、民衆思想を鍛えて壮大な平等思想を作り上げようとした一大宗教家であった。

第三節　民衆思想の転回

東アジアの終末思想としては、弥勒下生信仰が最も代表的なものとしてある。朝鮮では三国時代からあったことが確認されるが、抑仏政策がとられた朝鮮王朝時代においても、それが民衆の間で盛んに信仰されていたことは、現在も全国に残る多くの弥勒石像の存在によって知られる。[22] しかし、最も朝鮮的な終末思想として挙げられるべきは、末世思想を王朝交代の運数と結び付けて説いた秘記『鄭鑑録《チョンガムノク》』である。

『鄭鑑録』は、いわゆる秘訣(予言書)の類の一つであるが、その成立年代は定かではない。諸説ある中で、時期を長くとっては成宗《ソンジョン》代(一四六九〜一四九四年)から仁祖《インジョ》代(一六二三〜一六四九年)までの間に作られたとする説[23]と、時期をしぼっては「壬辰・丁酉倭乱」「丁卯・丙子胡乱」以後に蔓延するという説[24]が有力である。しかし最近、『鄭鑑録』に関する記述が年代記史料では、英祖(一七二五〜一七七六年)年間中の一七三九年に初出すること[25]に着目した見解が白承鍾《ペクスンジョン》によって出された。[26] それによれば、『鄭鑑録』が広まり出すのは、どれほど早くても一七世紀後半以前にはたどれず、当初西北地方で流行して一七三九年以降徐々に拡散し、遅くとも一七八〇年代までには全国的に流行することになったという。英祖とそれに続く正祖年間(一七七七〜一八〇〇年)には、王朝批判はもとより、時には革命をも標榜する掛書・凶書・妖言などが多く発生し、謀逆事件にまで発展することがしばしばあった。[27] それらの事件は、秘訣の内容に基づいて起こされるのが一般的であったが、中でも『鄭鑑録』の影響は絶大であった。このことから考えて、白承鍾の見解は説得力あるものだと言えよう。

『鄭鑑録』といわれるものには五七種ほどの異本があるが、狭義には『鑑訣』(これにもいくつかの異本がある)だけか、あるいはそれに『東国歴代気数本宮陰陽訣』『歴代王都本宮数』『三韓山林秘記』の三つを合わせたものだけをいうのが普通である。[28]『鄭鑑録』は党争によって朝廷に志を得られなくなった者が、人心の動揺と革命の機運を醸成しようとして書いたものであることだけは間違いないと思われるが、[29] 作者は不明である。当初西北地方で流行したというのは、西北地方が伝統的に官僚登用において差別を受けてきたことと関係しているものと推察される。当時の『鄭鑑録』の内容は、のちに一般化する『鄭鑑録』の内容とは違うところがあったことが明らかであり、[30]『鄭鑑録』は書写流布の過程で書き改められ、遅くとも一九世紀中葉には現在の内容に近いものになったと考えられる。現在伝わる『鄭鑑録』の内容はおよそ次のようなものである。

話は完山伯《ワンサンベク》(李公《イ》)の三子中の沁《シム》と淵《ヨン》が、鄭公と問答を交わして未来の王朝交代を予言する形式の下に進められる。王《ワン》氏の王朝が五〇〇年続いた後に李氏の王朝が開かれるが、やがて四〇〇年後に滅んで鄭氏の王朝八〇〇年、趙《チョ》氏の王朝一〇〇〇年、范《ポム》氏の王朝六〇〇年と続き、そしてついには王氏の復興がなされる。問題は、李氏の王朝が亡びる末世の際のことである。この時には、天変地異が襲って九年の間人々は大飢饉に苦しんで半ばは死し、一二年に及ぶ賊禍や、さらにまた一二年に及ぶ兵火にも見舞われる。上下の分も綱常も乱れ、世禄の臣にはただ死あるのみとなる。しかし、知覚ある者は生き、また富者は死んでも貧者は生きる。そうした者たちは、兵火も飢饉も及ばない「十勝の地」(一〇カ所の避難地)に逃れることができる。この混乱はやがて真人《チニン》鄭氏の出現によって収拾されるが、彼は卞《ピョン》相・裴《ベ》将・房《バン》氏などの功臣を手足の如く使って、やがて鶏龍山に新王朝を建国することになる。

真人とは、天神との通霊によって、過去・現在・未来を見通し、各種の法術をなし得る一種の超人をいうのだが、その出現によって一部の人々だけがやがて来る終末を無事に乗り越えられるというこの『鄭鑑録』の予言は、朝鮮王朝後期を通じて民衆の間に広く伝播された。そしてそれは、南朝鮮信仰という、より鍛えられた民衆の救済思想ともなっていく。崔南善《チエナムソン》によれば南朝鮮信仰とは、「我々の前には南朝鮮があって、時が来れば真人が出現して我々をそこに連れていき、今ある苦しみや締め付けなどのすべてのことがなくなり、望んでしようと思うことはすべてが自ずと成就されるよい歳月がやってくる」という信仰のことである。[31]標高八二八メートルの鶏龍山は忠清南道の南方にあり、「十勝の地」は異本によって場所が違ってはいるが、ほとんどが三南(忠清・全羅・慶尚の三道)の内にある。また、真人鄭氏は南海に出現すると書いてある異本もある。それゆえに南朝鮮は特別な意味を持つに至ったものと考えられる。『鄭鑑録』は民衆の間にあって、単にやがて訪れる終末への対処を説く予言書としては受け取られずに、今ある現実の苦痛から即座に解放をもたらしてくれる福音の書として伝承された。民衆は即刻に真人の出現を待望し、そしてその解放の地を南朝鮮一般、あるいは南海上の島と定めたのである。

このような内容を持つ『鄭鑑録』信仰＝終末思想が、朝鮮の建国（一三九二年）から四〇〇年を過ぎた一九世紀になると、切迫性を増してくるのは当然である。『鄭鑑録』の予言が正しいとすれば、真人が出現しなければならず、その一部を構成する南朝鮮信仰も現実のものとならなければならない。そこで、一八一一～一八一二年の洪景来《ホンギョンネ》の反乱をはじめとして、開国（一八七六年）の頃まで『鄭鑑録』に仮託した変乱が頻発し、世は変乱時代とも言える不安な状況となった。(32)『鄭鑑録』の影響は不分明なのだが、中には、文字通り南海の島済州島に王国を築こうとする意図を持った変乱（済州告変、一八一三年）さえ起きるに至っている。(33)易姓革命的志向を持つ変乱のうち、一般に蜂起にまで至った場合を兵乱といい、未遂に終わったり、小規模に止まった場合を告変ないし作変という。変乱すべてが『鄭鑑録』に仮託していたわけでは必ずしもないが、それらが『鄭鑑録』的時代風潮に影響されて起きたものであることは間違いない。

しかし実のところそれらは、洪景来の反乱を除いては大蜂起に発展することがなかった。洪景来の反乱とて、平安道の定州城で数カ月にわたって籠城したとはいえ、その規模は決して大きなものではなく、また一部には傭兵として動員される者もいた反乱軍の士気は、当初から決して高いものではなかった。反乱に動員された民衆にとっては、天神との通霊をなし得ない自らは、何ら超能力を備えていない無力な存在であり、だからこそ真人の出現をひたすらに待ち望むのであるから、自らの闘争意欲を高揚させることはなかなかに難しかったと言えよう。真人の出現を説く反乱主謀者の民衆動員策は、この意味で最初から論理矛盾を抱えていたのである。現実には超能力を備えた真人など存在しない以上、真人の出現を待ち望む民衆の期待は無に帰するしかなかった。東学は、このような単に真人の出現を待望するのみで、自身の真人化など思いも及ばない民衆思想界の渦中に、あえて万人真人化を説くべく、にわかに誕生した民衆的な宗教であった。

もとより『鄭鑑録』信仰が強く人々を捉えていた状況の中で、東学が『鄭鑑録』の影響を受けるのは不可避である。崔済愚が上帝(天主)より授かった長生のための仙薬(僊薬)は、「弓弓乙乙」字を書いた紙片だが、これは『鄭鑑録』の異本中の一つに、「利は弓弓乙乙にあり」とあるのに便乗したものである。『鄭鑑録』は隠語や破字を多用した文章で構成されており、その解釈は難解なものとなっているのだが、「弓弓乙乙」とは「弱」の破字である(34)。他の異本中には、「弱は能く強に勝つ」ともあり、「弓弓乙乙」字の仙薬が何者にも優る霊符であることの意味が氷解される。また、東学では「富みかつ貴き人」と「貧しくかつ賤しき人」が天運によって逆転することを説く(35)が、これは『鄭鑑録』の思想そのものであると言えよう(36)。

『鄭鑑録』が東学に及ぼした影響はこれ以外にもある。にもかかわらず、レトリックや概念装置に類似した点があるとしても、東学はやはり何よりも『鄭鑑録』を克服しようとする意欲を持った宗教であることを否定するわけにはいかない。崔済愚は、「怪異なる東国讖書」＝『鄭鑑録』に惑わされて平安の地を求め歩き、一身の無事のみを図ろうとする人々の愚かさを嘆いている(37)。

東学では仙薬の服飲と二一字の呪文の読誦によって、人間は至気の降臨を得て天主と一体化し、君子化するのみならず、神仙化をも達成し、長生を得るとされるが、これは真人化の方法を示したものとも解釈することができる。東学は真人の出現をひたすらに待ち望む民衆に対して、汝らも神秘主義的な方法によって簡単に真人になれるのだということを説いたのである。しかも東学は、そうした時代の到来を単に運数によって説明するのではなく、道徳の堕落の問題と連関させて説明した。東学では、いわば未開（愚夫愚民が雨露の沢を知らなかった時代）→文明（聖人〈五帝〉出現以後の天命を敬し天理に順《したが》った時代）→堕落（輓近以来の天理に順わず天命を顧みない時代）の三時代区分が行われ、そうした過去の時代は一括して「先天」時代ともされる。この時代の特徴は、代天者（聖賢）が天主と人間の間に介在することなしには天理・天命を知り得ない時代であるが、しかし近い将来に訪れる「後天」時代は、新たな時運によって、代天者の介在なくしても天霊の直接降臨がなされて「侍天主」（天人合一）→君子化・神仙化が可能となり、「地上天国」が出現して「輔国安民」の理想が達成されるとしたのである。後天開闢思想といわれるものであるが、現在すでに到来している終末の現象を天変地異と捉えるのではなく、道徳の破滅状態として認識するとともに、これからは永続的に道徳的な社会が到来すると説いたところに東学の革新性があった。これは、道徳の堕落に言及しつつも、基本的には王朝交代の運数を真人の出現と連関させて説いた『鄭鑑録』とはまるで違う思想であると言わなければならない。苦痛に満ちたこの世の永続的革新は、ただ一人の真人の出現によってなされるのではなく、民衆個々人の真人化によって達成されるとしたのである。[38]

このように民衆を総体として士と把握し（君子・神仙化）、さらには真人と見なそうとする東学は、朝鮮民衆思想が到達した特有な平等思想であると同時に、尖鋭な変革論理を持つものであるかに見える。変革の主体をただ一人の超人的な真人＝救世主から民衆総体に拡大しようとしたことにこそは、東学の画期的な意義があったと言える。しかし、東学は民衆を決して変革主体としては捉えていなかった。実のところ没落両班の崔済愚は愚民観に立っており、当初は簡便な神秘主義を説きつつも、結局は自らが創始したと豪語する「守心正気」という内省主義を教徒に強要したのである。「人道の門」たる「守心正気」の修養が、万人君子化・神仙化の絶対条件とされることで、一般民衆たる教徒には君子化・神仙化はほとんど永続的に不可能なものになったと言うことができる。崔済愚の天観は、つとに指摘されていることだが、本来なら相容れることのない、①有意志的な唯一絶対の人格化された天＝上帝(天主)観と、②汎神論的な天観との二つを包括している。①の立場に立つ時、変革主体＝救済者は理念的には上帝以外の何者でもないが、現実的にはその命を受けて布徳を開始した崔済愚自身である。ところが、②の立場に立つ時は、万人君子化が可能となり、変革主体は拡大される。しかし上に述べたようにそれは、実質において内省主義を奨励するものであって、一般民衆は容易に変革主体としては把握されない。事実上変革主体＝真人は、上帝との通霊を果たした崔済愚一人ということになる。(39)

もっとも崔済愚は、真人として朝鮮王朝を転覆する任を帯びた存在ではない。東国意識を強烈に持ち、西学(キリスト教)への対抗や中国への自尊意識から、自らの宗教を東学と命名した崔済愚の思想には、当然ながら民族主義の原初的な在り方を見て取ることができる。内外的危機の深化の中で、崔済愚はむしろ、朝鮮王朝を逆に助ける真人と自処しており、高官への就任を望んでいた。そうした崔済愚の考えは政府に理解されることなく、一八六四年「左道惑民」の罪に問われて処刑される。しかし、不十分にせよ、彼が切り開いた平等と変革の論理は、当時の民衆思想と在地知識人＝士の思想を反映するものであり、民衆運動は一八六〇年代以降、大きな高まりを見せていく。東学の影響下に起きたわけではないが、一八六二年の壬戌民乱は、その開幕を告げる一大民衆運動であった。

(1)　朝鮮駐箚憲兵隊司令部編『朝鮮社会考』(京城、一九一二年)三七〜四〇頁。
(2)　宋俊浩『朝鮮社会史研究』(一潮閣、서울、一九八七年)三七頁。
(3)　宮嶋博史『両班』(中央公論社、一九九五年)二二頁。

(4) 同右、二五頁。

(5) 金仁杰《キムインゴル》「朝鮮後期 郷権의 추이와 지배층 동향——忠清道木川県 事例」(『韓国文化』二、서울大学校、一九八一年)参照。

(6) 田川孝三「李朝後半期における地域社会の諸問題」(研究代表田川孝三『李朝に於ける地方自治組織並びに農村社会経済語彙の研究』昭和五三・五四年度科学研究費補助金研究成果報告書)七三〜七五頁。

(7) 田川孝三「郷案について」(『山本博士還暦記念 東洋史論叢』山川出版社、一九七二年)、同「李朝の郷規について」(『朝鮮学報』第七六・七八・八一輯、一九七五〜一九七六年)。

(8) 金仁杰前掲論文。鄭震英《チョンジニョン》「一九세기 향촌사회 지배구조와 대립관계」(韓国歴史研究会編『一八九四년 농민전쟁연구』一、歴史批評社、서울、一九九一年)。

(9) 宮嶋博史前掲書、二〇八〜二〇九頁。

(10) 「原士」(『燕巌集』巻一〇、啓明文化社、서울、一九八六年)第二分冊、一〇〇〜一〇九頁。

(11) 李《イ》章熙《チャンヒ》『朝鮮時代 선비研究』(博英社、서울、一九八九年)一一頁。

(12) 「課農小抄」(前掲『燕巌集』巻一六)第二分冊、三六八頁。

(13) 「両班伝」(同右、巻八)第二分冊、二〇〜二三頁。

(14) 「范希文請興学校清選挙」(『朴珪寿全集』上、亜細亜文化社、서울、一九七八年)七九六〜七九八頁。

(15) 原田環「一八六〇年前後における朴珪寿の政治思想」(『朝鮮学報』第八六輯、一九七八年)八六〜八七頁。

(16) 誤解なきように付言しておくが、どれほど下賤なものだと思われている職業にも道徳を認めようとする思想は、朴趾源にあってすでに確立されてはいた(鄭聖哲《チョンソンチョル》〈金哲央《キムチョラン》ほか訳〉『朝鮮実学思想の系譜』雄山閣、一九八二年、三六一〜三六六頁、原著『실학파의 철학사상과 사회정치적 견해』사회과학출판사、평양、一九七四年)。ただ、彼においてはいまだ身分と職業が分断されていないために、「そもそも天は万民を生むにおいて、おのおのにその分命の根本を定めた。どうしてこれを怨むことがあろうか」(「穢徳先生伝」前掲『燕巌集』巻八、第二分冊、九頁)と述べるが如く、それぞれの身分的「分」

においてその「道」が認定されているのである。

(17) 大院君《テウォングン》執政期に施行された戸布法は、軍役を実質的に両班戸にも負担させるものであり、両班身分廃止のための大きな歴史的一歩であった。身分制が日本に比べはるかにルーズで、実質的にも進行していた朝鮮の場合、身分制の廃止を容認する潮流が醸成されやすい社会構造があったことを考慮すべきであろう。

(18) 「熱河日記」〈玉匣夜話〉(前掲『燕巌集』巻一四)第三分冊、一八三〜一九一頁。

(19) 『訳注　牧民心書』(創作과批評社、서울、一九七八〜一九八五年)Ⅵ、原文編、二六五頁。

(20) 丁若鏞は幼学について「白徒なり」と言っている(同右、Ⅰ、三一一頁)。

(21) 宮嶋博史前掲書、二四頁。

(22) 金三龍《キムサムニョン》『韓国弥勒信仰の研究』(教育出版センター、一九八五年)参照。

(23) 金水《キムス》山《サン》編著『原本　鄭鑑録』(明文堂、서울、一九七二年)七三頁。

(24) 黄善明《ファンソンミョン》『朝鮮朝宗教社会史研究』(一志社、서울、一九八五年)二七七〜二七八頁。

(25) 『備辺司謄録』英祖一五年六月一五日条。『英祖実録』一五年八月庚辰条。

(26) 白承鍾「一八세기 전반 서북(西北)지방에서 출현한 정감록(鄭鑑録)」(『歴史学報』第一六四輯、서울、一九九九年)参照。

(27) 裵《ベ》恵《ヘ》淑《スク》「영조년간 민간사상과 정치동향 연구」(『祥明史学』第六輯、서울、一九九八年)、白承鍾「一八〜一九세기『정감록』을 비롯한 각종 예언서의 내용과 그에 대한 당시대인들의 해석」(『震檀学報』第八八号、서울、一九九九年)参照。

(28) 金水山前掲編著、八二〜八五頁。

(29) 村山智順『朝鮮の占卜と予言』(朝鮮総督府、京城、一九三三年)六一六頁。

(30) 白承鍾前掲「一八〜一九세기『정감록』을 비롯한 각종 예언서의 내용과 그에 대한 당시대인들의 해석」参照。

(31) 崔南善『朝鮮常識問答』(三星文化文庫、서울、一九七二年)一六三頁。

(32) 一九世紀の変乱については、李離和《イイファ》「一九세기 전기의 民乱研究」(『韓国学報』第三五輯、서울、一九八四年)、禹潤《ウユン》「一九세기 민중운동과 민중사상——후천개벽・정감록・미륵신앙을 중심으로」(『歴史批評』二、서울、一九八八年)、裵《ベ》亢燮《ハンソプ》「一九세기 후반〈변란〉의 추이와 성격」(韓国歴史研究会編『一八九四년 농민전쟁연구』二、歴史批評社、서울、一九九二年)を参照。李離和の論考は「民乱研究」と称しているが、そこで扱われている事例はほとんどが変乱であり、一九世紀前半が民乱よりは変乱によって特徴づけられる時代であったことが示唆される。

(33) 権仁赫《クオンイニョク》「一九世紀初 梁済海《ヤンジエヘ》의 謀変 実状과 性格」(趙尚済《チョサンジエ》・権仁赫『韓国近代農民抗争史』図書出版느티나무、서울、一九三三年)参照。

(34) 細井肇「鄭鑑録の検討」(細井肇編著『鄭鑑録』東京、一九二三年)三五頁。

(35) 「龍潭遺詞」(東学農民戦争百周年紀念事業推進委員会編『東学農民戦争史料叢書』二六、史芸研究所、서울、一九九六年)〈教訓歌〉二一九頁。金文卿《キムムンギョン》「訳注 龍潭遺詞」(『青丘学叢』第七・八巻、一九三二年)第七巻、一二八頁。

(36) 具良根《クヤングン》「東学思想と『鄭鑑録』の関連性考察」(『学術論文集』第四集、朝鮮奨学会、一九七四年)参照。

(37) 前掲「龍潭遺詞」〈夢中老少問答歌〉二七〇～二七二頁。前掲「訳註 龍潭遺詞」第七巻、一三七頁。

(38) 拙著『異端の民衆反乱——東学と甲午農民戦争』(岩波書店、一九九八年)第一章、参照。

(39) 同右、参照。

第二章　民乱時代の開幕――壬戌民乱の世界

第一節　勢道政治下の地域社会と壬戌民乱

一七、八世紀以降の生産力の発展にともなう小農自立への志向性は、確かに顕著なものであった。しかし、民衆の富農化や地主化への方向が安定していたわけではなく、民衆生活はかえって、衰落の危機に日常的にさらされることともなっていた。旧郷層による伝統的な士族支配の後退と相俟って、賄賂政治ともいうべき腐敗した政治の表現でもある勢道政治の盛興は、勢い守令権力を強化することとなり、民衆への弊害を現象化させずにはおかなかったからである。すなわち、地方官と吏胥による「苛斂誅求《かれんちゅうきゅう》」が以前よりも増して不可避的に進行し、田政（田税をはじめとする各種地税）・軍政（本来軍役制度としてあったものが、軍布徴収に切り替わって良民の人頭税的性格を持つようになったもの）・還政（本来春窮期に米穀を貸し出し、秋収期に一割の利息を付けて回収する賑恤《しんじゅつ》政策としてあったものが、税制化したもの）の三つからなる徴税体系が無秩序化する、いわゆる三政紊乱を惹起することになるのである。

守令権力が郷任との癒着を深める一方で、吏胥との結託をも強めていくこのような郷村支配の在り方は、金仁杰《キムインゴル》によって「守令と吏・郷が中心になった官主導の郷村統制策」として先駆的に概念化され[1]、さらに高錫珪《コソクキュ》によって「守令―吏・郷支配（収奪）構造」として定式化されている[2]。高錫珪によればこの構造は、①守令、②吏胥、③饒戸《じょうこ》・富民よりなる郷任・軍校、そして④両班土豪をも構成要素として包摂するものである。この構造にあっては、両班土豪と饒戸・富民の立場は微妙である。両班土豪は、一方で守令・吏・郷と結託して土地兼併を推し進めつつも、他方では投託農民(租税負担を免れるために自己の土地を進んで両班土豪の名義とする農民)を避役民として保護したり、あるいは時として村落全体に関わる租税の一部を負担するなどの民衆的立場にも立ち、一般民衆にとっては「必要悪の存在」であった。また饒戸・富民は、士族支配体制を解体せしめる原動力ではあったが、明瞭な二面性を帯びた存在である。すなわち、郷権に参与して「守令―吏・郷支配構造」に編入され、新たな中間収奪層を形成していく層と、郷権から排除されて貧農層とともに収奪し続けられる層とが、混在している。

饒戸・富民への収奪は、とりわけ一九世紀中頃には普遍化する都結制と関わっている。都結は、商品貨幣経済の発展を背景に、各種の租税を一括して土地に賦課し、貨幣で徴収する租税形態である。これは身分差等的租税徴収を解消して安定的租税徴収を見込み得る近代的性格を秘めた租税形態であった。それゆえ、土地所有の大小がある以上、邑民側に階層間利害の対立を内包するものであったとはいえ、当初は基本的には官民ともに承認し得るものであった。しかしこの租税形態は、徐々に饒戸・富民への過重負担となっていき、しかもそれが佃戸に転嫁されざるを得なかったために、「貧富俱困」という状態を現出させることになった。ここに、都結の実施によって賦税運営からも排除された両班土豪をも巻き込んでの郷村社会の不満は、慢性化の方向に進んでいくのである。(3)

しかし、農民層分解が相当に進行していた当時にあって、苛政のしわ寄せを最も受けていたのは、やはり貧農層であった。金容燮《キムヨンソプ》が調査したところによれば、一八四六年当時慶尚道晋州奈洞里では、わずか六パーセントほどの富農層によって四四パーセントもの農地が所有されていたのに対し、六三パーセントにも達する貧農は、わずか一八パーセントの農地しか所有していなかったという。(4)彼らは、「苛斂誅求」によって流浪民に転落する危機を日常的に抱えており、事実においてその後晋州では、一八五八、九年の両年で実に三三〇〇戸の流浪戸を出し、「一境が空虚となるのは、朝夕の間の事である」とまでいわれるような事態を惹起していた。(5) 彼らには、飢饉や疫病の恐怖がつきまとっていたが、「守令―吏・郷支配構造」の展開によって中間収奪が強まり、国庫財政が破綻をきたしたために、国家の賑恤機能は一九世紀には時を追って低下するようになっていった。

以上のような背景と状況の下に、ついに民衆が連鎖のごとくに怒りを爆発させた一大騒擾が、一八六二年の壬戌民乱である。英祖《ヨンジョ》と正祖《チョンジョ》、とりわけ後者の時代には、上言(国王への文書奉呈)や撃錚《げきそう》(国王出駕に際して銅鑼を鳴らして陳訴すること)と呼ばれる国王への直訴が容易であったが、一九世紀に入ると、仲介勢力たる歴代の勢道政権はその封鎖に努め、経済的実力なくしては困難な状況となった。直訴が難しくなっていたことも、この大民乱を誘発する大きな要因の一つに数えられる。(6) 時はまさに開国前夜であった。民乱とは、通常全国八道の下にある郡県＝邑以下の単位で起き、朝鮮王朝の転覆を視野に入れた変乱に対し、あくまでも朝鮮王朝の存在を前提に、主には地方官庁に対して自らの要求を暴力をもって突きつけた民衆の闘争のことをいう。(7)

一八六二年の騒擾は、慶尚道の丹城と晋州で二月に発生したのを端緒に各地に波及し、慶尚道一九邑、全羅道三八邑、忠清道一一邑、その他咸鏡道、京畿道、黄海道にもそれぞれ一邑ずつに飛び火して、確認されるだけでも民乱発生地は、全国七一邑に及んだ。壬戌民乱とはこれら民乱の総称であるが、ほかにも民乱というまでには至らない騒擾があったし、また中央に報告されなかったがゆえに具体的様相までは分からない民乱もあった。(8)

本章では、このような壬戌民乱の諸特徴と歴史的位相を、その参加層の在り方や展開過程の様相を見ることを通じて明らかにしてみたい。当時民衆は、どのような秩序意識を持って、どのような社会の到来を希求していたのか。当時の民衆が近代思想と無縁であった以上、単に変革主体として自覚化した民衆が登場したというのではすまされない、当時の時代状況に即した民衆の変革意識の様相、ないしはその心性が明確にされなければならない。

第二節　窮民と士族

壬戌民乱の主体については、当代の開明的な知識人であった姜瑋《カンウィ》の有名な指摘がある。「良民は土着の者であり、窮民は浮寄の者である」がゆえに、田宅を所有して生活し、身命を顧みることができる良民は、朝廷に造反する理がなく、窮民こそが久しい間乱を思って良民を脅従させ、ついに「南民の擾」＝壬戌民乱を起こすに至ったというのである。[9]実際、嶺南宣撫使として調査に当たった李参鉉《イチャミョン》は、「尚州・晋州・丹城の変」に刺激された「浮浪にして事を喜ぶ輩」が、「わが邑の弊が、どうしてかつてかの邑に及ばなかったことがあろうか」として、「作乱」に至ったのだと分析している。[10]

窮民の中でも、壬戌民乱でわけても活躍めざましいのは、樵軍(きこり)である。樵軍が最初に登場したのは晋州の民乱においてである。晋州では、樵軍の座上(頭目)である李啓烈《イゲヨル》が担がれ、多くの樵軍が過激な活動をしたのだが、これは晋州民乱よりもやや早い壬戌民乱最初の蜂起である丹城民乱にも逆に影響を与え、丹城の男丁の四分の一に当たる千余人が決起した。[11]忠清道では、民乱が起きた一一邑中、六邑が樵軍を主体としており、また主導層も彼らであった。中でも清州では、数千名の樵軍が決起している。[12]慶尚道南海の民人が訴状中で、「我らは鎌を担いで機具を負う者であり、山に登れば樵軍であり、野に出れば農夫である」と言っていることから分かるように、[13]彼らは概ね半農半樵であり、農民としては零細な経営を強いられていたがゆえに、自らとその家族の再生産のために樵軍をも生業とせざるを得ないような人々であった。

しかし、これほど多くの樵軍が存在し、また決起したとは到底思われない。咸陽では、「来会の民は、大半は雇

奴・傭夫で、樵軍と号してその指揮に従い、踊躍して時を得、東馳西駆した」と言われている。[14]「雇奴・傭夫」とは、多くは貧農ゆえに年雇ないしは季節雇として、いわゆるモスム(머슴、作男)の立場にいた窮民であると考えられるが、彼らは、本来樵軍でないにもかかわらず、樵軍を号していたものと察せられる。居昌でも、やはり主体にして主導層でもあった「浮浪恒《つね》なき」者が、「発通聚党は他邑のやり方に倣い、巾で頭を覆って棒を持ち、また樵軍の装束を用いて指揮によって進退した」と言われる[15]が、窮民は樵軍であることを仮装したに過ぎず、決起の中核が必ずしも樵軍であったわけではないと考えてよいであろう。では、何故に窮民は、あえて樵軍を仮装したのであろうか。目下のところ確実な理由づけは難しいのであるが、およそ以下のような二つの理由が想定される。

第一には、樵軍が持つ組織性の高さに着目したことである。樵軍の座上である李啓烈は、晋州民乱の最高主謀者中の一人である柳継春《ユゲチュン》に対して、「樵軍を作って回文し本洞に輪示すれば、(人々が)応従する見込みがあるだろう」[16]と言っているが、これは樵軍なるものが蜂起のために任意的に組織されたものであることを示している。本来樵軍は、二〇〜三〇人、多い場合で一〇〇名ほどからなる集団をもって山に入り共同作業をするのが通例であったのだが、[17]そうした組織性が壬戌民乱では、民乱組織にそのまま援用されたのである。

第二には、樵軍が持つ蜂起の象徴としての意味性に着目したことである。もとより樵軍が、強健な身体を持っていたことは言うまでもない。たくましき肉体を持つ樵軍は、まさに破壊的力の象徴的存在であったであろう。壬戌民乱時の蜂起民の一般的服装は、白巾を頭に捲いて梶棒ないしは竹槍を持つという簡単な出で立ちであったが、それさえも多くの人々を震え上がらせるには十分であった。[18]それに対して樵軍の服装は、よくは知り得ないが、晋州における出で立ちに関して言えば、「蓬頭乱髪で各々技械と棒杖を持つ」[19]というものであったらしい。彼らは、髪を結うことも白巾で頭を捲くこともせずに、髪を振り乱して駆け回ったことが察せられる。そうした姿はまさに、怒りに震えた荒ぶる集団のイメージを官側にも一般民人にも与えたことであろう。蜂起民衆は、樵軍という異形の姿――「蓬頭乱髪」は本来の樵軍の出で立ちとも異なるであろう――にあえて身を包むことで、自らの力を内外に誇示しようとしたものと推察される。

壬戌民乱の主体が、小民(常人)といわれた一般農民であったことは疑う余地がない。それは、公州民乱での呈訴条項が「みな小民の支え難きことを発端としている」といわれたこと[20]に端的に示されている。壬戌民乱の先駆的研究をなした金錫亨《キムソツキョン》は、この民乱の主体を徹底的に農民一般として把握した[21]。これを発展させた矢沢康祐は、なお踏み込んだ評価を加えている。彼は一九世紀朝鮮の社会的矛盾の特質を、半プロレタリアを中心とする小民が、単に地方官・吏胥と矛盾対立しているばかりではなく、二面性を有する大民(両班)や富民・饒戸などとも矛盾対立している点にあるのだと指摘し、それゆえ壬戌民乱の主体を半プロレタリアを中心とする小民に求めた[22]。確かに半農半樵の樵軍が、半プロレタリア的存在であったことはもちろんであるし、「雇奴・傭夫」は無田農民の仮の姿である。姜瑋は壬戌民乱の主体＝「百姓の最も卑微なる者」の一つとして、流民やモスムのほかに行商人も挙げている[23]が、行商人もまた田畑を失った農民の不本意な仮の姿と考えてよいであろう。矢沢の所説は、高錫珪が定式化した「守令―吏・郷支配構造」を萌芽的に提示したとも見ることができるものである。半プロレタリアという用語を使うことについては必ずしも一般的な了解は得られていないにせよ、一歩譲って貧農層が壬戌民乱の主体であったという主張について言えば、今日通説的見解となっていると言ってよい。

しかし、大民たる士族が小民とともに決起していることも看過することはできない。咸平や扶安などでは、「大小民人」がともに決起したことが明らかであるし[24]、両班が最高指導者となっていた明確な事例も少なからずある。丹城では、元朝官(官僚)金麟燮《キムインソプ》を息子に持つ金欞《キムヨン》が指導者であったし[25]、晋州では、「柳班」といわれた柳継春が最高指導者であった。[26] また開寧では、「班民の金奎鎮《キムギュジン》」が「邑弊の矯捄」を掲げて民乱を組織しているし、[27] 咸昌では、「権《クオン》姓の土班」が指導者となっていた。[28] 当時、在地の有識者は邑弊を論じて活動する気風を広く持っていた模様であり、全羅左道三邑暗行御史の金元性《キムウオンソン》は、次のように報告している。[29]

湖南(全羅道)の諸邑には、出派と坐派の名色があり、ともに郷儒中で文字を稍解して頗る権力ある者たちである。(彼らは)官政を伺察してその得失を論じ、是を説き非を談じ、誤りを喜んで偽り謗《そし》る。坐して指揮する者を坐派といい、煩労を厭わず跋渉を憚らずして京郷に出没する者を出派という。今回の列邑の擾は、(人々が)官吏の剝割の政に堪えなかったことによっているとはいっても、いわゆる首唱者は出坐派の類に過ぎない。

少なくとも全羅道では、単に居ながらにして指揮するか、あるいは自ら行動の前線に出るかの違いはあるにせよ、学識ある郷儒＝両班が邑政を論じて、その是正のために内外に呈訴活動を繰り広げていたことが察せられる。晋州按覈使の朴珪寿《パクキュス》もまた、通文の発送や集会の組織活動などは、「蚩蠢《ししゅん》の類」＝一般民人がよくなせるものではなく、「たとえ地閥ある者でないとしても、凡民に異なる者であればこそ、号令がもとより一郷に行われるのだ」として、民乱の責任を「士民父老」に求めている。[30] 開化思想の先覚者である朴珪寿は、一方で平等思想を構築しようとする思想的営為を行ってはいたが、なお変革主体として目覚めつつある一般民衆に対して、依然とした愚民観を持ち続けていたとも言える。[31] しかしこれは、出派と坐派のような士族による邑政改革運動の現実が、慶尚道にもあったことを前提にしたものと思われ、単に朴珪寿の愚民観として処理することはできない。

第三節　徳望家的秩序観

士族は、なぜにかくも民衆の味方としてともに決起したのであろうか。そこには、「守令―吏・郷支配構造」から疎外された旧郷層や没落両班、あるいはその学識をもって自ら士と処そうとした郷村知識人たちが、儒教的民本主義に則って徳望家として正義を実現しようとする意識の存在を見て取ることができる。「守令―吏・郷支配構造」の展開の中でそれまであった士族支配体制は、確かに崩壊を余儀なくされてはいたが、そうであるだけに、本来士族がその儒教的教養に裏打ちされて持つべきものと観念されている徳望に対する自覚は、かえって高まっていくのだと考えられる。このような自覚は、士族によって単に所有されていただけでなく、一般民衆からも士族が当然持つべきものとして期待されていたであろう。徳望と正義感ある士族の存在を求め、彼らによる郷村秩序の調和ある再生を期待する心性は、郷村社会とりわけ小民層に持続的に存在しているのであり、民乱という非日常的世界が展開される中で、そうした心性は一挙に顕現化していくものと見なければならない。そのような心性を基底に持つ在地秩序観は、端的に言って徳望家的秩序観と呼び得るものである。

高錫珪が解き明かした「守令―吏・郷支配構造」は、勢道政治下の郷村秩序とその矛盾を理解するのに確かに有効な概念だが、その構造の理解において賦税運営に関わる収奪の側面をことさらに強調している点で問題があるように思われる。井上和枝は、次のように批判している。[32] まず第一に、郷村支配における士族の教化＝「倫理規範を浸透させて身分秩序を統制し、吉凶扶助を通じて農民的再生産構造の基礎確立を計る」という側面も重視されなければならず、だとすれば士族の影響力は依然として無視できないものだという。次いで第二に、「守令―吏・郷支配構造」の表象とも言える都結については、それが郷会を通じて民意を反映したものである以上、一面では牧民官としての守令の立場が現れたものであることに留意すべきだともいう。どちらも視座の転換を迫り得る重要な問題提起だが、とりわけ第一の提起は民乱勃発の契機を考える上で示唆的である(33)。

朝鮮民衆史は、従来ややもすれば収奪と抵抗という単純な二項論理で説明されがちであったように思われるが、矛盾の側面のみに目を奪われるのではなく、調和の側面にも眼差しを向けた方法が構築されなければならないであろう。郷村社会さらには朝鮮王朝国家が矛盾を多く蓄積しながらも、なお存続し得ているのは、力による支配の契機のみをもってしては説明できない。そこには何らかの支配への合意のシステム＝調和の論理が形成されているはずであり、このシステムが解体された時にこそ初めて、その健全なる再生を求めて民乱や反乱が勃発するものと考えなければならない。

郷村社会における合意システムとは、すなわち郷会である。本来、儒教倫理を実践する場として邑民を統制するための支配層中心の組織であった郷会は、一八世紀中頃より守令主導の下に賦税への同意を形成するなどの邑政に関わる論議をするための機関に変貌し、構成員も新旧の士族だけでなく、饒戸・富民を中心とした一般民人にまで拡大される方向にあった。それゆえ郷会は、守令や吏胥などの賦税問題を中心とする非理行為に対し、民意を集約して抵抗する場ともなり得る。安秉旭《アンビョンウク》が言うように、ここに郷会から民乱への転回が可能となる(34)。高錫珪批判を実証的に深めようとした井上和枝も、壬戌民乱では丹城において、士族中心である本来の郷会を拡大して、時に「大小民人」が一斉に集うような郷会を組織することによって、民意の調達が図られていたことを明らかにしている(35)。

しかし壬戌民乱段階の大勢は、民人主導の郷会ともいうべき里会・面会・都会などが民乱の発火点となるのを一般としており、もはや民乱に果たす従来の郷会の役割は縮小されたものになっている(36)。この点で井上が行った高錫珪批判の第二の議論は、やや一面的であるが、第一の議論で士族の果たす民乱における役割を念頭に置きつつ、士族の教化という側面を強調した点が重要である。徳望家的秩序観は、郷会の合意システム機能の低下に対応して郷村社会に拡散していき、壬戌民乱において一挙にあらわになったものであると考えられる。そのことは、元朝官が民乱の指導者と目された事例において最も端的に示されている。

元朝官が関わった民乱には、①丹城の金麟燮、②晋州の李命允《イミョンユン》、③長興の高済煥《コジェファン》、④仁同の張膺杓《チャンウンピョ》などの事例がある。①は、限定的とはいえ、その父金欞に従ったことが明らかであり、③は、民乱の全過程を指導した点で際立っている。②と④は消極的な関与でしかないにもかかわらず主謀者と目された事例だが、実は徳望家的秩序観なるものは、本来民乱には消極的な元朝官が民乱に巻き込まれる過程にこそ、最も顕著に確認することができる。とりわけ②の事例は興味深い。李命允が朴珪寿によって民乱の主謀者と目されるに至った事情については、李命允の弁明の書である「被誣事実」を発見、紹介した河炫綱《ハヒョンガン》がつとに明らかにしているが[37]、それを勘案しつつ著者なりに説明すれば次のようになる。

李命允は日頃守令や吏胥の農民収奪に批判的な元朝官であったことから、民衆の信望を一身に集めている人物であった。それゆえ晋州民乱の実質的な最高指導者柳継春は、李命允の蜂起への参加を求めた。柳継春は、「もとより事を喜ぶ徒であり、郷里の論を主張し、邑弊と民瘼《みんばく》に籍口して、騙財と取利を営私していた。郷会・里会はその能事であり、邑訴・営訴を行うことを生涯(渡世)としていた[38]」といわれる。彼は、晋州におけるいわば代言的な存在であり、そのことをもって生活を維持していたものらしく、出派の典型的な人物でもあったと言えよう。しかし柳継春は、本来士族であるにもかかわらず、何らの財産もなく、「雑技」(賭博)を好むような人間であった。それゆえ、それほどの信望を得ていない自身の立場を鑑みて、彼は民乱の正当性を得るためにも、李命允に蜂起への参加を要請したのである。日頃柳継春を侮蔑する李命允は、これを拒否したが、しかし柳継春は、李命允があたかも民乱の主唱者であるかのような風聞を流した。蜂起の中核を担った樵軍の座上である李啓烈が、文字さえ読めない無学な人物であるにもかかわらず、李命允の親族(又従兄弟)に当たっていることもあって、一般民衆もそのように信じた。一方、晋州牧使洪《ホン》秉元《ビョンウォン》も李命允の徳望に期待して蜂起民との仲介の労をとることを依頼したが、李命允がそれを承諾して民衆側の要望の一つである「都結の革罷《かくひ》」(都結徴収の廃止)が牧使に聞き入れられたことで、民衆はますます李命允が主謀者であることを確信することになった。また吏胥らは、「守令―吏・郷支配構造」の展開の中で自らの影響力を行使できる郷会に李命允を招いて、民衆収奪の合法性を獲得しようとしきりに画策していたが、李命允は最後までそれを拒否した。このことで李命允は吏胥らの怨恨を買うことになり、事後奸計を被って民乱の指導者であると訴えられるに至った。

李命允が民乱の主謀者と誤認された以上のような事態の推移から分かることは、彼はその徳望ゆえに、一般民衆からはもちろん、徳望において劣るその実質的な指導者からも、さらには反民衆の立場にある官や吏からも自らの窮状を救ってくれる人物として絶大な期待をかけられていたが、慎重な態度を示しつつも、どちらかというと民衆側に同情的な立場を堅持して、そのような方向で仲介に入ったに過ぎないということである。しかしそこには、本来民本の立場に立たなければならないとする士族の責務において、でき得るならば自らの徳望に対する民衆の期待に応えたいとする者の姿勢を垣間見ることができる。と同時に、徳望家的秩序観なるものは、一般民衆たる小民や自ら民乱を主導する士族、ないしは現実の徳望家にばかりではなく、官や吏の心性にも伏在していたものであることも確認されるであろう。

断っておくが、徳望家は一般にいうところの名望家とは異なる。小民にとって士族は、名門にして財力があって権力に近接しているから期待し得るのでは必ずしもない。そのような基盤や背景を前提とするような名望家であることは、望ましくはあっても絶対的には問われず、たとえ家貧であろうとも、儒教的規範を正しく持して民本の立場に立脚し、権力に峻厳に対抗し得る人格を備えてさえいれば十分なのである。高錫珪は、「土豪的存在の力を借りるのが、ずっと短期的効果があるだろうことを小民が認定していた[39]」というが、やはりあまりに力の論理にとらわれ過ぎた見解である。当時両班土豪の勢力が伸張し、「武断」をもって非公式的に行うその在地支配が、社会問題化していたのは事実である[40]。しかし土豪とは、あくまでも中央権力からする規定であって、土豪と目された者の中には、稀に吏胥もいた。丹城の金欞・鱗燮父子は、土豪と目されはしたが、その実は真に徳望ある人物であった[41]。一般的には土豪もまた士族である以上、儒教的知識人を自負する存在であり、その点で二面性を有していたことが認められなければならない[42]。たとえ苛烈な収奪のみを事とするように見える、文字通りの土豪であったとしても、実質はどうであれ、土豪的行為とは裏腹に民本理念をもって徳望の所有者として自処する意識がなければならなかった。小民が両班土豪に何よりも期待したのは、その土豪としての力であったというよりは、むしろ当為としての、その儒教的人格の発露であったと考えられる。それゆえ、それは名望というよりは徳望といった方が適切である。そして、もしそれを日常において喪失しているとすれば、それを呼びさまさせる契機が、民乱という非日常的世界において生起することになるわけである。壬戌民乱は、日常的に郷村社会に伏在している徳望家的秩序観が一挙に顕在化する契機になったという点において、まさに朝鮮民衆運動史上の画期をなす闘争であったと言える。

ところが事実としては、全く徳望家の介在が認められない民乱もある。とりわけ民乱が起きた一一邑中、六邑(懐徳・鎮岑・連山・清州・懐仁・文義)が樵軍、一邑(公州)が草軍(卑しい人夫)、その他の邑でも最底辺の小民が主体となっており、また主導層も彼らであった忠清道の場合はそうである[43]。しかし忠清道の民乱は、二月から五月の間に至る所で継起して民乱が起きた慶尚道と全羅道の影響のもとに、五月中旬に至って一挙に各邑で起きているのが特徴である。[44] これは、忠清道の民乱が騒擾的状況が高揚する中で起こったものであり、準備過程がほとんど欠如したものであることを示唆している。樵軍を組織した貧農層は、徳望家たる士族の指導を受ける余裕もなく、興奮した雰囲気の中で独自に決起したのであり、その結果忠清道では、反土豪闘争も他道以上に高揚することになった。従って、このような特殊な条件下に起きた忠清道の民乱の事例は、徳望家的秩序観の広範な存在を否定するものでは決してないと言うことができよう。士族がその徳望や正義感ゆえに民衆とともに決起する事態こそは、壬戌民乱以後の民乱の特徴となるのであり、それは甲午農民戦争にも継承されていくことになる。

第四節　民乱の作法

民乱は通常、通文の発送から開始される。壬戌民乱時の通文は現在残存していないが、「沙鉢通文」の形式をとったものが一般的なものではなかったかと推測される。「沙鉢通文」は、甲午農民戦争の発端となった古阜民乱の際に発せられたものが間接的——後世において記憶によって書かれたもの——に確認されているが、それは日本の中世や近世に見られた傘《からかさ》連判状と同様に、多数の謀議者が平等の原則によって円状に連署する形式のものである。壬戌民乱に限られたことではないが、通文は首唱者から風憲などの面任ないしは尊位・頭民などの洞・里任を通じて、大小民人を問うことなく地域住民全般に伝達されるのを一般とした。樵軍組織が各地で活用されたことは言うまでもないが、晋州では、李命允の親族にして本来両班であるはずながら樵軍座上の無学な李啓烈に代わって、実質的な最高指導者の柳継春が、ハングルの歌詞体からなる通文(回文)を書いて樵軍を組織化している[45]のが注目される。

通文は里会・面会・都会などと呼ばれた民会の開催を告げるものであるが、これに応じない者には「罰銭」を徴収するとか「毀屋」を行うとかという参加強制を行った。いわば共同体制裁の論理を行使したわけである。共同体の伝統的な規律や文化は、民衆が蜂起を自律的に計画・実行するにおいての必須の前提条件である。民会の行われる場所は、五日ごとに開かれる場市《チャンシ》(장 시)が一般的であり、晋州では複数の場市で同時に、あるいは再三にわたって民会が催され、その時には山と地を覆うほどに人々が満ちあふれたという。(46) 場市には「酗酒《くしゅ》の類」や「闘悍《とうかん》にして令に従わない者」などが現れるために、地方官は将校を派遣してそうした者を取り締まるべきものとされた。(47) 開国後の場市、しかも韓国併合直前の場市についての報告だが、ある日本人観察者は、「寂しい村落でも、市日となると中々賑やかなもので、日本の縁日祭日の有様のやうである」とか、「其雑踏喧噪の状は詞《ことば》に述べられ無い程である」と述べている。(48) 場市は、祝祭気分が横溢している場所であったと言える。祭りの日に反乱は起こり、またその逆もあり得ることは、Y=M・ベルセがつとに指摘するところであるが、(49) 場市はまさに、祝祭と民乱が交錯する絶好の非日常的な場として機能した。

特殊なケースに属するかもしれないが、「移秧の民」が田植えを中断して兵使のもとへ直行して民乱を起こしている康津の事例(50)は、共同労働組織トゥレの組織が通文や民会に代わって民乱の媒体となっている点で興味深い。トゥレとそれに付随する農楽が民乱と連動する場合があることについては、すでに慎鏞廈《シンヨンハ》の指摘がある。(51) トゥレには農楽だけでなく、酒が不可欠な要素としてあったが、労働の場もまた祝祭と民乱が交錯する場としての役割を時として果たしたのである。農民の伝統的規律と文化が息づく場が、彼ら自身の不満の嵐を巻き起こす温床であったということである。

一般的に民乱の発火点となる民会は本来、議論の後に等訴(複数代表者らの連名による官への呈訴)をする目的をもって行われるものである。しかし、壬戌民乱においては等訴活動が一挙に暴力化することが一般的であったように見受けられる。元朝官の息子を持つ金櫃を最高指導者とする丹城民乱の場合には、平和的かつ合法的な郷会活動が執拗に繰り返されて、大邱にある監営(観察使＝道長官の官衙)への請願運動こそが、実はその基本的な性格であったことは間違いない。(52) しかし、元朝官の高済煥が直接指導した長興民乱においてすら、民会の後にただちに土豪や吏胥の家を焼き討ちし、さらに城内に入っても各官庁を焼き討ちしたことから分かるように、(53) 民会はたとえ等訴を目的に掲げていたとしてもたちまち暴力化している。樵軍など最底辺の人々の活動がとりわけ目立った忠清道では、「聚会徒党」「聚党成群」「成群作党」「嘯聚徒党」等の後にただちに人家の焼き討ちが行われたとされていることから推測される(54)ように、当初から等訴活動を行う意志もなく、民会ならぬ「聚会」「聚党」などは単に焼き討ちを敢行するための集結の場でしかなかったかのようである。

蜂起民の怒りは、往々にして等訴の対象である守令に対して暴力的にぶつけられた。益山や咸平の事例がその典型である。益山では、「乱民輩」三〇〇〇名が「発通聚会」の後に等訴を称しつつ、官庭に入って東軒(守令執務邸)に直行し、印信と兵符を奪うとともに、守令の衣服を破って足枷《あしかせ》をはめ、嘲《あざけ》り誘った後に邑外に放逐している。(55) また咸平でも、守令に対し衣冠を裂破して気絶に至るほどに暴力を振るい、印信と兵符を奪った後に、隣邑の務安に放逐している。(56) 国王の信任の証である印信と兵符が奪われていることに端的に示されているように、民衆による地方官の罷免である。同様の事態は他邑でも起きており、済州では、牧使は印信と兵符を死守したものの、一時は吏胥に護衛されて城から逃亡しているし、(57) 咸陽では守令は身の危険を感じていち早く身を隠している。(58)

しかしこのような守令攻撃は、国王への反抗を意味するものでは決してない。易姓革命を志向する兵乱においては、地方官は容赦なく殺害されるのに対し、民乱では地方官は暴力を振るわれても殺害されることはない。守令放逐という民衆の過激な行為には、「苛斂誅求」を事とした守令の罷免をあくまでも国王に代わって代執行的に行うのであって、それは本来民本の立場にあるはずの国王の意志にそうものであるという論理が働いていたものと推察される。

民衆の攻撃が最も憎悪を持ってなされた対象は、日常において直接的に自らと向き合い、不正と苛酷な収奪をあえて行っていた吏胥である。彼らは至る所で焼き討ちの対象となり、暴力を振るわれ、時に死の制裁を被った。典型的には、晋州の事例がある。晋州では、樵軍をはじめとする民衆は、右兵使白楽莘《ペクナクシン》に迫って不正吏胥の代表である金希《キムヒ》淳《スン》を棍杖で処刑させ、都結革罷の約束を取り付けた。それでも怒りの収まらない民衆は、次いで右兵使を三重四重に取り囲んで威脅と非難を加えた。しかし、彼らはやはり地方官の殺害には及ぶことはなく、それに代わってその怒りの矛先は、再び不正吏胥に向けられた。白楽莘を護衛する吏胥の多くが乱打されて重軽傷を負い、一名が撲殺、一名が焼殺され、焼殺されるのを救おうとした息子一名も撲殺され、その弟は生死不明となったのである。[59] 同様の事態は、開寧や済州でも起きている。開寧では、蜂起民はまず獄舎を襲撃して、先に逮捕された指導者の金奎鎮と無実の囚人らを救い、次いで官門に入って吏胥三名を撲殺した後に、各公廨《こうかい》を焼き討ちして「軍田賦文簿」を焼却した。[60] また済州では、不正吏胥の代表五名が殺害の対象となり、そのうち一名を直接打殺、一名を服毒自殺に追い込み、殺害に失敗した一名の吏胥については、身代わりとしてその息子二名を殺害した。[61] 国王の信任を得た存在ではなく、単に守令権力に阿附することによって、中間収奪者として存在している吏胥に対する民衆の攻撃は、往々にして残虐な懲罰となって現れたのである。

蜂起民の攻撃は、守令や吏胥にばかり向けられたわけではない。民衆の怒りは、通常その後に両班土豪や富民にも向けられていく。彼らに対する闘争が最も激しく行われたのも、やはり晋州であると思われる。晋州では蜂起民の最初の怒りは実は、「やや饒名ある民家」に向けられ、最終局面でも「某々富名の人」が襲撃されている。その結果、蜂起民が通過した村々は二二面に至り、晋州とその周辺邑村の被害は合わせて、毀撤・毀焼された家屋一八二戸、財産銭穀が奪取された家屋一一八戸で、被害総額は一〇万両近くに及んだ。[62] 襲撃された人々はまさに、「守令―吏・郷支配構造」に包摂されていた両班土豪ないし富民にほかならない。彼らは至る所で民衆の怨嗟を買って毀撤・毀焼の対象となっていたが、晋州以外では、開寧―五二戸、恩津―六二戸、懐徳―七四戸、清州―四〇戸、尚州―八〇戸、済州―一四一戸などの被害が目立っている。[63] やや少ない三六戸の被害に止まった順天でも、蜂起民の闘争は、「明火賊に異ならない」と言われるほどに激烈なものであった。[64]

ただし、吏胥に対する対応とは違い、両班土豪や富民は、たとえ毀撤・毀焼の対象とされ、手痛い暴力を振るわれたとしても、まず人命を奪われるまでには至らないというのが、民乱一般の特徴であり、壬戌民乱にも共通して見られる現象である。無秩序的な行為は、自律的に制御されたのである。確かに朝鮮の民乱は、日本近世の百姓一揆などに比べて、はるかに暴力的で激烈なものであった。それは朝鮮の村が、共同体の実態を確かに有しながらも、朝鮮では土地の売買や村落間の移動が全土的に自由であったがゆえに、日本の村に比べてはるかに開放的であったことに原因しているものと思われる。しかしそれでもなお、朝鮮の民乱にもまた、民衆運動に広く認められる自律性がやはり貫徹していることを確認しておく。

そのような自律性は、民衆が王朝秩序の根本的な改変を望んでいないこととも一面関連している。蜂起民は対貪官《たんかん》汚吏《おり》闘争や対土豪・富民闘争をどれほど熾烈に展開し、時に丹城や咸陽を典型とするように、郷任や吏胥を自らが選任して、一時的に邑権を掌握したとしても、[65] 中央権力に対しては全く無力な対応しかなし得なかった。政府側では、按覈使や宣撫使・暗行御史などを民乱発生地に派遣して調査と鎮撫に努めたが、民衆は王命を受けて事態収拾に当たった彼らに対し、まことに哀願的であったのである。湖南宣撫使となった趙亀夏《チョギハ》は、行く先々で「弊瘼を痛革する」

ことを呼訴する民衆に前後を遮られている。あるいは、邑と邑を結ぶ街道でも、三里から五里(朝鮮里は三九三メートル)ごとくらいに「泛浪潑皮《はんろうはつぴ》(浮かび波立つ無頼)の類で一つも事を解さずに動く者」に率いられた群衆が数百人ずつ屯集して訴えかけてくるために、一日に三、四〇里しか進むことができなかったという[66]。民衆は、苛斂誅求に喘いで困窮化している自らの生活実態を何としても国王に伝達して、仁政を被ろうと必死の嘆願を行ったのだが、それはまさしく国王への絶大な信頼感を前提とするものであったと言えよう。

壬戌民乱は、一部で吏胥層の軍事的反撃を加えられたところがなかったわけではないが、基本的には国家的な軍事力によって鎮圧されたのではない。国王の威信と徳治を信じる民衆は、自らの激烈な行為への懲罰を覚悟しつつ、それに引き続いて行われるであろう仁政を期待して、按覈使や宣撫使の暁諭の前に進んでひれ伏したのである。それゆえ壬戌民乱は、主謀者には梟首、追随的な指導者には定配というような、蜂起民に対する厳しい処罰[67]と、貪官汚吏に対する罷職・定配等の処分によって終結することになる。そして政府では、民衆の仁政願望に応えるべく、五月二五日賦税問題を議論する機構である釐整庁の設置を決定し、三政矯弊策を官僚と在野の儒生に広く募って、閏八月一九日三政釐整策を発表した。しかしこの釐整策は、「部分改善・部分改革の消極的な方案[68]」でしかないにもかかわらず、それさえも受け入れられない支配層の利害を反映して、一〇月二九日には撤回された。民衆はその持つ国王幻想ゆえに、見事に政府の背信を招くことになったと言うことができる。

第五節　仁政と開闢

壬戌民乱は、賦税問題が邑によって具体相が異なるために、基本的には邑単位で個別分散的に起き、ついに農民戦争にまで発展することができなかった。しかし、「守令―吏・郷支配構造」下での賦税問題という点で、民衆は本質的には共通な利害関係に立っており、それゆえに民乱が相互連携をとって、広域化する様相を全く見せなかったわけではない。公州では、「他道浮浪の漢」が蜂起に加わり、五人の指導者中、一名は漢城(ソウル)、一名は嶺南(慶尚道)の人物であった。(69) また、咸陽の民乱は近隣諸邑に影響を及ぼしている。咸陽では一七歳の少年が五〇名ほどを率いて、吏胥や富民などに対する過激な毀撤・毀焼活動を行い、守令も身を隠すほどの事態になった。蜂起民は、長水や南原・任実・金溝・居昌などの近隣十余邑にも通文を発して気脈を通じ、最も過激な蜂起を行った晋州の「余党」とも連携を取っている。(70) しかし、強力な指導部が存在しなかったために、各邑とも按覈使や宣撫使の暁諭の前に、順次「聚党」を解くのやむなきに至った。

こうした中で、咸平で起きた民乱は広域化することはなかったものの、逆に強力な指導部を持っていたという点で、きわめて注目される。咸平では、一八六一年春より邑弊是正のための等訴活動が行われ、監営や漢城への呈訴が繰り返されていた。そしてついには、当時難しくなっていた撃錚まで行われ、咸平の邑弊要求は国王の耳にも達し、その允可を受けることができた。しかし、国王の允可の政策は行われることがなく、指導者である鄭翰淳《チョンハンスン》は、かえって「営門印蹟偽造」の冤罪を被り、刑配されることに決した。ここに鄭翰淳は、刑配を受ける前に四月一六日数千名の邑民を場市に集結させ、蜂起民を一挙に四方に分派した。すなわち土豪や奸吏の家を毀撤・毀焼し、次いで前述したように、東軒を襲って守令に暴力を振るい、印信と兵符を奪った後に、隣邑の務安に放逐したのである。その後、蜂起民は捕校を緊縛して獄囚を釈放し、「将軍」を称する鄭翰淳の指揮のもとに集会活動を祠院や山洞などで行いつつ、饒民から糧食を組織的に徴発した上で、吏胥を指揮して一カ月近くにわたって邑権を掌握するに至る。しかし按覈使が到着すると、五月一〇日鄭翰淳ら蜂起民は、一〇条に及ぶ民瘼を仰陳すべく一斉に自首した。そして、六月四日鄭翰淳以下六名が梟首され、咸平民乱はようやくにして終止符を打つことになった。[71]

咸平民乱の概略はおよそ以上の通りであるが、この民乱の組織性は、壬戌民乱中において間違いなく際立っている。鄭翰淳は「京商の接長」(ソウルの商人組織の頭領)ではあるが、「出派の渠魁」ともいわれ、たとえ商人だとしても、徳望家たらんとする士の気概を持っていた人物であると考えられる。この民乱には一四面の村々の邑民が参加したが、彼らは各面の面任のほかに、訓長によっても動員されているのが特徴となっている。訓長とは、書堂(寺子屋)の教師のことにほかならないが、彼らの多くは没落両班や郷班の身分に属し、郷村社会における知識人であり、やはり士の気概を持つ者たちであったと推測される。彼らに動員された民衆は、面里名を書いた旗幟を先頭に行進し、老弱ともに竹槍を持ち、「一時応声、四辺分派」という官側の表現から察せられるように、高い規律性を持っていた。また、鄭翰淳が「将軍」を名乗っていることから察せられるように、蜂起民は民軍の気概を持っていたであろうこともうかがえる。のちの甲午農民戦争の際における全琫準《チョンボンジュン》率いる農民軍には及ばないものの、鄭翰淳率いる蜂起民は、やはり農民戦争を引き起こすに足る組織力を持っていたかに見える。彼らは「輔国為民」のスローガンも掲げていたことが明らかであるが、それも東学の影響を受けた甲午農民戦争が「輔国安民」のスローガンを掲げていた事実を彷彿とさせるものがある。少なくとも鄭翰淳をはじめとする咸平民乱の指導者らは、邑政改革は本来、国政改革にまで行き着くべきだとする問題意識を持っていたものと推察される。それゆえ朝鮮王朝政府の咸平民乱への憂慮は深く、哲宗《チョルジョン》は咸平民乱に対して、「ほとんど称兵召乱より甚だしいものがある」という深刻な感想を述べるに至ったほどである。[72]

ところが哲宗の心配とは裏腹に、咸平邑民には、蜂起を邑外に拡大する気はほとんどなかったようである。壬戌民乱では、一般に武器庫は襲撃されず、武器は棒杖でなければ竹槍なのであるが、咸平でも武器庫は襲撃されず、武器の携帯は竹槍のみに止まっている。これは軍隊との対決を視野に入れておらず、中央権力への抗拒を全く想定していないことを示すものである。それゆえに鄭翰淳ら蜂起民は、按覈使の前に一斉に自首したのであるが、それは処刑を覚悟した上での決死の行為であり、国王に対してはあくまでも従順であろうとする彼らの精神の在り方を如実に示している。鄭翰淳は、「私の罪は万死に値するとはいっても、民瘼の矯捄を得ることができなければ、瞑目することはできません」と決死の嘆願をしつつ、「(一〇条からなる民瘼の矯捄を)いちいち天陛(王宮の階段)に転達して釐正をなして下されば千万の顒祝《ぎょうしゅく》であります」と述べている。また、官庭に招致された数千名の蜂起民も、国王の暁諭を聞かされると、「感悟しない者はなく、北に向かって蹈舞し、一斉に散去した」という。

ここには、やはり色濃い国王幻想を認めることができる。強力な指導部と「輔国為民」思想を持ちながらも、咸平邑民の変革主体意識はなお力弱いものであった。すなわち、本格的な軍事力を行使せずとも、怒りをもってする地方権力に対しての代執行的な闘争とそれに引き続く哀願のみによって、自身らの仁政要求は国王に達して実現され得るはずだというような甘い期待を、彼らはなお持ち続けていたのである。

かくして壬戌民乱において、組織的にも意識的にも最も尖鋭な闘争を展開し得たと言える咸平民乱もまた、対国家闘争という点で「限界」を抱えていたことが明らかとなった。しかし壬戌民乱が、民衆の怒りの噴煙を至るところで同時に立ちのぼらせた従来にない激しい闘争であったことは間違いない。そして、確かに対国家闘争という点で「限界性」を抱えていたとしても、近代の直前ないしはその移行期の民衆運動においては、それは本来一般的に広く認められる特徴である。「限界性」というのは実は、当初は国王幻想を内包しつつも、結果的には農民革命が否定され、王政廃止・近代化の方向が定まっていったフランス革命などの例外ともいえる事例を典型的な到達点として理念化した時になされる歴史評価であるに過ぎない。壬戌民乱はあくまでも、朝鮮史的ないし民衆運動史的文脈において評価されなければならないであろう。このことを勘案するならば、この民乱はたとえ力弱くとも、朝鮮王朝史上において自らを変革主体として認識し出した民衆の、先駆にして画期をなす闘争であったことは、やはり否定し得ない。「守令―吏・郷支配構造」の展開の中で、窮民をはじめとする一般農民や、その体制からはじかれた士族層は、在地社会において徳望家的秩序観を徐々に形成していくのだが、同時に勢道政権や仲介勢力との矛盾の激化は、その勢力を掣《せい》肘《ちゅう》し得る国王への期待を増大させていた。

つまるところ壬戌民乱は、徳望家的秩序観と国王幻想の今までにない高揚を背景に、過重な賦税に抗拒すべく窮民・一般農民が、時に単独で決起する場合があったにせよ、一般的には儒教的民本主義の立場を実践しようとする士族、ないしは士意識を持つ者たちを指導者として担いで起こした一大民衆騒擾であったと言うことができる。当時は単に、勢道政治と「守令―吏・郷支配構造」の展開によってのみ民衆が呻吟していたというのではなく、飢餓や疫病、天主教に代表される西勢東漸の波濤などによって、朝鮮社会はまさに内憂外患に怯え、末世的認識が支配していた。それゆえ救済思想に帰依することによって、新しい時代の到来を願望しようとする民衆の心性は、当時の特徴的な状況として成立していた。そうした世相の在り方は広く開闢状況として把握することができる。「輔国安民」を唱える東学が一八六〇年に崔済愚《チエジエウ》によって創始されたことと並んで、咸平民乱に代表される民衆の闘争が、「輔国為民」という言葉に象徴されるように、国家や民衆一般の救済を視野に収め出していることにこそは、開闢状況の到来が端的に示されている。

(1) 金仁杰「朝鮮後期 郷権의 추이와 지배층 동향――忠清道木川県 事例」(『韓国文化』二、서울、一九八一年)、同「一九세기 전반 官主導 郷村統制策의 위기」(『国史館論叢』六、서울、一九八九年)参照。

(2) 高錫珪「一九세기 전반 郷村社会 勢力間 対立의 推移――慶尚道英陽県을 중심으로」(『国史館論叢』八、서울、一

九八九年)、「一九세기 前半 郷村社会 支配構造의 성격――〈守令―吏・郷수탈구조〉를 중심으로」(『外大史学』二、서울、一九八九年)、「一九세기 농민항쟁의 전개와 변혁주체의 성장」(韓国歴史研究会編『一八九四년 농민전쟁연구』一、歴史批評社、서울、一九九一年)参照。前二者では「守令―吏・郷収奪構造」とされていたが、三番目の論文では「守令―吏・郷支配構造」と改められている。

(3) 金仁杰前掲「一九세기 전반 官主導 郷村統制策의 위기」一七九頁。高東煥《コドンファン》「一九세기 부세운영의 변화와 그 성격」(前掲『一八九四년 농민전쟁연구』一)一〇三、一二二頁。

(4) 金容燮「晋州奈洞里大帳의 分析――一八四六年 晋州民의 農地所有」(同『朝鮮後期農業史研究』I、一潮閣、서울、一九七四年)二〇二、二〇三頁。

(5)『備辺司謄録』哲宗一〇年六月一九日条。

(6) 李泰鎮《イテジン》「一八〜一九세기 서울의 근대적 도시발달 양상」(同『고종시대의 재조명』대학사、二〇〇〇年)三二八頁。原武史『直訴と王権』(朝日新聞社、一九九六年)一二二〜一二四頁。前者の論考は本来、一九九四年にソウル学国際シンポジウムで発表されたものであり、後者の論考は主としてこれに基づいている。

(7) 民乱という語は、権力側の規定のような印象を与えるため、韓国の研究ではこの語を使うのを避ける傾向があるようである。しかし、当時の民衆や指導者が自らの行動をどう規定していたのかは定かではない。甲午農民戦争の発端となった古阜民乱に先立って、一八九三年一一月に発せられた「沙鉢通文」(『나라사랑』一五、서울、一九七四年、一三四〜一三五頁)では、「乱離」という語が出てくる。このことから少なくとも、「乱」という語を民衆が忌避したとは思われない。また、民乱に関わった儒教的教養人たる在地士族の立場からすれば、権力側が用いた「作鬧」「作変」「民擾」などの呼称は違和感なく受け入れられたものと考えられる。今日的視点から「農民抗争」などと呼称することは、当時の人々が持つ心性への接近を難しくすると思われるので、本書では従来一般に用いられてきた民乱という語をそのまま使うことにする。ただし、民乱に止まらない他の民衆の闘争をも包括して一般的に表現する場合には、本書表題の「民衆運動」はもとより、時に「農民抗争」「民衆抗争」という語を使うことにする。

(8) 望遠韓国史研究室編『一八六二년 농민항쟁』(동녘、서울、一九八八年)五九、六二頁。壬戌民乱に関する研究は少なくないが、高東煥・呉泳教《オヨンギョ》・宋讚燮《ソンチャンソプ》をはじめとする七人の研究者の共同研究である同書は、それまでの研究を集大成した感があり、壬戌民乱を研究する上で基本文献となるものである。史実関係の上では、本書も同書に少なからず依拠するところがあることを断っておく。また、壬戌民乱の作法やそこに見られる闘争の論理については、日本では鶴園裕が、専論ではないものの、いち早く言及している(「李朝後期民衆運動の二・三の特質について」『朝鮮史研究会論文集』第二七集、一九九〇年)。ここではその成果を踏まえつつも、民衆運動をあくまでも自律的なものとして捉えようとする著者なりの問題意識から、作法や論理はもとより、民衆の心性の次元にまで分け入って考えてみようと思う。

(9) 「擬三政捄弊策」(『姜瑋全集』上、亜細亜文化社、서울、一九七八年)五九三頁。

(10) 「鍾山集抄」(『壬戌録』国史編纂委員会、서울、一九五八年)二二四頁。

(11) 井上和枝「丹城民乱期における在地士族の動向――海寄金櫺と端磎金麟燮父子を中心に」(『調査研究報告』二七、学習院大学東洋文化研究所、一九九一年)九四頁。

(12) 「六三六　営奇」(『龍湖閒録』三、国史編纂委員会、서울、一九七九年)八九頁。

(13) 「咸鏡道」(前掲『壬戌録』)一〇一頁。

(14) 「別単」(同右)五一頁。

(15) 同右、五二頁。

(16) 「晋州按覈使査啓跋辞」(同右)三二頁。

(17) 前掲『一八六二년 농민항쟁』三三四頁。梁晋碩《ヤンジンソク》「一八六二년 농민항쟁의 배경과 주도층의 성격」(韓国歴史研究会編『一八九四년 농민전쟁연구』二、歴史批評社、서울、一九九二年)二一四頁。

(18) 前掲「擬三政捄弊策」五六七頁。

(19) 『日省録』哲宗一三年二月二九日条。

(20) 「六二七　錦伯啓本」(前掲『龍湖閒録』三)七七頁。

(21)　金錫亭「一八六二년 진주 농민폭동과 각지 농민들의 봉기」(朝鮮民主主義人民共和国科学院歴史研究所編『봉건지배계급을 반대한 농민들의 투쟁〈리조편〉』과학원출판사、평양、一九六三年)一七〇頁。

(22)　矢沢康祐「李朝後期における社会的矛盾の特質について」(『人文学報』八九、東京都立大学、一九七二年)参照。

(23)　前掲「擬三政捄弊策」五七〇頁。

(24)　「益山按覈使啓跋」(前掲『壬戌録』)六五、六七頁。

(25)　前掲「別単」五二〜五三頁。

(26)　「晋州樵軍作変謄録」(金錫亭前掲論文、付録)一八一頁。同右、二四、三一頁。

(27)　「巡営状啓　四月」(前掲『壬戌録』)四一頁。

(28)　前掲「鍾山集抄」二〇四頁。

(29)　『日省録』哲宗一三年七月二日条。

(30)　「到晋州行関各邑」(前掲『壬戌録』)五頁。

(31)　晋州民乱の責任を全面的に「士族父兄の地望ある者」に帰そうとした朴珪寿の鎮撫策は、当時においても一部では批判されていた(「副護軍李《イ》晩運《マンウン》上疏」同右、八四頁)。

(32)　井上和枝「朝鮮李朝時代郷村社会史研究の現状と課題」(『歴史評論』五〇〇号、一九九一年)一四一頁。

(33)　井上の批判は、高錫珪が「守令—吏・郷支配構造」と改めるのとほとんど同時に展開されたために、「守令—吏・郷収奪構造」に向けられている。しかし、「収奪」を「支配」と改めても、高錫珪の議論は士族の教化面における影響力を過小評価するものであり、井上の批判はなお有効である。

(34)　安秉旭「朝鮮後期 自治와 抵抗組織으로서의 郷会」(『聖心女子大学論文集』一八、富川、一九八六年)、「一九세기 壬戌民乱에 있어서의〈郷会〉와〈饒戸〉」(『韓国史論』一四、서울、一九八六年)参照。

(35)　井上和枝「李朝後期郷村支配権の変動と在地士族——慶尚道丹城県の場合を中心に」(『朝鮮史研究会論文集』第二八集、一九九一年)参照。

(36) 前掲『一八六二년 농민항쟁』七三頁。

(37) 河炫綱「李命允의「被誣事実」에 対하여――새로 発見된 晋州民乱関係資料」(『史学研究』第一八号、서울、一九六四年)参照。

(38) 前掲「晋州按覈使査啓跋辞」二四頁。

(39) 高錫珪前掲「一九세기 농민항쟁의 전개와 변혁주체의 성장」三四五頁。

(40) 郭東璨《カクトンチャン》「高宗朝 土豪의 成分과 武断様態――一八六七年 暗行御史 土豪別単의 分析」(『韓国史論』二、서울、一九七五年)参照。

(41) 井上和枝前掲「丹城民乱期における在地士族の動向」参照。

(42) 井上和枝「大院君의 地方統治政策에 관하여――高宗朝〈土豪別単〉의 再検討」(『碧史李佑成《イウソン》教授定年退職紀念論叢 民族史의 展開와 그 文化』上、서울、一九九〇年)参照。

(43) 「湖西」(前掲『壬戌録』)七二～七六頁。前掲「六二七 錦伯啓本」七七頁。

(44) 前掲『一八六二년 농민항쟁』五九～六一頁。

(45) 前掲「晋州按覈使査啓跋辞」三二頁。

(46) 同右、二三頁。

(47) 「居官大要」(内藤吉之助編『朝鮮民政資料 牧民編』京城、一九四二年)二九七頁。

(48) 荒川五郎『最近朝鮮事情』(東京、一九〇六年)一五九頁。

(49) Y＝M・ベルセ〈井上幸治監訳〉『祭りと反乱』(新評論、一九八〇年)九三頁。

(50) 前掲「益山按覈使啓跋」六八頁。

(51) 慎鏞廈『東学과 甲午農民戦争研究』(一潮閣、서울、一九九三年)二五四～二五七頁。

(52) 井上和枝前掲「丹城民乱期における在地士族の動向」九二頁。

(53) 前掲「益山按覈使啓跋」六八～六九頁。

(54)　前掲「湖西」七二〜七六頁。
(55)　「湖南」(前掲『壬戌録』)五九頁。
(56)　「六一一　壬戌四月十六日咸平公兄文状」(前掲『龍湖閒録』三)五八頁。「六一二　咸平県令罷黜状啓」(同)五八頁。
(57)　金鎮鳳《キムジンボン》「哲宗朝의 済州民乱에 대하여」(『史学研究』第二一号、서울、一九六九年)一八二頁。
(58)　「六〇六　三南民鬧録上　三月二十九日」(前掲『龍湖閒録』三)五二頁。
(59)　『日省録』哲宗一三年二月二九日条。
(60)　「巡営状啓四月」(前掲『壬戌録』)四一頁。
(61)　金鎮鳳前掲論文、一八四頁。
(62)　『日省録』哲宗一三年三月一六日条。
(63)　「六一三　開寧県監金厚根《キムフグン》罷黜状啓」(前掲『龍湖閒録』三)五九頁。「六二五　忠清監営状啓」(同)七五、七六頁。前掲「六三五　営奇」八九〜九〇頁。金鎮鳳前掲論文、一八五頁。
(64)　前掲「六三五　営奇」八五頁。
(65)　井上和枝前掲「丹城民乱期における在地士族の動向」九三〜九四頁。「右兵営状啓」(前掲『壬戌録』)四五頁。
(66)　前掲「六三五　営奇」八三〜八四頁。
(67)　元朝官が関与した民乱については、たとえその者が主謀者と認定されても、梟首まではいたらず、処罰は定配に止まった。
(68)　金容燮「哲宗 壬戌改革에서의 応旨三政疏와 그 農業論」(同『韓国近代農業史研究』一潮閣、서울、一九七五年)三〇二頁。
(69)　前掲「湖西」七三頁。
(70)　前掲「六〇六　三南民鬧録上　三月二十九日」五一〜五二頁。
(71)　咸平民乱の概略は、「六一一　壬戌四月十六日咸平公兄文状」「六一二　咸平県令罷黜状啓」「六二三　営奇」「六三五　営

奇」「六三六　京奇」(以上前掲『龍湖閒録』五七〜五八、七二、七三〜七四、九〇〜九四頁)および前掲「益山按覈使啓跋」(六五〜六六頁)による。

(72)『備辺司謄録』哲宗一三年四月二一日条。

第三章　開国期の民乱——原州民乱の事例から

第一節　開国後の地域社会

周知のように、哲宗《チョルジョン》の死後政権を掌握した高宗《コジョン》の父大院君《テウォングン》は、その執政期間中（一八六四〜一八七三年）国王権力の強化に努めたが、それは壬戌民乱に見られた、徳望家的秩序観を基礎に持つ民衆の国王幻想の高揚を梃子としてこそ、初めて可能になったものであると考えられる。その政策は、単に大院君の強烈な個性によって可能になったと言うべきものではない。もちろん大院君失脚後、閔《ミン》氏政権という新たな勢道政権が誕生することにはなる。しかし一八七六年の開国を契機に、朝鮮がさらなる内外的危機に直面する中で、高宗親政期には国王への求心力は一層強まっていく。

なるほど確かに、朝鮮王朝後期には『鄭鑑録』信仰が広まり、易姓革命論が高潮して数多くの変乱が起きている。しかし変乱は、一八八〇年代中頃からほとんどなくなり、しかも開国前後の変乱には「斥倭」や「斥洋」のスローガンが現われ出してくる[1]。これは、一方で朝鮮王朝国家への不満が高まりつつも、他方では対外的危機の進行の中で従前のような変乱が起きにくくなってきた事態を示唆している。易姓革命論は決して完全には消滅することはないものの、内外的国家危機の進行は一面、皮肉にも王朝国家に対する不満を閔氏政権や守令・吏胥・郷任などの仲介勢力への不満として蓄積する結果を招来し、かえって国王への求心力を強めることになったのだと思われる。そしてこのような国王への求心力の強化は、先にその所在を確認した郷村社会における徳望家的秩序観と決して無関係ではないであろう。「守令―吏・郷支配構造」への抗拒を契機にあらわになる徳望家的秩序観は、自ずと仲介勢力の排除を志向するものである以上、国王への求心力強化＝国王幻想の方向にそのベクトルが向かわざるを得ないからである。徳望家的秩序観が郷村社会を越えてさらに朝鮮王朝国家大に広がりを見せた時、最も徳望ある者として嘱望された存在こそが、国王高宗であったと言える。

それゆえ、開闢状況が到来したとはいえ、それに対応した民衆反乱がただちに起きるわけではない。民衆はしばらくの間、国王の仁政を信じて国家体制そのものへの批判を封印し、地方権力の不正のみを糺そうとする運動に終始することになる。壬戌民乱を契機に朝鮮は、徐々に変乱時代から民乱時代に移っていくのである。もちろん累積されゆく諸矛盾とそれを止揚しようとする抗争の絶え間ない繰り返しの中で、民衆が徐々に変革主体意識を尖鋭化させていったことは間違いない。しかし地域的利害を超えて、国家的矛盾の中に自己を定置し、真に開闢を志向するにおいては、世界観の大転換がなされる必要があった。東学はまさしく、開闢状況を示唆し、壬戌民乱を契機に始まる民乱時代に対応した宗教であり、民衆の世界観に一大衝撃を付与しようとするものであった。しかし、東学が民衆を真に変革主体として捉えていなかったことについてはすでに述べた通りである。[2] 別著で明らかにし、行論の都合上、次章でも触れることだが、自らを真に変革主体として認定する思惟は、東学内に形成された異端派によってもたらされたものである。その指導下に民衆はやがて甲午農民戦争へとのぼりつめていく。

では、壬戌民乱以降、甲午農民戦争が起きるまで、全国でどれほどの民乱が起きているのであろうか。壬戌民乱は確かに民乱時代の開幕を象徴する一大民衆運動ではあったが、実はそれ以降民乱の数が急激に増えるということはない。壬戌民乱以降一八七〇年代末までは、豊川（黄海道―一八六四年）・蔚原（慶尚道―一八六八年）・固城（慶尚道―

一八六九年)・蔚山(慶尚道—一八七五年)で四例ほどの民乱が確認されるばかりである。(3) 貪官汚吏への処罰を勝ち取りはしても、蜂起指導者への厳しい処罰をも甘受しなければならなかった壬戌民乱の苦い記憶は、しばらくは民衆の再蜂起を躊躇させるものがあったのだと推察される。民乱が増大するのは、変乱がほとんどなくなり、開国のひずみが顕著になっていく一八八〇年代に入って以降のことである。

壬戌民乱に際して、一時釐整庁が設けられ、三政の改革が図られようとしたが、しかしすぐに中断されたことはすでに述べた。改革にかかる経費や歳月、労力、あるいはさらなる財政難への危惧などから、徴税システムの根本的な改革をなすことはできなかったのである。政治構造の根本的改革までは視野に入れない政府は、「守令—吏・郷支配構造」下における中間収奪に有効な政策を打ち出すことができないままに、むしろそれを前提とした徴税政策をとり続けていくしかなかった。このような事態の推移の中で、多くの農民は全般的な窮乏化の方向をたどっていったものと考えられる。増大していく貧農・無産者層は、「守令—吏・郷支配構造」との対立を尖鋭化させるのみならず、自らとは対極的に析出され、かつその支配体制に包摂されている饒戸・富民層との矛盾も深めていく。とりわけ開国後における日本への広範な米穀輸出の展開の中で、両者間の矛盾は拡大していった。商品貨幣経済の農村浸透過程を前提に、農民層内部に米穀の販売者(地主・上層農民)と購買者(下層農民)とが存在する農村構造のひずみは開国以前から生じていたが、開国後はその矛盾対立がさらに激化し、飯米を奪われた貧民の不満が累積されていくのである。(4)

こうして、一八八〇年代に入って以降、民乱は全国的かつ飛躍的に増大していくことになる。主に王朝の年代記史料などに現れ、現在ある程度騒擾状況を認知することができる民乱は、金洋植《キムヤンシク》が明らかにしたところによれば、表Iに示す通りである。(5) 一八八〇〜一八九三年の一四年間に五二件もの民乱が発生しているが、一八八三〜一八八五年がごく小さな集中期をなし、一八八八〜一八九一年の比較的大きな集中期を経て、一八九二〜一八九三年に激増し、つ

表Ｉ

	京畿	忠清	全羅	慶尚	江原	黄海	平安	咸鏡	計
1880						1			1
1881									0
1882									0
1883				2					2
1884			1			2		1	4
1885	1				1				2
1886									0
1887									0
1888				1				4	5
1889	2		3		5				10
1890				2					2
1891	1		1		1				3
1892				1	1		2	4	8
1893	2	3	3	1	1	3	2		15
計	6	3	8	7	9	6	4	9	52

いに甲午農民戦争にのぼりつめていく様子が見て取れるであろう。また、民乱の発生地は決して局地的なものではなく、全国に一様に蔓延していることも確認される。しかし当時地方官を駆逐するような「民擾」は、年に数十にものぼると記した同時代史がある。[6] 表Ｉは一般的趨勢と考えるべきであり、金洋植は実は、騒擾状況が分からないものを含めれば、一八九三年だけで六五件が確認されるという。開国以降は、とてつもない数の民乱が全国的に巻き起こり、まさに民乱時代というにふさわしい時代状況となったと言うことができるであろう。

ただし、史料上の制約からか、開国〜甲午農民戦争期に起きた民乱の事例研究は、きわめて少ない。[7] 中央への報告があるはずだが、残存状況・発掘状況がよくない。一般の年代記史料では、騒擾状況がある程度分かりはしても、詳細を明らかにはし得ない。そこで本章の課題は、この時期に起きた民乱の一事例を取り上げて、でき得る限りその過程を忠実に復元することによって、甲午農民戦争の前史的状況を明らかにすることにある。

ここで取り上げる事例は、一八八五年に江原道原州で起きた民乱である。甲午農民戦争では、第二次農民戦争の直前に江原道でも蜂起が行われるが、事例研究としては、甲午農民戦争の中心地域である三南地方でないことがやや遺憾である。しかし原州民乱については、幸いにも『按覈状啓　原州』(東京大学附属図書館阿川文庫所蔵)が残されており、この民乱はその全貌を明らかにし得る貴重な事例である。[(8)]

朝鮮の中東部に位置する江原道は、一般に山岳の寒冷地帯に属しているため、焼畑が多く地味はやせていて水田は少ない。それゆえ、在地社会の在り方に朝鮮随一の穀倉地帯を誇る三南地方と異なる面があり得るかもしれない。しかし監営所在地の原州は、一八世紀の中頃に書かれた『択里志』によれば、そうした江原道の中にあっても、「山谷の間に交わって開かれている原野は、明秀にしてそれほど険阻ではない。畿嶺(京畿道と慶尚道)の間を介して東海の魚塩・人参・棺槨・宮殿の材を運んで一道の都会を為している[(9)]」とされ、先進的地域であった。また、開国後に日本人が記した史料ではあるが、ある領事館報告には、「抑《そもそも》漢江ハ龍山ヨリ溯リ、遥カニ忠清道忠州地方及ビ江原道ノ首府原州地方ニ至ル迄、小舟ヲ通ズルノ便ヲ有ス[(10)]」とあり、ソウルとの交易も比較的容易であったことがうかがえる。しかも原州は、三南とりわけ忠清道に近いところに位置してもいる。『択里志』は忠清道について、「衣冠(官僚・貴人)の淵藪《えんそう》であり、京城の世家は田宅を道内に置かない者はなく、以て根本の地と為している[(11)]」と記しているが、原州についても、「近峡が有事であれば隠避しやすく、近京が無事であれば進取することができる。故に漢陽(ソウル)の士大夫は多くここに楽居している[(12)]」として、同様のことを記している。原州は元来、忠清道と同じく士族勢力の強い地域であった模様であり、それゆえ両地域の在地社会の在り方に極端な違いはないものと推察できるので、甲午農民戦争を展望する事例研究として、さほど当を失するものにはならないと考える。

第二節　第一次騒擾

原州民乱の原因は還弊である。本来賑恤政策としてあった還穀制度は、朝鮮後期には税制化し、一九世紀には、一八世紀最大の社会問題であった軍役制度の弊端にとって代わるに至る。[13]還政の紊乱は、壬戌民乱においても三政中最も問題視された。それゆえ、壬戌民乱後一時「罷還帰結」(結とは収穫量を勘案した土地の単位)の策がとられて、還政の賦税機能は土地に転化された。これはすぐに革罷され、従前の還政が再び施行されることになったが、しかし農作の凶歉《きょうけん》や吏胥の逋欠《ほけつ》(官物の横領)などで減縮した虚留還穀(割り当てられた量が満たされていない還穀)には、多く蕩減措置がとられて還総(各地に割り当てられた還穀の総量)が減額された。その後財政難から大院君執権期に、資本穀を補うべく別備殻が下送されて、還穀量の復旧が図られた。ところがそれは、還政の運用をめぐる吏胥の不正行為そのものを根治しようとするものではなかった以上、還弊は繰り返し生ずることとなる。そこで一八六七年、還穀の運用を吏胥の手から取り上げ、官の監督下に郷村民に一任させようとする社倉制が実施された。しかしこれは、還穀の一部である別備穀についてのみ実施されたにすぎず、しかも社還の実施に当たってさえ、吏胥の不正介在と偸窃《とうせつ》を防止することはできなかった。[14]

このように不備な還政の釐正状況にあって江原道の場合、その不備はより一層顕著であった。江原道では逋欠の蕩減は麟蹄と平昌のみに限られたために、[15]還穀の運用をめぐる吏胥の中間収奪は従前とまるで変わるところがなかったからである。しかも開国後の商品貨幣経済の一層の進展の中で、吏胥による還穀の不正流用はより甚しくなった模様であり、原州民乱はこうした還政上の問題を起爆剤としている。[16]

原州には当時、北倉・司倉・営倉の三つの倉庫があった[17]が、民乱は北倉属諸面の邑民による判官(守令)金好謙《キムホギョム》への呈訴活動から始まった。北倉属の六面の小民は、北倉の管理責任者である色吏(吏員)南聖甲《ナムソンガプ》の不正収奪を訴えるべく、一八八五年二月、在地有力者と目される生員金宅秀《キムタクス》に訴状の作成を依頼して等訴を行ったが、「快題」(題とは官側の回答のこと)を得ることができなかった。そこで数日後、六面の尊位(洞里の長)が再度訴状の作成を依頼したが、今度は金宅秀は固辞し、「快題」もやはり得ることはできなかった。邑民はなおも再三金に訴状作成を依頼した結果、金はやむなく「吏奸民瘼を修陳する」ことを請うた訴状を作成した。しかし、今回も「快題」はなお下らない。それでもあきらめない邑民は、大小民人(両班と常人)合して執拗に金に訴状作成を依頼すると、金は「(私が)二度作成しても、いまだに(快)題を受けることができないのだから、もう作成しない」として牢拒した。そこで邑民は、自らの力で四度目の等訴を行ったが、金による訴状作成でないとはいえ、さすがに金好謙も邑民の執拗さに負けて「分給の題」を下すことになった。

「分給の題」とは、すなわち還穀を放出することである。邑民らの等訴の内容は詳しくは知り得ないが、「分給の題」を受けたことから考え、春窮期を迎えて切迫した状況下に置かれた邑民らが、「吏奸民瘼」を訴えるとともに、速やかな還穀の公正な放出をも要求したのだということが分かる。再三の等訴にもかかわらず、官側が邑民の要求を拒否したのは、分給をなし得ないそれなりの事情があったからである。判官金好謙は、守令として明らかに「吏奸」をかばっていたのであるが、執拗な邑民の呈訴の前に倉色吏をかばいきれなくなったのだと言えよう。

ここに倉色吏らは、困った立場に置かれることとなる。もはや「分給の題」が下った以上、判官金好謙に救いを求めることができない北倉属の色吏南聖甲は、同僚の色吏張鵬基《チャンブンギ》(司倉属)、安在豊《アンジェプン》(所属倉不明)と連れ立って金宅秀のもとへ抗議と救いの手を求めに行った。しかし金は、「二度文状を作成しはしたが、どうしてこれらのことに関係することがあろうか。もう関わってはいない」と弁解するばかりであった。今や金宅秀の「民望」をもってしても、事態の進展を食い止めることはできなくなっていたのである。

こうして三月二日、待ちに待った分給の日がやって来た。しかし、大小民人千余名が集まり呼訴しながら倉庭に突入して倉庫を開けてみると、一三〇〇石なければならない国穀は、六〇〇石ほどしかなく、残りの七〇〇石は南聖甲によって偸食《とうしょく》されていたことが判明した。そこで憤った邑民は倉柱に南の五罪を掲げ、分給の場はさながら糾弾集会と化すことになった。南の五罪とは次のようなものである(「原州儒民稟目」)。

①国穀千石を偸食す。

②詳定は令出(多門)にして、(穀を)膝下に掩置して民銭を欺奪す。

③升合のいまだ収めざるをもって、私庫に捉囚して之に悪刑を施す。

④吏胥のごときをもって両班を凌辱す。

⑤七たび銭還を牟《むさぼ》り、任意に興販して歳の出給を薄くす。

①の国穀一〇〇〇石とは七〇〇石を誇張したものであろう。③は租税未納の者を捉えて自宅の牢に監禁し拷問を行ったことを非難したものであり、④は両班にさえ傲慢不遜な態度をとることを非難したものである。どちらも、南聖甲の土豪のごとき振る舞いを糾弾したものであるが、問題は②と⑤である。金好謙の手記によれば、南は前年秋には還穀を銭に代えて徴収したのであるが、その際には詳定価(官で定めた価格)ではなく時価で徴収した。その価格は、田米は一斗—一両二、三銭、蕎麦《そば》は一斗—七、八銭であったが、南はこれを穀物に代えて一三〇〇石としなければならないところを、六〇〇石しか納庫しなかったわけである。そして偸食した七〇〇石を銭に代えて分給したとしても、今春の分給時の価格は、米が一斗—当五銭(法定価値が五倍ながら、価値が五分の二にしかならない悪貨)四分、蕎麦

が一斗―当五銭一分にしかならない。この価格が詳定価なのか時価なのかは不明であるが、「詳定は令出(多門)」(詳定は矛盾がある)とあるから前者であると判断される。しかしいずれにせよ、秋に時価で代銭徴収されることになる銭還は、邑民にとって不正収奪になることが明白であった。しかも南によるこのような、おそらくは銭還を利用しての貿米行為による不正蓄財は、今回が初めてではなく、過去七度にわたって行われてきた。その結果、還穀規模は減縮をきたし、そのしわ寄せが邑民に転嫁されるのは、もはや邑民にとって耐え難いことになっていたのである。

ここに邑民は、南聖甲の懲罰と、減縮したとはいえ現在入庫されている穀物六〇〇石(正確には六三九石)を、「大小異斗の例は永く革罷を為すこと」[18]として公正に分給するよう求めることになる。これに対して金好謙は、「大斗分給の意」を掲榜暁飭した。しかし、このような事態の進展に悔しさを抑え切れなくなった南は、大胆にも邑民の前に姿を現し、驚くべき暴言を吐く。「(自分は)かつて上京して伝教(王の教令)をいただき、十年の間北倉の責任者となったのだから、六面の民を尽くむさぼり食うのだ」(「原州儒民稟目」)というのである。[19]この暴言に対して小民は驚愕し、「この漢《おとこ》が生きていれば、民類はなくなる」として殺そうとするのだが、しかし消極的ながらも邑民の側に立っているはずの金宅秀は、大民の幾人かを説いて官吏を傷つけてはいけないとして南が殺されるのをやめさせようとした。金好謙の手記によれば、実は金宅秀は南と「交誼切密」な関係なのであり、彼は、分給時には南を出送させてはならないという書簡を自分のもとへ送ってきたともいう。[20]ここに、邑民に対すると、南に対するとの金宅秀の不可解な立場の相違が浮び上がってくる。だが金の弁護もむなしく、南は怒った小民に乱打され焼殺されることとなる。そして、ここで恐れをなしたのは金好謙である。彼はあまりの酷さに目をそむけ、分給を実施せずにその場を離れようとした。しかし、自律性ある民衆の暴力はそこまでである。吏胥の生命を奪いはしても、やはり国王が任命した守令に危害を加えることはしない。小民はただ、一斉に道をふさいで、「官家(守令)がこの民を棄てれば、民らはどうして生を保つことができるでしょうか」として、必死に弊害を改めた上での即時の分給の実施を哀願するばかりであった。金好謙は近隣の民家に逃れたが、翌日、公兄(吏胥の三トップである戸長・吏房・首刑吏)に命じて斛量《こくりょう》を改めた上での分給を実施させたことによって、ようやく帰任することができた(「巡営前後状啓」)。

こうして原州邑民の呈訴活動はひとたび収束するのであるが、しかしこれは、原州民乱の序曲をなしたにすぎない。間もなくして原州邑民の運動は、北倉属諸面から司倉属と営倉属の諸面にところを移して本格的に展開され、騒乱の度合を増していくことになる。

第三節　第二次騒擾

北倉属諸面の成果に呼応して司倉属と営倉属の諸面が決起したのは、三月一二日のことである。楮田洞面の牛頭山に居住する両班李承汝《イスンヨ》を最高首謀者として、司倉属の邑民が首唱して通文を回し、市日を利用して台場に民会を開いた。会する者は大小民人合わせて一〇〇〇人以上にのぼったが、首謀者の一人と目されて逮捕された郭在麟《カクジエイン》の供招(供述)によれば、「十面の大小民人が一斉に漫山遍野に来会した」という。民会では訴状が作成されたが、これは守令への訴状として書かれたものではなく、観察使への上訴である議送として書かれたものである。訴状作成の後、大小民人は一同に営門に押し出して議送を呈するという強訴のごとき挙に出た結果、容易にも「民願であるから、善処して給する」という回答を得ることができた。

本来なら原州の騒擾は、これをもって一件落着となるはずのものであった。しかし、民会開催中に中営使令の元《ウォン》興吉《フンギル》という官属が酒の酔いにまかせて邑民を辱しめたり、あるいは観察使が官軍を点呼して武庫を開ける令を下したという出鱈目を言うなどの、数々の暴言を吐いたことによって、この呈訴活動は思わぬ方向に転じることになる。同じく郭在麟の供招によれば、邑民は元興吉を捕えてそうした暴言を吐く理由を詰問したところ、彼は、司倉色吏の張鵬基に銭二〇両で雇われて民会の様子を偵探するよう命じられたというのである。ここに邑民は、普段からその狡猾な振る舞いに怨みを抱いている張鵬基への憤りを、一挙に爆発させるに至る。「善処の営題」を受けたにもかかわらず、邑民は張鵬基の家産打ちこわしに赴いたのである。山に避難した張の供招によれば、その打ちこわしの模様は、「喧聒《けんかつ》破砕の声がわが家より出るのを聞いたが、終夜息まなかった」と表現されており、邑民の張への憤りの大きさを察することができる。邑民は次いで翌一三日には、営倉色吏の元衡斗《ウオンヒョンドウ》の家も打ちこわしに行っている。

こうして平和的な民会と呈訴活動は、日常的に不正収奪を苛酷に繰り返す吏胥への復讐という暴力形態に移行したことによって、民乱的性格を強くするに至ったわけだが、「善処の営題」を受けた以上、自律性を持つ民衆の暴力は、やはりここまでである。しかしこの隙に乗じて、吏胥側は反撃の挙に出た。一三日張鵬基は、頭民(洞里任)や吏校(下吏)を指揮し、武装させた官属四、五〇〇名を動員して邑民を襲撃させるとともに、民会首謀者と目された者の家を中心に十数軒の両班家を打ちこわしたのである。その結果、最高首謀者の李承汝と訴状作成者の一人である李在和《イジェファ》の二人は取り逃したものの、主だった者数人を逮捕することができた。また、一五日には偽の営令を発して官軍四〇名ほどを火賊に扮装させ、北倉属諸面の呈訴活動で訴状を作成したことのある金宅秀の家を襲撃し、家産を打破略奪した。

ここに張鵬基の反撃は成功したかに見えた。自らだけの判断で民会指導者を逮捕し、また大胆にも偽令を発して金宅秀の家を襲撃させたというのは、守令・観察使権力と結託している自身が、官からその越権・違法行為をとがめられることはないという確信に基づく勝算を持っていればこそのことであったと考えられる。しかし、事は在地士族の総決起によって張の予期せぬ方向へ進展し、自らの首を絞める事態に立ち至っていく。それは何よりも、民会首謀者の一人と目された両班の李在和の家を打ちこわした際、彼が所蔵していた孔子の影幀《えいてい》が裂破されたことによっているのであるが、今一つには金宅秀が行方不明になったことにもよっている。李在和家が所蔵していた孔子像は、実は彼の先祖で明宗《ミョンジョン》・宣祖《ソンジョ》代に活躍した文臣の李陽元《イヤンウォン》(号は鷺渚、一五三三〜一五九二年)が使節として北京に赴いた際に明の皇帝より賜わり、子々孫々にわたって大切に保管されてきたものであった。そのため原州では、「東方礼儀の域中」であることを自覚し得るものとして、「近郷の士夫は時に香を焚いて展拝してきた」かけがえのない尊崇の対象であった。張鵬基の打ちこわしの対象となった十余家の両班家では、もとより家財を打ちこわされたのみか、神主(位牌)や世伝の官誥紙(辞令書、史料中には「官紙」とか「官旨」とあるが、官誥紙のことと思われる)、あるいは紅白牌(科挙及第証書)などを裂破された家もあったが、李在和家の孔子影幀裂破という事態は、何にもまして原州士族の張鵬基に対する糾弾の声を一挙に高める契機となったのである。しかも張は、金宅秀家を打ちこわさせた際には、火賊を装って襲撃せよという偽令を発しただけではなく、捕捉したら即座に殺害せよという命令を密かに下していたことが判明した(「原州儒民稟目」)。これによって原州士族は、金は単に行方不明なのではなく、もはや生存していないに違いないと確信するに至った。こうして原州士族には今や張の行為は、一介の吏胥による士族への断じて許し難い暴挙であると観念されることになり、ここに「士論」が大いに起こることになる。

初め原州士族は校会(郷校の会議)を催そうとしたが、校任は責任を感じて郷校を留守にしていた。しかも吏胥らは、なお士族に危害を加えるような気配を見せている。そこで仕方なく、村民の家を借りて儒会という形式に代えて会議が開かれた。会には、民会首謀者としての罪を恐れてすでに逃亡している李在和に代わり、彼の従兄弟である李轍和《イチョルファ》が来参して、孔子影幀裂破事件を「万古にない変」であるゆえ、「峻論」をもって対処すべきことを訴えた。また数日後には、轍和の父である李源祥《イウオンサン》も遠方より駆けつけ、数次にわたって営門に出入し監営の善処を求めた。しかし不思議にも、李父子は間もなくして姿をくらませてしまう。その理由は定かではないが、おそらく、監営の李在和への処分が予想以上に厳しいものであることを察した李父子は、彼に連座するのを恐れたのだと考えられる。

というのは、観察使閔致庠《ミンチサン》の民会・呈訴活動に対する姿勢は、邑民・士族側に与するものでは決してなかったからである。彼の状啓(報告書)によれば、死した南聖甲についてはその貪虐《たんぎゃく》に言及しはしてもその罪を論ずることはせず、また張鵬基の両班家打ちこわしや偽令発令などに対し処断を言明してはいるが、民会・呈訴活動の首謀者と見なした士族らに対しても厳しい姿勢で臨んでいる。すなわち、判官金好謙を脅して南聖甲を殺害したこと、そして士族が主導して張鵬基らの吏家を打ちこわしたことなどを「乱類」の行為と見なす閔致庠は、邑民・士族に何ら同情を寄せていない。その上、死んだ南聖甲に対してはその罪をもはや論じようとしないのに、同じく死んだものと思われている金宅秀に対しては、「彼は武断の習いを以て該里に盤拠して恣に不法を行った」として、その罪を大きく論じようとしている(「巡営前後状啓」)。

それゆえ、連座の危険のある李父子はいなくなりはしたが、原州士族の閔致庠への対決姿勢はかえって強まっていく。彼らは四月二五日九六名の連名によって、「原州儒民稟目」を監営に呈するに至ったのである。そこではまず第一に、張鵬基による邑民襲撃と両班家打ちこわし、それにともなう孔子影幀裂破が何よりも糾弾され、次いで南聖甲の貪虐と、それに抗した邑民の呈訴活動の正当性、そして「衆民のために弊を正そうとした」、もはやこの世にはいないと確信される金宅秀への弁護がなされた。その基調は、邑民側の行為を絶対的に義とし、吏胥側の行為を絶対的に悪とするものにほかならない。既述したように、金宅秀は呈訴活動に消極的だったし、また後述するように、実のところほかの首謀者と目される士族もほとんどが消極的であった。それは官・吏と民との中間にいる士族層の複雑な立場を反映するものであったのだが、張鵬基の過剰な反撃は、原州士族のそうしたあいまいな立場を一挙に護民・反官・反吏の立場に完全に転換せしめる結果をもたらしたのだと言えよう。「巡相(道内の軍務の巡察官で観察使が兼任)が民情を察しないのは、かくの如くに甚だしい。呼冤の民を官を脅すものとし、無罪の金宅秀に姦吏の讎怨《しゅうえん》を報わそうとするのは、その義が何処にあるであろうか」と、不信と憤怒の念を表してあえて閔致庠を糾弾する原州士族の声は、まさにそうした彼らの立場の転換を端的に示すものにほかならない。

しかし、監営の題はかんばしいものではなく、邑民を「乱民」「悍党」視するもので、かえって張鵬基が行った砲軍の広募と武庫の大開を弁護するものであった。ここに原州士族は四月二七日、再度「稟目」を呈するが、閔致庠は名を連ねている者に偽録があることを疑いさえして、やはり士族の主張に耳を傾けようとはしなかった。

こうした閔致庠の態度は、春川府使で急拠按覈使に任命された金善根《キムソングン》にも継承され、彼も啓本(上覧文書)中で金宅秀を「化外の乱民」と規定し、士族首謀者らに厳しい処罰を行うことになる。すなわち、最高首謀者と目されながらも行方が依然として知れない生死不明の金宅秀と李承汝に対しては、重律を課すことを言明するに止まったが、他の決して積極的とはいえない士族首謀者に対しては、三次遠悪島定配と二次遠地定配の刑を下したのである。ただし、原州吏胥と何らの関係も有しない金善根の処断は、騒乱の度を深めさせる暴挙を行った張鵬基に対してはそれ以上に厳しく極刑をもって臨むものであり、梟首警衆の刑を下すことになる(「按覈回啓」)。しぶとくも張鵬基は、六月二〇日夜脱獄するが、七月に入って再捕捉され、ついに梟首警衆された(21)。

第四節　支配の構造と賑恤

少なくとも『按覈状啓　原州』で見る限り、原州民乱ではもはや郷会は全く何らの役割も果たしていない。郷会が開かれるべき郷庁は、一八三〇年前後に書かれた『関東誌』では確認することができるが[22]、一八七一年に書かれた『関東邑誌』では確認することができない。本来独立していた郷庁が、官衙構内に移っていくのは一九世紀の一般的趨勢であるが[23]、原州もまたそうであり、儒林層(旧郷層)と郷任層(新郷層)の分離が相当進行していたことが察せられる。集会活動が本格的に行われるのは第二次騒擾段階であるが、この集会はあくまでも大小民人がともに集う民会の形式をとっており、郷任職(座首・別監)の者が参加している形跡はない。このことはもはや郷会が、民意を集約する場ではなくなっており、「守令―吏・郷支配構造」に完全に組み込まれていることを意味するものである。民会は面会規模で行われたのだが、郭在麟の供招によると、面任たる風憲(面長)が最高首謀者の李承汝の指揮を受けていたことが明らかである。

しかし原州では、面任クラスはともかく洞里任クラスの場合にはその一部が一般邑民と対立関係にあった。先にも述べたように、張鵬基の指揮を受けて邑民と両班を襲撃したのは、吏校に加えるに頭民である。頭民は洞論をまとめる立場にいるとともに[24]、賦税行政の責任者でもあり[25]、要するに合意システムの最末端機関と見なすことができるのだが、ここでは全く吏胥の配下に堕してしまっている。また、文字通りの村長ともいうべき尊位は、第一次騒擾に際して六面の尊位が金宅秀に訴状の作成を依頼したことに端的に見られるように、確かに邑民側に身を置く存在として現れ、合意システムの一機関としての役割を忠実に果たしている。しかし他方では、やはり吏胥と結託している尊位も存在していた。「原州各面等訴時呈納冊子」には「尾附」があるが、それには、朴先達《パクソンダル》という洞尊位が「吏輩と同肚連腸」であることが訴えられている。

以上のように原州では、郷会や一部里任が「守令―吏・郷支配構造」に包摂されており、合意システムの解体が進行していた。前章で見たように、すでに壬戌民乱段階で合意システムの解体が相当に進行していたことから考えると、「守令―吏・郷支配構造」の深化はもはや全国的趨勢であり、原州は単にそうした趨勢を代表するものでしかないと言えるかもしれない。不正収奪のさらなる契機となり得る開国後における商品貨幣経済の一層の進展が、合意システムの解体をさらに推し進めたとも見ることができる。

このような収奪の深化状況の中にあって、一般邑民の要求はより切実さを増していったものと考えられるが、原州民乱には開国後の社会経済的状況に規定された騒擾の在り方が示されている。言うまでもないことながら、朝鮮王朝末期における民乱の全般的特徴と軌を一にして、原州民乱の主体は貧農を中核とする小民である。民乱の端緒となった金宅秀への訴状作成依頼を最初に実行したのは小民であり、倉庭に突入したのも小民が主体となっている。また、色吏南聖甲を殺害したのも小民であり、判官金好謙の退路を塞いだのも小民である。第二次騒擾でも民会招集の通文を回し歩いたのは、洞尊位、洞任のほかに「常漢(常民)」や「何処かの漢」など、やはり何らの責務も有していない小民であった。しかし彼らの要求には、原州民乱ならではの切実なものがあるのである。

端的に言って原州民乱の内容は、吏胥の不正収奪を糾弾することはもとよりのこととしつつ、公正を期しての速やかな還穀の分給の実施もまた重要な柱となっている。吉野誠によれば、税制化したとはいえ還穀制度は、一九世紀初め頃においてもなお、勧農・賑恤機能としての意義を有していたことが確認されるという(26)。にもかかわらず、馬淵貞利が明らかにしたところによれば、開国前後の朝鮮王朝国家の財政は破綻状態にあり、賑恤事業の実施は困難化していく状況にあった(27)。賑恤事業は国家に代わって、その見返りとしての身分上昇を当て込んだ、地主などの富民層によって実質的に担われつつあったのである。しかし、そうした富民層こそは、「守令―吏・郷支配構造」への積極的参与を期した人々であり、小民層が敵対しなければならない者たちであった。それゆえ米穀輸出が広範に展開されて民衆の窮乏化が進展していく開国後の状況は、賑恤としての本来あるべき還政の機能をさらに浮かび上がらせるものになったと考えられる。

単なる還政の不正収奪を糾弾するというのではなく、賑恤要求を一因としての民乱は、開国以前にもあったと言えるかもしれない。還政の不正収奪糾弾と賑恤要求は不可分な関係にあるともいえ、だとすれば往々にして前者の課題を中心的課題として惹起された開国以前の民乱にも、後者の課題が含意されていると見ることができるからである。しかし、分給時に倉庭に突入して一挙に騒擾化するという原州民乱の展開は、食糧暴動的様相をも呈した特徴的なものであり、一般邑民のせっぱ詰まった窮乏化状況を想起させる。

いわば原州民乱は、賑恤機能の回復を要求する民乱としての一面をより明確に持っているのであり、さらには、下からの平均主義の方向を目指す闘争でもあったと言えよう。第五章で考察することだが、「一君万民」社会のユートピアを思い描きつつ、平均主義を標接して一九〇〇年頃より単なる盗賊から義賊へと転身した活貧党は、その原型が実はすでに一八八六年には誕生していた。それは、開国後の民衆生活における不均化のさらなる進展と決して無関係ではないであろう。

しかし、不均化によってせっぱ詰まった状況に立ち至りながらも小民は、これもまた朝鮮王朝末期における民乱の全般的特徴と軌を一にして、自らの力だけで要求を貫徹しようとはせず、士族の力を必要とした。それはいったいなぜなのか。ここで焦点は士族に移るのだが、次に原州民乱の文脈の中で、徳望家的秩序観について再考してみたい。

第五節　徳望家的秩序観再論

官側が原州民乱の首謀者、ないしは責任者と見なしたのは、邑民・士族側と対立した張鵬基を除けば九人である。次に、主に各供招をもとにしてその各々の民乱への関わりについて概述してみる。

①金宅秀

生員。生死不明。官側では金宅秀を最も憎悪し、土豪と見なしたことは既述した通りである。しかし彼は訴状作成に消極的であったし、吏胥と一面結託してもいた。だからこそ、吏胥を糾弾することになる呈訴には及び腰であったし、また南聖甲の殺害を食い止めようとしたわけである。にもかかわらず、結果的に状頭(筆頭呈訴者)と目されたがゆえに吏胥の怨みを買って、張鵬基に復讐されることになってしまう。

②李承汝

両班(幼学か?)。逃亡。供招が残っていないので不明な点が多いが、金好謙の手記によれば、数年前にも還弊のことで状頭となった者であるといい、確信犯であることが明らかである。民会では風憲を指揮していたし、民会招集の通文発信者であると見て間違いない。

③李在和

両班(幼学か?)。逃亡。李在和も供招が残っていないので不明な点が多いが、李陽元という明の皇帝より孔子の影幀を賜ったほどの著名な人物を祖に持つ、本来名門両班出身であるということだけが明らかである。民会では隅の方にいたが、衆人の執拗な要請によって、「生民何以支保」の六字を議送中に添加した。

④宋元玉《ソンウオノク》

幼学。四八歳。三次遠悪島定配。落郷（都落ち）者の家門の出であり、その一族は原州に来て六〇年が経つ。何者かによって通文を受け、「もし約に違えば家を壊す」と脅され、やむなく民会に参加した。李在和とともに隅にいたが、やはり衆人らの執拗な要請を受けて、「大斗捧小斗分未知朒自何時」の一二字を議送中に添加した。

⑤郭在麟

幼学。四四歳。三次遠悪島定配。金昌云《キムチャンウン》という「常漢」より通文を受け、「もし参加しない者があれば、縉紳・生進と士庶の区別に関わりなく、みな家を壊し踏み殺す」と脅され、民会に参加した。官側は張鵬基襲撃の主犯と見なしたが、彼自身は、李承汝に容貌が似ているために逮捕されたのであり、傍観していただけだと言っている。確かに吏胥に姻戚の者がおり、また最後まで張鵬基襲撃の主犯たることを否定した。

⑥金思輪《キムサリユン》

幼学。三五歳。二次遠地定配。家貧のゆえに本来還穀は受けない身であったという。洞任より通文を受け、「もし参加しなければ、家を壊して遂出する」と脅され、やむなく民会に参加した。特別な罪状はなく、民会に参加したこと自体の罪が問われた。

⑦鄭海寿《チョンヘス》

幼学。三四歳。二次遠地定配。「簪纓《しんえい》（高官）の世族」であるため還穀を受けないでいたが、洞弊を探るために還穀をあえて受けたという。洞尊位より通文を受け、「もし参加しない者があれば、誰某に関係なくみな家を壊す」と脅され民会に参加した。李興世《イフンセ》に「衆民の事なのだから、これを書くとも傷がつくことはない」と説得され、訴状を書写した。

⑧李興世

幼学。二九歳。二次遠地定配。祖父の時よりの落郷者だが、祖父、父とも「升庠《しょうしょう》」(郷校入学)したことによって、還穀を受けないでいた。科挙試験が三月一七日にあるので、「観光」のつもりで入邑しようとして民会に遭遇したという。しかし、鄭海寿に訴状の書写を勧めており、偶然に参加したとは考えにくい。

⑨元命奎《ウオンミヨンギユ》

幼学。二四歳。二次遠地定配。民会では李承汝に握手をもって迎えられている。李より訴状作成を依頼されて書いた模様である。ただ当初否認し、二度目の供招で自白した。

以上で分かるように、原州民乱の首謀者ないしは責任者と見なされたのはいずれも士族である。しかし李承汝を除いて、他はみな消極的に民乱に関わったに過ぎない。しかも小民の呈訴活動から始まった原州民乱で、小民が事後一人として何らその責任を問われることがないというのは、まことに不思議なことである。ここには小民と次元を異にして、士族に対しては特別に厳しい態度で臨もうとする官側の論理がある。とりわけ土豪に対する敵視は大院君執権期以来強まり、懲罰すべき土豪の実態調査も行われたのだが[28]、本来首謀者たり得ない金宅秀に対する官側の姿勢には、彼を土豪と見なす立場からする、明らかに過度の敵意がある。

しかしそうした官側の厳しい姿勢の背景には、単に反官的な土豪を取り締まろうとする論理だけではなく、あり得べき士族像に基づいて現実の士族を律していこうとする、より本質的な論理があるように思われる。金思輪への問目(尋問)には次のようにあって、そのことを察することができる。

この地においてすでに班民として処しているのならば、自ずから小民と異なるものがある。還弊を理由として小民輩が作鬧《さくどう》をなそうとしても、汝はまさに事理をもって諭し、作梗に至らないようにするのが当然の事であるのに、かえって民を集めて邑に入り、人家を毀破して眼に憚る所がない。これがどうして班民の道であろうか。官側は為政者に連なって、事理をわきまえない愚民たる小民を善導すべき存在として、両班を規定づけているのである。それはいわば、政治の主体＝両班と政治の客体＝小民という明確な身分差別に基づく本来の朝鮮王朝支配体制の論理から、郷村社会問題の調停者としての両班への期待を表明したものだと言えよう。だからこそ、単に威脅によって仕方なく民会に参加しただけの金思輪に対し、そうした支配体制の論理と違って両班としての本分に反する行為をしたと見なし、断固たる処罰の姿勢を見せる必要があったのである。

このような士族への認識は、吏胥側にもあった。確かに張鵬基の両班家打ちこわしに見られるように、吏胥の士族への態度は、一般邑民に対するのと何ら変わりない倣岸極まりないものである。吏胥の士族への迫害は打ちこわし騒動以後も続き、邑民の按覈使への呼訴を阻止しようとして、「悖悪《はいあく》の官属は隊ごとに出村し、十余人で党をなす者や、七、八人で群をなす者がいて、その衣冠を見れば、班かと言って裂破殴打し、その蓬髪を見れば、民かと言って銭両を奪取する」(「原州各面等訴時呈納冊子尾附」)ありさまであった。しかし、南聖甲と金宅秀が実は「交誼切密」であったことに見られるように、吏胥と土豪的両班は一面結託する関係にあった。しかも南と張鵬基らが民乱勃発直前に金宅秀のもとへ足を運んだことに見られるように、吏胥らは金に対して、一般邑民側との間に立って調停者として振る舞ってくれることを期待していた。吏胥にとって士族は、もはやひれ伏す対象ではなくなっていたが、しかし郷村秩序の護持者としての一面をいまだ失っていない存在なのであった。

以上のような官と吏の士族観は、一般邑民にも通底している。小民もまた、共同体制裁の論理をもって士族の民会への強制動員を図っていることに見られるように、士族への畏敬の念を一方で喪失している。しかし、金宅秀への執拗な訴状作成要請に見られるように、士族とりわけ土豪的存在にやはり調停者としての役割を期待しているのである。

要するに士族は、民乱という非日常的論理が展開する空間と場にあって、官・吏・民の三者からそれぞれ自らの陣営に引き込もうとして挟撃される存在であったと言えよう。しかしそれは、単なる士族の持つ力に対する期待からばかりではない。首謀者、責任者と見なされた士族のうち、権力に近いところにいて現実に力を有していると思われる者は、土豪と目される金宅秀と「簪纓の世族」である鄭海寿の二人だけである。李在和の場合は、本来名門出身ではあるが、権威はあっても現実的にどれほど士族としての力を保有していたかは疑問である。少なくとも他の六名を小民が自らの陣営に引き入れようとしたのは、彼らが持つ力に対する期待からでは明らかになく、彼らが本来士族として持つべき徳望に対する期待からであったと見なければならない。「まさに事理をもって諭し、作梗に至らないようにするのが当然の事」であり「班民の道」であるとする金思輪への問目には、本来徳望の所有者たるべき士族に対する官側の期待が込められているのだが、小民もまた士族に当為のごとく徳望——ただし官側の論理とは逆の——を求め、その徳望において官側との交渉を有利に進めようとしたのだと推察される。科挙応試の立場も忘却して、「衆民の事なのだから、これを書くとも傷がつくことはない」と言った李興世の言説は、不正義を糺そうとする民衆の熱狂の前で、まさに士族たる者が民のために事をなすのは当然であるとする自覚を呼びもどされた者の弁にほかならない。

原州民乱の場合、李承汝が終始小民の要請に応えていたばかりでなく、孔子影幀裂破事件を契機に士族層が一斉に小民側について「守令—吏・郷支配構造」に抗拒したことで、奇しくも徹底した儒郷分離の実態があらわになるとともに、徳望家的秩序観の所在も明確なものになったと言えよう。このことから原州民乱は、徳望家的秩序観に訴えて社会正義と平均主義を実現していこうとする闘いであったと性格づけることができる。こうした民乱の在り方こそは、朝鮮王朝末期とりわけ開国後の民乱を特徴づけるものであり、甲午農民戦争の前提条件をなすものであった。

ただし徳望家的秩序観なるものは、現実にはもはや徳望家として承認されず、権力ばかりか権威をも失墜しつつある士族の存在を前提にしており、だからこそ民会への参加強制も行われるのであるから、そこには小民の士族との同列化＝平等化志向も垣間見える。甲午農民戦争における平等主義の展開もまた、その論理がすでにそれ以前の民乱に伏在していたことを確認することができるのである。

(1) 裵《ベ》亢燮《ハンソプ》「一九세기 후반〈변란〉의 추이와 성격」(韓国歴史研究会編『一八九四년 농민전쟁연구』二、歴史批評社、서울、一九九二年)二八七、二九四頁。

(2) 拙著『異端の民衆反乱――東学と甲午農民戦争』(岩波書店、一九九八年)第二章、参照。

(3) 朴広成《パククァンソン》「高宗朝의 民乱研究」(『伝統時代의 民衆運動』下、図書出版풀빛、서울、一九八一年)参照。

(4) 吉野誠「李朝末期における米穀輸出の展開と防穀令」(『朝鮮史研究会論文集』第一五集、一九七八年)参照。

(5) 金洋植「高宗朝〈一八七六～一八九三〉民乱研究」(『龍巌車文燮《チャムンソプ》教授華甲紀念　史学論叢』新書苑、서울、一九八九年)。

(6) 黄玹《ファンヒョン》『梅泉野録』(国史編纂委員会、서울、一九七一年)一〇六頁。

(7) 民乱研究は壬戌民乱に集中している嫌いがあり、でなければ民乱全般、ないしは甲午農民戦争後の民乱を扱うか、あるいは洪景来《ホンギョンネ》の乱や李弼済《イビルジェ》の乱のような変乱を扱う傾向が強い。開国～甲午農民戦争期に起きた民乱の事例研究としては、かつては久間健一「合徳百姓一揆の研究――朝鮮農民一揆の一事例」(『農業経済研究』九―四、一九三三年)が貴重なものとしてあり、近年では、李潤甲《イユンガプ》「一九세기 후반 慶尚道 星州地方의 농민운동」(『孫宝基《ソンボギ》博士停年紀念　韓国史学論叢』知識産業社、서울、一九八八年)、禹仁秀《ウインス》「一八九二년 会寧農民抗争의 원인과 전개과정」(『歴史教育論集』第一三・一四合輯号、서울、一九九〇年)、張泳敏《チャンヨンミン》「一八九四년 固城民擾研究Ⅰ」(『尹炳奭《ユンビョンソク》教授華甲紀念　韓国近代史論叢』知識産業社、서울、一九九〇年)などがある。

(8) 『按覈状啓　原州』は、按覈使金善根の「啓本」(問目と供招を含む)のほかに、「按覈回啓」「巡営前後状啓」「政府啓関」「原州儒民稟目」「再呈稟目」「原州各面等訴時呈納冊子」および判官金好謙の手記様のものなどからなっている。これらの史料間には矛盾した記述もあるが、特別なものを除けば、煩瑣を避けるためいちいちそれを記さなかった。それゆえ、民乱過程については主に「原州各面等訴時呈納冊子」に依拠しつつ、筆者なりに妥当と思われる解釈を下した上で叙述することにした。また、叙述記事や引用史料の出典が『按覈状啓　原州』中のものであっても、特別に示した方がよいと思われるものについては、これも煩瑣を避けるため本文中に示した。

(9) 李《イ》重煥《ジュンファン》『択里誌』(朝鮮光文会版、京城、一九一二年)一三頁。

(10) 「明治二十六年中京城商況年報」(『通商彙纂』四、一八九四年五月一〇日)。

(11) 前掲『択里誌』、二四頁。

(12) 同右、一三頁。

(13) 金仁杰《キムインゴル》「一九세기 전반 官主導 郷村統制策의 위기」(『国史館論叢』六、서울、一九八九年)一七八頁。

(14) 韓《ハン》㳓《ウ》劤《グン》『東学乱 起因에 関한 研究――社会的背景과 三政의 紊乱을 중심으로』(韓国文化研究所、서울、一九七一年)、金容燮《キムヨンソプ》「還穀制의 釐正과 社倉法」(『東方学志』三四、서울、一九八二年)参照。

(15) 宋讃燮《ソンチャンソプ》『一九세기 還穀制改革의 推移』(서울大学校博士論文、一九九二年)一六〇頁。

(16) 白承哲《ペクスンチョル》「개한 이후〈一八七六~一八九三〉농민항쟁의 전개와 지향」(韓国歴史研究会編『一八九四년 농민전쟁연구』二、歴史批評社、서울、一九九二年)三二頁。

(17) 倉庫の数が三つというのは、『按覈状啓　原州』で確認できるものだが、この史料にはあるいは民乱が起きた地域の倉庫だけしか示されていない可能性がある。倉庫数は、一八二九~一八三一年頃書かれた『関東誌』(『韓国地理志叢書　邑誌』一八、亜細亜文化社、서울、一九八六年、五六頁)では五つとなっており、一八七一年に書かれた『関東邑誌』(同、一九、一八八頁)では七つとなっている。

(18) 内藤吉之助編『朝鮮民政資料　牧民編』(京城、一九四二年)「政要一」に、「京外の色庫(倉庫の責任者)輩は、おおむね両斛を持っていて、大斛で捧上し、小斛で分給している。もとよりこれは奸弊である」(三三頁)とあって、捧上時と分給時で升の大きさを変えて不正収奪をするのが一般化していたことがうかがえる。

(19) 南聖甲が、伝教を受けたというのは誇張された表現のように思われるが、吏胥が中央の大官と結びついて権勢を持とうと

したことは、次のような丁若鏞《チョンヤギョン》の証言からも明らかである。「今の郷吏は宰相と締交して察司と関通し、上は官長を軽んじ下は生民を剝ぐ。よくこれに屈しない者が賢牧である」(『訳注　牧民心書』創作과批評社、서울、一九七八～一九八五年、Ⅱ、原文編、二九八頁)。

(20)「原州儒民稟目」では、金宅秀は首刑吏の元浩春《ウォンホチュン》という者に、「お前は官家に申し上げて、南吏をすぐに逃がし、死を免れさせよ」と命じたが、元は直接に金好謙に告げずに他の者に伝言を委任したため、南は死に至ったとしている。

(21)『備辺司謄録』高宗二二年七月七日条。『日省録』高宗二二年七月二六日条。

(22)前掲『関東誌』五六頁。

(23)金龍徳《キムヨンドク》『郷庁研究』(韓国研究院、서울、一九七八年)七五頁。

(24)金仁杰「朝鮮後期 村落組織의 変貌와 一八六二年 農民抗争의 組織基盤」(『震檀学報』六七、서울、一九八九年)五一頁。

(25)高錫珪《コソクキュ》「一九세기 농민항쟁의 전개와 변혁주체의 성장」(韓国歴史研究会編『一八九四년 농민전쟁연구』一、歴史批評社、서울、一九九一年)三四三頁。

(26)吉野誠「李朝後期の朝鮮における救荒政策」(『東海大学文学部紀要』第三九輯、一九八三年)参照。

(27)馬淵貞利「李朝末期の賑恤事業――全羅道任実県の賑恤謄録をめぐって」(『東京学芸大学紀要　第三部門社会科学』第四〇集、一九八八年)参照。

(28)郭東璨《カクトンチャン》「高宗朝 土豪의 成分과 武断様態――一八六七年 暗行御史 土豪別単의 分析」(『韓国史論』二、서울、一九七五年)、井上和枝「大院君의 地方統治政策에 관하여――高宗朝〈土豪別単〉의 再検討」(『碧史李佑成《イウソン》教授定年退職紀念論叢 民族史의 展開와 그 文化』上、서울、一九九〇年)参照。

第四章　異端の反乱——甲午農民戦争と士意識

第一節　異端の東学と士の反乱

甲午農民戦争は、その主体を半プロ・貧農下層民や奴婢・賤民などの底辺民衆が担っており、貪官汚吏に対する闘争と並んで対富民闘争をその重要な一側面として持っている。そのことは、次に掲げるある日本人特派員の報告に端的に示されている(1)。

東徒は蓋し社会党の一種か。彼等は富者を強迫して金穀を奪ひ来りて之を貧民に売与す。其価の如き彼等勝手に取り極め、籾一俵〔一石余入〕五百文を以て売与し、且つ所有者をして同価を以て売らしむ。其意蓋し貧富共通し少数人をして富を専らにせしむるを許さゞるに在りて、所在に財宝を掠《かす》めりされば貧者は悦で買ふも心ある者は苦々しと思へり。

農民軍は反乱中、「この道に入れば、乱を避けることができる。飢えも免れることができる(2)」として隊列の拡大を図ってもいたが、彼らが徹底した平均主義の実現をその闘争の理念としていたことは間違いない。

一方、甲午農民戦争が身分制の廃棄＝平等主義を志向する闘いであったことも、多くの史料から明らかである。試みに若干の史料を紹介すれば、在地士族の記録には、「その法は貴賤老少の区別がなく、みな抗礼拝揖《はいゆう》する(3)」とか、「その道は班常(両班と常人)の別がなく、皮巫(皮匠と巫覡)下賤と士大夫がともに入り、相敬相拝して互いに接丈(先生)と称し、甚だしくは私家の奴隷とその上典(主人)に至ってもそうである」[4]などとある。とりわけ賤民による平等主義の実践は急進的であった模様である。都所(自治機構)体制期全羅道の万頃では、賤民・「無頼輩」を中心とした邑民が「同死生契」を設けて、「一人に怨みがあれば、衆人をみな殺そう」としたといい、また官奴らが邑規を改定する動きさえ見せ、文字通りの郷権完全掌握を目指した。[5]

原州民乱に顕現ないしは伏在していた平均主義と平等主義の変革志向は、まさしく甲午農民戦争において全面的に実行段階を迎えたのである。[6]ならばこのような変革志向は、どのような精神世界の論理転回においてその獲得が達成されたのであろうか。すでに述べたように、東学は民衆を変革主体として捉えたかに見えながら、結局は「守心正気」という内省主義の足枷を教徒にはめることによって、その論理の獲得に失敗したのであるが、しかし異端の東学が誕生することによって、民衆は真に変革主体と把握されることになる。[7]

崔済愚《チエジエウ》を継いだ第二代教祖の崔時亨《チエシヒヨン》は、当初は救世主=真人思想から自由ではなかった。彼は当初は崔済愚を真人として仰いでいたが、崔済愚の死後、一時『鄭鑑録』に仮託して易姓革命を起こそうとした李弼済《イピルジエ》を真人として仰ぐ不覚を犯し、その反乱(一八七一年)に巻き込まれる。李弼済の反乱失敗後崔時亨は、教理の体系化に努めるが、そこでは有意志的な唯一絶対の人格化された天=上帝(天主)観が否定され、汎神論的な天観への純化が図られた。その結果、人はア・プリオリに天主に等しい存在とされた。しかし一方で、「守心正気」の内省主義は崔済愚段階における以上に揺るぎない教理上の位置を与えられることになる。というのは、天たるにふさわしい自己を磨き上げることが奨励され、人格修養が教徒の第一義的な義務とされたからである。そして、何者もが天であるという観点から他者批判が禁止された。崔時亨は汎神論的天観をもって、忍耐・禁欲・努力・勤勉・和順・情愛・孝誠・恭敬などの通俗的な道徳を説き、「分」への安住において人々の救済がなされるという思想を説き続けていく。それは、勢い朝鮮王朝への批判を封ずることにもなる。汎神論への徹底的な傾斜が平等思想の地平を切り開き、民衆を変革主体として捉えたかに見えながら、実のところそれは人々に対し、やはり体制への忍従を説くものであったのである。日本史における安丸良夫の民衆思想史研究の方法に倣えば(8)、それは朝鮮における通俗道徳の成立を意味するものであったと言える。もとより民衆は、国家や守令・在地権力などが求める朱子学的規範を自己のものとしつつ、苛酷な両班支配体制の下に安住せしめられていた。そのことはたとえば、一七九二年に刊行された洪良浩《ホンヤンホ》著『牧民大方』(地方官僚の民政指南書)に、「游惰を禁ずる」とし、守令が行うべき職務について次のようにあることによって知ることができる(9)。

> 古は民を分かって四と為し各々その業を修めさせ、四以外の者はみな乱民と為した。境内に申飭(諭し戒める)するに、「もし、不農・不商・游衣游食にして、もっぱら牟利乞貸をもって業と為す者があれば、痛加禁抑する」とし、以て民生を豊かにし民俗を正せ。

朱子学的な支配イデオロギーの立場からするとき、民衆が遊惰であることは罪であった。一七世紀頃小農社会が成立すると、民衆は均質化の方向に向かって歩み始める。と同時に、しばしば苛斂誅求に見舞われることがあるとはいえ、基本的には自らの才覚と勤勉力行こそが、小農経営を安定させ、さらには両班への上昇転化を可能にさせる第一の条件となった。通俗道徳的な生き方は小農社会の成立と不可分の関係にあると考えられるが、以後通俗道徳的生き方が民衆に求められるだけでなく、民衆もそれに応えるべく懸命の努力をしていく。しかし、民衆思想として、下からそれを積極的に説こうとするものは、長きにわたって誕生しなかった。真人の誕生によって、一挙に幸福が訪れるとする『鄭鑑録』は、ややもすれば、通俗的な道徳の実践から人々を遠ざける契機にすらなりかねないものであった。崔済愚の創始した東学は、民衆総体を士、あるいは真人としてすら見なそうとする契機を持っていたという点で画期的な意義を有していたということはすでに述べたが、見方を変えてみると、実は「守心正気」の内省主義を説いたという点でも、画期的意義を持つ民衆宗教であった。そしてその内省主義は、崔時亨の段階に至って、通俗道徳的な生き方の奨励、すなわち具体的な実践行為として明示されることになるのである。

従って、ここでいう通俗道徳の成立とは、それまでそうした道徳観念が民衆になかったということを含意するものではない。それまでに民衆が未整序に持っていた道徳観念をすくい上げ、通俗的かつ体系的に示したことによって、通俗道徳の主体的内面化を自らの義務と心得る自己規律的な道徳的志向が一般化する画期となったという意味である。一九世紀後半段階は、道教を中心としながら、儒教・仏教とも融合した勧善書が一般に流布される時期でもあるのだが[10]、このことは当該期がやはり、民衆が通俗道徳を主体的に内面化しようとする精神形成期であったことを示唆している[11]。

民衆を変革主体と捉える教理は、本来異端であるべき東学の中に形成された、さらなる異端の勢力によって唱えられたものである。徐璋玉《ソジャンオク》や全琫準《チョンボンジュン》を中心にして、東学教門＝北接に対抗したいわゆる南接と称する勢力である。南接にあっては、北接と同じく揺るぎない汎神論の立場に立っているのだが、しかし一方で、人格的な天＝上帝の存在が崔済愚段階における以上に明確に意識されている。その結果、天は以前にも増して依頼しがいのある有的な存在＝救世主となり、神秘主義的な上帝への降臨祈願が何よりも優先され、天たるにふさわしい自己をみがきあげようとする「守心正気」の内省主義は希薄なものにならざるを得ない。換言すれば、人々が他力祈願を通じて容易に「侍天主」→君子化・神仙化を果たし得ることを南接は説いたのであるが、これは、神秘主義が信仰する者すべてに開放され、それゆえに民衆が総体として真人＝変革主体と把握されたことを意味する。『鄭鑑録』は、苛酷過ぎる収奪にさらされていた民衆の無力感を前提に、ただ一人の真人＝救世主を待望する思想として朝鮮王朝後期に民衆思想界を席巻したが、一九世紀末頃に至ってそれは、異端東学の教理が民衆の心を捉えることによってようやくに克服されたと言うことができる。甲午農民戦争は異端の教理への信仰によって、民衆が精神の内から衝き動かされたことを前提として、初めて可能になる民衆反乱であった。そして、論理的には民衆が総体として真人＝変革主体と把握されることになるにせよ、現実的には民衆総体の君子(両班・士)化を説く異端東学の成立において、朝鮮王朝後期より徐々に進行した民衆の上昇志向もまた、ようやくにして真に思想的画期を見ることとなったと言えよう。

甲午農民戦争は、文字通りの士人であるにせよ、民衆であるにせよ、まさに士意識を持つ者たちによる反乱であった。士意識を持っていたという点では、実は反乱に消極的であった北接とて変わらない。北接の教理がどれほど「分」への安住を説き、人格修養たる「守心正気」の内省主義を永続的に課すものであるにせよ、そこには人は士たらねばならないという当為の論理が伏在しているからである。ただ信徒は、士という存在になり切っていないという謙虚な自覚を求められるがゆえに、自己を変革主体として意識することが容易ではなくなるということが重要な点である。

本章では、士意識を持った農民軍がいかなる論理で闘ったのかについて考えることにしたい。すでに述べたように、本来士とは天下国家のために言動する存在をいうのだが、具体的にはそれは民本と勤王の立場に立つ存在のことである。ここでは、農民軍に見られる民本と勤王の論理がどのようなものであったかをまずもって明らかにすることを課題とする。また甲午農民戦争では、主に在地士族層によって反農民軍が各地で組織されたが、彼らもまた、士としての自負を持っていたことは言うまでもない。当該期の士意識を多面的に考えようとするなら、当然に彼らの士の論理も考えてみなければならない。

第二節　農民軍における民本と勤王①

甲午農民戦争の指導層は一般に、その身分・階級成分は上層に属している。南接の場合、その主体が半プロ・貧農下層民を中核とするのとは裏腹に、指導層は郷班を中心としており、経済的には富農・中農が少なくない。徐璋玉を除く五大指導者(全琫準・金開南《キムゲナム》・孫化中《ソンファジュン》・金徳明《キムドンミョン》・崔景善《チェギョンソン》)にあっては、郷班という点ではみな共通しており、全琫準以外の四指導者は中農ないしは富農に属している。北接に至っては、上級両班も少なからずその一翼を担っており、経済的にもやはり富農以上の中小地主が中核をなしていたことが明らかである。彼らはその多くが郷村社会における徳望家として処していたか、ないしはそうであることを嘱望されていた者たちであった。[12]

そのことを裏付ける、彼らの士意識が最も明確に示された事件が、甲午農民戦争のおよそ一年半前より行われた教祖伸冤運動である。教祖伸冤運動とは、初代教祖崔済愚の冤罪を晴らして東学の公認を勝ち取ろうとした運動のことである。一八九三年一〇月南接の独走を追認する形で忠清道の公州での集会をもって開始され、次いで一一月には全羅道の参礼でも集会を催した。それぞれの集会では忠清道観察使と全羅道観察使に訴状が呈せられたが、その際の訴状名義は「各道東学儒生」というものであった。[13]また翌年二月に行われた伏閤上疏では、「各道幼学臣朴承浩《パクスンホ》等」となっており、[14]三〜四月の忠清道報恩での集会では、「東学倡義儒生」となっている。[15]報恩集会では「倭洋を撃つ士」と自称する場合もあった。[16]南接人士にせよ北接人士にせよ、彼らは主観的には朝鮮王朝が護持する儒教イデオロギーの熱心な信奉者＝「儒生」なのであり、また朝鮮王朝の忠実な「臣」、ないしは朝鮮王朝を外敵から守護しようとする勇敢なる戦「士」なのであった。そこには天下国家に尽くそうとする者の士意識が端的に示されている。

南接派の農民軍幹部の中にあって、自らの士意識を明瞭に表明した人物は、最高指導者の全琫準である。彼は本来身分的には郷班であったとしても、父とともに流浪生活をした経験を持ち、世居地(先祖代々の地)を離れた貧農階層に属する人物であった。[17]その傍ら親子二代で学究(書堂教師)をするような郷村知識人でもあった。一八九五年三月に下された判決宣告書では「農業平民」とされてはいたが、[18]彼自身は、「士をもって業と為す」といかばかりかの自負をもって語っている。[19]どれほど落魄《らくはく》の身であり、また社会的には両班はおろか士としてさえ認定され難くても、自意識の上では誇りある士なのであった。彼が晩年に住んでいた古阜の古老が後年に語った証言によれば、全琫準の生活態度はおよそ次のようなものであった。[20]

父老曰く。彼は短軀なれども色白く眼光炯々《けいけい》として人を射る。平生家にあっては村里の少年に童蒙を読ましめ、千字文を習はせ、父老至れば古賢の事蹟を物語り、未だ嘗て世間話しをなさず。人無ければ終日黙々として起臥す。父母に事へて奉養至らざるなく家貧困なれども農事を解せず。時々遠来の客来訪して数日滞留することあり。村人と交らず、偶《たまたま》村中に慶弔あれば彼は先づ拝して祝し、参じて弔ふ。村人皆な其の人物の尋常漢ならざるを知り深く之を敬重した。

全琫準の風貌と生活態度は、やはり貧寒士族としてのそれである。家貧なれども農事には携わらず、古賢の事跡(古典)に通じて謹言寡黙に学究の任をなしている。遠来の客をもてなすことはあっても、村人とは積極的には交際しない。しかし、それでいて孝養を尽くして近隣に礼を欠くことはなく、非凡な人物として村人の尊敬を集めている。ここからは民に距離を置きつつも、知識と礼をもって交わり、士としての自負を持って生き抜こうとする者の峻厳な姿を彷彿と思い描くことができる。世居地を離れた儒生ではあっても、その周辺ではやはり郷班ないしはそれに準ずる士と目せられていたことが察せられる。

後日彼は、「一身の害のために起包(東学用語で起事の意)するのは、どうして男子の為すべき事と言えようか。衆民が冤を歎くゆえに、民のために害を除こうとしたのである」[21]とか、あるいは「世事は日に非となるゆえに、慨然として一つ済世の意見を述べようとしたのである」[22]と述べている。また、「斥倭斥化」(反日と反開化)の旗幟を掲げて行われた第二次農民戦争では、「君辱《はずか》しめらるれば臣死す。斃《たお》れて後止むの決心を以て起てり」[23]と述べている。そうした志こそは、客観的にはどうであれ、天下国家を民と君のために語ろうとする、紛れもない民本と勤王の士としての自覚からくるものであった。死に臨んで彼は、自身のような士が二度と現れないのではないかという不安を次のように吐露している。[24]

余は一死素より覚悟せる所。然れども余の死後、八道豈復た一人の義士の能く余の志を継ぎ、我国家をして長《とこし》へに日本の併呑を免れしむるものあらんや。思ふて此に至る、死すとも瞑せず。

過剰なまでのこうした士としての自負こそは、民衆指導者の必須条件であったと言えよう。そして、このような士意識は、他の農民軍幹部もまた共有するものであった。南接派農民軍幹部中において全琫準の次に位置した孫化中は、処刑されるに臨んで、「民のために義軍を起して死に処せらる、天下斯る非理あらんや」と叫んだと言われる。[25]彼もまた全琫準同様、士としての自覚を持って民衆のために身を投げ出した人物であったことは間違いない。

甲午農民戦争では、それまでの民乱におけると同じく、紛れもなく徳望家的秩序観の論理が貫徹していた。その論理が郷村社会を越えてさらに朝鮮王朝国家大に広がりを見せた時、最も徳望ある者として嘱望される存在こそが国王高宗《コジョン》であったということは、すでに述べた通りである。甲午農民戦争では、高宗の実父の大院君《テウオングン》も農民軍より期待を集めたが、それも国王幻想の一変種だと言うことができる。もとより国王幻想は通時代的に存在するものではあるが、士族支配体制の解体化現象と反比例する形で顕現化し、壬戌民乱から開国期にかけてさらに強まっていくと思われる徳望家的秩序観は、甲午農民戦争に至って武力による閔《ミン》氏政権の打倒を前提とした、国王や大院君への一大請願運動（弊政改革要求）として昇華する。甲午農民戦争の変革論理は、朝鮮王朝国家への依然とした信頼ないしは国王幻想に依拠しつつ平均主義と平等主義を実現していこうとするものであり、端的に言って反近代的にして「一君万民」の儒教的ユートピアの方向を指し示している(26)。そして第二次農民戦争段階では、勤王意識が明確に現れてくることになる。

しかし実のところ、甲午農民戦争当時『鄭鑑録』の影響が全くなかったわけではない。孫化中と並んで全琫準の次に位置した金開南は、易姓革命的志向をしていた節がある。彼はもと箕範《キボム》といったが、夢に神人が現れて「開南」の二字を掌中に書いたので「開南」と号したと言われる。これは、『鄭鑑録』信仰に付随して現れる南朝鮮信仰に仮託して、自身を真人に擬したものにほかならない。全琫準は、「私は金に王事に合力することを求めたが、ついに聞き入れなかった(27)」として、勤王の志において金開南と違いがあったことを証言している。彼が易姓革命を一面意図していたことは他の史料によっても示唆されるが、ここではそうした指導者が一部にせよいたということだけを確認しておきたい。ただし、彼は確信犯的な易姓革命論者ではなかったことも付言しておく。むしろ大院君の意を受けて農民戦争勝利後の政権構想も視野に入れて朝鮮王朝への打算的な忠誠を誓うことになる(28)。

以上のように農民軍の指導層は、その大勢が士意識を持って民本主義と「一君万民」の政治思想の下に、平等と平均の論理が貫徹した儒教的ユートピアを志向していたと言える。別言して、士たる者の二大綱領ともいうべき民本と勤王の実現こそが、甲午農民戦争の最大課題とするところであったと言っても間違いではないであろう。

第三節　農民軍における民本と勤王②

一般民衆レベルにおいて国王幻想があったことは間違いなく、農民戦争の開始当初には、農民軍は国王が派遣した京軍との戦いを避けていた。咸平において農民軍は京軍に対し、「この兵は我が主上の命を奉じて下来したのであるから、貪官の兵とは異なり、抗敵することは決してできない。もし戦えば我らは逆徒の罪を免れない」と大呼している。(29) すでに農民軍を率いての上京と武力的請願を決意している全琫準やその他の指導者の意向において京軍との戦いが避けられていたと考えるのは、いささか奇異である。指導部は戦いを決意しているにもかかわらず、その麾下にある農民軍兵士は指導部以上の国王幻想を持つがゆえに京軍との戦いを忌避し、その結果指導部は京軍の前で退却を指令するしかなかったのだと考えられる。

そもそも異端の東学には、「一君万民」の思想は用意されてはいても、王朝打倒の思想を探し求めることはできない。「守心正気」＝内省主義から解放されて、東学が本来持つ神秘主義を強調し、上帝との一体化による神仙化・君子化を他力・易行のものと見なす異端東学の教理は、確かに上帝の大衆化を説くことによって、民衆を正義の実体＝変革主体と把握することに成功しはした。にもかかわらず、人々が上帝たり得る最大の根拠は依然として外在化する人格的な天＝上帝が存在していることによっているのであり、自らの内にある神霊＝上帝たり得る条件は二次的な契機に過ぎない。それゆえひたすらに、上帝への他力祈願だけが奨励されることになる。彼らがどれほど自らを上帝と等しき存在＝真人と認識しようとも、他方で矛盾ではあるが、自らの上位にある存在としての唯一絶対の人格的な天＝上帝を信仰する限り、現実世界をそのアナロジーとして捉えた場合、彼らは「一君」より仁政を賜る「万民」としてしか立ち現れ得ない。そこにおいては本来、ただ一人の最高の徳望を備えた政治主体＝国王が存在するのみである。そして民衆は、変革主体ではあっても、政治客体に止まり、国王によって律せられる存在でしかなくなる。

士とは天下国家のために言動する者なのだから、それは単に変革主体であるというに止まらず、さらに進んで政治主体としての意識も持たなくてはならない。しかし農民戦争当時、いかに異端東学によって精神武装されていたとしても、一般民衆にあってはそうした意識を持つ者はごく少数であった。忠清道の一接主(東学の地方幹部)を務めたある人物は、当時の東学内での生活について三五年後に、「この時に最も人心を引いたのは、大きな主義や目的よりも、または造化(超自然的な力)や将来の栄光よりも、即座の実益、それでありました」と回顧している。[30]「造化」＝真人化への関心が薄かったというのは、後述することから分かるように一面的回顧だと思われるが、「大きな主義や目的」＝「輔国安民」や「忠君愛国」の思想より「即座の実益」(平等待遇と食事の公平分配)＝生活維持が優先されたと言っていることは重要である。農民戦争当時、異端東学によって武装されたにせよ、一般民衆の士意識はなお政治主体意識を欠落させるものであったと言える。

すなわち民衆が目指したものは、ユートピアの建設のみに止まり、それは国家の運命より自己の生活願望を優先させ、国王幻想は持っていても勤王精神は薄弱であったことを意味し、ナショナリズムとしては始源的な範疇で捉えることができる。民衆の願望はあまりにユートピア的であるがために、国家・国王の運命と自己の運命は必ずしも一致するものではなかったのである。アーネスト・ゲルナーは、「ナショナリズムとは、第一義的には、政治的な単位と民族的な単位とが一致しなければならないと主張する一つの政治的原理である」[31]と明快に定義づけている。この定義に基づけば、朝鮮民衆は自己の存在を民族として強固に自覚し得なかったがゆえに、国家・国王＝政治的単位と自己の運命を不可分離のものであるとは考えなかったと言うことができる。全琫準が後に、「東学党六十万中に就きて真に生死をともにせんと誓ひし者は僅かに四千人なりしのみ」(32)と語る所以である。実は全琫準ら指導層は、政治主体意識を内面化させた士意識を持ってはいたが、彼らとて、勤王思想と裏腹な関係にある愚民観から脱していたわけではなく、その意味でそのナショナリズムは、政治力の国民的浸透＝拡大化を軽視し、その国家(国王)的凝集＝集中化のみを図ろうとする前期性を帯びていた。(33)しかし民衆のナショナリズムは、そうした次元とは異なり、国家的危機意識はそれほど強いものではなかったのである。(34)

それゆえ民衆の朝鮮王朝観は、必ずしもその絶対護持を内容とするものではなかった。国王幻想とは救世主願望の一つの表現形態であり、であればこそ一面易姓革命を夢想する金開南のような人物の存在もなお可能であった。しかも東学の浸透力が弱く、なお『鄭鑑録』の影響力が強い地域では、国王幻想は真人思想を完全には駆逐できないでいた。黄海道は第二次農民戦争において農民軍が大決起した地域だが、東学の布教が不十分な地域で、そのほとんどは「偽東学党」であったと言われる。(35)こうした地域では、国王幻想に代わって真人思想がなお力あった模様である。そのことは、著名な民族運動家金九《キムグ》の自叙伝から察することができる。甲午農民戦争を前後する時期の、朝鮮国家ないしは士をめぐる彼の葛藤にこそは、両班への羨望と嫉妬(ルサンチマン)、そして真に士たろうとする者の真摯な精神的営為が看取される。

金九によれば、自身の家門は安東金氏《アンドンキム》に属し、本来は名門の両班であったが、金自点《キムジヤジョム》という逆賊視された人物が出て以降衰落し、金九から数えて一一代祖の時、黄海道海州に移住してきてサンノム(상놈)になったという。(36)サンノムとは良民の侮称である。このサンノムとしての出自告白は、統一された国民国家の建設を念願してやまない金九ならではの、民衆的立場を表象するものとして評価することが可能であろう。しかしここには、依然として名門意識を棄て切れない金九の精神的姿を読み取ることもできる。彼の出自告白は、偽譜が多い族譜を前提としたものであっ

て、金九の家門が本来真に名門の両班であったかは疑問のあるところである。金九のサンノム意識を示すものであるというよりは、むしろ本来は両班であることを誇ろうとする者の、素朴な族譜信仰に基づく名門意識の表れではないかと思われる。

事実金九は、科挙を受験して名実ともに両班になろうとしたことがあった。何らの勢力も有しない良民が到底及第することはできない科挙の不正腐敗ぶりを目の当たりにして、一度の受験で科挙への望みを絶ち切ったのだが、その絶望のうちに見出した光明が、「よき心の人(好心人)」になるということであった。「外的修養はどうであれ、内的修養に努めて人としての役目を果たそうと心に決め」たのである。[37]まさに両班へのルサンチマンが、両班への侮蔑と同時に、士の本質である清き人性の修養へと金九を方向転換させたのだと言える。

当時黄海道では、朝鮮王朝が間もなくして滅亡し、鄭道令《チヨンドリヨン》(未冠の男子の称)が鶏龍山に都をつくるはずだから、鶏龍山の周辺に移住して住めば両班になれると言って、実際に移住する者も出てくるような不穏な雰囲気があった。金九が東学にめぐり会ったのは、こうした時である。東学の噂を聞いた彼が、早速に東学の信仰集会に赴くと、応接に出たある両班風の青年は、「真主」を奉じて鶏龍山に新国家を立てることが東学の宗旨だという。「身体の内にある天主に仕えて礼天行道する」東学に入道さえすれば、差別待遇がなくなるという言葉とあわせて、新国家建設の趣旨に共感した彼はすぐに東学徒となった。[38]「真主」を奉じて鶏龍山に新国家を建てることが東学の宗旨だというのは、全くの誤伝か曲解であるが、これは黄海道で国王幻想が真人思想をいまだ駆逐できていなかったことを示唆するものにほかならない。

ただし彼は、東学はすでに「造化」をなし得る学としての評判をとっていたことも証言している。[39]近隣でいち早く東学徒となった金九に対し、人々は「造化」の力が彼に備わったことを盛んに噂したという。当時、東学に入る者には、両班は少なく、サンノムがほとんどであったが、「造化」をなし得る者＝真人が無数に出現し得ることを信じていた素朴な民衆が多くいたことは間違いない。甲午農民戦争では、底辺民衆が過激化するとともに、淵源(布教系列)を異にする東学徒(包・接組織)間に、争いが多く起こったのだが、それはこうした小真人の誕生と決して無縁ではないであろう。天人合一を果たした人間は、完全な人間＝真人なのだから、善悪を超えた存在である。崔済愚は、「天心はすなわち人心なのだから、どうして善悪があろうか」と述べている。[40] こうした無数の小真人の誕生は、唯一の真人の出現を説く『鄭鑑録』への信仰と矛盾するものである。国王幻想とも矛盾するもののように思えるが、どれほど自らを上帝と等しき存在＝真人と認識しようとも、自らの上位にある存在としての唯一絶対の人格的な天＝上帝を信仰する限り、現実世界をそのアナロジーとして捉えた場合、民衆は「一君」より仁政を賜る「万民」としてしか立ち現れ得ないということは、先述した通りである。国王幻想に強くとらわれていたという甲午農民戦争の全般的性格の中にあって、黄海道の場合は、当初は兵乱的性格が強く、林宗鉉《イムジョンヒョン》(鐘賢)なる人物を中心に実力で観察使や守令の地位に就こうとする特殊な状況があった。[41] しかし、「真主」誕生による新国家建設を信じた東学徒がいたとしても、民衆思想のベクトルは、黄海道においても徐々に国王幻想の方向に向かいつつあったものと推察される。

そのことは、サンノムを自認するようになった金九の甲午農民戦争後の思想変化によって示唆される。その才覚のせいか、東学徒になってわずか一八歳で接主となった彼は、新国家建設の意を内に秘めつつ「斥倭斥洋」のスローガンを掲げて、甲午農民戦争の第二次蜂起に参加する。間もなくのうちに敗北すると、彼は敵将である、安重根《アンジュングン》の父泰勲《テフン》のもとに身を寄せる中、高能善《コヌンソン》という儒林の知遇を受けるようになる。そして、かつて「よき心の人」になるために東学徒になって新国家建設に尽くそうとした彼は、衛正斥邪派の高能善から「義」の思想を受けることによって、「滅びようとするもの(朝鮮王朝)をして滅びないようにする方法はありませんか」と反問するまでに至る。[42] 東学に入道して「よき心の人」になり、確信を持って政府軍・日本軍と戦った彼は、今や真の「よき心の人」になるために、反転して国王幻想の持ち主どころか、さらに進んで勤王主義者にまでなったと言える。「義」の思想が媒介したとはいえ、「よき心の人」とは本来天下国家のために尽くす者のことであると悟るようになったがゆえに、金九にとって侵略されつつある朝鮮王朝は、天下の正道において守護されなければならない国家となったのである。それは、黄海道の闘争が反政府から徐々に「斥倭斥洋」の闘争に変質していったことと相俟って、甲午農民戦争における「造化」による無数の「よき心の人」の誕生が、秩序形成のためにその上に位する唯一絶対の「よき心の人」＝国王の存在を認定せざるを得なくなる論理的必然性を持っていたためであるとも考えられる。

結局金九がいう「よき心の人」というのは、端的に言って士ということにほかならないのだが、以後彼は大韓帝国期を通じて民本主義と勤王主義を貫いていく。民本主義者としての立場は、知識人の上からの運動である愛国啓蒙運動(一九〇五～一九一〇年)に積極的に携わっていったことに示されているし、また勤王主義者としての立場は、一九〇九年段階において「(御)真影」を積極的に崇めるような人士になっていたことに明らかである。[43]

金九の甲午農民戦争を前後する時期の精神的葛藤は、まさに民衆が両班へのルサンチマンを梃子《てこ》に、真に内面化された士意識を覚醒させ、さらにはナショナリズムを獲得していく典型的姿であったと思われる。鶴園裕が指摘するように結局は彼は、両班的価値を否定することなく、民衆に忠誠を誓い民衆の将来に福音をもたらそうとする「新式両班」なるものを想定し、それを国民の核にしようとした。[44]ここにナショナリズムの前期性も克服されたと言うことができる。

ただし多くの民衆は、生活維持志向＝民本意識(主義ではない)や国王幻想を持ってはいても、それは政治主体意識にまで昇華されていなかった。それは、両班との外形的・身分的同一性のみを問題とする士意識だと言わざるを得ず、本来あるべき政治主体意識の内面化された士意識とは次元を異にするものであった。全琫準が生死をともにしようと誓った四〇〇〇名の農民軍兵士こそは、全琫準の士意識に共感し得た、おそらくは多かれ少なかれ金九のような、民から士への精神的葛藤をなしたか、あるいはなしつつあった人々である。その意味で金九における自己否定をともなうような精神的葛藤は、確かに一つの典型だと言えそうでも、決して一般化し得るものではない。しかし、甲午農民戦争のような大民衆蜂起を二度と起こすことができなくなり、また確かに挫折感と絶望感が徐々に進行していくのは事実だとしても、次章で述べるように大韓帝国期において民衆は、いまだ実力で現状を打開しようとする営為をやめはしなかった。程度の差こそあれ民衆の士意識は、むしろ逆に徐々に拡散していく方向をたどっていくものと思われる。

第四節　反農民軍における民本と勤王

先述したように、ある意味では士たる者の二大綱領ともいうべき民本と勤王の実現こそが、甲午農民戦争の最大課題とするところであった。それゆえ実は、この実現は日常的に士をもって自認する一般の両班も、当然否定することができないものであった。そのことを端的に示すものとして、伏閤上疏による教祖伸冤運動が行われた一八九三年二月に前司諫権鳳熙《クオンボンヒ》が呈した上疏文を挙げることができる。[45]

当時反東学の上疏文が多く呈せられたが、朱子学的な斥邪論の立場から一方的に東学を非難しその殲滅を訴える上疏文がほとんどの中にあって、彼は、「ああ、朝廷が百姓を忘れて久しくなっております。聖朝五〇〇年の赤子をほとんど貪官墨吏の手に死なそうとしています」と述べ、民本主義の立場から「守令―吏・郷支配構造」の一般的矛盾と王朝政治の問題を鋭く指摘した。次いで、「臣が聞くところによれば、かの類が日月を追って熾盛《しせい》となるのはほかでもありません。守宰の貪虐がますます甚だしくなって、平民が平安に生活することができなくなっているからです。その党に入れば、すぐに銭穀を与えられ、物我の間がなくなる(欲するものが手に入る)といいます」として、東学徒に同情を寄せた。そして結論として、有能な人材を草野に求めて郷校を振興すれば、「士気」がまた振るうようになるし、また貪官を厳しく取り締まって地方官の考課を厳しく行えば、「邪説」＝東学は自然と消滅するようになると主張した。ここに流れている精神は、まさに民本と勤王の実現にほかならない。士の本質に立ち返って民と国を見すえ、そのためにも「士気」を再振させようというのである。彼は「無任の愛君憂国」の臣の立場からこの上疏をしためているのだが、このような厳しい王朝政治批判と民本主義の主張こそは、彼にとって勤王の道にほかならなかったと言うことができる。

権鳳熙の上疏に対しては承政院(王命の出納を司る官庁)の官僚から、「満紙に叫び喚《わめ》き、慎みが全くない。原疏は慌てて受理せず、言事疏(国事に関する上疏)として扱ってはならず、速やかに厳旨を下して臣分を懲らしめるべきである」との論難が加えられ、その受理が危ぶまれたが、国王高宗は冷静に受理を命じた(46)。どれほど厳しく苦々しい王朝政治批判が加えられていようと、権鳳熙の上疏が民本と勤王の精神を踏み外すものではなく、かえって徹底してそうであることを理解したからこそ、高宗は国王としての徳を示すためにもその受理を指示するしかなかったのだと推察される。権鳳熙の上疏はたとえ少数意見であったにせよ、朝臣として自覚ある両班が吐露した見識ある士の正論であったと言うことができる。

民本と勤王の精神は、農民軍弾圧に直接携わった在地士族にあっても当然に共有されていたものである。農民軍弾圧には日本軍と政府軍のほかに、民堡軍・儒会軍・守城軍・(反農民軍)執綱所(47)などさまざまな名称で呼ばれた在地士

族や郷吏（吏胥）の組織が参与したが、慶尚道醴泉の執綱所の倡義名分にはそうした精神が明確に示されている。(48)

いわゆる東学というものが現れ、はじめは怨讐によって起きたが、ついには悖逆《はいぎゃく》して乱を起こすに至った。わが朝廷を誹謗し、わが聖道に背棄し、わが生民を劫掠し、挙義の名義に仮託して、民を誘って怪しげに騙し、強暴に脅している。綱紀は破壊され、冠装は顛倒した。

この文をしたためたのは、執綱所で糧餉都監の職責にあった儒学者潘在元《パンジエウォン》という郷班だが、農民軍こそが民本と勤王の道を踏み外しているという指摘を読み取ることができる。主観的には、醴泉執綱所はまさに、郷村秩序の回復を民本と勤王の精神に則って遂行する義軍なのであった。醴泉執綱所は士族以上に郷吏が中心的役割を果たした反農民軍組織(49)だが、こうした民本と勤王の論理は、日常的に民本の精神に反して民衆の怨嗟を多く買い、その不正行為ゆえに勤王の精神とは無縁に思える郷吏層にあっても、否定し得なかったものであると言うことができる。

その意味では甲午農民戦争は、民本と勤王の精神を同じく主張する農民軍と反農民軍の間でその真実性をめぐって争われた戦いであったと言うことも可能である。それゆえ、どちらの側につくことが民本であり勤王なのかという解釈の違いから、同族間にあっても自らの徳望にかけて敵味方に分かれて争うこともあった。全羅道泰仁で反農民軍を組織して「義兵将」となった金箕述《キムギスル》は、金開南と同族の道康金《トガンキム》氏の者であった。金開南は道康金氏の一族二四名を農民軍の接主に任命したと言われるが(50)、金箕述は金開南には与しなかった。李真栄《イジニョン》の研究によれば、金箕述についてはおよそ次のような興味ある事実が確認される(51)。

道康金氏は泰仁にあって名門で知られていたが、金開南の家が没落士族に近い郷班であったのに対し、金箕述の家はなお泰仁で実質的な名望と影響力を保ち、彼は農民戦争勃発当時、書院の掌議を務めていた。彼の組織した儒会軍はもとより勤王的性格を持っていたが、彼が民本的精神を持っていたことも明らかである。彼は農民戦争後、東学嫌疑者を他の民堡軍や官軍が逮捕すると、官側の疑心も顧みず儒教的な郷村秩序の回復と村民保護の立場から、そうした嫌疑者の弁護を積極的に行って釈放を訴えた。彼は在地社会で名望ある人物であったが、経済的には富裕ではなく、奴婢一名を所有する程度の余裕しかなく、またいくらかの借財も背負っていた。質素な生活が察せられる、まさに名望家というより徳望家といった方がふさわしい人物であった。農民戦争後も彼は儒教的道義の実践に努め、崔益鉉《チエイツキヨン》の一二大弟子の一人として師に従って反日義兵闘争に参加している。

このように、金箕述における民本と勤王の論理は明確である。士を自認する彼にとっては、農民軍こそがそれに反する逆賊なのであった。しかし彼は、東学にからめとられていく民衆にも一定の理解を示しており、まさに何が民本で勤王なのかの微妙な判断の末に反農民軍を組織したものと思われる。反農民軍に与しながらも、農民軍に理解を示していた人物にはほかにもいくつかの事例を挙げることができる。

まず、反農民軍組織者として農民軍弾圧に功をなしながらも、真性の農民軍に対してさえ積極的に救いの手をさしのべた安泰勲の場合である。先述したように東学接主の金九は、安泰勲のもとへ身を寄せたのだが、安泰勲は何のこだわりもなく金九を温かく迎え入れかくまった。彼の行為は、単なる東学嫌疑者どころか、本来なら処刑されなければならないその指導者を庇護したという点で際立っており、大義名分論から農民軍を逆賊視する金箕述とは、類似しながらも一線を踏み外したものである。安泰勲は、募兵した七〇名と村民一〇〇名を率いて黄海道信川の自邸に義旅所を設置し、勇猛に戦い政府から論賞も受けている(52)。安泰勲について従軍したわずか一五歳の安重根は、終生その時の自身の勇敢さを誇りにしている。安泰勲は紛れもなく、農民軍の弾圧に断固とした姿勢を示したのであった。安一族は名門の誉れ高く、中でも安泰勲は進士及第で、開化思想の持ち主であった(53)。甲午農民戦争では、反近代的な農民軍の論理は開化思想と相容れず、であればこそ彼は、保守的儒生の立場とは違う論理から、「無知蒙昧」な農民軍に対し「義旅」を起こさなくてはならなかったのである。しかし彼は、士としての自負を持ち自らの徳望を自覚する者であった。方途が間違いだと考えはしても、農民軍の理念は本来、自らが追求する民本と勤王と同じなのだと認識していたがゆえに、自らに降りかかる嫌疑をも顧みず金九を助けたのだと推察される。

反農民軍の指導者の中には、農民軍に理解を示すどころか、ひとたび討伐の軍を挙げながらも、農民軍に寝返った者もいる。李尚裕《キムサンユ》という儒生の場合がそれである。彼は第二次農民戦争の際、儒会軍を組織して農民軍との戦いに赴いたが、その前に全琫準に面会を求めたところ、全の挙義の志に感服して「兄弟の義」を結んで農民軍側についた人物である。[54] 農民軍側につくや、彼はすぐに忠清道観察使朴斉純《パクチエスン》に書簡を送り、農民軍を義兵と認めた上で、「義兵を匪徒とし、清人を逐って日人を迎えるのはどのような義においてであろうか。(中略)もし義兵と戦えば、その辞は順ではないし、また百姓に何の罪があろう」と訴えている。[55] 彼はまさに農民軍の行為が救国＝勤王と民本の理念にかなうものであることを認め、強烈な士の自覚ゆえに、かえってその名誉を守るために農民軍側に与したのである。

農民軍と敵対した者の中には、不本意にも反農民軍に与してしまった者もいる。のちに、光武改革の量田事業や愛国啓蒙運動に携わっていく李沂《イギ》の場合がそうである。農民戦争が起きるや、貧寒士族の彼は農民軍に期待を寄せた。そこで全琫準を訪ね、ともに入京し、政府を転覆して奸悪な官僚を誅し、「奉上(忠君)して国憲を一新」すべきことを提起した。もとより閔氏政権の打倒を企図していた全琫準はこれに応じたが、金開南は李沂をかえって害そうとした。[56] 李沂は無事脱出することはできたものの、当時自身が居住していた全羅道求礼では農民軍の闘争が過激化し、非東学徒で被害に遭う者が出るようになった。ここに彼はやむなく、在地有力者と協議して民人を募り、意に反して「義兵盟主」となって東学農民軍と敵対するに至る。[57] 彼の東学に対する本来の立場は、天主教と同じ類であり、ただその名称を変えているに過ぎないという、批判的なものであった。[58] にもかかわらず、当初は農民軍に同情的どころか、ともに決起しようとしたのは、農民軍こそが民本と勤王の理念を実現する存在であると考えていたからにほかならない。民衆を弾圧する側に回ったとはいえ、彼はその後、王土思想と民本主義の立場からする土地均分化の道筋を示した『田制妄言』を著し、開化派の巨頭の魚允中《オユンジュン》に提出している[59]。

以上のように民本と勤王は、日常的に士をもって自認する一般の両班や反農民軍の一部にあっても共有し得るものであった。そして最後に、興味深いことに、全琫準らを直接に裁いた開化派の法務参議張博《チャンバク》さえも、全琫準ら蜂起首謀者に同情的であったことを指摘しておかなくてはならない。甲午開化派政権は、緑豆将軍(全琫準)は死なないという民衆の信仰を断ち切るためにも、全琫準の人となりに胸打たれた日本人の助命要求を断固拒否して処刑するのだが[60]、にもかかわらず張博は全琫準におよそ次のように言っている。汝は罪を犯しはしたが、汝が決起したことによって、日清戦争と「我国の大改革」(甲午改革)が行われ、今は公明の政治を行うことができるようになった。「即ち汝の死は以て今日の公明なる政事を促したるものといふべし」というのである。だけでなく、全琫準が、「死は固より其処なり。唯逆名を蒙るは遺憾なり」と言うと、「否とよ。此宣告は逆名を蒙らしたる宣告に非ず。誤解する勿れ」とまで言う[61]。誰よりも民本と勤王の実践を尖鋭に行った全琫準にとって、甲午農民戦争はまさに「忠誠の証としての反逆」であったのだが、張博はそのことを十分に理解していたのだと言えよう。

繰り返しになるが、民本と勤王は当時にあって、農民軍も反農民軍も、さらには政府の大官もまた共有するものであった。それは士の自覚のある者なら、誰もが否定し得ない絶対的な価値であったからにほかならない。その意味で甲午農民戦争とは、改めて士とは何であり、またいったい誰が真に士たり得るのかを他者にも自身にも問いかける闘いであったと言うことができる。

(1)『東京日日新聞』一八九四年八月五日付「釜山特報」。
(2)「歳藏年録」(東学農民戦争百周年紀念事業推進委員会編『東学農民戦争史料叢書』二、史芸研究所、서울、一九九六年)二五六頁。
(3)「梧下記聞」(同右、一)一〇九頁。
(4)前掲「歳藏年録」二四六頁。
(5)「巡撫先鋒陣謄録」(『東学乱記録』上、国史編纂委員会、서울、一九五九年)六六五頁。
(6)詳細は拙著『異端の民衆反乱――東学と甲午農民戦争』(岩波書店、一九九八年)第七章を参照のこと。
(7)以下本節の叙述は、特別な注を付さない限り、同右、第二章と第三章に基づく。
(8)安丸良夫『日本の近代化と民衆思想』(青木書店、一九七四年)参照。
(9)「牧民大方」(内藤吉之助編『朝鮮民政資料　牧民編』(京城、一九四二年)一六一頁。
(10)梁銀容《ヤンウニョン》「韓国近代에 있어서 勧善書의 流行에 대하여」(『円仏教思想』第二〇輯、益山、一九九六年)。
(11)著者はかつて、崔時亨の通俗道徳論の意味に言及しつつも、当該段階においてそれは、朝鮮農民の間で認められはしても、なお限定的で脆弱であったと評価したことがある(「朝鮮人の労働観――大韓帝国期を中心に」『ほるもん文化』二、新幹社、一九九一年)が、本文のように訂正する。ただし、朝鮮における通俗道徳論の展開は両班志向を随伴するものであるため、文字通り上昇が果たされた際には、朝鮮民衆はその内面化の営みから解き放たれる可能性を多分に持っているように思われる。
(12)前掲拙著、一三二～一三三頁。
(13)「雲水斎文集通章」(『韓国民衆運動史資料大系　一八九四年외　農民戦争篇　附東学関係資料』一、驪江出版社、서울、一九八五年)六〇、七一頁。
(14)同右、九一頁。
(15)「聚語」(前掲『東学乱記録』上)一〇九頁。
(16)同右、一一一頁。

(17) 前掲拙著、一二七〜一二八頁。
(18) 「東学関聯判決宣告書」(前掲『東学農民戦争史料叢書』一八)四二九頁。
(19) 「全琫準供草」(『東学乱記録』下、国史編纂委員会、서울、一九五九年)五二一頁。
(20) 菊池謙譲『近代朝鮮史』下巻(東京、一九三七年)二一六頁。
(21) 前掲「全琫準供草」五二五頁。
(22) 同右、五三四頁。
(23) 『東京朝日新聞』一八九五年三月五日付「東学党大巨魁生擒」。
(24) 『大阪朝日新聞』一八九五年三月一七日付「全禄斗の慷慨」。
(25) 『東京朝日新聞』一八九五年五月七日付「東学党巨魁の裁判」。
(26) 前掲拙著、第一〇章、参照。
(27) 前掲「全琫準供草」五五八頁。
(28) 前掲拙著、二四七、二七六〜二七八頁。
(29) 「東学党ニ関スル彙報」(『駐韓日本公使館記録』一、国史編纂委員会、果川、一九八六年)三四九頁。
(30) 「東学乱実話」(『新人間』第三四号、京城、一九二九年)四五〜四六頁。
(31) アーネスト・ゲルナー〈加藤節監訳〉『民族とナショナリズム』(岩波書店、二〇〇〇年)一頁。
(32) 『東京朝日新聞』一八九五年三月六日付「東学党大巨魁審問続聞」。
(33) 前期的ナショナリズムの概念については、丸山真男「国民主義の「前期的」形成」(『丸山真男集』第二巻、岩波書店、一九九六年)、および同「日本におけるナショナリズム——その思想的背景と展望」(同、第五巻、一九九五年)参照。
(34) 前掲拙著、第一〇章、参照。
(35) 同右、三一〇〜三一一頁。
(36) 「직해『백범일지』」(『白凡金九全集』一、大韓毎日申報社、서울、一九九九年)三二六頁。

(37) 同右、三三五〜三三七頁。
(38) 同右、三三八〜三三九頁。
(39) 同右、三四〇頁。
(40) 「東経大全」(前掲『東学農民戦争史料叢書』二六)〈論学文〉六六頁。
(41) 前掲拙著、三一〇〜三一一頁。
(42) 前掲「직해『백범일지』」三五三頁。
(43) 同右、四五三頁。
(44) 鶴園裕「東アジア地域における国民形成と民衆――金九の『白凡逸志』にみる「両班とサンノム」」(『東アジアの近代移行と民衆』第五集、一九九九年)二二頁。
(45) 前掲「聚語」一〇一〜一〇八頁
(46) 『高宗実録』三〇年三月一日条。
(47) 従来執綱所とは農民軍の自治機構を指すものと考えられていたが、執綱所は反農民軍側にもあり、本来治安機構を意味する。農民軍の自治機構は正しくは都所というべきであり、執綱所とは区別される(前掲拙著、第六章第二節)。
(48) 「甲午斥邪録」(前掲『東学農民戦争史料叢書』一一)三頁。
(49) 申栄祐《シンヨンウ》「一八九四年 嶺南 醴泉의 農民軍과 保守執綱所」(『東方学志』第四四輯、서울、一九八四年)二二一〜二二二頁。
(50) 前掲「梧下記聞」一六一頁。
(51) 李真栄『東学農民戦争과 全羅道 泰仁県의 在地士族――道康金氏를 中心으로』(全北大学校博士論文、全州、一九九六年)第三章。
(52) 「甲午海営匪擾顚末」(前掲『東学乱記録』下)七三四、七三七頁。
(53) 「安重根伝記及論説」(『七条清美文書』国会図書館憲政資料室所蔵)一〜二頁。
(54) 呉知泳《オジヨン》『東学史』(京城、一九四〇年)一四一〜一四二頁。

(55) 「宣諭榜文並東徒上書所志謄書」(前掲『東学乱記録』下)三八二頁。

(56) 鄭寅普《チョンインボ》「海鶴李公墓誌銘」(『海鶴遺書』国史編纂委員会、서울、一九七一年)九頁。

(57) 「先鋒陣呈報牒」(前掲『東学乱記録』下)二二五～二二七頁。

(58) 鄭景鉉《チョンギョンヒョン》「韓末儒生의 知的 変身——海鶴李沂〈一八四八～一九〇九〉의 경우」(『陸士論文集』第二三輯、서울、一九八二年)一三一頁。

(59) 李沂の生涯については、拙稿「道義は実現されうるか——韓末啓蒙運動家李沂の思想と行動」(林哲《イムチョル》・徐京植《ソギョンシク》・趙景達編『二〇世紀を生きた朝鮮人』大和書房、一九九八年)参照。

(60) 前掲拙著、三四五頁。

(61) 『東京朝日新聞』一八九五年五月八日付「東学党巨魁宣告余聞」。

第五章　大韓帝国期の民乱——士の呪縛とその相貌

第一節　皇帝独裁の成立と士の呪縛

日清戦争における清国の敗北の結果、朝鮮と清国の宗属関係は最終的に廃棄され、朝鮮は文字通り一元的に「万国公法」体制に組み込まれることとなった。そこで朝鮮は、清国や日本に対してばかりでなく、世界各国とも完全な国家的対等性を持つことを内外に確認し、王室の権威を高めて国家的統一を強化しようとする意図から、一八九七年一〇月、国王高宗《コジョン》が皇帝に即位し、国号も大韓帝国と改めた。大韓帝国では、高宗の露館播遷(一八九六年二月)を契機とした甲午改革の挫折にともなう開化政治家・官僚の失脚、および閔妃《ミンビ》の暗殺(一八九五年一〇月)や大院君《テウオングン》の死去などによって、皇帝が独裁的権力を掌中に収めることになった[1]。そして、皇帝主導の下で「旧本新参」(儒教的な政治や制度を主として近代文明も取り入れること)を理念とした光武改革といわれる一連の近代的改革が実施された。

しかしそれは言うまでもなく、民権への配慮を全く欠いた近代化政策であった。大韓帝国政府は、時を同じくしてむきだしの皇帝独裁に対するに、国民的合意を形成して、より強固な統合システムに接近させていこうとした独立協会運動を弾圧した。独立協会は皇帝専制を必ずしも否定しなかったのだが、彼らの政治参与を皇帝独裁に反すると見た高宗は紆余曲折の末結局は解散させたのである。皇帝賛歌の「大韓帝国愛国歌」をもって国歌に制定しようとした[2]ことに端的に示されているように、大韓帝国の近代化政策は、皇帝独裁という統合システムの創出によって、国家的独立を維持していこうとするものであった。

ただし大韓帝国の皇帝独裁制は、偶発的な事件の連鎖によってにわかに成立したものではない。国王権威の確立を目指す政策は、大院君の執権時代から行われていたし、また高宗自身も、そうした政策を積極的にとっていた。一例を挙げれば、教祖伸冤運動のさなかの一八九三年二月、高宗は世子の誕辰記念のために慶科(慶祝の際に行われる科挙)を実施するばかりではなく、外国使節を呼んでの祝宴はもとより、ソウル住民への衣服の下賜や商人への二〇万両の下賜、そして恩赦などを行い、「斯る盛典は是迄世子宮の誕辰に絶えてなき事」であったと言われるほどの一大慶祝行事を催した(3)。日本の圧力で進められた甲午改革で「忠君愛国」論理による国民統合が図られていくのは、月脚達彦が指摘する通りである(4)。しかし、日本の圧力を受ける以前に国王主導のもとで国王権威を高める儀礼が行われ、それを前提にしてこそそうした国民統合の意図もなされるということを看過してはならない(5)。

しかも、大韓帝国の皇帝独裁制は、「一君万民」体制を求める下からの志向を梃子に実現されることに着目する必要がある。壬戌民乱以降の民衆思想界における国王幻想の高揚が、その背景ないしは受け皿としてあることを考慮しないわけにはいかない。大院君や高宗の国王権威の確立を目指す政策は、まさしく下からの「一君万民」思想に呼応するものとしてあったのである。月脚達彦は大韓帝国の「一君万民」体制は、甲午改革の君主権強化の志向と独立協会で培われた政治文化を前提として成立するとし、著者の見解に異議を唱えている(6)。しかし政治過程や国家権力の問題を、民衆史的見地を除外して説明しようとする見解は一面的であるし、支配者と一部エリートのみの歴史叙述に陥ってしまう危険性がある。たとえ国家権力を主軸に置いた政治過程を叙述するにせよ、下からの契機に常に視線を投げかけることが歴史の正しい見方というものであろう。権力やエリートは、一方的に社会や思想・文化・民衆生活などを規定するのではなく、逆に社会の動態や民衆の運動・思想・文化などに規定されるものでもあることは言うまでもない。とりわけ国民国家形成を考える際はそうである。ベネディクト・アンダーソンの研究が、民族形成過程において民衆運動が持つ役割について関心を欠落させるものであることについては、序章において指摘したところだが、実はそのことの重要性についてはE・J・ホブズボームが指摘するところであった。彼は、「ネイションとは二重の現象であって、本質的には上から構築されるものであるが、同時に下からの分析もなければ理解しがたい」として、「普通の人々が抱く様々な憶説、希望、必要、憧れ、関心との関係」も重視されなければならないと述べている。(7) 傾聴すべき指摘である。

甲午改革政権は、「一君万民」の理想を掲げる甲午農民戦争を圧殺しつつも、農民軍の要求の多くを政策化している。しかし、この政権は日本勢力を背景としたために国内的な政権基盤が脆弱であった。また農民軍の要求に一面応えつつも、基本的には近代的な改革を目指し、地主制も擁護する方向であったことなどから、かえって農民軍から「一君万民」社会の構築を阻害する仲介勢力として指弾され、その政策の多くも空文化してしまった。(8) 結局は甲午改革は、民衆の願望に反するものでしかなかった。別言すれば、甲午改革が推進しようとした「忠君愛国」論理は、民衆が理想とする「一君万民」社会の構築とは相容れないものであったのである。

そのことは、高宗が一八九五年二月五日(陽暦三月一日)、日清戦争の一環としての意味も持つ東学農民軍弾圧終了の慶祝と朝日両軍兵士の慰労を兼ねて開いた大祝宴の際に、万歳が和唱されたことに見事に象徴されている。高宗が両軍将校を接見した後に催された祝宴の席で、「楠瀬中佐は井上公使の命に依り、先づ日本将校一同に代わりて朝鮮大君主陛下が此る厚遇を与へ玉ふことの辱《かたじけ》なきを拝謝し、衆員一同大君主陛下万歳を三唱」し、それに呼応して内務大臣の朴泳孝《パクヨンヒョ》が「大日本皇帝陛下の万歳」を祝し、衆人また万歳を三唱した。(9) 非公式には前日、朝日両軍がソウルに凱旋した際に高宗が勅使を送り、その場で「東学党征討軍指揮官」である陸軍少佐南小四郎の発声で、「大朝鮮国大君主陛下万歳」と「大日本皇帝陛下万歳」が三唱されている。[10] いずれにせよ日本側の主導で万歳が和唱されているが、「一君万民」の理想を掲げる東学農民軍を弾圧した慶祝の場で万歳が和唱されたことにこそ、朝鮮民衆の無惨な姿とアイロニカルな願望が陰刻されているのを透視しないわけにはいかない。すなわち、そこにおける万歳の意味は二重である。下関条約締結(一八九五年三月一二日、陽暦四月一七日)に先立って、朝鮮と清国との宗属関係が実質的に消滅したことを表象したという第一義的な意味のほかに、民衆を国王へ絶対的に服従させるという反動的な意味もまた含まれていたのである。[11]

しかしにもかかわらず、甲午農民戦争なくして甲午改革はあり得なかった。張博《チャンバク》が全琫準《チョンボンジュン》に、「汝の死は以て今日の公明なる政事を促したるものといふべし」と語ったことが想起される。大韓帝国の皇帝独裁制と光武改革は、甲午改革の反省の上に今一度、「一君万民」体制の構築による国民統合を皇帝主導の下に行おうとしたものにほかならない。

皇帝主導の近代化政策を実施するには、何よりも潤沢な宮中財政の確保が必要であった。そこで宮内府内蔵院に財政権限を集中し、政府財源を移管して収税権を拡大した。具体的には、全国の鉱山を内蔵院管轄としたり、紅蔘の専売を直轄としたり、あるいは各種雑税の徴収を強化したりしたのである。そして農民にとって最も怨嗟の的となったのが、屯土や駅土・牧場土などの国有地を内蔵院管轄に編入したことであった。これは皇室による地主的収奪の強化を意味し、小作人として策定された農民の地代負担が引き上げられるとともに、彼らへの管理も強化された。また、その過程で一般農民の民田が編入されることもあり、所有権紛争が惹起された。[12] それは、甲午農民戦争において打ち出された農民的土地所有をはじめとする下からの諸要求を圧殺することを意味するばかりか、甲午改革の政策からも後退するものであった。「一君万民」体制はやはり幻想でしかなく、民衆の願望を踏みにじっていくものとなる。ここに大韓帝国期には、もはや甲午農民戦争のような全般的な闘争はなし得ないとはいえ、抗租・抗糧運動などが誘発され、多彩な農民抗争が展開されることになるのである。(13)

このことは民衆における士意識が、甲午農民戦争の敗北を経験してもなお存続しており、むしろ拡散しているとさえ言える状況であることを示唆している。確かに大韓帝国期には政府は苛酷な「東学余党」狩りを行い、郷村社会にあって東学徒は、南北接を問わず密告の対象とされ、逮捕処刑の恐怖の中にいた。それゆえ、東学徒の中には挫折感や絶望感が漂い始め、変革への諦念が生じはしたが、なお一部の東学徒は士意識を持って孤立分散的にせよ闘争を展開した。一八九九年の英学の反乱はその代表であるが、その反乱意図は甲午農民戦争の理念を継承して「一君万民」社会の構築を再度目指そうとするものであった。この反乱をも含めた、一九〇四年頃まで続く異端東学のさまざまな運動については、別著で詳しく論じた通りである。(14)多彩な農民抗争とは、こうした異端東学の闘争はもちろんのことだが、それに止まらない一般の民乱ないしそれに準じた闘争なども含めての評価である。民衆の士意識を一挙に集合組織し得るような一大宗教結社が表面から消え去った状況の中で、民衆の運動は一方では依然として大蜂起を目指す方向で摸索されつつも、他方では異端東学に媒介されない、さまざまな自前の闘争として展開されていったのである。民衆の士意識が、大蜂起という形に結実しないにせよ、かえって拡散していくとも言えるゆえんである。

何度も言うようだが、甲午農民戦争において民衆は、確かに士意識を高揚させる中で変革主体として立ち現れ膨大なエネルギーを発散させつつも、それは、士意識が民本と勤王を内容とするものである以上、例外的事象はあれ、一般的には朝鮮王朝の枠内に収まるように自己制御されていた。そのことは、朝鮮王朝史上国王権力が絶頂に達したと言える大韓帝国期に至っても、変わらないどころか、なおさらのこととなる。民衆の闘争はどれほど苛烈に展開されようとも、直接的には仲介勢力に対してなされるのであり、かえって皇帝(国王)幻想や勤皇(勤王)主義をより濃く随伴させる。東学徒の闘争だけでなく、この時期に起きた多くの一般の民乱も、やはり皇帝に弓引くようなものでは決してなかった。なるほど皇帝は以前とは格段に違って、自らの意志で苛酷な民衆支配を行っている。にもかかわらず、在地社会では直接的な権力行使者として姿が見えないがゆえに、皇帝はなお汚濁を免れた朝鮮最高の君子であり、民衆にとって希望の星であり続けたのである。

数多ある大韓帝国期の民衆抗争の中で、本章ではこの時期を代表する特徴的な民乱について考えてみたい。取り上げるのは、辺境の地済州島で起きた、一面仇教運動的性格を持つ李在守《イジェス》の乱と、民乱とはいえ地方民同士の抗争であった城津の民乱である。事例としては特殊であり、甚だ当を失しているようにも見えるが、この二つの事例にこそは、当時の士意識の拡散とその相貌が端的に示されている。

第二節　楽地創造から皇帝幻想へ

李在守の乱は、その犠牲者の多さから反乱と言ってもよいほどである。しかし、中央への軍事的進出は考慮されておらず、その内容は民乱の範疇に属するので、ここでは単に乱としておく。その勃発は、まずもって内蔵院から派遣された捧税官(徴税官)姜鳳憲《カンボンホン》の苛酷な徴税策に端を発している。(15) 姜鳳憲は各種雑税を広範に徴収するのみならず、口銭も徴収して私腹を肥やし、また度支部からは地税の徴収、内部からも地方官への監督権を付与されていた。(16) 済州島は一牧使三郡守制(三郡守を牧使が統括する制度)の特殊な行政区画をなしていたが、彼の権力はそれらに君臨して直接徴税を課そうとするものであり、従来の権力体系や徴税体系を破壊するものであった。それゆえ彼は、徴税担当者として天主教(カソリック)徒をもっぱら使うこととし、自身も教徒になった。済州島では天主教の布教は一八九九年に始められてからわずか二年ほどにしかならないのに、信者は一〇〇〇名近く(洗礼者二四二名、予備信者六〇〇〜七〇〇名)に達していた。天主教徒になれば、フランス人神父のもとで治外法権の保護を期待でき、その上姜鳳憲からは徴税にまつわる諸種の特権を受けることができるようになるからであった。こうして天主教徒による苛酷な税徴収と傍若無人な暴力行為が日常化することとなり、済州島人の憤りが爆発することになる。

一九〇一年四月、大静郡で反天主教徒の団体である商務社が大静郡守の蔡亀錫《チエギソク》を社長(分社長)として設けられると、五月一二日には民会所が設置され、郷長(座首の新名称)で副社長格(明社長)に当たる呉大鉉《オデヒョン》を状頭として済州城への上疏団が組織された。しかし、姜鳳憲は不穏な事態が迫っていることを察知して本土へ避難した後であった[17]。また、商務社の動きを察知した天主教徒側は、「聖戦」を唱えて逆に民会所を襲撃し、呉大鉉ら六名を捕捉した。ここに闘争は暴力をもってする民乱へと発展し、大静邑民は民軍を組織した。そして、およそ一万名に達した民軍[18]は社員で里綱(里任)の姜遇伯《カンウベク》を大将とする東陣と、社の執事で元官奴である李在守を大将とする西陣に分かれ、天主教の済州島進出に反感を持つ日本人の軍事的協力も得て、一七日済州城に東西両回りで進撃した。済州城を包囲してから一四日目となる二八日に城内では非天主教徒の内応があって城は陥落したが、入城した民軍のうち李在守率いる西陣は天主教徒を手当たり次第に殺害した。民乱の全過程で天主教徒は六〇〇名ほどが犠牲となっている。済州島の全天主教徒のうち三分の二前後が殺害されたわけである。西陣の過激な処断をめぐって、東陣と西陣との間に互いの大将を殺害しようとするような内部対立も引き起こされた。やがて政府軍が二度にわたって派遣され、紆余曲折の講和交渉の末に、六月一一日民軍はついに全面的に武装解除するに至る。かくしておよそ一カ月にわたる騒乱は、民衆側の全面的な敗北に終わった。民乱の最高指導者である呉大鉉・姜遇伯・李在守は死刑に処せられ、蔡亀錫は数年の拘禁の後に釈放された。また、済州島民にはフランスの要求によって過大な賠償金が課せられることになった。

この民乱については、今日まで大きく三つの評価がある。第一には金玉姫《キムオクキ》を代表とする見解で、天主教への迫害という視点から、日本人の甘言利説に乗せられた李在守が引き起こした教難であるとするものである。[19] 第二には、反封建反帝国主義の運動として大韓帝国期における民衆運動の文脈のうちに位置づけようとする見解で、姜昌一《カンチャンイル》の研究を先駆とする。[20] それまでにも、朝鮮王朝末期の民乱の文脈上に位置づける見解[21]や、その「愛国的挙事」を強調したり[22]、反外勢的性格のうちに「済州島民の団結と自主的力量」を強調する見解など[23]があったが、姜昌一の研究は史料の博捜や社会経済的側面からの照射、民衆運動史的視点からの評価において研究の画期をなすものであった。金洋植《キムヤンシク》の研究はこの研究を継承発展させつつも、ただ反帝国主義の側面において、日本人の協力を得ていることに若干の問題があることを指摘している。[24] 最後に第三には、教難史的なアプローチも民衆運動史的なアプローチもどちらも一面的だとして、天主教が済州島に流入することによって、済州島の権力関係や社会関係に分裂が生じ、その内部葛藤が李在守の乱にほかならないとする朴贊殖《パクチャンシク》の見解である。[25] この見解では反帝国主義的性格は明確に否定されている。

これらの見解のうち、第三の見解は冷静な歴史評価を求めるものであり、説得的論旨を展開している。民軍側は郡守や郷任・里任・元官奴などの身分上下貫通的な指導構成をなしており、幹部には武官職・下級官吏・洞任・砲手などがおり、一般参加者も貧農民ばかりではなく、島民の各界各層に及んでいる。妓生・巫女・妾婦などを含む多くの婦女が参加していることもこの民乱の特徴である。対するに教軍側は、有力両班はおらず、流配人・島外官吏・吏胥などを中心として、一般には火田民のような貧農民が多く包摂されている。火田民のほとんどは天主教に入教したと言われる。彼らは、苛酷な収奪から逃れるために、治外法権を持つ天主教会に保護を求めていた。すなわち、島民収奪の側に回った天主教徒の多くは、実は本来収奪の対象とされていた者たちであったのである。また、多くの吏胥が天主教徒側についたことは、既存の「守令―吏・郷支配構造」の解体を意味していた。であればこそ、民軍側は身分上下貫通的な指導部を構成することが可能になったと言うことができる。「守令—吏・郷支配構造」に対する抗拒を一般とする民乱と李在守の乱が甚だしく性格を異にする理由はここにこそあったと見なければならない。そして、仇教運動的側面があるにせよ、天主教の教理自体をことさらに問題とするような斥邪論的な闘争ではなかったことも承認される。

しかしにもかかわらず、大状況的には皇帝独裁制を敷いた大韓帝国の苛酷な収奪こそが、李在守の乱勃発の根本原因であることには変わりがない。他の多くの民衆抗争同様、この民乱もやはり大韓帝国体制の矛盾によって引き起こされたのであり、天主教の流入による島内権力構造の変化という事態は、民乱勃発の副次的な要因であると見なければならない。大韓帝国期における士意識の拡散と士論理の貫徹という本章の問題意識からすれば、李在守の乱はそうした現象を最も際立たせている。

まず士意識の拡散という問題に関して言えば、何よりも最高指導者の一人が官奴出身であるという事実に注目しなければならない。李在守は「都元帥」という称号を使っており、主観的にはただ一人の最高幹部だと自認していたものと推察される。(26) 甲午農民戦争では官奴・賤民の過激な闘争が見られたが、李在守の乱はまさにそうした流れを継承するものであったと言える。金度亨《キムドヒョン》によれば、大韓帝国期の民乱ではその性格に応じて士族・富農・貧農などさまざまな階層の者が指導者になっており、指導者の階層を一般化することはできないという。(27) 必ずしも徳望家が民乱を指導するようなことがない事態が、甲午農民戦争以降現出するようになったのだと考えられる。

李在守が頭角を現すようになったのは、状頭呉大鉉が天主教徒側に捕捉されてからである。人々はみな状頭になるのを避け、呉大鉉の下隷であった彼を推挙した結果状頭となったという。(28) もとより彼は義憤に燃えるタイプの人間であったらしいが、(29) しかし下賤な者と見なされていたはずの彼が状頭になれるという状況にこそ、大韓帝国期における士意識の拡散が端的に示されている。後難を恐れた士族や一般民衆の知恵が、わずか二五歳の彼を状頭に祭り上げたのだと言えなくもないが、そうした事態は甲午農民戦争でも一般的ではない。甲午農民戦争では賤民部隊は通常の部隊とは別個に組織されていた[30]し、また前章冒頭で述べた全羅道万頃における「同死生契」の例は、賤民が集団的に指導権を実力で奪取したものである。李在守の乱では、何よりも李在守自身、士意識を持ってこの乱を指導した節があることを確認しておかなければならない。彼の軍装は、最高の戦士である大将にふさわしく、「絲氈《しせん》の笠をかぶって孔雀の羽を挿し、甲紗の戦服に鞭を持って眼鏡をかけ、革鞍《かくあん》を付けた駿馬に乗って洋傘を差す」というもので、前後に護衛も従えていた[31]。李在守以外の指導者である執事と呼ばれた者たちも軍服を着ており、やはり戦士を演出していた。李在守の軍装にあって、わけても興味深いことは眼鏡をかけていた点である。当時眼鏡は、士たる者の象徴的な装飾品に近いものであった[32]。官奴出身の李在守は、当然に教育を受ける機会はなく、眼鏡を必要とする人物ではなかった。彼はまさに士としての自己を演出するために眼鏡をかけたのだと思われる。人々はそのような彼を「人物は英豪で、よく大事を断じ、漢拏山の精気を受け、普通の人ではない」と称えたという[33]。士意識が拡散する混沌とした時代を背景に、英雄を求める素朴な民衆願望が血気盛んな一個の若者を大将に祭り上げたのであり、その軍はまさに民衆文化が自律的に作り出したものにほかならなかったと言える。

以上の指導者の問題に加え、この民乱では女性、とりわけ巫女・妓生・妾婦などの底辺女性の活躍が目立つことにも注目しなければならない。済州城で内応が起きた際の主役は、実は女性であった。女陣・男陣それぞれ千余名が決起したが、指揮をするのは女陣中の作頭であり、女性たちが城の上に乗って砲門を撤去したことで、万衆が喚声をあげて天主教徒を次々に捉えるに至ったという[34]。女性たちは乱後も闘いをやめず、六月一五日には数千人の女性が侍衛隊大隊長のもとにやってきた。そして兵士たちに向かい、「倭(日本)や漢(清国)の兵のようであり、百姓を生かさずにかえって殺そうとするのか」と罵りの声を上げ、また、「民瘼を正そうとせずに、毎日宴楽にふけるのか」とも揶揄している。こうした済州島の女性に対して、当時流配の身でこの民乱をつぶさに見聞した開化派の巨頭政治家金允植《キムユンシク》は、開明的にしてなお家父長的な女性観から、「この土地の女風はまことに甚だしく悪である」と感想を述べている[35]。確かに、自立的な女性が比較的多く女権が強い済州島独特の風俗が、反映されていると見られないこともない。また、宗教的・社会的・倫理的に天主教より蔑まれた巫女・妓生・妾婦の憤りが反映された一面があるのも、否めないように見える[36]。しかし、李在守の乱におけるほどの女性の活躍は、それまでの種々の済州民乱にも見られない果敢かつ積極的なものである。大韓帝国期には士意識は、女性たちにまで拡散していたことが示唆される。

次に士論理の貫徹という問題についてだが、李在守の軍は無秩序化の方向に暗転してしまったかに見えながらも、実は最後まで士の論理によって動こうとしていた。そのことは、裁判での李在守の発言にうかがい知ることができる。彼が天主教徒を非難する論理は、「教人は他国の書を学ぶとはいっても、彼らも我が国の臣民であるのに、官は彼らを治めることができず、民もあえて逆らうことができない[37]」というものであり、ここには「臣民」意識が示されている。その意識の上に立って彼は、「私が殺したのは逆賊であり良民ではない。(私は)死んでも悔いはない[38]」として、自らの指揮で行った大量の天主教徒殺害は逆賊行為ではないと言い放った。彼はむしろ、皇帝に代わって民軍を募り、逆賊を懲罰したという意識を持っていたものと推察される。民軍幹部が軍服を着たのも、反大韓帝国ではなく、皇帝の意を体した正義の民軍としての意思表示であったのだと考えられる。主観的にはどこまでも彼らは、民本と勤皇に尽くす大韓帝国の忠実な士＝臣民なのであった。官軍との講和交渉でも、官軍側が「皇上好生の徳」や「聖念」を持ち出して終始解散を求めたのに対し、民軍側は自らの要求が「天聴」になることを期待してやまなかった[39]。「天聴」になるかどうか信じられない東陣では、ソウルに上って上疏しようという声が挙がりもした[40]。東陣に比べ、解散を渋

っていた西陣も二一か条の要求を掲げ、結局は「聴命の意」を示した。(41)

済州島では、一八九八年に房星七《パンソンチル》の反乱が起きている。これはまさに反乱であって、『鄭鑑録』信仰に則った新王国建設の分離主義運動であった。(42) 済州王国を夢想した反乱は、済州島の民衆運動に時として見られるものである。しかし、わずか三年の間に民心は大きく変わり、皇帝幻想が人々の心性に宿るようになったのである。李在守の乱には房星七の反乱の残党が加わっていたが、(43) 彼らはかつて自身らを弾圧した在地士族や流配人・官吏などを処断することはあっても、もはや新王国の建設を叫ぶことはなかった。

しかしだからといって、済州島民のナショナリズムはおよそ近代的と言えるものではなかった。金洋植が明らかにしたように、李在守が日本人漁業従事者荒川留重郎に武器の援助を依頼し、荒川も天主教徒や神父の殺害を教唆して武器を援助したのは、紛れもない事実である。(44) 当時捧税官の来島以降、日本人も魚税や各種雑税を徴収されるようになっていたことが日本人の反天主教感情を増幅させていた。当時済州島民の反帝国主義意識はきわめて薄く、その侵略意図が明確な日本に対する危機感はあまりなかった。天主教に対する反発も決して反帝国主義に基づくものではなく、単に治外法権に仮託して不法行為を恣に行う者たちへの憤りからくるものであった。李在守が「洋人を討滅せよ」(45)と叫んだところで、それは神父の背後にいるフランスの侵略を危惧するものではなく、天主教徒の頂点にいる神父を憎悪したに過ぎなかったと言えよう。日露戦争当時にあっても済州島民が日本に対して好意的であったことは、戦争勃発頃の在木浦日本領事の報告に示されている。済州島における十数年前に見られた反日感情は、変じて次のような様子を呈するに至ったという。(46)

一般ノ島民ハ、(日本の)駐留所設置ニ幾分カ暗々裡ニ地方官及宣教師信徒ノ苛政暴横ヲ抑止スルガ如ク思惟セルヲ以テ、邦人ノ勢力次第ニ高マリ、商業上及漁業上些《いささか》ノ支障ナク、彼我間ノ交情日ニ親密ヲ加ヘ、邦人ニ対スル感情頗ル良好ナリトス。

日本の侵略がいよいよ本格化しようとする時期においても、済州島民は大韓帝国官僚や天主教徒への反感から、かえって日本への接近を深めるという意外な事態が生じているのである。

李在守の乱では、士意識は確かに拡散し、その論理も貫徹していた。しかし、いまだ士意識は政治主体意識として内面化されていなかったために、その論理は民本はもとより皇帝幻想を超えて勤皇にまで至っていたとしても、そのナショナリズムはなお始源的なものに止まっていたと言うことができる。植民地期になって総督府当局が分析するところによれば、済州島では韓国併合以前はもとより併合後にも「排日乃至民族的思想」はなかったが、三・一運動を契機にようやく「不穏な思想」が芽生えるに至ったという(47)。

第三節　新旧士族の抗争と民衆

大韓帝国期、その国民統合策は地方主義との逢着によっても容易にはなされなかった。そのことを端的に示した事件が城津民乱である。甲午改革以降、地方制度の改変が行われ、従来の八道制は二三府制を経て一三道制に改められた。この過程で郡の統廃合も行われたが、これは在地社会の権力構造にも影響を与えるものであった。すでに述べたように、一八世紀以降、古くからの士族＝旧郷に対するに、経済力を背景として身分上昇を果たしてきた新興士族＝新郷が、邑の自治機関ともいうべき郷庁に進出するようになって、両者の郷権をめぐる争い＝郷戦が深刻化していた。甲午改革以降の地方制度の改変は、こうした郷戦を一部地域で激化させることになったのであるが、その典型が城津であった。

咸鏡北道城津は、本来吉州に属していたが、一八九八年五月に開港が決定されると、吉州から分離して同年七月、城津郡が新設されることになった。しかし本来吉州の郷権を握っていた旧郷層は、これに猛烈に反対し、城津は一九〇〇年一月再び吉州に合郡される。これを契機に合郡派＝旧郷層と分郡派＝新郷層の中央への請願運動や、時には武力による実力行使にまで及ぶような熾烈な争いが繰り広げられるに至った。以後政府の対応も、一九〇〇年五月分郡、一九〇一年一〇月合郡、一九〇三年三月城津港のみ分設というように、二転、三転とめまぐるしく変わって、合郡決定と分郡決定を繰り返したことがそれに拍車をかけもした。そして、一九〇三年八月に分郡が決定されたことによって、最終的には新郷層の勝利に帰着することになる。李栄昊《イヨンホ》の城津民乱に関する唯一の本格的研究に依拠しつつ、新郷・旧郷のそれぞれの性格を略述すれば、次のようになる。(48)

申泰岳《シンテアク》や金河駿《キムハジユン》などを指導者とする城津の新郷層は、開港以後の社会経済的変動の中で経済的実力をもって身分上昇を果たしてきた者たちであった。彼らは城津の開港を契機に地方行政・自治の業務を掌握するばかりではなく、より一層の経済的成長をも図ろうとしていた。それゆえ、開港したばかりの城津に進出して来た日本商人・官吏などとも結びつき、またその支援をも期待しつつ分郡運動を進めていった。それに対し韓鎮稷《ハンジンジク》や許鉉《ホヒヨン》などを指導者とする旧郷層は、分郡によって邑勢が弱まる結果、課税増徴などの民弊が生ずるということを名分としつつ、他方では儒林としての反日主義の立場から、親日的な新郷層の分郡運動に反対した。

城津民乱は、朝鮮王朝後期以来の郷戦を契機としながら、反外勢をテーマとする戦いに発展していったように見える。しかし、事はそう単純ではなかったように思われる。旧郷層の運動は、民衆的基盤を持ち得ないものであったことに着目しなければならない。

確かに、西儒と呼ばれた新郷層が私利のために分郡を主張したのは事実であろう。ところが東儒と呼ばれた旧郷層もまた、土豪的な地域支配を持続させるべく合郡運動を行っていることを軽視するわけにはいかない。「韓鎮稷一派ノ徒ハ多数ノ両班等ト結托シ暴横ヲ極ハメ良民ヲ苦シムルコト甚シキ」者たちであり、[49]西儒の者たちを「元賤人でいまだかつて郷校・士班の列に入ったことがない」者たちであると侮蔑していた。[50]彼らの土豪的性格は合郡運動の過程にも現れている。一例を挙げれば、一九〇〇年五月二度目の分郡が決定された時のことである。ソウルで合郡の請願運動を展開していた韓鎮稷の息子の韓鼎禹《ハンジョンウ》が、この問題にまつわる何らかの嫌疑によって逮捕され、城津に拘禁されると、その奪還のために東儒は一〇〇〇人ほどの武装集団を組織して城津を襲撃している。死者二名と重軽傷者五二名を出しながらも、城津の至るところを放火し、わけても中泰岳の居村では全戸四十余戸を全焼させた。[51]西儒も暴力で対抗したが、一般民衆の家々を襲う東儒の行為は従来の民乱では見られないものであり、彼らの民衆蔑視観が表れている。

しかしにもかかわらず、合郡運動を推進する東儒の論理は民本主義に基づいていた。彼らによれば、分郡によって「民費」が増大すると主張する彼らの考えには吉州八六七九戸中八五〇〇戸が賛同し、反対する者はわずかに一五〇戸か一六〇戸に過ぎないという。[52]しかも、実力による秩序破壊をしたにもかかわらず、彼らの合郡運動は、当初においては皇帝崇拝(幻想)を前提とするものであった。韓鼎禹がソウルで行っていた運動の一つには、実は皇帝への上疏があり、一八九九年一〇月(旧暦)皇帝が洪陵(明成《ミョンソン》皇后＝閔妃の陵)に幸行(行幸)した際上言に成功し、[53]一九〇〇年一月には分郡から合郡へ決定が覆されていた。原武史は一八六三年以降、上言や撃錚はなくなり、高宗の幸行時にはそれらは発生しなかったと言うが、[54]高宗時にも直訴があったことは間違いない。

一方西儒の分郡運動も、その指導者の私利追求が基底にあるとはいえ、論理的にはやはり民本主義に基づいていた。在城津領事代理の窪章造が察知した情報によれば、東儒の言い分とは違って、城津の四三洞中、分郡を期待するのは三七洞に及んでおり、(55) 西儒の運動が広範な民衆の要求に基づくものであったことが察せられる。一時合郡の決定が出た時、「城民ハ挙ゲテ政府ノ命令ニ服従セズ。寧ロ断髪変俗他国ノ民ト為ルトモ、吉州暴政ノ下ニ立ツコト能ハズ」(56)として、親日化していったのは事実である。しかし、西儒が掲げた掲榜には、「ああ、わが城民もまた先王化中の赤子である。現今政府がこの民が渙散するのを憐れまず、ただ韓鎮稷輩の己を肥やす慾に従い、三千余戸の生霊をかの虎口の吉州に投じれば、どうしてその生を保つことができようか」(57)と書かれていた。「この民が渙散するのを憐れまず」(58)というのは、合郡によって吉州の土豪の圧力から逃れようとする城津の民衆が多く現れるだろうことを言ったものだが、この掲榜の精神はまさに民本主義にほかならない。そしてまた、西儒も「先王化中の赤子」であるという皇帝崇拝の論理において、自身らの正当性を獲得しようとしていたことも確認しておきたい。韓鼎禹の逮捕は「皇勅を仮称」して行われたものであったらしい(59)が、城津の地方警察と手を握った西儒は、皇帝の権威において東儒を攻撃しようとしたのである。

以上のように、旧郷層も新郷層も民本と皇帝崇拝の論理において運動を推し進めていたのは間違いない。士としての自覚を持つ以上、それは当然の戦略であった。ただし、基本的には私利の追求を図ろうとする西儒の立場には、ナショナリズムの所在を認めることが困難である。民本主義・皇帝崇拝の論理に立つことと、ナショナリズムとはやはり必ずしも一致しない。また、「当北道(咸鏡北道)中排外家ノ首領」である韓鎮稷(60)を代表とする東儒の場合は、多分に華夷的名分論からするものではあるにせよ、確かにナショナリズムの可能性を認めることができよう。その皇帝崇拝の論理も勤皇にまで行き着くようなものであったと推察される。しかし、民本主義の主張は大義名分的な似非民本主義というべきものであり、彼らは「守令―吏・郷支配構造」に寄生して、いまだに士の本質に立ち返り得ない人々であったと言える。このような問題を抱える新旧両士族勢力に対して、一般の民衆はどのように見ていたかというのは興味あるところだが、窪章造の調査によれば、次のように冷静に両者の対立を見ており、とりわけ東儒に厳しいものであったことが分かる(61)。

> 一般人民ニ至(リ)テハ、今回ノ変ヲ以テ勝敗孰《いずれ》ニ帰スルモ同郡民ノ僥倖機ト為シ之ヲ喜ベリ。其理由ヲ問ヘバ城津派若シ訴訟ニ勝タンカ、韓党ハ再復世ニ跋扈スル能ハザレバ今後最早韓党ノ抑圧苛斂誅求ヲ免ル、ヲ得可シ。之ニ反シテ城津派敗レンカ、郡旧ニ復シ区域拡大ト為リ、又利益スル処アリ。而シテ韓党モ亦昔日ノ如ク暴圧ヲ加ヘザルベシト。是吉州郡中商人良民ノ唱フルトコロニシテ、彼韓派ニ党スル者ノ多数ハ所謂両班ナル無頼暴横ノ郷曲ナリト云フ。

まずもって、郷戦の結果がどちらにころがるにせよ、自らの利益は損なわれないどころか、かえって増大するというしたたかな計算のもとに傍観している姿を見て取ることができる。そして、もとより基本的には私利追求を動機とする新郷層の味方をするわけではないが、旧郷層への憎悪には尋常ならざるものがあるのを察することができるであろう。「両班ナル無頼暴横ノ郷曲」という見方には、旧郷士族は本来持つべき士の精神を忘却しているどころか、無頼漢にまで成り下がっているのだとする痛烈な批判がある。士の精神が失われた世相を嘆いている民衆の姿が、彷彿と思い描かれる。

しかしそうした民衆も、士族への上昇をひそかに期している。一九〇七年、太極教という儒教系の新興宗教が宋炳華《ソンビョンファ》なる者によって創建され、ソウルに本部が設置された。中央では教勢は振るわず、本部はすぐに閉鎖されたが、一九〇八年と一九一〇年にそれぞれ支部が設置された城津と吉州を中心に咸鏡北道では教勢を伸張させた。太極教は、「孔子を崇拝して儒教精神を作興し以て道法礼儀の生活を実践するを教旨」としたが、入教すれば儒生両班の身分になるのと等しいとされた。それゆえか、城津では支部設置の年にすでに二〇〇〇名の信徒を獲得し、吉州でも一八〇〇名の信徒が入教した。そして信徒は、名誉ある役員になるために、多額の寄付や祭礼経費を争って負担したという。(62) 新旧士族を侮蔑しつつ、その実は自らも安易に士族身分への上昇を念願している民衆の浅ましいとさえ見える姿がそこにある。しかしそうした民衆の姿は、既成士族への批判を前提に自身らこそが実は士たるの本性を有しているのだとする、自信に満ちた論理に裏付けられたものでもあったと推察される。

城津民乱は、基本的には地方主義に根を持つ騒擾である。しかし、騒擾を通じて民衆が士族の本質を改めて認識するようになったところに、この民乱の民衆史的な意味があると言えよう。民衆が士について公然と語る時代がやってきたのである。

第四節　開化派知識人の民衆観

大韓帝国期民衆の多くは、皇帝独裁が行われ統合の強要とともに国家的収奪が強まっていき、だからこそ大韓帝国に抗拒するにもかかわらず、統合の強要と収奪が実質的にも形式的にも仲介勢力を媒体として行われ、しかも自らは政治主体性の欠如から国民国家構想を何ら持ち得ないがゆえに、かえって皇帝にすがるか、ないしは勤皇に尽くそうとする不思議な心性の構造を有していた。民衆は、自らが望んだことによって誕生し得た「一君万民」の実質的表現である皇帝独裁によって、逆に自らが呪縛されるというアイロニーに陥っていったのである。李在守の乱は一見したところ例外的な闘争のように見えるが、実はまさにそうした民衆の心性を端的に垣間見せてくれる民乱であった。

一方、城津民乱の事例を通じてまず分かることは、民本と勤王のために戦われた甲午農民戦争を経てなお、とりわけ前者の課題において真に覚醒し得ない士族が、当然のことながら在地社会には少なからず存在していたということである。もちろん民本も勤皇も、この時代には共有された価値観であったがゆえに、郷戦であるにもかかわらず新旧両士族の戦いは、民本と皇帝崇拝の論理をもって展開された。しかし一般の民衆は、両士族の利己的な欺瞞性を鋭く見抜いており、かえって彼らを士に値しない者として侮蔑の眼で見ていた。士とはいったい何であり、また誰が真に士たり得るかという、甲午農民戦争で投げかけられた問いは、一層の重みを持つ時代となったのである。

それゆえ開明的な知識人の中で、士について真剣に考えようとする者が出てくるのは当然の成り行きであった。開化派の金允植は、朴珪寿《パクキュス》の弟子の一人であったが、大韓帝国期彼は、現実の民衆運動に直面する中で師をも乗り越えようとする思想的営為を行っていた。

甲午以前における彼の民衆運動観は、紛れもない露骨過ぎるほどの愚民観を基底に持つものであった。彼は東学を、外見はいくら儒教で粉飾しても、その実は中国の白蓮教のような全くの邪教であるというように見なしていたが[63]、教祖伸冤運動が起きると、その邪教観は乱民観に変わる。すなわち、最近民心がとみに離れていっているのは、貪官汚吏の所業により朝廷に対する「固係の信」がなくなったからだと、問題の本質を見極めつつも、侮蔑的な東学観しか吐露できないでいる。東学の行為には後漢末の黄巾の乱や高麗時代の妙清《ミョチョン》の乱ほどの才もなく、またそこには傑出した人物も一人としていない。東学は単に符讖を信じる心浅ましい集団に過ぎないと言うのである[64]。こうした愚民観は、翌年甲午農民戦争が起きてからも変わらず、「およそ匪徒は聚党して声勢を誇るが、その実はとりとめがなく、為すに足りない徒手の賊であり、烏合の衆は多いといっても、どうして畏れることがあろうか」として、過小評価している[65]。全琫準と金開南《キムゲナム》の活躍を知ると、両人の実力を認めはしたが、唐の安禄山と史思明に擬した上で、他の東学農民軍をやはり取るに足りない集団であると見なした[66]。そして金開南が捕縛されたことを聞くと、「甚だ快活である」としてその喜びを素直に表明するのである[67]。

ところが、済州島流配中に房星七の反乱と李在守の乱を経験した時、金允植の民衆観は微妙な違いを見せることになる。もちろん両乱についての彼の認識は、たとえ苛斂誅求に起因するものであることを認めはしても、決して容認するものではない。房星七を「房逆」と呼び、彼の死を「まことに万幸である」と喜んでいる。(68) また李在守については、「蒙騃没覚《もうがいぼつかく》にして、その性格は殺人を好む」とし、その追随者は粗暴、放縦な者が多いとしている。(69) その女性観も家父長的なものであったのは、前述した通りである。東学農民軍に対する愚民認識から、どれほども脱していない立場をまずは確認することができる。

しかし金允植の民衆観には、今までと違う変化を見て取ることができる。彼の東学農民軍に対する呼称には、「東徒」や「東学党」のほかに「匪徒」「匪党」「賊徒」等があったが、房星七の反乱と李在守の乱に参加した蜂起民に対しては、そうした呼称を使わずに、「民党」という呼称を使っている。教祖伸冤運動の報恩集会の際、その解散のため宣撫使として派遣された、金允植と同じく開化派の巨頭政治家である魚允中《オユンジュン》は、東学徒を「匪徒」と言わずに「民党」と呼んだために、西欧の民権思想の影響を受けているとして指弾されたことがある。(70) 当時にあっては、「民党」という言葉の響きにはそうした感じを抱かせるに足るものがあったようである。従って、金允植にとっても「民党」という言葉は当然忌避されるべきものであったにもかかわらず、あえてこの言葉を使ったことの意味は一見微妙だが、決して小さくない。その裏面には、蜂起民の正当性をある程度是認しようとする金允植の認識変化があるように推察される。この時期の彼は、確かに依然とした愚民観から脱し得てはいない。しかし民衆がどれほど「無知蒙昧」であっても、彼らに対して「愚民」なりの論理――素朴な正義――だけは認めようとしたのではないかと考えられる。

やや後のことになるが、愛国啓蒙運動の頃には金允植は、愚民観自体をも乗り越えようとする認識を示し出している。独立協会運動以降、啓蒙思想の影響を受けるようになった彼は、変法論的認識を持つようになっていた。啓蒙的立場から新学の重要性を唱え、「子弟人々皆に有用の器（新学）をなさしめ、そうすることによって、邦国を興さなければならない。吾道を扶けなければならない。身家を保たなければならない」[71]として、教育の機会均等さえも唱えている。そして、一九〇七年「明徳説」という一文をしたため、その中で次のように言うのである。[72]

聖人の道は高遠にして行い難いようだけれども、その実は日用常行の面前の道理に過ぎないものである。聖人の言は深奥にして解し難いようだけれども、その実は平易にして切実であり、夫婦の愚であっても与り知ることができる。

周知のように朱子学にあっては、主知主義に立つがゆえに「天人合一」の道とも言える「聖人の道」ははるかに遠いものであって、誰もが容易に目指せるものではない。ところが朱子学者であるはずの金允植[73]は、ここで「聖人の道」は誰でも容易に踏み行うことができるものだとしている。この一文は、「君子の道は、費にして而も隠なり。夫婦の愚も、以て与り知る可し。其の至れるに及んでは、聖人と雖も亦知らざる所有り。夫婦の不肖なるも以て能く行う可し。其の至れるに及んでは、聖人と雖も亦能わざる所有り」という『中庸』の一節[74]に基づきつつ、金允植が大胆に自由な解釈を加えたものだと言える。彼は明らかに、道というものは聖人さえも分からないところがあるのだということに主眼を置いている『中庸』のテーゼをあえて読み替えているのである。これは、「聖人の道」を一般民衆に全面的に開放したことを意味しよう。すなわち「天人合一」の簡便化を説くことによって、彼は平等思想の宣布をなしたのだと言うことができる。

この時期、彼が愚民観から脱しつつあったのは間違いない。一九一〇年には、「十室は小さいけれども、必ず忠信の人がいるのは、あたかも衆氓蚩々《しゅうぼうしし》であっても、一得の見があるのと同じである」[75]と言っている。この一文も、「子曰く、十室の邑にも、必ず忠信、丘（孔子）の如き者有らん。丘の学を好むに如かざる也」という『論語』の一節[76]に基づきつつ、自由な読み替えを行ったものである。『論語』では学問の重要性を指摘することに主眼があるのだが、金允植は一般民衆の見識を認めるべくこの一節に付会させている。彼はやがて三・一運動に際しては、「十室の邑にも必ず忠信がいる。二千万の智慮を集めれば、どうして独立の道がないことがあろうか[77]」とまで述べ、朝鮮民衆の一人ひとりに明らかに「智慮」を認めることになる。

以上金允植の民衆認識の変遷から分かるように、大韓帝国期は開明的知識人であれば、真剣に民とは何であるのかを問い返さなければならないような時期であった。それは民も士であるとする地平の開拓を意味したと言える。知識人にそのような思想的営為を迫るほどの民衆運動の高揚があったわけである。この時期に展開された反日義兵闘争において、高名な儒生に伍して平民義兵将が多く誕生し、重要な役割を果たすようになったのは周知の事実である。そしてこの時期は、朝鮮史上最も義賊が活躍する時代でもあった。盗賊もまた、義賊として士意識を持つ時代となったのである。

(1) 森山茂徳『近代日韓関係史研究』(東京大学出版会、一九八七年)五八〜六〇頁。
(2) 呉《オ》世昌《セチャン》「愛国歌作詞経緯考」(『韓』第六三号、一九七七年)。
(3) 『東京朝日新聞』一八九三年四月一一日付「朝鮮世子宮誕辰の盛宴」。
(4) 月脚達彦「甲午改革の近代国家構想」(『朝鮮史研究会論文集』第三三集、一九九五年)八七頁。
(5) もちろん月脚も、甲午改革以前における国王権威確立のための政策を全く看過しているわけではない。しかし対清自立の観点から、外交儀礼にのみ関心が集中されており、国内に顔を向けた王権強化の動きには関心が払われていない(同「大韓帝国成立前後の対外的態度」『東洋文化研究』第一号、一九九九年)。
(6) 月脚達彦「独立協会の「国民」創出運動」(『朝鮮学報』第一七二輯、一九九九年)三六〜三七頁。下からの「一君万民」志

向が三・一運動の前提条件にあると展望する著者の見解（拙著『異端の民衆反乱――東学と甲午農民戦争』岩波書店、一九九八年、四三〇～四三一頁）についても月脚は批判しているが、改めての著者の見解は、詳しくは第七章で触れることとする。

（7）E・J・ホブズボーム〈浜林正夫・嶋田耕也・庄司信訳〉『ナショナリズムの歴史と現在』（大月書店、二〇〇一年）一二頁。

（8）前掲拙著、三二九～三三二頁。

（9）『大阪朝日新聞』一八九五年三月一五日付「日韓将校謁見次第」。

（10）同右、一八九五年三月一三日付「凱旋歓迎記」。

（11）日本では万歳の慣行は、明治憲法公布の際に和唱されて以降一般化した（牧原憲夫「万歳の誕生」『思想』第八四五号、一九九四年）。それ以前にも万歳が叫ばれることはあったが、天皇に対して大呼するのはこの時が初めてで、以降さまざまな場面で和唱され、国民意識を創出するのに甚大な力を発揮した。朝鮮では中国の皇帝を憚って、国王に対して従来「千歳」としか歓呼し得なかった。朝鮮での万歳の起源は、現在のところ明確にはし得ないが、日清戦争開始前後のことと推測される。そのことに着目した月脚達彦は、礼式の場では一八九五年五月一四日の独立慶会園遊会で和唱されたのが「初めてではないか」と述べている（前掲「大韓帝国成立前後の対外的態度」二四六頁）。しかしこれは、少なくとも二月五日の東学農民軍弾圧慶祝行事にまでさかのぼれるのは確実だし、さらにもう少しさかのぼれそうである。安重根《アンジュングン》の回想によれば、自身が黄海道で一八九四年の末に東学農民軍と戦って勝利した際、「万歳を三呼した」という（「安重根伝記及論説」『七条清美文書』国会図書館憲政資料室所蔵、七頁）。一八九四年末段階において、すでに万歳の慣行が一部には広まっていた可能性がある。

（12）羅愛子《ナエジャ》「대한제국의 권력구조와 광무개혁」（『한국사』一一、한길사、서울、一九九四年）一八一～一八四頁。

（13）金度亨「大韓帝国의 改革事業과 農民層動向」（『韓国史研究』四一、서울、一九八三年）参照。

（14）前掲拙著、第一一章、参照。

（15）李在守の乱に関する研究は、一地方民乱であるにもかかわらず、比較的多くある。以下概略については、注（19）～（25）に示す論考に基づいて述べ、必要に応じて史料注を付す。

（16）姜鳳憲の雑税徴収は、「家屋樹木魚網場塩田其他一切ノ海産物」に至るような徹底したものであった（「各領事館来信」『駐

韓日本公使館記録』一六、国史編纂委員会、果川、一九九六年、四五〇頁)。

(17) 姜鳳憲は、「第一着ニ同官ヲ屠殺セントノ風評アリタルニ依リ」逃亡したといわれ(同右)、済州島民の憤りの大きさが看取される。

(18) 当時済州島の全戸数は二万一四一九戸であったというが、民軍は原則として一戸より一名徴集する方式を目指し、わけても砲手(猟師)の徴発を積極的に行っている(同右、四五一、四五八頁)。

(19) 金玉姫『済州島辛丑年教難史』(天主教済州教区、一九八〇年)。

(20) 姜昌一「一九〇一年의 済州島民 抗争――韓末 天主教의 性格과 관련하여」(『済州島史研究』創刊号、済州、一九九一年)。

(21) 朴広成《パククアンソン》「一九〇一年 済州島 民乱의 原因에 対하여――辛丑 天主教 迫害 事件」(『仁川教育大論文集』第二輯、一九六七年)。

(22) 金《キム》泰《テ》能《ヌン》「聖教乱」(『済州島史論攷』世紀文化社、서울、一九八二年)。

(23) 鄭鎮珏《チョンジンカク》「一九〇一年 済州民乱에 관한 一考――所謂 辛丑教難의 発生 原因을 中心으로」(『韓国学論集』第三輯、漢陽大学校、서울、一九八三年)。

(24) 金洋植「一九〇一年 済州民乱의 再検討」(『済州島研究』第六輯、서울、一九八九年)。

(25) 朴賛殖「済州教案에 대한 一検討――소위〈三義士〉의 활동을 중심으로」(『済州島研究』第八輯、서울、一九九一年)、「한말 제주 지역의 천주교 회와〈済州教案〉」(『韓国近現代史研究』第四輯、서울、一九九六年)、「韓末 天主教会의 済州教案 인식」(『韓国民族運動史研究』一九、서울、一九九八年)。

(26) 後述する荒川留重郎への手紙での署名に見られる(前掲「各領事館来信」四六三頁)。

(27) 金度亨前掲論文、一三一～一三二頁。

(28) 金允植『続陰晴史』(国史編纂委員会、서울、一九六〇年)上、五七四～五七五頁。

(29) 朴賛殖前掲「済州教案에 대한 一検討――소위〈三義士〉의 활동을 중심으로」二五五頁。

(30)「梧下記聞」(『東学農民戦争史料叢書』一、史芸研究所、서울、一九九六年)二一四、二五七頁。
(31)前掲『続陰晴史』上、五七六頁。
(32)たとえば、一八七六年日本に来日した朝鮮修信使一行中、乗車の上官はみな眼鏡をかけていたが、歩行の随行者では眼鏡をかけていた者は一人もいなかった(『東京日日新聞』一八七六年五月一〇日付「朝鮮使節入京の記」)というような事実は、眼鏡の意味を端的に物語っている。
(33)前掲『続陰晴史』上、五七六頁。
(34)同右、五七三頁。
(35)同右、五八九頁。
(36)金洋植前掲論文、一五〇頁。
(37)「判決宣告書」(『耽羅文化』第一六号、済州大学校、一九九六年)三三一頁。
(38)同右。
(39)前掲『続陰晴史』上、五八〇～五八一頁。
(40)同右、五八五頁。
(41)同右。
(42)前掲拙著、第一一章第四節、参照。
(43)前掲『続陰晴史』上、五七四頁。
(44)金洋植前掲論文、一五八～一六二頁。
(45)前掲『続陰晴史』上、五七五頁。
(46)外務省外交史料館所蔵『韓国各地暴動雑件』「済州島天主教徒ノ情態及同教徒損害賠償事件ノ進行ニ関スル報告」。
(47)「済州島ノ治安状況」(『思想月報』第二巻第五号、朝鮮総督府高等法院検事局思想部、一九三二年)九頁。
(48)李栄昊「갑오개혁 이후 지방사회의 개편과 城津民擾」(『国史館論叢』四一、서울、一九九三年)。

(49) 「各領事館機密来信」(『駐韓日本公使館記録』一四、国史編纂委員会、果川、一九九五年)五〇四頁。
(50) 同右、五二〇頁。
(51) 同右、五一〇、五一五頁。
(52) 同右、五二〇頁。
(53) 同右。
(54) 原武史『直訴と王権』(朝日新聞社、一九九六年)一二二、一九九頁。
(55) 前掲「各領事館機密来信」四九六頁。
(56) 同右、五〇〇頁。
(57) 前掲『韓国各地暴動雑件』「城津附近暴動ニ関スル件」〈機密送第二七九号写三号〉。
(58) 一九〇一年一〇月の二度目の合郡決定に際してのことだが、城津では、「死ぬのならともに死に、散るのならともに散ろうとも、誓って吉民にはならない」との声が挙がり(『皇城新聞』光武六年七月七日付「城民又電」)、城津を後にする人々が出てくる形勢となった。
(59) 前掲「各領事館機密来信」五二〇頁。
(60) 同右、五〇二頁。
(61) 同右、五一八頁。
(62) 村山智順『朝鮮の類似宗教』(朝鮮総督府、一九三五年)四六四~四六五頁。
(63) 前掲『続陰晴史』上、二四六頁。
(64) 「与宣撫使魚一斎別紙」(『金允植全集』二、亜細亜文化社、서울、一九八〇年)三四九~三五〇頁。
(65) 「錦営来礼〈雲養〉」(『東学乱記録』上、国史編纂委員会、서울、一九五九年)二〇~二一頁。
(66) 同右、九三頁。
(67) 前掲『続陰晴史』上、三四八頁。

(68) 同右、四六七頁。
(69) 同右、五七五頁。
(70) 黄玹《ファンヒョン》『梅泉野録』(国史編纂委員会、서울、一九七一年)一二五頁。
(71) 「新学六芸説」(前掲『金允植全集』二)二八頁。
(72) 「明徳説」(同右)二八頁。
(73) もとより当時の官人で、朱子学を信奉しない者は皆無と言ってもよいほどだが、金允植も、「私は朱子をまさに、当然父母のように見ている」(「与徐絅堂書」同右、二八三頁)と述べている。
(74) 島田虔次訳注『大学・中庸』(〈中国古典選〉七、朝日新聞社、一九七八年)六三〜六四頁。
(75) 「答日戸勝郎書」(前掲『金允植全集』二)三六三頁。
(76) 吉川幸次郎訳注『論語』(〈中国古典選〉三、朝日新聞社、一九七八年)一六三頁。
(77) 前掲『続陰晴史』下、四九四頁。

第六章　義賊の時代――火賊・活貧党の世界

第一節　義賊の誕生

朝鮮の盗賊団は(明)火賊というが、一九世紀中頃まで彼らの活動は、京畿・忠清の両道を中心として農閑期である秋冬間に一時的、局地的に行われるのが一般的であった。しかし壬戌民乱以降、収奪の強化と農民層分解の本格的展開の中で、火賊の活動は長期化、恒常化、広域化し、さらには組織化を強めていく。[1] そして開港以降になると、火賊の活動はより一層顕著化し、一八七〇年代末頃からはソウルに出没するようにさえなる。[2] 朝鮮の義賊として有名な活貧党は、このような趨勢の中で誕生した。その活動時期は一九〇〇年から一九〇六年頃までであるが、一部には活貧党はソウルの大官によって指嗾《しそう》されているだとか、あるいは日本亡命中の朴泳孝《パクヨンヒョ》によって指嗾され、政府転覆を企図しているだとかの風聞が立ち、時の大韓帝国政府と高宗《コジョン》皇帝を不安にさせるほどに、その活躍は際立っていた。[3]

活貧党は、古小説『洪吉童伝《ホンギルドン》』に出てくる義賊集団に範をとったものである。『洪吉童伝』は、反逆の罪に問われて処刑された許筠《ホギュン》（一五六九～一六一八年）が著したと言われるが、その内容はおよそ以下のようなものである。世宗《セジョン》代（一四一八～一四五〇年）に名門出身でありながらも庶子として生まれた洪吉童は、その差別に耐えかねて盗賊の首領となり、活貧党を結成して義賊活動を展開した。やがて、翻弄された政府に迎え入れられ高官（兵曹判書）となるも、それにあきたらずに、海外の島に出て理想郷をつくりその国王となる。この痛快な一種のユートピア小説は、従来許筠の著作とされてきたが、最近白承鍾《ペクスンジョン》によって異論が出されている。[4] 実は、許筠は社会改革を試図した政治家では決してなかったし、また一六世紀段階は庶子差別がそれほど激しくなかったという状況的な理由とともに、『洪吉童伝』の内容が一六世紀の歴史的事実を反映していないという内容上の矛盾なども指摘して、一八世紀後半から一九世紀の間に著されたというのである。

一九世紀は勢道政治隆盛の下、「守令―吏・郷支配構造」が形成され、仲介勢力が強大化していくだけでなく、流民が増大し、それが社会問題として深刻化する時期でもあった。[5] E・J・ホブズボームは義賊について、「貧窮化が進み経済が危機的となる時期に蔓延する傾向」があると指摘する一方で、一般論を展開して次のように述べている。[6] すなわち義賊とは、近代資本主義形成以前の段階において、「領主と国家によって犯罪者とみなされている農民無法者ではあるが、農民社会の中にとどまり、人びとによって英雄、あるいはチャンピオン、あるいは復讐者、あるいは正義のために闘う人、あるいはおそらく解放の指導者とさえ考えられており、いずれの場合にせよ、賞讃され支持される人びとと考えられていた」存在だというのである。朝鮮にはそれまでにも、一六世紀中頃に活躍した林巨正《イムコッチョン》や一七世紀末に活躍した張吉山《チャンギルサン》などの義賊が実在していたが、ホブズボームが一般化するような義賊のイメージは、朝鮮においては一八世紀後半〜一九世紀にこそ最も具体的に形成される可能性があったと言える。実は洪吉童も、一五〇〇年に逮捕、処刑された実在の盗賊である洪吉同をモデルとしているが、彼の名は一六世紀後半段階ではなお悪人の代名詞とされていた。白承鍾は、そうした人物が遅くとも一八世紀中頃には民間の英雄となり、やがて義賊として小説の世界で再生すると言うのだが、けだし説得的な見解だと言わざるを得ない。義賊を待望する民衆の心性は、おそらく一九世紀前半には一般化することになったものと考えられる。

しかし、肝心の盗賊が現実においても義賊化するには、民衆世界においてなお何らかの意識転換がなされる必要があった。民衆意識の尖鋭な転換があって初めて、似非的にであれ盗賊も自ら義賊化を志向し得るようになるであろう。壬戌民乱以降徐々に形成され、甲午農民戦争を契機に一挙に拡散していく民衆の士意識は、まさに義賊を誕生させるに足る民衆の一大意識転換であったと言える。本来の士である両班官僚や在地士族層が士として当然に持つべき道義と徳望を喪失し、単なる仲介勢力に成り下がっていく状況が進行する中で、民衆は彼らに対して厳しく道義と徳望ある士への回帰を求めていく。士とは、儒教的規範を正しく持して民本の立場に立脚しつつ天下国家を論じ、正義のためには権力に対しても峻厳に対抗し得る者のことである、というようなイメージが民衆の間に徐々に形成されていくことによって、義賊もようやく活躍の場を与えられることになるのである。本章では、このような背景のもとに誕生した活貧党の内面世界の論理や心性を分析することによって、当該期の民衆世界の一断面を明らかにしようと思う。義賊活動とは、民衆の願望や変革志向に応えようとするがゆえに、最も尖鋭な民衆思想の発露だと言うこともできるが、ここではでき得る限り等身大の義賊像を抽出することに努めたい。その際著者の関心は、広く朝鮮の義賊一般への関心を持つものであり、以下の考察は、必ずしも活貧党のみに向けられるものではないことをあらかじめ断っておく。

活貧党の組織と活動については、史料の不足から従来不明な点が多かったが、新聞史料だけでなく、全国からソウルに送られてきた裁判記録である『司法稟報』を使った朴賛勝《パクチャンスン》の研究[7]が出るに及んで、多くのことが明らかにされるに至った。その研究を受けた朴在赫《パクチエヒョク》の研究[8]も、少なくない事実を掘り起こしている。しかし、両者ともに研究の関心は、活貧党の組織と展開過程を跡づけることに主眼を置いているのが特徴である。ここでは、両者の研究を多として踏まえつつも、日本人の調査報告や経験談なども新たに活用して、義賊の世界に踏み入ってみようと思う。

第二節　火賊の組織と活貧党の形成

初めに、火賊の組織の在り方と活貧党の形成過程について一応概観しておきたい。火賊の組織については、逮捕された複数の火賊成員の供述から、一八九七年段階における火賊の組織が確認できる。それによれば、火賊は老々師長・老師長・師長という指揮系統を持っていたことが明らかである。(9) 彼らはこれを「世系」と呼んでいたが、朴賛勝や朴在赫は、こうした指揮系統を恒常的なものと見ている。(10) しかし、供述者は一様に、「(世系を)定めた後に行賊した」と証言しており、「世系」とは一定期間火賊活動をする際に臨時的に取り結ばれる指揮系統であったと考えるべきであろう。「世系」とは趣を異にするが、一九〇一年に全羅道で数百名規模で活動していたある火賊集団は、先鋒大将・中軍大将・後軍大将という任員配置をしていた。(11) これが、盗賊行為をする際の臨時的な部署配置であったことは自明である。朴賛勝は、新参者は師長のみと面識があるだけで、老師長・老々師長は名前だけを知っている関係に過ぎないとも言っているが、これも間違いである。金述伊《キムスリ》という人物は、朴春信《パクチュンシン》・李哲伊《イチョリ》・朴万化《パクマナ》という三人の人物に火賊への参加を直接に強制されたのだが、この三人は各々金述伊にとって、師長・老師長・老々師長の関係にある者たちであった。(12)

しかし、このような臨時的「世系」は、やがて恒常的な指揮系統に変化したものと思われる。このことを考えるについては、一九一一年に総督府の憲兵警察に逮捕されて獄中に入った金九《キムグ》の証言が参考になる。彼は獄中で、通称金《キム》進士《チンサ》と名乗る義賊意識を持つ火賊の首領と興味深い邂逅をしている。科挙及第者を意味する進士とは、士を名実ともに象徴する最上の称号だが、義賊にはこうした称号や官職名を偽称する者が多い。金進士が語るところによれば、朝鮮の盗賊団はおよそ次のような組織と活動をなしているという。[13]

盗賊団は本来淵源を一つにし、老師丈と呼ばれる一人の指導者の統率下に江原道を本拠に置くモッタンソル（목단설）と三南（慶尚・全羅・忠清）に根拠を置くチュソル（추설）とがある。両者は盟友関係にあるが、臨時的に徒党を組んで盗賊行為をするプッテ（북대）を共同の敵と見なして出会い次第に殺害することになっている。老師丈の下には有司と呼ばれる頭目がおり、各地方にも有司がいて全国の盗賊組織を統括している。モッタンソルとチュソルは年に一度、大きな寺院や場市で「大場」（大会議のことか？）を開くが、各々もまた随時「場」を開いて大小の議題を討議し、「場」が閉じられた後には決まってどこかの郡衙や場市を襲撃するのだという。

一九〇〇年代に入って、火賊集団は統合化と組織化の方向に進んでいったことが推察される。しかし、朝鮮全土の火賊が真実このように截然とした一元的な組織と活動をなしていたわけではもちろんないであろう。そのことを示す史料は一切見当たらない。活貧党をも含むさまざまな火賊集団の中にあって、近親関係にあるモッタンソルとチュソルの賊団員が日頃から朝鮮の火賊を代表する勢力であると自負していたのを、金進士が誇張を交えて表白したものと見るべきではないかと考える。事実そのことは、ある火賊集団の存在によって示唆される。活貧党の活動は基本的には一九〇六年頃で終息するのだが、活貧党に代わってなお義賊意識を持って火賊活動をしていた内社・外社と名乗る賊団があり、一九〇八年二月から六月にかけてその一味八六名が逮捕された。[14] そのうちの首領格である松鶴《ソンハク》と名乗る僧侶が不覚にも供述したところによれば、内社・外社の由来はおよそ次の通りである。[15]

内社というのは、洪吉童を「先生」として奉戴し、その「弟子」としての自覚を持つ火賊集団で、僧侶のうちから官憲に逮捕されても秘密を厳守し得るような強固な精神を持った者だけを選抜して組織されている。それゆえ、およそ五〇〇年にわたってその存在が世に知られることはなかった。一方外社とは、本来内社の一員でありながら、内社の規則に違反して還俗し、俗人として活動している者をいうが、これには一般強盗中の少しばかり優れている者が混入している。こうした外社がいつから存在するのかは不明である。社の任員は、選挙によって選出される別有司を首領とし、それ以下には、副有司（別有司補佐）・令監（諸般の事項の指揮を掌る）・中年（有司・令監の指揮を受ける）・万使（会計係）・従道（一般兵卒）などがいる。

この火賊集団の存在を初めて指摘したのは朴在赫であるが、内社・外社を活貧党の組織が整備されたものだと見ている点で疑問である。この賊団は確かに活貧党と同じく洪吉童の義賊精神を継承しようとする賊団ではあるが、松鶴は何ら活貧党との関係を供述していない。また活貧党は、後述するように僧侶が一部中核をなしてはいるが、むしろ褓負商を中心とする賊団である。内社・外社は、モッタンソル・チュソルとも活貧党とも賊団を異にする火賊集団であり、洪吉童を尊崇するような賊団は活貧党以外にも複数存在していたと見る方が自然であろう。(16)

いわば活貧党は、いくつかある義賊団の中にあって最も有名な賊団であったに過ぎないとも言えるのだが、では活貧党はどのようにして誕生し、どのような組織をもって活動したのであろうか。貴重な事実を掘り起こした朴賛勝の研究に主として依拠しながらも、筆者なりに若干補足訂正して示せば以下のようになる。

まず、活貧党は一八八六年にその原型が朴順吉《パクスンギル》という者を「先生」に推戴して作られたが、一カ月ほどで解体してしまった。その後この活貧党の一員であった金夢乭《キムモンドル》は、全国的な賊党を組織していた「八道火賊都魁首尹同屈《ユンドングル》」の配下に入った。尹同屈は一八九七年に逮捕され翌年に獄死したが、(17)この組織を継承したのは「八道都監大閔都事《ミントサ》」である。活貧党は、一九〇〇年三月頃からその活動が本格化するが、それはこの閔都事の指導下に組織されたものと思われる。活貧党の活動が本格化して半年ほど経った頃に活貧党の現地調査に当たった日本人巡査濱田英三の報告するところによれば、「常ニ富家ノ金銭ヲ掠奪シテ之ヲ貧民ニ与ヘ頻リニ下民ノ歓ヲ得ルニ勉ムル」活貧党の「巨魁」は、

「京城人関家」であるという。(18) 関都事は白髪の老人であるという報告もある。(19) 活貧党の首領としてつとに有名な孟監《メンカミ》役《ヨク》と馬中軍《マチュングン》は、朴賛勝が言うように確かに活貧党を組織するに当たって中心的な役割を果たしたが、実は関都事の指導下に組織活動を行っていたのではないかと考えられる。一九〇〇年一〇月二九日付で書かれた日本人巡査古川棠造の報告によれば、同年八月二三日(旧暦七月二九日)関都事率いる二三名が龍潭郡を襲撃し、その際関都事は不覚にも逮捕された。(20) 本姓は「安《アン》」で、名は「哥」(不詳の場合に付ける漢字)とのみあり不明である。関都事は全州に送られたが、そこで処刑されたものと思われる。孟監役と馬中軍は、この不測の事態を受けて初めて活貧党の首領として認知されたものと推察される。

　こうして誕生した活貧党は大きく、①忠清・京畿の両道、②洛東江以東の慶尚道、③洛東江以西の慶尚・全羅の両道という三つの集団に分かれて、それぞれ五〇〜一〇〇名ほどの規模で活動した。それぞれの活貧党には、役割分担が明瞭にされており、一九〇〇年九月に井邑で逮捕された活貧党が所持していた「都録」には、都領首・副領首・三領首・左護軍・右護軍などという任員名が記されていたという。(21) その指導者は①②③ともすべて首領を孟監役、ナンバー二を馬中軍といったが、実はこれは賊号である。元首領の関都事と合わせて、活貧党の三大首領が、いずれも官職名を付した賊号を称していたことに、やはり彼らの士意識をうかがい知ることができる。孟監役は将軍と名乗ることもあったが、(22) 本来の姓名は孟士《メンサ》辰《ジン》ないし金成叔《キムソンスク》であり、馬中軍は文学西《ムンハクソ》ないし馬《マ》学奉《ハクボン》という。孟士辰と金成叔、文学西と馬学奉が同一人物か別人であるかは不明であるが、この孟監役と馬中軍は、①の地域で活動しており、②と③には各々別の孟監役と馬中軍がいた。孟監役に関しては、②では金昌成《キムチャンソン》・韓世《ハンセ》鳳《ボン》、③では宋鍾《ソンジョン》(宗)伯《ベク》という人物が自称していたことも明らかである。孟監役・馬中軍が複数いたという事実は、多地域にわたって同一人物が同時的に活動すると見せかけることによって、活貧党の神出鬼没性を演出しようとする意図があったことをうかがわせてくれる。これは、本物を含め八人の洪吉童(七人は妖術によって藁人形に生命を吹き込んだもの)を八道でそれぞれ同時に活動させたという小説『活貧党』に出てくる縮地法を実践しようとするものでもあったに違いない。いわば孟監役・馬中軍という賊号は、活貧党首領の象徴的な意味を持っていたのだが、とりわけ孟監役は、彼らの発した「活貧党発令」という文書において、洪吉童の精神を継承する首領とされていた。しかも、孟監役・馬中軍と自称する者はこれのみに止まらず、ほかにも孟監役には朴海重《パクヘジュン》・徐甲順《ソガプスン》・朴乙発《パクウルバル》、馬中軍には李明叔《イミョンスク》・姜学奉《カンハクボン》などという人物がいた。そして①②③の関係は従的なものではなく、各々自立的に活貧党活動を行っていたが、しかし何らかの連携もとっていた。

　これら複数の活貧党が並存する状況において注目すべきことは、いわば真性の活貧党に対して偽活貧党が存在していた事実である。①②③以外で孟監役・馬中軍の自称者らが組織する火賊団の中には、もちろん①②③の活貧党と連携関係にあるものもあるが、そうした真性の活貧党とは区別される賊団もあったのである。朴乙発・姜学奉の賊団などは孟監役・馬中軍を自称しはしたが、活貧党とは名乗らず、義賊活動もしなかった点から、そのように判断される。実は活貧党が朴泳孝に指嗾されているという風聞も、偽活貧党と関連があるものであった。一九〇〇年当時神戸にいた朴泳孝は、ソウルを急襲して高宗皇帝を廃位し、代わって日本在留中の義和君《ウィファクン》(高宗の庶子、李堈《イガン》)を皇帝に奉じようというクーデター計画を練っていた。クーデターの実行に先立ち、資金集めの必要から本国にいる自身の影響下にある人物らを日本に呼び寄せてそれを命じたところ、彼らは暴走して勝手に活貧党を自称し、八月に慶尚道の蔚山・梁山・彦陽・密陽・慶州等の地において公然とした盗賊行為を働き、すぐに逮捕されてしまった。[23] 活貧党は、その活動を本格化して間もない頃すでに、その威名を轟かせていたことがうかがい知れる。偽活貧党を誕生させ、さらには外交問題をも生じせしめかねないような事態が起こるほどに、義賊化現象ともいうべき特異な空間が、三南の地に醸成されるに至ったのである。

第三節　火賊・活貧党の出自と結合の方式

活貧党参加者の職業分布については、『司法稟報』の記述に基づいて、やはり朴賛勝が先駆的に調査しているが、それによれば表Ⅱのようである。これは職業が明確なものだけに限ったものであるが、活貧党参加者のおおよその職業分布を知ることができる。商業が約四〇パーセントと圧倒的に多いが、そのほとんどは褓負商と呼ばれる零細な行商人である。彼らは一面権力の保護を受けていたが、横的繫がりが強く、しばしば無頼的性格をあわせ持っていた。次いで多いのは雇傭であるが、これには農業労働者であるモスムをはじめとして、都市・港湾労働者などが包括される。その次に多いのは農業であるが、これは一様に貧農民と見て間違いない。彼らは農閑期には他人に雇用されるような半プロ的存在であった。褓負商にせよ、雇傭にせよ、本来は農業に従事していたにもかかわらず、何らかの事情によって田畑を失い、そのような境遇に身を落としていった者が多かったものと推定される。行乞に至ってはまさしくそのような存在であり、もとより盗賊を職業としていると言い切れる者は一〇パーセントを割っていることが注目される。

表Ⅱ

職業	商業	雇傭	農業	行乞	行賊
人数 %	56 39.4	16 11.3	15 10.6	14 9.9	12 8.5
職業	僧侶	無職	店幕	砲手	訓長
人数 %	10 7.0	7 4.9	4 2.8	3 2.1	1 0.7
職業	兵丁	官奴	採金	針医	合計
人数 %	1 0.7	1 0.7	1 0.7	1 0.7	142 100

意外に多いのは僧侶であるが、朱子学を至上化していた朝鮮王朝時代には僧侶は賤民とされていた。生活困窮者がやむなく寺院に入って生業とす

る場合が多かったことを考慮しなければならない。一八八五年以降長きにわたってプロテスタントの朝鮮布教に携わったH・G・アンダーウッドは、ある時仏教寺院に宿泊して興味深い経験をしている。[24] 住職をはじめとする僧侶がキリスト教に関心を示して、キリスト教に関する書籍を送ってもらいたいと依頼するのみならず、「自分たちはほんとうに仏教を信じているからではなく、生活の手段として僧侶になっている」と語ったというのである。当時、機会さえあれば還俗したいという欲求を持っていた僧侶が多くいたことは間違いない。韓国併合をはさんで一九〇八年から総督府時代のごく初期まで、朝鮮の地方警察行政に携わって朝鮮の風俗を詳しく調査した今村鞆によれば、僧侶出身の火賊は褓負商出身の火賊と並んで代表的な火賊のグループをなしているが、その団結力と獰猛さは褓負商以上であったという。[25] 僧侶が活貧党の一部中核をなしていたことは、複数ある孟監役の賊団中、朴海重を孟監役とする活貧党が僧侶を中心とする賊団であったことによっても明らかである。[26]

活貧党の職業分布については、朴在赫も調査をしているが、それは活貧党に限らず、一般の火賊にまで範囲を広げて調査したところに特徴がある。それによれば、上位三大職種は、農業二五・二パーセント、商業二五・七パーセント、僧侶一九・二パーセントとなっており、活貧党のみを対象とした朴賛勝の調査結果とは一見大きな違いを見せている。しかし朴在赫は、活貧党は半プロ的存在や生活困窮者などを主導勢力としていると指摘しており、その点では朴賛勝の調査結果と同様の結論を示している。広い意味で俗的な言い方をすれば、活貧党や火賊は、「食い詰め者」の集団であったと言って間違いないであろう。試みに具体例を示せば、半農半商の田在用《チョンジエヨン》という人物は、「わが党に入れば有衣有食することができる」と誘言されて入党しているし、[27] また、老母を抱え妻子なく、他人の家に寄食して親戚の侮りを受けていた金基植《キムギシク》という人物は、「人に財産がなければ、賢であってもかえって愚となる」と誘言されて入党している。[28] このような事例は、貧困に苦しめられていた者が、ぎりぎりのせっぱ詰まった生活状況の中でやむなく活貧党に入党していったいきさつを彷彿と思い描かせてくれる。彼らとて、小農民としての最低限の土地や資力があれば、通俗道徳に従順に生きられる人々であったが、いかなる努力によってもそうした条件を獲得できない揚げ句に、誘言に屈していったのである。

しかし、活貧党や火賊に入る動機はそうした生活の困窮だけにあるのではなかった。何らかの事情によって郷村社会から疎外された者が行き着く先にも、活貧党や火賊の誘言があった。丁判大《チョンパンデ》と名乗る人物は、普通の農民でありながら、「庶母」の虐待に耐えかねて一八八六年家を出奔し、道路を住みかとする乞食のような生活を余儀なくされていたのだが、一八九六年晋州で起きた民乱に参加し、敗れてのちに火賊の群に加わっている[29]。周辺の者から疎外されたという点では、親戚の侮りを受けていたという右記の金基植の場合も同様である。また、時には富裕な者の子弟でありながら、活貧党に入る者もいた。益山で問屋を営む李徳用《イドギョン》という人物には奉春《ポンチュン》という二一歳になる息子がいたが、親も持て余すほどの「無頼ノ徒」であり、ついに「美衣美食思フガ儘ナリト自信シ」て活貧党に入党したという[30]。このような存在を考慮するならば、火賊・活貧党は、そのほとんどは半プロ的存在を中心とした「食い詰め者」によって構成されつつも、親族からの疎外やその当初からの無頼的性格などによって郷村社会からドロップアウトした層も若干包摂していたと言うことができるであろう。そして彼らは、いずれの場合にせよ、在地性が希薄な散砂の如き者たちの集合体であったと言うことができる。

このような存在をいかに強固に結合させるかは、賊団の存続にとって重要な事柄である。今村鞆は、「彼等には総大将から以下役目があり縄張(り)がある。入党の儀式の如き甚(だ)厳格である。仲間の節制には紀律がある。若彼等仲間の不文法を《ママ》背いた者は生埋(め)にし、彼等の秘密は厳重に保たれて居った」として、火賊の結合の強さについて語っている[31]。入党式や制裁の具体相など分からないことが多いが、金九も金進士から次のような話を聞いている[32]。

①入党の方法

同志の選択は慎重の上にも慎重を期し、毎年老師丈から各地の責任有司に分設(賊団の単位)ごとに資格者一名の推薦が命じられる。資格者は人品を見極められた上で推薦されることになっているが、上設ではそれでもなお調査を行い、故意に逮捕させることまでして、拷問に耐え得た者だけを入党させる。入党式は、責任有司が自分の前に跪かせた資格者の口に剣の切っ先を入れることから始まる。責任有司は切っ先を嚙ませると手を離して、「天を見上げよ。地を見下ろせ。我を見よ」と言う。その後に剣をさやに納めてさらに、「汝は天を知り、地を知り、人を知りたれば、間違いなくわが同志たることを認める」と宣言して儀式は終わる。そして、ひとたび同志となったならば、面識はなくても、何らかの合図によって互いをそれと認知することができるようになる。

②分配の方式

プッテとは違ってモッタンソルやチュソルは、盗賊行為は年に二、三度しか行わず、盗品は昔から伝わってきた方法で厳正に分配される。その方法とは、老師丈の取り分をまず控除し、次いで各地の公用費と騒動に巻き込まれた者の遺族の救済費を控除した上で、残りを平等に分配するというものであり、決して争うようなことはない。

③厳格な制裁

四大死刑罪があり、同志の妻を犯した者、逮捕されて賊団について自白した者、盗品を隠匿した者、同志の財物を強奪した者の四者については、どこまでも追跡して殺害する。「退党」して「行楽」と称する盗賊稼業から足を洗うことは可能だが、その際には、かつての同志が緊急避難の助けを求めに来た場合は生涯かくまう、との誓約をしなければならない。

なるほど金進士が属した賊団は、慎重にして、厳格な同志選択と背信の防御、そして厳正な規律と苛烈な制裁によって、組織を強固に維持していたことがうかがわれる。活貧党組織もこれと同様の強固な結合を誇ったと考えるのが自然であろう。しかし、『司法稟報』に登場する逮捕された一般の火賊団員や活貧党の供述を見てみると、①に関する限り金進士の語りはあまりに理念的かつ誇張的に過ぎるのではないかと疑われる。というのは意外にも彼らは、本来からの火賊団員や活貧党の威脅によって盗賊活動に携わっていったケースが多いからである。もちろん、前述した田在用や金基植のように、説得によって入党した者もいるし、丁判大のように民乱の延長上に火賊活動に携わっていった者もいる。また李奉春のように、自ら活貧党に積極的に身を投じていった者もいる。しかしそうしたケースは、『司法稟報』で見る限りそれほど多くはない。すなわち、一般火賊団員の供述には、「賊徒の強脅を受けて生死が危ぶまれたのでやむを得ず随行した」とか、「路上で賊漢に出逢い、その強脅を受けてやむを得ず随行した」、あるいは「もしわが党に入らなければ打殺すると言われたのでやむを得ず入った」などというように、[33]脅迫によってやむなく賊団に入ったという消極的な動機を述べている場合の方が圧倒的に多いのである。これは活貧党員にあっても変わらない。馬中軍(馬学奉)傘下にあった金寿福《キムスボク》という人物は、身体を縛られ刀を突きつけられた上で、初対面の馬中軍から「わが党に入ればいいが、さもなければ姓名を保ち難い」と恫喝されたので、やむなく随従したと言っている。[34]また金志連《キムジリョン》という人物は、孟監役(宋鍾伯)ら七、八人の者に抜剣されて「従わなければ死ぬぞ」と脅されたので、やむなく入党したと言っている。[35]さらに黄命述《ファンミョンスル》という人物も、本名は不明だが、明確に活貧党を名乗る孟監役に脅されて入党したと供述している。[36]

もちろんこれらの供述は、罪の軽減を図る上での常套的な手段であったと見られないこともない。しかし、威脅した人物の特定の姓名を挙げて供述するのは背信である。供述者らはほとんどが同志の姓名を列挙(密告)している。一般火賊の例ではあるが、興味深い事例を挙げてみよう。一八七三年七月、公州地方を荒し回っていた金成七《キムソンチル》を老々師長とする火賊団は、五名が逮捕されたが、そのうち金云学《キムウナク》という者は、逮捕されていない金成七ほか二名に脅迫されて賊団に入ったと証言した。ところが、逮捕された他の四名のうち三名は、金云学を含む数名の者に脅迫されてやむなく賊団に入ったと供述した。[37] 彼らが真に威脅によって賊団に入ったか否かはやはり疑う余地があるのだが、しかしそれが本当だとすれば同志選択の慎重性ということが疑われるし、また偽証だとすれば、そこには同志選択の不用意さばかりか、明確な背信さえ見られることになる。こうしたことは活貧党の場合においても同様に見られる。先の金寿福は、一連の行賊後に「さらに再会をなすことを牢約した」にもかかわらず、妻の病気を口実に約束を破っているし、また日と場所まで指定して、馬中軍らがさらなる行賊を行うことを密告してもいる。[38]

逮捕者が意外なほどに種々のことを供述しているのは、もちろん拷問のせいである。当時の拷問は往々にして死に至るほど苛烈であり、事実獄中死する者は多かった。それゆえ、彼らの結合の強度は決して弱いものではないが、死をも賭すほどのものではなかったと言う方が正確かもしれない。しかしいずれにせよ、彼らの同志愛が決して牧歌的にのみ語られ得るようなものでなかったことは確かである。

もっとも②と③については、金進士が言っていることは真実その通りであったようである。②については、逮捕者の供述に「奪取分食」とか「奪取分用」等の言葉が頻繁に出てきており、分配の公平性が保たれていたことが示唆される。分配をめぐって争いが起きたという供述を目にすることはできない。また、分配の際に各地方の公用費が優先的に控除されたという金進士の証言は、まことに興味深いものだが、事実活貧党においては、富民から奪った金銭を邑の官庁に分給している事例が確認される。[39] これがいかなる論理に基づく行為なのかについては後述したい。

③についても、興味深い事例を二例挙げておこう。賊号を金監官《キムカムグアン》と名乗る沈永基《シムヨンギ》なる人物は、馬中軍(文学西)の妻を犯し、しかも馬中軍党の行為を官憲に密告した金用伊《キムヨンイ》という人物を馬中軍の指示で短剣で殺害している。また、

彼はある時の行賊後の帰途に、馬中軍の妻が再婚した林致景《イムチギョン》なる人物の住む村に立ち寄って、酒店において馬中軍とともにこれを殺害してもいる。(40) 同志の妻を犯すことが最も重い罪であり、厳罰が科されるという金進士の発言の信憑性が確認される。

もう一例は孟監役(宋鍾伯)に関するものである。(41) 活貧党ではないが、それと近親関係にあったらしい鄭元吉《チョンウオンギル》を首領とする火賊団があった。ところが、鄭元吉は元火賊である柳国煥《ユゲツクアン》の裏切りにあって逮捕されてしまう。柳国煥はこの功をもって、一介の盗賊から咸安郡の巡校へと見事転身を果たした。これに遺恨を持つ鄭元吉の部下である全述伊《チョンスリ》は、このことを孟監役に訴え、「この漢を殺せなければ、我らは尽く死ぬつもりでいるので、伏して復讐(に協力)してもらいたい」と依願した。すると孟監役は、「事は急を要する」として即座にその依願を受け入れ、部下に銃と剣を持たせ、自らも腰に剣をつるして手には六連発銃を持ち、二手に分かれて咸安郡を襲撃するに至った。活貧党の復讐は、柳国煥をそのように処遇した咸安郡守にも向けられ、第一のグループは郡衙に直入したが、郡守はどこにもいなかった。第二のグループは柳国煥を捕捉すべく巡校庁を襲撃したが、やはり取り逃がした後であった。しかし彼らは、孟監役の指示に従って奪い取った銭数千両を貧民に分給すべくその場で投げ散らかした。そして柳国煥の家を襲撃して放火し、また獄舎を襲って囚人を釈放したのである。活貧党員でないにもかかわらず、火賊の裏切り者への復讐を果たそうとする孟監役の執拗さは、裏切り者を厚遇した郡守にも向けられるような憤りに満ちたものである。ここには火賊や義賊の掟を絶対視する活貧党首領としての一種責務のような論理を看取することができよう。

火賊や活貧党は、その掟を堅持することによって、組織の結合を強固ならしめようとしたことは間違いない。しかしその成員の結集は、人物として認められるに足る者を慎重に審査した上で勧誘するというような、金進士語るところの方式があったにせよ、そうした秘密結社的な方式によるものは一般的ではなかったと言えよう。火賊や活貧党の指導者らはせっぱ詰まった生活困窮者に対して、追い打ちをかけるように、死の脅迫と制裁の論理をもって賊団に引き入れ、さらには結合の強固性を保とうとしたのである。そして、ひとたび盗賊の群に足を踏み入れた者たちは、堅気へ立ち返る道を閉ざされていく中で、逮捕→拷問という再びの死の恐怖に直面しない限り、その多くが盗賊として賊団の掟を守りつつ生き抜く覚悟をしていくことになる。

第四節　義賊の作法

火賊とは、便宜を提供しない者、官に密告した者、脅迫に応じない者、その他自らに不利益を与える者の家や部落を、放火廃燼にしようとする属性を持つがゆえに名づけられた名称である。(42) しかし、放火は最終手段であり、一般的には数名から数十名規模による通常の強盗活動に従事した。当時最も凶悪な犯罪の一つは、墓暴きであった。富者の墓を掘り返して遺体を奪去し、脅迫文を場市に掛書したり、直接その宅へ投書したり、あるいは墓に置書したりして、身の代金ならぬ骨代金《ほねしろきん》を奪い取るというものである。「掘塚賊」ともいわれる火賊は、一八八〇年代から登場し始めたが、(43) 死骸に宗教的な価値を置く儒教を信奉する朝鮮ならではの犯罪であった。しかし活貧党の火賊活動は、武装した多人数によって脅迫の上強奪するか、あるいは一挙に襲撃を敢行するという方式が一般的であり、こうした陰険な犯罪はしないのが特徴である。掘塚を手段とした脅迫を行わないわけでは必ずしもないが、その場合でもその敢行をほのめかせて金銭を強奪し、実際には掘塚を行わない方式がとられた。(44) 白昼堂々と、時に「活貧党旗」をはためかせながら行軍し、それを地面に突き刺す中で火賊活動を行うことが、彼らの自尊と矜持であった。(45) こうした火賊活動は、義賊意識を持つ火賊団にあっては一般的なものであり、旗を掲げて火賊活動をする賊団は、活貧党のほかにもあった。[46] 金進士が属した賊団で盗賊行為を「行楽」と称したという話は、彼らにとって公然とした英雄気取りの盗賊行為が日常の鬱憤を晴らす絶好のハレの機会であったことを示唆している。

活貧党の堂々とした強奪ぶりについて、いくつか事例を挙げておこう。富者宅を襲う時の模様について、日本人巡査竹内友次が一九〇〇年九月に調査提出した報告書によれば、「益山近傍某村ニ侵入シタルトキハ、予テ使《ママ》者ヲシテ要求スル条件ヲ明記シタル書ヲ同村ノ富者ニ送リ、其后喇叭ヲ吹キ銃声ヲ発シテ闖入シ、米壱千五百俵ヲ掠奪シタリ」という。[47] 誰はばかることなくラッパと銃声をあえて鳴り響かせる喧噪の中で、自らの勢威を誇示するかのように見事強奪を行っている。活貧党の強奪がより一層大胆不敵に行われるのは、場市襲撃の場合である。例の金進士は金九に、葬列を装って武器を葬輿に入れ、いかに白昼堂々と場市を襲撃したかを自慢げに語っているが、[48] 活貧党にあってはさらに大胆である。ある場市を襲撃した際に、数百名の武装した党員が一挙に場市を襲撃し、「吾らは元来人を傷つけ財を奪う者ではないので安心して業をなせ。もし警動走避すれば砲殺を免れがたい」として、参集者たちを鎮まらせている。そして、資力のない商人たちに資金を援助する一方で、付近の富者を集合させて銭数千両を奪取した。[49] 義を奉じているがゆえに、本来自らは身を隠す必要のない盗賊なのだという自覚が、彼らをしてそうしたパフォーマンスをなさしめたのだと推察される。

しかし、活貧党の略奪がいかなる対象に対してよりも最も大胆不敵になされたのは、公権力に対してであろう。日本人巡査の濱田英三の報告には、次のようにある。[50]

其方法タルヤ、郡守及富豪ノ家等ニ先ヅ何日頃来ルヲ以テ金銭ヲ調達シ置ケトノ手紙ヲ発シ置キ、其期日ニ至リ郡守等ニシテ酒肴等ヲ調ヘ待遇厚ケレバ喜ビ食シ、只僅カノ金員ニ甘ンジテ去ルモ、若シ其待遇冷淡ナレバ兇器ヲ以テ脅カシ、多額ノ金銭ヲ掠奪シ去ルト云フ。

郡守襲撃の事例は先にも示したが、地方権力に対する活貧党の対応は、やはり何らはばかることのない傲岸なものである。具体的には、孟監役(徐甲順)の行ったことが郡守懲罰の事例として興味深い[51]。ある時彼は、長興・宝城・綾州の三郡の富民に銭穀を差し出して綾州へ輸送するよう命じた。首尾よくそれを徴収すると、彼はただちに飢民に分給した後、数日にわたって宴会を催すという剛胆な態度に出た。誰も活貧党を密告する者などいないと安心し切っていたのである。ここには後述するように、前提として火賊と民衆との奇妙な共生の関係があるのを読み取ることができる。そして、郡守すらも自らの行為を容認するはずだという、公権力よりも自らを上位に位置づけようとする、独善的にして傲慢な論理が当然に働いていた。換言すればそれはまた、士意識を持った盗賊の、似非士人と見なした両班地方官僚に対する一時的な優越意識の象徴的な行為でもあった。

しかし綾州郡守は、さすがにこの異常事態を観察府に秘報し、その結果官憲と軍隊が発せられることになる。これを知って激怒した孟監役ら活貧党は、綾州郡守を追放した上で、兵丁と銃撃戦を演じ、日暮れ時に変装してようやく脱出し、事なきを得た。孟監役は明らかに油断をしたのだが、これも後述するように、彼らには公権力に対する独特の認識があり、そのことによってもたらされた苦い経験であったと言うことができる。ちなみにひと仕事の後の宴会は、当然に彼らの楽しみとするところであった。それをあえて盛大に行うことは、何ら権力を恐れないという自己の剛胆さを内外にアピールすることを意図したものであり、人々を威服させるための、やはり一種のパフォーマンスであったと推察される。

このように活貧党は、大胆不敵にして、胸のすくような活躍を行い、一般的にはけちな強盗などは行わなかった。もっとも活貧党が、強盗の後には必ず義賊行為を行ったと考えるのは間違いである。貧民救済は士が行わなければならない民本行為の最たるものであり、士意識を持つ活貧党ならではの徳の実践行為ではあった。確かに、「富民の銭穀を請求して貧民に周給するので、過ぎるところには無頼輩が日にますます影のように従って」いるというような記録もあり、[52]活貧党の義賊行為は当然であったかに見える。しかし、実際のところ『司法稟報』を見る限り、「分給飢民」とか「散給貧民」という義賊行為が確認される事例は多くはない。調査官の独断的判断によって、義賊行為をあえて記録しなかった可能性もあるが、文字通り「奪取分食」のみに終わった場合も少なくなかったと考える方が自然であろう。

事実活貧党は時として、貧民や弱者に対しても非道を行う場合があった。おそらく宋鍾伯だと思われる孟監役率いる活貧党は、田舎の酒店(一般に酒幕と呼ばれる酒店は零細)に「討食」しているし、薬の行商で身を立てている七〇歳になる極貧の老人の家に押し入って「討酒索飯」した上、盗品を無理矢理に預かり置かせている。[53]濱田英三は、「各民人ハ其ノ後難ヲ恐レテ金銭ハ給セザルモ飲食物等ハ其ノ言フガ儘ニ供セリ」と報告しているが、[54]実状を言い当てているように思われる。宋鍾伯率いる活貧党グループはまた、婦女強姦も行っているが、濱田もやはり、活貧党が富家を襲った際にその家の婦人を強姦し、その婦人が服毒自殺した事実を報告している。[55]

さらに、活貧党そのものではないが、前述した活貧党と親しい関係にあった鄭元吉の賊団は、文字通りの苛烈な火賊活動を行っている。彼らは、ある村ともめ事を起こし争って敗走したのだが、その際仲間の一人が死亡したことへの報復として、その村の家十余戸を放火焼失せしめたのである。[56]ここには、村から疎外されて生きざるを得ない盗賊団の悲しい憤りを読み取ることができる。彼らは、帰り行くところがない者たちでは必ずしもない。一連の盗賊活動が終われば、それぞれ家族が待つ村へ帰り、また機を見て集合するというのが、火賊の一般的な習性であった。ただし、もとより移住が自由な流動性の高い朝鮮社会にあって、彼らがひときわ高い流動性を持っていたことは否めず、多くの者はたとえ家族がいたにせよ、帰り行くところも一定していたわけではなかったであろう。同志愛もさることながら、通俗道徳の実践のうちに幸福をつかみ得ない者たちの、定住者への鬱積した嫉妬と憎悪・復讐などの複雑な感情を読み取らないわけにはいかない。

しかしにもかかわらず、活貧党をはじめとするいくつかの賊団は義賊としての意識を持ち、また、世間でも広くそのように認知した。そこで次に、彼ら義賊と一般民衆との不可思議な関係について考えてみたい。

第五節　義賊と民衆

金允植《キムユンシク》は活貧党について、「(彼らは)富民の積穀を奪って貧民に散給し、年少・強壮の者には給せず、貧窮・廃疾の者には給しているので、貧民がその徳を頌《たた》えて木碑を立てること林の如くである」と、その日記に記している。(57) 現在「義賊碑」の存在が確認されたとの報告はないが、活貧党が義賊であることを明確に語る史料として、この記述は重要である。あるいは調査を進めていけば「義賊碑」が発見される可能性がないわけではないが、たとえ「義賊碑」がなかったにせよ、この金允植の記録は、当時民間において活貧党が、義賊としていかに徳望を集め誇大にイメージされていたかを物語るものとして興味深い。このような徳望イメージが流伝される中で、民間では活貧党を援助する人々がいたことは間違いなく、それゆえにこそ活貧党は六年もの間大胆不敵な盗賊活動をすることができたのだと考えられる。

たとえば孟監役(宋鍾伯)一派は、前述した柳国煥への復讐の未遂後に、盗賊活動を続ける途上、山中で三人の見知らない人々の家に分宿させてもらっているが、(58) この三人は彼らを活貧党だと知りつつ、あえて援助の手を差しのべた協力者ではないかと推測される。日本人巡査竹内友次は、活貧党だと知りつつ四名の党員を宿泊させた酒幕の主人が、そのことを官憲に知られて捕縛を恐れ、ただちに家屋を売却して行方をくらませた事実を報告している。[59] 孟監役(宋鍾伯)が酒店(酒幕)に「討食」したことがある事実については前述したが、同じく酒幕経営者であっても、活貧党に積極的に協力する者もいたのである。そもそも、「およそ盗賊の窩主《かしゅ》(盗賊をかくまい盗品を隠置する者)は、みな城邑内の邸店(酒幕)の中にいる」[60]といわれ、宿泊所も兼ねて人々の往来の要所となっていた酒幕は、盗賊の情報伝達や物品取引の場とされるのが一般的であり、むしろ酒幕の主人自らが盗賊の協力者であることは珍しくなかったようである。朴在赫が調査した前述の火賊職業分布調査では、商業従事者一五三名中、酒幕経営者は二四名にのぼっている。

活貧党そのものについてではないが、一般民衆が火賊をどのように見ていたかという問題については、黒龍会の主要メンバーであった葛生玄晫が、興味ある経験談を報告している。[61] 彼は活貧党が活躍を始めてから間もない頃に、連れの日本人と二人で朝鮮を旅行しているのだが、その途上密陽から霊山に向かう際に、一〇人ほどの火賊に襲われている。葛生らは、日本人を襲ったことが領事館に知れたならば、「憲兵や巡査が総出で来て、旬日を出ぬ内に、汝らを捕縛して了ふ」だろうと、逆に脅しをかけたために、火賊らは奪ったものをすべて返し、事なきを得ている。このことを契機に葛生らは、火賊に関心を示し、ある酒幕に近隣の者たちを集めて情報収集にかかる。彼らは最初容易には口を開かなかったが、徐々に話し始めた。

それによると、最近その近辺では火賊の活動が活発になり、ある村では二、三〇戸の家が尽く焼き払われ、場市への襲撃も多くなってさびれいく状況となっている。ある朝鮮人は賊の機嫌を損じたために顔に数ヵ所の刀傷を負い、目下瀕死の境にあるという。また、迎日郡守として任地に赴く途上で、故郷の霊山に錦を飾ろうと、供の者三〇人と多くの物品を持って旅していたある郡守の一行は、一一人の火賊に襲われ、金品を奪われただけでなく、縛り上げられるという酷い目にあわされた。この一一人の火賊団は、このほかにも、旅人を頻繁に襲っているが、その中でも目立った犠牲者が二人いた。一人は、産後間もなかったために強姦は免れはしたが、火賊の怒りに触れて胸部を激しく殴打され、いまだに苦痛に喘いでいる婦人である。火賊は、やはり弱者とて容赦はしないのである。

もう一人の目立った犠牲者は、密陽から来たある富ある旅人であるが、この旅人をめぐる話にこそは、一般の民衆と火賊との不可思議な関係を示唆する内容がある。この旅人は火賊の存在を察知して、ある村に逃げ込んだのだが、火賊はこの村にまで追ってきて、「彼を出せ、出さねば村を焼き払って仕舞う」と恐喝した。しかし、旅人はもはや他所に逃げたもののようである。村人は「実を告げて詫びた」が、火賊は容易に許そうとはしなかった。結局仲裁が入って、旅人が乗り捨てた馬を村へ与える代わりに、火賊が酒幕で飲食した代金を村から出すことで示談が成立し、事は旅人が馬一頭を損失したことだけで済むこととなった。火賊は一一人であったというから、村人はおそらく一昼夜ほどの一一人分の飲食費で馬一頭を得たことになる。

村を焼き討ちするなどと脅迫し、時に実際にそれを実行に移す火賊は、民衆にとってこの上ない恐怖の対象である。彼らは腹の虫が悪ければ、弱者にさえ死に至るほどの危害を加える正真正銘の無頼漢なのである。密陽・霊山近辺の住人は「固く賊情に関する秘密を守って之を他に話さ」なかったのだが、葛生によればそれは、火賊の復讐を恐れているからだという。葛生たちが呼び集めた住民が、最初は話をするのをためらったのもそのせいであった。しかし火賊は、うまく対応しさえすれば、一般民衆には手を出さないばかりか、時に民衆に盗品の分け前のいく分かを恵んでくれる存在でもある。一一人の火賊団は、義賊を自処してはいなかったが、高価な馬と飲食費の相殺というのは、義賊的な行為に近い。火賊にとっても民衆を全くの敵に回すことは不利なことであり、時に民衆に何がしかの恩義を売る必要があったものと見える。葛生によれば、火賊は「物見」を四方に出して、各地の富家の状況ばかりでなく、巡検とか巡査の動向をも把握していたというが、それは民衆をある程度味方に付けていなければ不可能なことである。

民衆を味方に付けるためには、火賊は富者に対してさえ、時に恩情をたれることがあった。濱田英三は、益山で元郡守の父(すでに死亡)を持つ富民の家に押し入った火賊(活貧党であるか否かは不明)が、その主人の懇願によって、強盗をあきらめて帰った事実を報告している。(62) このような火賊に対して、葛生に言わせれば官憲はむしろ、「賊難より非道い苦艱《くかん》」を民衆に強いる存在であった。火賊のことを官憲に通報すれば、出動した巡検や兵士の活動費用は、村の負担となるばかりか、彼らは各種の名目を付加して、村人を収奪の対象とするからである。活貧党の捕縛にやってきた軍隊が、住民に飲食を強制し代金も払わず、暴言暴行をなすなどの不規律によって、邑民に歓迎されなかったという事実があったことについては、濱田英三も報告している。(63)

かくして、火賊と民衆は奇妙な共生の関係にあったと言うことができる。民衆は、火賊の活動や隠れ家に関して、簡単には密告という手段に出ることはない。いわば、民衆にとって火賊は「恐怖と親愛」の対象であった。(64) そして、火賊が義賊的性格を深めれば深めるほど、民衆は「恐怖」より「親愛」の眼差しを振り向けていくのは当然の理というものである。その名称からして義賊を標榜した活貧党は、まさしくそのような眼差しを傾注される典型的な存在であった。葛生は、そのような活貧党の存在を示唆する興味深いエピソードを紹介している。(65) 活貧党の威名に便乗した偽活貧党ではなく、真性の義賊としての活貧党像に憧憬の心を募らせた偽活貧党にまつわる話である。ある時単なる「浮浪党」＝火賊の一員に過ぎない一人の男が、仲間から外れて活貧党を自称し、公然と密陽の場市に現れ、「貧者の酒食の資」として金銭を分け与えようとしたというのである。その汚名ゆえに持つ盗賊の英雄願望が、このような行動をとらせたのだと推察される。事実場市に集まっていた人々は、後難を恐れて金銭こそ受け取りはしなかったが、この盗賊の周りに無数の人だかりをつくって種々のことを聞いていたという。この盗賊の突然の登場は、そのうちに郡衙に知れて、彼は逮捕されることになったのだが、それは自然に郡衙に達したのであって、群衆が積極的に通報したのではない。人々はまさに「親愛」の眼差しを彼に振り向けたのである。

しかし前述したように、活貧党は実際には一般民衆に対しても非道なことをすることがあった。もちろん、対等な首領を複数持つ活貧党にあっては、その小賊団ごとに義賊的性格に濃淡があったものと思われるが、いずれにせよ活貧党とて、本質的にはあくまでも自分自身のために盗賊活動を行ったのであって、自ら進んで「民衆のための盗賊」を志したわけではない。民衆に盗品の一部を散布したのは、民衆との共生を図る上で、そうした徳望行為が必要であったからに過ぎない。しかし、日常的に守令や地方官憲などの仲介勢力から困苦を強いられている民衆には、真に士というにふさわしい義賊が実在し、「弱きを助け強きを挫く」正義の論理をもって、我々民衆のために闘ってくれているという願望を込めた認識が強くあったがゆえに、活貧党は短期日のうちに義賊としての名声を博し、伝説的な義賊として名を残していく。

ならば、義賊としての活貧党というイメージは、単に民衆によって善意的にデフォルメされたに過ぎない虚像なのであろうか。全くそうだとは言えない。時に一般民衆にも非道な行為をする活貧党は、単に虚偽的に義賊として自処したのではなく、現実の行動とは矛盾があるとはいえ、やはり義賊としての論理や言説を持とうとした。逆に言えば、李王朝＝大韓帝国と民衆のために立ち上がる「正統な反逆者」としての自負を持つことで、時に行う自らの非道をも正当化しようとしたのだと考えられる。最後に、そうした彼らの反逆の論理を垣間見ることにしたい。

第六節　反逆の論理と朝鮮義賊の性格

活貧党が最も憎悪していた対象は、仲介勢力としての地方官僚や警察・軍隊であった。そのことを端的に示す史料として、ある時富家を襲って酒宴の席で吐いた次のような言説がある(66)。

汝らが何故に吾らを火賊と称するのか。実に火賊は、最近の観察だとか、守令だとか、視察だとか、大隊長だとか、戢捕官だとか、委員だとかという名色が皆真火賊であるのだから、汝ら富人は財産をどれほど積み置いても、ついには保有できないであろう。かの真火賊のふところを肥やすぐらいなら、かえって吾ら活貧党にくれて飢寒人を救済するのが上策である。

ここでは、自らを正義とし国家官僚を悪とする明確な逆立ちした図式が成り立っている。本来なら自身らこそが、官僚や警察・軍隊として民衆のために行政や保護を行うべきはずの士人なのだとする意識である。「汝ハ富有ノ身ナレバ、国家ノ為メ蓄財ヲ我党ニ差出スベシ(67)」と、率直に国家権力の代行を明言する場合もあった。活貧党の首領がいずれも官職名を賊号としていたことは、単なる士意識を超えて疑似官僚意識をも持っていたことを示している。馬中軍（文学西）の部下であった沈永基なる人物さえも、賊号を金監官と名乗っていた。活貧党と親しい関係にあった鄭元吉の賊団と提携していた火賊に、徐主事《ソジュサ》党なるものがあるが(68)、やはり官職名を自称している。

このような疑似官僚意識を持った首領級の人物に対して、一般の賊団員が持っていた、あるいは持とうとした意識は警官・兵士意識である。活貧党員は往々にして、韓国巡検の服装に身を包んで帯剣したり、鎮営隊の兵丁の格好に扮装したりしている。日本人警官西村銈象が慶尚道梁山・彦陽・蔚山等の地を調査したところによれば、活貧党はいずれの犯罪でも、やはり全員ないし数人が巡検服や兵丁服を着ていた。活貧党は時には「軍用金」という名目で金銭を強奪し、あるいは金銭授受の際には「金総巡《キムチョンスン》」と署名する者もいた。また、通度寺を襲撃した際には、「我等ハ人民保護取締ノ役人ナレバ決シテ心配スルニ及バズ(69)」と言っていたという。

地方の治安を乱す活貧党の活動は、本来まさに反国家的な反逆行為にほかならなかった。しかし、自身らこそが大韓帝国の官僚・警察・軍隊なのだとする転倒した彼らの士意識は、主観的には民本と勤皇に尽くそうとするものであり、決して反王朝国家を志向するものではない。前述の長興・宝城・綾州三郡を襲撃した孟監役（徐甲順）グループの行動は、活貧党による非公式な地方権力の一時的な掌握を意味する典型的な事例だが、そのような行動は、彼ら独特の反逆の論理によって正当化されていたのである。

実は当時、盗賊集団にあっては、易姓革命論は必ずしも完全に消滅していたわけではない。一八九〇年に逮捕されたある盗賊は、「我らは大君主を知らないし、政府等の語も知らない」と豪語している[70]。また、一九〇一年に逮捕された僧侶を中心とする火賊の一味と関係のあったある人物は、『鄭鑑録』信仰に基づいて「新天子の鄭氏」が出現し、自身らはやがて相や将になるだろうと予言している[71]。さらに例の金進士も、由緒正しき火賊の起源説話として次のような伝承があることを金九に語っている。すなわち、李成桂《イソンゲ》による高麗王位の簒奪と李氏朝鮮の創設に不義を認めて憤った志士らが、官禄を食んでいる者や民を搾取する両班を懲罰し、貧民を救済しようとして結成したのが盗賊団（火賊）の起源だというのである[72]。

しかし、二〇世紀に入ってからも続く反李王朝的な流れは、やはり無視し得るほどにか細いものになっているのが現実である。済州島における房星七《パンソンチル》の反乱＝革命から李在守《イジェス》の乱＝勤皇への転換に端的に示されているように、民心の圧倒的大勢は親李王朝的になってきていることを認めなければならない。活貧党の義賊活動も主観的には、甲午農民戦争の系譜に連なるものであり、全琫準《チョンボンジュン》と同じく「忠誠の証としての反逆」意識を持っていたものと推察される。一説に馬中軍（複数の自称者のうちの誰かは不明）が、「甲午に東匪に投じ、丙申に義兵に投じ[73]」た人物であると言われるのは、そのことを物語っている。

従って親李王朝的立場に立つ活貧党は、どれほど疑似官僚・警察・軍隊意識を持って地方権力に対峙しようとも、皇帝の任命した守令に対しては、追放や暴力を振るうことがあっても、殺害することはないというのが、その義賊活動の特徴である。これは、国王幻想を持って行われる民乱の作法と同じである。活貧党が時として富民から奪った金銭を逆に官庁に分給したという、にわかには理解し得ない前述した事実も、実は彼らの皇帝への忠誠の証としてなされた気まぐれな行為であったと解することができる。金進士は谷山郡守を自ら殺害し、「天に代わって道を行った」と得意げに語っているが、(74) これは反李王朝的立場に立つ特異な火賊団の例外的な行為であり、でなければ金九の記憶違いであると考えなければならない。金進士の賊団こそが、盗品を各地の公用費として優先的に分給している事実は、その賊団の反李王朝的な性格が過去のものになってしまった蓋然性をかえって示唆している。

活貧党の親李王朝的な立場は、何よりも彼らが発した「三道士民原情」(75) なる有名な文書に示されており、彼らが高宗皇帝と大韓帝国を輔翼しようとする論理によって武装していたことが明らかである。それによれば、活貧党が憎悪した対象は、あくまでも君を不義に陥れようとする、禄を食んでいる仲介勢力としての官僚であり、また開国以来、開化を唱えつつ朝鮮を侵略し続ける「倭」＝日本であった。そして、「天朝」＝李王朝と「天陛」＝高宗皇帝は絶対的であり、死を賭した「義」において救国が唱えられるとともに、「天陛」への請願がなされ、最後は「其ノ各道士林中ノ賢良忠義之士ヲ選ミ、上ハ殆ンド之レナキノ国家ヲ輔シ、下ハ八死ノ黎民ヲ保チ、更ニ文明ノ聖世ヲ復旧センコトヲ千万泣祝」と結ばれている。それは紛れもなく、皇帝幻想に基づく「一君万民」社会への変革志向を吐露したものにほかならない。

そのことは、「原情」に付されている「一三条目大韓士民論説」を見ればより一層明白となる。活貧党員の構成比中最も多い零細商人の立場を反映して、「外商ヲ厳禁シ」(六条)、「行商者ニ徴税スル者ヲ罷」めさせ(七条)ることが求められている一方で、「穀類ノ他ニ出ルヲ厳禁シ」(五条)、「私田ヲ罷メ均田トナシ」(九条)、田畑の廃地につながる

「金鉱ノ採掘ヲ厳禁」する(八条)ことなどが訴えられていることから分かるように、平均主義に立脚した小農回帰への願望が汲み取られている。「貧人ノ餓死ヲ免ガル、ヨウ万民ノ希望ヲ入レ一定ナル穀価ノ廉ナル法ヲ立テ」る(一〇条)ことが求められていることにこそは、共同体を否応なしに追われた貧者の論理が端的に示されている。そして、「堯舜ノ法」(一条)や「先王ノ服制」(二条)への悠久なる回帰を唱えつつ、「開化ノ法」をやめ(三条)、「鉄道敷設ヲ許サレザル」(一三条)よう求めていることから分かるように、復古と反開化・反外勢が明確に打ち出されている。「一君万民」の論理だけでなく反近代的変革志向においても、活貧党の活動はまさしく甲午農民戦争の論理を継承するものであったと言えよう。活貧党も、一般の義賊が往々にしてそうであるように「古き良き」社会の理想のために闘おうとしたのである。(76)

実際のところ、逮捕された活貧党が国家経綸について表明している事例がある。慶尚道統営で逮捕された活貧党は、「国家経綸抔《など》説クガ如キ志気ヲ有スル輩ニアラズ。単ニ剽盗野賊ニ過ギズ」と、軍の大隊長に侮蔑的に評されつつも、やはり朴泳孝との関係が本当なのではないかと疑われるほどに泰然とした態度をとっていた。「我々ハ国家ノ存立ニ関スル運動ヲナシタルモノナリ」と平然と言い放ったともいう。(77) また、井邑で逮捕された活貧党のうちの三名は、処刑に臨んで、「我等ハ国家ノ為メニ義兵ヲ揚ゲ清国ヲ援ケ日本ヲ排スルモノナリ。何ンゾ罪アランヤ」と述べるとともに、一一組にのぼる活貧党が八道に蜂起するだろうと言明した。(78) 興味深いことに扶清を標榜している点で、活貧党が二〇世紀になってもなお華夷的名分論に立つ保守的な思想を持っていたことを明瞭に知り得る。(79) と同時に、活貧党があくまでも主観的にではあれ、対外的危機にさらされている国家と、困苦に喘いでいる民衆のために闘おうとしていたことも間違いない。

しかし活貧党が、その伝統的でありながらも崇高な綱領に則って果たして真に闘争を行っていたかというと、疑問がつきまとう。活貧党の闘争というのは、あくまでも基本的には盗賊行為と盗品の貧民への分給ということに終始するものである。時として行う地方権力機関に対する襲撃は、あくまでも金穀奪取や復讐のためになされたのであって、ある全体的な闘争構想の下になされた抗拒では決してない。朴賛勝は、日本人への襲撃の事例を七例挙げているが、しかしそれもあくまでも盗賊行為として行っているのであって、反侵略闘争であったとは、到底評価することができないものである。活貧党はやはり、大韓帝国と民衆のために立ち上がる「正統な反逆者」としての自負を手前勝手に持つことで、自らの盗賊活動を正当化しようとしたのだと言える。

すなわち、二〇世紀初頭南朝鮮一帯を荒し回った活貧党をはじめとするいくつかの火賊団は、たとえ主観的には義賊であったとしても、それは、理念型的に真性の義賊と認識されてはならないということである。どれほど義賊として自負しようとも、彼らもまた一般の盗賊と異ならない習性を持っていたのである。問題は、民衆が義賊の活動を期待し、心ある盗賊もまた、時としてそれに応えようとしたという点に求められる。義賊の活動を切望する民衆の心性が、自らも本来一般の民衆であった盗賊をして、ますます義賊としての錯覚した英雄意識を持たせ、さらには国家経綸に関する綱領をも持たせるに至り、ここに活貧党伝説が成立することになるのである。その意味で、「「義賊」なる概念に意味があるとすれば、重要なのは「義賊」そのものではなく、むしろ、切実な願いや夢を抱きながら、それを実現する力を欠く民衆の生きざまのほうであろう」というフィル・ビリングズリーの指摘[80]は傾聴に値する。

ただし朝鮮の義賊、なかんずく活貧党は、世界史的に見るならば、最も民衆的な性格を持っていたように思われる。南塚信吾は、民衆・地域権力に規定される義賊の在り方を三つの類型に分けて考えている[81]。第一の類型はイギリス型で、中央権力が地方権力はもとより、地方の民衆社会まで掌握している社会構造を持っているがゆえに、義賊が現れる余地がないか、あったとしても例外的な場合である。日本の近世社会もこの類型に入る。第二の類型はラテン・アメリカ型で、権力と民衆社会の中間に義賊が現れるも、地方権力と癒着して中間的権力となり、民衆社会を支配する側に立つ場合である。「農民の利益を代弁する義賊」というE・J・ホブズボームの図式が往々にして適応されない類型と言える。第三の類型は東欧型なかんずくハンガリー型で、義賊は多くの場合民衆の側に立ち、地方社会に非公式の社会的権力というべきものが形成される場合である。ホブズボームの義賊論が典型的に当てはまる類型と言える。この三つの類型を適用すれば、朝鮮が第三の類型となるのは、明瞭だと言えよう。(82)

しかし、疑似官僚意識と明確な綱領を持って公式の地方権力と徹底的に対峙しようとする活貧党の反権力志向は、際立っている。南塚が描いた、最も有名なハンガリーの義賊ロージャ・シャンドールさえも、時として権力へ阿諛しているのを見れば、首肯されるであろう。活貧党は時として一般の盗賊同様に民衆を虐待することがあったが、それは権力と結び付いて行ったものでは決してなく、盗賊の本性が時として頭をもたげたことによっているのであり、主観的世界における彼らの義賊意識は明確であった。しかも活貧党は、その実践意志は疑われるものであれ、国家経綸への関心をも示した。いわば救民だけでなく、たとえ伝統的な論理をもってするパフォーマンス的な言説によるものであるにせよ、彼らが救国をも自らの使命としようとした点を考慮する時、第四の類型が想定されてもよいのではないかと考える。南塚は、活貧党のような義賊集団が出現するのは、二〇世紀に入ると「政治の時代」となり、義賊はすべからく一定の政治的脈絡の中でしか活動できなくなる結果だとして、あえて第四の類型を想定する必要はないと考えているようである。(83)しかし、朝鮮史的な文脈もまた無視し得ない。

活貧党は、一九世紀後半から二〇世紀初頭段階において儒教的規範が底辺民衆にまで浸透していき、その結果儒教的倫理の実践主体である士の意識が拡散化する状況の中で、朝鮮史上類例を見ない義賊の時代をつくり上げた。活貧党をはじめとする朝鮮の義賊の性格を考えるに当たっては、こうした政治文化を形成した朝鮮史的文脈を考慮する必要がある。朝鮮の義賊は、たとえ盗賊の習性を最後まで持っていたとしても、民衆の期待する士像がどのようなものであるかを熟知し、しかも自らもそうした士像に共感していたがゆえに、権力への阿諛を躊躇せざるを得なかったのだと考えられる。アウトローの彼らにとっては、両班官僚や在地名門士族はもとより、中流の郷班や吏胥、そして多少とも富力ある農民や商人までもが、エリートないし準エリートのように見なされたことであろう。そうした人々に対抗して自らも士として生き続けようとすれば、その道は、民衆の期待を裏切ることなく、義賊と処して生き抜くことによってのみ切り開かれ得た。

しかし、一九〇五年一一月の乙巳保護条約の締結以降、日本による実質的な植民地支配が行われる中で、彼らの活動は容易ではなくなる。一部は真に覚醒して士としての道を貫き通そうとすべく、義兵闘争に合流していくことになるのだが、多くは細々とした盗賊稼業を続けるか、あるいは幸か不幸か堅気に立ち戻るしかなくなったように思われる。[84] もはやアウトローが士として生き得ない、もとより植民地化に規定された産業化と監視・処罰の時代が到来したのである。このことは盗賊だけでなく、一般民衆レベルにおいても、士意識が後退していったことを示唆している。そこで、植民地期において士意識が後退する中で、民衆はどのような運動と思想形成をなしていくのかが次の課題となる。

(1) 裵《ベ》亢燮《ハンソプ》「壬戌民乱前後　明火賊의　活動과　그　性格」(『韓国史研究』六〇、서울、一九八八年)参照。
(2) 金洋植《キムヤンシク》「開港이후　火賊의　活動과　志向」(『韓国史研究』八四、서울、一九九四年)八八～八九頁。
(3) 「活貧党ニ関スル情況報告」(金容九編『韓日外交未刊極秘史料叢書』亜細亜文化社、서울、一九九五年、第八巻)七八頁。「公第二四三号附属復命書」(同)二九二～二九三頁。「活貧党就縛者ノ口供ニ関スル件」(同)三〇四、三〇七頁。

(4) 白承鍾「古小説『홍길동전』의 著作에 대한 재검토」(『震檀学報』第八〇号、서울、一九九五年)参照。

(5) 辺柱承《ピョンジュスン》「一九세기 流民의 실태와 그 성격——浮游集団을 중심으로」(『史叢』第四〇・四一合輯号、서울、一九九二年)参照。

(6) E・J・ホブズボーム〈斉藤三郎訳〉『匪賊の社会史』(みすず書房、一九七二年)二～五、七頁。

(7) 朴賛勝「活貧党의 활동과 그 성격」(『韓国学報』第三五輯、서울、一九八四年)。それまでの研究では、呉世昌《オセチャン》「活貧党考——一九〇〇～一九〇四年」(『史学研究』第二一号、서울、一九六九年)と姜在彦《カンジェオン》「〈活貧党〉闘争とその思想」(『思想』第五五六号・五五七号、一九七〇年)が、ごく大まかに活貧党の全体像を素描していたに過ぎなかった。

(8) 朴在赫「韓末活貧党의 活動과 그 性格의 変化」(『釜大史学』一九、釜山、一九九五年)。

(9) 「忠清南道観察使報告書第八十六号」(愼鏞廈編『司法稟報』亜細亜文化社、서울、一九八八、一九九〇、一九九七年、第二巻)一三四～一三六、一六三頁。

(10) 朴賛勝、朴在赫ともにこの「世系」を活貧党のものとしているが、そのようには確認されない。「世系」について証言している盗賊は、火賊ではあっても活貧党というわけではない。

(11) 『皇城新聞』光武五年八月二二日付「全南火党」。

(12) 前掲「忠清南道観察使報告書第八十六号」一三四～一三五頁。

(13) 「직해『백범일지』」(『白凡金九全集』一、大韓毎日申報社、서울、一九九九年)四六九～四七〇頁。

(14) 『皇城新聞』隆熙二年九月二三日付「賊団剿蕩」。

(15) 同右、九月二五日付「賊団의 顚末」。同二六日付「賊団顚末의 続」。

(16) たとえば、義兵将の事例ではあるが、一九〇九年に処刑された姜基東《カンギドン》は、「常に『洪吉童伝』を愛誦し、自ら吉童に私淑して第二の吉童たらん事を夢みて居た」という(細井肇「洪吉童伝の巻頭に」『洪吉童伝』〈通俗朝鮮文庫〉第七輯、東京、一九二一年)。

(17) 「慶尚北道観察使報告書第九十四号」(前掲『司法稟報』第二巻)四〇五頁。「慶尚北道第十八号」(同)六二七頁。

(18)「公第八七号附属復命書」(前掲『韓日外交未刊極秘史料叢書』第九巻)八頁。

(19)「公第一二五号別紙報告書」(同右、第八巻)一九四頁。

(20)「全羅道活貧党状況復命書」(同右、第九巻)一三三〜一三四頁。活貧党員の供述では、閔都事は一九〇〇年七月まで首領として活動していたことが確認される(「慶尚南道裁判所報告書第三十六号」前掲『司法稟報』第七巻、一七一頁)。

(21)『皇城新聞』光武四年九月二八日付「三魁銃殺」。

(22)同右、一〇月六日付「慶南賊警」。一般の火賊の首領にあっても将軍と自称する賊団があった。たとえば、「裴将軍党《ペチャングン》」という賊団が確認される(同、光武三年四月一〇日付「強盗就捕」)。こうした呼称をする賊団は、おそらく義賊意識を持った賊団であったと推察される。

(23)朴泳孝のクーデター計画については、尹炳喜《ユンビョンヒ》「第二次 日本亡命時節 朴泳孝의 쿠데타陰謀事件」(『李基白《イギベク》先生古稀紀念韓国史学論叢』下、一潮閣、서울、一九九四年)と金顕哲《キムヒョンチョル》「제二차 일본 망명시기 박영효의 해적과 정변 시도」(『근현대사강좌』第一一号、서울、一九九九年)に詳しいが、活貧党について真性の活貧党のように見なしている点で問題がある。当時ソウルにいたクーデター計画参画者の一人である韓奎錫《ハンギュソク》という人物は、「朴泳孝ト共ニ事ヲ挙ゲント企テツヽアルモ、当地方ニ起リシ活貧党云々ノ如キハ自己ノ知ル処ニアラズ」と証言している(「各領事館機密来信一・二」『駐韓日本公使館記録』一四、国史編纂委員会、果川、一九九五年、五六〇頁)し、また活貧党首と目されたある人物は、内地で頻りに風説がある活貧党について、「夫レハ全ク別者ニシテ盗賊ノ類カモシレマセヌ。朝鮮デハ盗賊ヲ活貧党ト称ヘ居リマス」(同、五五五頁)と述べている。当時世上を騒がせていた活貧党の威名に便乗して、クーデター資金集めが行われていたと見て間違いないであろう。

(24)H・G・アンダーウッド〈韓哲曦《ハンソギ》訳〉『朝鮮の呼び声』(未来社、一九七六年)九四〜九五頁。

(25)今村鞆『朝鮮風俗集』(京城、初版一九一四年、訂正三版、一九一九年)一三七〜一三八頁。

(26)「全羅北道裁判所質稟書第四号」(前掲『司法稟報』第六巻)四八九〜四九二頁。

(27)「慶尚南道裁判所報告書第四十八号」(同右、第七巻)二六五頁。

(28)「昌原港裁判所質稟書第十五号」(同右、第一一巻)四六九頁。
(29)「全羅北道観察使質稟書第□《不詳》号」(同右、第一巻)五五六頁。
(30)前掲「公第八七号附属復命書」二四頁。
(31)前掲『朝鮮風俗集』一三八頁。
(32)前掲「직해『백범일지』」四七一〜四七三頁。
(33)「木川郡守報告書第一号」(前掲『司法稟報』第一巻)四四八〜四四九頁。「忠清南道観察使報告書第八十六号」(同、第二巻)一三四頁。
(34)「忠清北道裁判所報告書第四十三号」(同右、第五巻)六四一頁。
(35)「慶尚南道裁判所報告書第四十八号」(同右、第七巻)二六五頁。
(36)「慶尚北道裁判所報告書第二十六号」(同右、第八巻)一二〇頁。中国の匪賊においても、賊団員への参加強制を行うのは、珍しいことではなかった(フィル・ビリングズリー〈山田潤訳〉『匪賊——近代中国の辺境と中央』筑摩書房、一九九四年、一一九頁)。
(37)「忠清南道観察使報告書第百号」(前掲『司法稟報』第二巻)一六三〜一六四頁。
(38)前掲「忠清北道裁判所報告書第四十三号」六四二頁。
(39)「慶尚南道裁判所報告書第八号」(前掲『司法稟報』第一一巻)九二頁。
(40)「江原道観察使報告書第三十六号」(同右、第二巻)五八九頁。
(41)前掲「昌原港裁判所質稟書第十五号」四六七〜四七〇頁。
(42)前掲『朝鮮風俗集』一三八頁。
(43)朴賛勝前掲論文、一一三頁。
(44)前掲「全羅北道裁判所質稟書第四号」四九一〜四九二頁。「慶尚北道裁判所報告書第五十号」(前掲『司法稟報』第九巻)四三三頁。慶州地方で、崔性化《チェソンファ》という人物を孟監役とする活貧党の活動があり、もっぱら墓暴きを行った事例がある(「慶尚北道裁判所報告書第十八号」同、一二四～一二六頁）。しかし、彼らは一〇名に満たない人員で活動しており、真性の活貧党ではなく、明らかに活貧党の威名に名を借りた姑息な「掘塚賊」に過ぎなかった。

(45)『皇城新聞』光武四年九月一日付「彦陽郡公報」。

(46)「黄海道裁判所報告書第十八号」（前掲『司法稟報』第三巻）六四四頁。

(47)前掲「公第一二五号別紙報告書」一九五頁。

(48)前掲「직해『백범일지』」四七〇～四七一頁。

(49)『皇城新聞』光武四年五月一二日付「伝説活貧党」。

(50)前掲「公第八七号附属復命書」五頁。

(51)「全羅北道裁判所質稟書第三十一号」（前掲『司法稟報』第一一巻）三一六頁。

(52)『皇城新聞』光武四年九月一一日付「南来盗警」。

(53)「慶尚南道裁判所報告書第三十六号」（前掲『司法稟報』第七巻）一七〇～一七二頁。結果的に盗品隠匿罪を犯したこの老人は、脅迫されたことを認定され、情状酌量の余地があるということで、わずか懲役二〇日の刑で済んだ。

(54)前掲「公第八七号附属復命書」二三頁。

(55)同右、一六頁。

(56)「昌原港裁判所質稟書十号」（前掲『司法稟報』第一一巻）三五一、三五六頁。

(57)金允植『続陰晴史』（国史編纂委員会、서울、一九六〇年）下、八四頁。

(58)前掲「昌原港裁判所質稟書第十五号」四七〇頁。

(59)「公第一二八号附属活貧党状況報告」（前掲『韓日外交未刊極秘史料叢書』第八巻）二八〇頁。

(60)『訳注　牧民心書』（創作과批評社、서울、一九七八～一九八五年）V、原文編、三三七頁。

(61)「韓山之盗群」（『黒龍』第一四号、一九〇二年）三四～四三頁。この文章の筆者は、「落髯公」となっているが、これは葛生玄晫のことである（松沢哲成「『黒竜』解題」『黒龍』復刻版、龍渓書舎、一九八〇年、一一頁）。

(62) 前掲「公第八七号附属復命書」二四頁。
(63) 村落内で起きた犯罪に託名しての官憲の非道な収奪については、今村鞆(前掲『朝鮮風俗集』一〇八～一〇九頁)や、一九〇九年朝鮮を調査旅行した朝鮮史家の今西龍(「朝鮮事情傍聴筆記」『高麗及李朝史研究』国書刊行会、一九七四年、三二二頁)も報告している。
(64) 逆に義賊にとっては、「親愛と恐怖を合わせもつこと」が成功する要諦であり、どちらが優先されてもいけなかったと言うことができる(前掲『匪賊』二五六～二五七頁)。
(65) 「浮浪党」(『黒龍』第一六号、一九〇二年)三八～三九頁。
(66) 『皇城新聞』光武七年三月一九日付「南来賊警」。
(67) 「各館来信」(『駐韓日本公使館記録』一五、国史編纂委員会、果川、一九九六年)五〇頁。
(68) 前掲「昌原港裁判所質稟書十号」三五一、三五六頁。
(69) 前掲「公第二四三号附属復命書」二八五～二九一頁。ちなみに、中国の匪賊も制服なかんずく軍服を好んだが、それは「優越」を誇示する格好の小道具であったという(前掲『匪賊』一七九～一八〇頁)。
(70) 「法国遊覧人의 盗難事故通告 및 盗難物捜査依頼의 件」(『旧韓国外交文書』第一九巻、高麗大学校出版部、서울、一九六九年)一一五頁。
(71) 「慶尚南道裁判所報告書第三十五号」(前掲『司法稟報』第七巻)一六五頁。
(72) 前掲「직해『백범일지』」四七〇頁。金進士は、自身が属する賊団の同志には、「仕宦界」、ことには捕盗庁や軍隊の要職にある者もおり、それゆえに数百年も維持することができたのだと豪語している(同、四七三頁)。なるほど捕吏や兵士に同志を作るというのは、盗賊団の布石のように思われるが、要職者にも同志がいたというのは、明らかに誇張に過ぎた話である。金進士所属の賊団は、あくまでも盗賊の結社である。本来的に同郷結合や同族結合と同じように、相互扶助を目的に広範な地域と階層――時に文字通り権力の側にいる者――を包摂して組織された中国の秘密結社＝会党とは、似ていつつも非なるものがあるのを確認しておかなくてはならない。会党の性格については、山田賢『中国の秘密結社』(講談社、一九九八年)参照の

こと。
(73)　黄 玹《ファンヒョン》『梅泉野録』(国史編纂委員会、서울、一九五五年)二四四頁。
(74)　前掲「직해『백범일지』」四七一頁。
(75)　前掲「公第八七号附属復命書」三一～四四頁。
(76)　前掲『匪賊の社会史』一四頁。
(77)　「活貧党情況視察報告」(前掲『韓日外交未刊極秘史料叢書』第八巻)三二一～三二六頁。
(78)　前掲「公第八七号附属復命書」三〇頁。
(79)　一九〇〇年九月五日(陰暦八月一二日)井邑に、あるいは東学残党かもしれない正体不明の四〇〇名ほどの集団がやって来て、何事か呈訴しようとする事件があったが、彼らが持っていた旗には「扶清排和」「大韓」と書かれていた(前掲「全羅道活貧党状況復命書」一一六～一二二頁)。当時にあって、民衆はなお華夷的名分論を容易には捨て去ることができず、活貧党の主張はまさに、そのような民衆の世界観を反映するものであったと言える。
(80)　前掲『匪賊』三六九頁。
(81)　南塚信吾『義賊伝説』(岩波書店、一九九六年)一九一～一九三頁。
(82)　中国の匪賊はその規模において尋常でないものがしばしばあり、三つの類型に当てはめるのをやや躊躇するが、あえて当てはめるならば、朝鮮と同様第三の類型となろう。
(83)　南塚信吾『アウトローの世界史』(NHKブックス、一九九九年)二六八～二六九頁。
(84)　義兵闘争に一部の火賊が参加していくのは、朴成寿《パクソンス》「一九〇七年～一〇年間의 義兵戦争에 対하여」(『韓国史研究』一、서울、一九六八年、一二七頁)で確認されているが、活貧党やその他の義賊の大勢が義兵化すると見る従来の一般的な見解は間違いである。そのようなことは実証され得ない。

第七章 「独立万歳」の論理——三・一運動と民衆

第一節 異端の消滅と士意識の後退

大韓帝国期は、確かに士意識が拡散する時期であった。しかしそれは同時に、士意識の拡散によって活発化した民衆運動を帝国政府が必死に弾圧し、上からの「一君万民」の論理＝皇帝独裁制に民衆をねじ伏せていこうとする時期でもあった。活貧党の活動が一九〇六年頃に終焉を迎え、他の義賊も間もなくして姿を消していく一方で、東学異端の活動も一九〇四年頃までには敗北を強いられている。そして乙巳保護条約以降は、文字通り士意識によって武装した義兵が全国的に決起したが、その運動過程は別言すれば、新たに日本の強大な軍事力が加わって、士集団を根こそぎ駆逐する過程でもあった。こうして、民衆の士意識は暴力的に後退を余儀なくされるようになるのである。

このような民衆運動の相次ぐ敗北に対応するかのように、東学では教理の一新が模索される。東学の正統思想を成立せしめた崔時亨《チエシヒヨン》は一八九八年逮捕、処刑され、その後を襲ったのが第三代教祖孫秉熙《ソンビヨンヒ》である。東学は彼のもとで、一九〇六年天道教《チヨンドギヨ》として生まれ変わり、その正統思想は教理的に確立を見ることになる。それは、士意識の後退の合理化にも通ずるとも言える内容を備えていた。

孫秉熙にあっては人格的な天＝上帝観は、崔時亨における以上に完膚なきまでに打破され、「天は万物の生成を説明する原理」にほかならないものとなる。それは朱子学的教説への接近とも言うべきものであり、それゆえ孫秉熙が宣布した「人乃天」という有名なテーゼは、実のところ人間平等思想というには問題があると言わなければならない。「人乃天」とは、あるがままの人間に、ア・プリオリに全一的に認められるものでは決してなかった。「感覚霊識」＝神秘主義的方法のみによって道に達しようとする一般民衆にあっては、「天人合一」＝君子化の道ははるかに遠いのである。そこでは、崔時亨が汎神論的天観の通俗的展開によって一歩進めた愚民観の克服が、むしろ後退せしめられ、「守心正気」の内省主義はなお一層重要性を増すこととなる。すなわち孫秉熙は、次のように述べる。(1)

人の覚性はただ自心と自誠にあるのであって、天師の権能にあるのではない。自心を自覚すれば、身はこれ天となり、心はこれ天となる。覚らなければ、世は世であり、人は人である。ゆえに覚性者は天皇氏となり、不覚者は凡人となるのだから、ただわが修道者は勤々として已まず、進々として退かなければ、心が覚ってその位に自居するであろう。

ここでは「覚性者」だけが「天皇氏」となり得るのだとしているのだが、現実的には覚性し得る者は一部のエリートに過ぎない。孫秉熙にあっては民衆は、到底ア・プリオリには士であり得ず、崔時亨以上に変革主体として捉えられなくなっている。大韓帝国期孫秉熙は、「人乃天」の普遍的性格を強調してそれを受け皿に近代文明との接合を果たし、当時展開されていた近代知識人による愛国啓蒙運動にも参与した。ユートピア的救済願望を持つ一般民衆は、天道教にとって今や完全に啓蒙の対象でしかなく、民衆に依拠した変革など思いも及ばぬものになっていたと言うことができる。

それゆえこの時期、彼は亡命先の日本にいながら指令を発し、いかばかりかの政治運動を展開するが、それは民衆に依拠して行おうとするものでは決してなかった。日露戦争の勝利国が日本であることを念願、予想して、彼は日本陸軍省に一万円を寄付したり、また部下の李容九《イヨング》を通じて進歩会を組織させ、教徒をして京義線の敷設工事や物資輸送に協力させた。この進歩会が一進会となり、合邦運動を展開するのは周知の事実である。一九〇六年天道教の創建とともに帰国を果たした孫秉熙は、間もなくして親日運動に走り過ぎ売国団体との批判を浴びるに至った一進会を切り、やむなく李容九を破門処分にはした。しかし、民衆を士＝変革主体と捉えられず、その結果外力に依存しようとした点で、孫秉熙も李容九も全く同じである。むしろ師たる孫秉熙の教理的影響の下に、李容九はますます日本への依存を強めたのではないかとさえ考えられる。(2)

かくして民衆は、士意識を消沈させつつ、韓国併合を迎えることになる。憲兵警察制度と強大な軍事力を背景に絶大な権力を誇る朝鮮総督府は、監視と処罰の厳烈な植民地支配を行ったが、そうした中で徒手空拳の民衆が立ち向かう確実な道もまた存在し得なかった。三・一運動までの武断政治期に、民衆運動は窒息に近い状況に追い込まれていた。もちろん、政治的秘密結社の活動や生存権の守護をかけた民衆の闘争が全くなかったわけではない。しかし、前者は大衆的基盤を持つことはできず孤立的に行われ、後者も即時的抵抗意識を克服できないまま、散発的・暴発的示威や暴動に止まっていた。(3)また義兵運動は、併合後もなおも続いていたが、一九一〇年代の初めには潰滅してしまう。米国では、代表的な実力養成主義の独立運動家である安昌浩《アンチャンホ》によって、士の復興を目指した人格修養団体にして政治結社の興士団が、一九一三年組織された。道のり険しい民族運動を行うには「務実・力行を生命とする忠義」の士を集めなければならず、そのためには智・徳・体の人格修養が必要だという趣旨からであった。(4)しかし入団は厳格を極め、エリートの集合を目指したものであり、民衆には無縁の政治結社であった。民衆の士意識は、思想的に失われようとしたばかりではなく、現実的にも到底持てないような状況となった。

しかも閉塞状況の進展の中で、多くの民衆が、未来に希望を託すべく拠り所としようとした宗教活動も、監視の網の目にかけられていく。総督府は、宗教活動が民族運動に結びつくことを危惧して、数々の規制政策を打ち出した。

すでに統監府時代に発布された保安法(一九〇七年七月)において、安寧秩序の保持のために任意に結社や集会を解散でき(第一・二条)、しかも「政治ニ関シ不穏ノ動作ヲ行フ虞《おそれ》アリ」と認めただけで居所よりの退去を命ずることができる(第五条)とされていた。その規定は宗教団体にも適用されてはいたが、総督府では宗教団体に対して執拗に統制の強化を図った。まず、寺刹令(一九一一年六月)において寺院を総督府の監督下に置き、経学院規定(一九一一年六月)では儒教の最高学府である成均館を廃して代わりに経学院を設置し、儒教の統制を図った。また、私立学校規則を改定(一九一五年三月)して宗教科目と宗教儀礼を禁止したが、これはキリスト教系学校にとって大打撃となった。しかし、新興宗教の取り締まりは不十分であったので、布教規則(一九一五年八月)を発布して、宗教を神道・仏教・キリスト教に限定し(第一条)、その他の宗教は「宗教類似ノ団体」と規定した場合のみ本規則を準用するとした(第一五条)。これは公認しない新興宗教を弾圧する根拠となるものであった。しかも、公認された宗教であっても、その解散は当局の任意によってなされる可能性があった。第一二条には、「朝鮮総督ハ現ニ宗教ノ用ニ供スル教会堂、説教所又ハ講義所ノ類ニ於テ安寧秩序ヲ紊《みだ》スノ虞アル所為アリト認ムルトキハ、其ノ設立者又ハ管理者ニ対シテ之ガ使用ヲ停止又ハ禁止スルコトアルベシ」とある。これは保安法に連動した規定であると言うことができる。植民地期を通じて保安法は、新興宗教弾圧に最も有効な法令として機能したが、たとえ新興宗教が当局に迎合して公認を得たとしても、その取り消しどころか、いつ解散を命じられるか分からない状況に変わりなかったのである。[5] こうして人々は、安息と解放の願望を宗教活動に求めようとしても、それさえ自由に行い得ない閉塞感の中にますます追いやられていくことになる。

一九一九年、突如として空前の規模で朝鮮全土を席巻した三・一運動は、以上のような変革主体意識の変化と、本来民衆の精神的救済の場である宗教活動さえ規制するような閉塞状況の中で起きた。それは、封じ込められ、かつ潜在していた民衆の変革意識が一挙に爆発したものであり、解放願望の一大噴出であった。三・一運動の契機となる独立宣言書に署名した、「民族代表」を自称する三三人が、いずれも天道教(一五名)・キリスト教(一六名)・仏教(二名)の宗教指導者であったことは偶然ではない。しかし周知のように、この指導者らは非暴力主義を標榜して明月館支店泰和館に集合し、独立宣言書を朗読して祝杯を挙げた後に、自首同然に逮捕された。一方、民衆はその後においてこそ「独立万歳」の歓声とともに、苛烈な運動を全国で繰り広げることになる。そうした、全く相異なる行動をとった指導者と民衆の運動論理が、同じであろうはずはない。民衆はいったい、万歳示威の運動を、いかなる論理をもって展開したのかを解明することが本章の課題である。以下、その前史的様相を踏まえつつ、「民族代表」の思想や運動論理とも対比する中で考えてみたい。

第二節 『鄭鑑録』信仰と民族運動

全般的には民衆運動は、展望を見出せないまま孤立分散的な闘争しかなし得なかったのは事実である。しかし実のところ、宗教的秘密結社の中には民族独立の目的を掲げつつ大衆活動を行ったものがある。それは民衆史的見地から三・一運動を見ようとする場合、その前史として重要な意味を持つものであると考える。

民族主義が濃厚な宗教としては、檀君ナショナリズムの高揚を背景に一九〇九年羅喆《ナチヨル》によって創始された大倧教が、まず挙げられるかもしれない。これは、神話上の朝鮮開国の始祖である檀君《タングン》を崇拝して、民族主義・国粋主義を明確に標榜した宗教である。主に旧満州地域で布教されたが、羅喆は朝鮮内での布教も意図した。一九一五年布教規則の公布とともに公認の申請をしたが、当局より認可されなかった。そのことに責任を感じた羅喆は、その翌年「檀帝ヨリ罪ヲ得タルモノ」として自殺したが(6)、その教勢は一時旧満州一帯に相当広がったと言われる。しかしこの宗教は、実は政教分離の方針をとっていたし、またその教徒は知識人層が相対的に多かった(7)。鼓舞された人々が少なからずおり、また政治・宗教弾圧を苛酷に受けた教団であったとしても、民衆を基盤としつつ民族運動を展開した宗教的秘密結社というにはいささかの戸惑いがある。

武断政治期に最も注目すべき地下活動を行った宗教は、青林教である。この宗教は、異端東学の系譜に連なる可能性を持っていたと考えられる。崔済愚《チェジェウ》に直接道を受けた南正《ナムジョン》（韓旴《ハンガン》）が創始したという青林教(8)は、韓国宗教学界の重鎮であった李康五《イガンオ》の調査によれば、実は林鐘賢《イムジョンヒョン》なる人物が南接を自称して創始したものを南正が継承したのであるという(9)。林鐘賢（宗鉉）については、第四章第三節でも若干触れたが、甲午農民戦争当時黄海道の「偽東学党」の首領として名をはせた人物である。本来東学徒ではなかったが、農民戦争後、部下を崔時亨のもとに送り、文字通り東学に帰依した(10)。ところがやがて、正統東学に幻滅して独自な新興宗教を創始したものと解釈される。林鐘賢は農民戦争後も再蜂起を企図しているが、その説く教理は詳しく知ることはできない。「儒・仏・仙の〈三達〉とは易学的な無極太極にある」ことを強調したと言われるばかりである(11)。しかし、南接の教理を文字通り継承するものでなかったにせよ、それに近かったものと推測される。

一九一五年朝鮮総督府が探知した情報によれば(12)、青林教は間島地方を根拠地として、朝鮮内では京畿・江原・咸鏡南・咸鏡北・平安南・平安北の六道に教勢を張っており、その内部は三六派に分かれて、それぞれに首領がいる組織形態をとっていたという。その教理は南接とは違って多神教的でありながらも、「玉皇上帝」や「七星聖君」「太乙聖君」などとの直接的な感応を目指そうとする神秘主義的なものであった。教徒は国権回復を目的としていたが、その七条からなる「義文」によれば、「兄弟ノ義ヲ結」んだ教徒は、「上ニ国家ヲ輔《たす》ケ下ニ蒼生ヲ済《すく》ヘバ、特ニ聖門ノ高弟ト成リ、且ツ国家ノ良臣」となり(一条)、「身命ヲ顧ズシテ諸国ヲ撃破シ」なければならない(二条)。そして、「輔国安民ノ意ヲ以テ重盟ヲ為」した「同心結義ノ士」(五条)は、「道徳ノ心ト仁義ノ性」を持って「師門ノ指導」を受け(三条)、「智仁勇ヲ以テ進ミ敵国ヲ破リ祖国ヲ強大ナラシ」めなければならない(六条)。旧東学徒・天道教徒・侍天教徒らがその中心となっているが、なかんずく侍天教徒にして旧一進会員が多くいた模様である。周知のように一進会は侍天教の政治的な別働組織であり、先に述べたように韓国併合に一役買った、いわば売国政治団体である。韓国併合が一進会員の意図するところとは違ったことを悟った少なからぬ人々が、慚愧の日々を過ごすうちに異端の教理に接する中で民族主義に目覚めていったものと推察される。青林教徒の中には、面長や官吏、果ては郡守までもいた模様であり、当時侍天教を率いていた売国人士にして朝鮮貴族の宋秉畯《ソンビョンジュン》は、その対策に苦慮している。

秘密結社という形態を通じ、互いに盟約を結ぶことによって、閉塞状況の中にあってもなお士意識を持って、民族運動を遂行しようとした人々の存在を確かに認めることができる。しかも彼らは、「国家ノ良臣」を目指すような、なお王朝国家＝「祖国」の回復を標榜する人々であった。彼らは、「義文」において天運の循環による「大聖人出テ道ヲ以テ衆ヲ済ヒ徳ヲ以テ民ヲ化セントス」ることをも確信している(七条)。この王朝国家は、李王朝の単純な再興ではないようであるが、いずれにせよそれは朝鮮民族の国家である。こうした朝鮮独立の標榜は、対象を出現すべき「大聖人」に代えての新たな皇帝崇拝の誕生と言えるかもしれない。

ここには、『鄭鑑録』信仰の影響が認められる。ただし注意すべきは、「大聖人」の出現を説きつつも、『鄭鑑録』信仰が文字通りには反映されていない点である。人々がなお持とうとする士意識の前で、『鄭鑑録』は全面的には受容できないものであった。そもそも『鄭鑑録』信仰は、韓国併合を契機にその真実性が疑われたはずのものである。『鄭鑑録』によれば、朝鮮の支配者には李《リ》氏に代わって鄭《チョン》氏が就かなければならないのに、新たな朝鮮の支配者にな

ったのは、朝鮮総督の寺内正毅であったからである。(13)

しかし他方で、秘密宗教結社青林教の中にあって、早くも士意識を喪失し、文字通り『鄭鑑録』信仰を復活させて真人誕生による救済のみを念願していく信仰潮流も形成されていた。一九一七年総督府当局が察知したところによれば、青林教ではすでに、第一次世界大戦中に次のような言説をもって秘密裏に布教活動を行っていた。(14)

欧州戦乱ノ結果ハ独逸ノ勝利ニ帰シ、日本モ朝鮮モ全滅シ、此ノ時ニ当リ鄭氏忠清南道鶏龍山ニ奠都《てんと》シ、新国家ヲ建設スベシ。而シテ戦乱ニ次デ天変地異アリ。人類ハ尽ク亡滅スルモ、独リ青林教ハ危機ヲ免レ幸福ヲ得ベシ。或ハ独逸ハ、近ク東洋ヲ攻略スル為ニ兵ヲ送ルヲ以テ、青林教ハ協同作戦準備ノ為信徒五百名ヲ選ビ、間島ニ送ルベシ……。

まず、世界情勢との関連において日本の滅亡を予言していることが注目されよう。しかし、朝鮮民衆の求心点であった皇帝が現存しない状況は、青林教をして日本の滅亡のみか朝鮮の滅亡をも予言させる事態となっており、来るべき終末においては、鄭真人の出現によって青林教に属する共同体成員のみが救済されるとしていることが、より注目されなければならない。ここでは青林教は、民衆の救済を民族とは異なる別の排他的な宗教集団の選民化という次元において実現しようとしているかに見える。皇帝がその地位を追われている状況の中で、監視と処罰の厳烈な植民地支配を敷く総督府権力に、徒手空拳の民衆が立ち向かう確実な道は存在し得なかった。民衆が否応なく、『鄭鑑録』信仰に回帰していく由縁である。

青林教は基本的には、「玉皇上帝」などの神的存在との直接的な感応を通じ、教徒一人ひとりが仁義道徳と知勇を備えた存在＝士となることによって、国権回復を達成しようとする秘密宗教結社のはずである。従って国民意識の希薄なこの言説は、当時の青林教の一般的教説とはいささか異なっており、あるいは三六派ある青林教のうちの一部教徒のみが信仰していた教説である可能性がある。この教説を流布したのは忠清南道公州に根拠地を定めて朝鮮内の布教を「総理」していた教長李元植《イウオンシク》という人物であり、当時朝鮮内に二〇〇〇名ほどの信徒を獲得していた。彼の部下の証言によれば、青林教教主は六人の仙人であり、済州島沖の紫霞島というところに居住し、教主のもとで修業すれば開眼法・縮地法・変身法などの魔術・秘法を習得することができるという。また、鄭氏が王位に就いた暁には断髪者は危難に遭うだろうともいう。(15) 実に荒唐無稽な教説に見えるが、当時の民衆社会にあってこうした教説を信じる人々は、間違いなく無視できない勢力として存在していたのである。あるいは国権回復を至上課題とする青林教の一部にあっては、そうした民衆を組織するために、あえて荒唐無稽な教説を唱えることによって信徒の獲得を目指したのだと考えることもできる。

しかしたとえそうであり、しかも宗教教団による排他的な選民思想がうかがえるにせよ、ここでは、民族の解放の前提たる日本の滅亡を希求する民衆思想が、土俗的にして迷信的かつ反近代的思惟を受け皿として成立していることをまずもって確認しておきたい。朝鮮もまた滅亡することが予言されてはいても、青林教に集った民衆は、救世主鄭真人の出現によって朝鮮民族の再興を約束された存在である。民衆的論理を通じて、民族は確実に捕捉されようとしている。民衆固有の文化や思惟世界は、自律的に存在していると見るべきものだが、民衆は民族をもまた自律的な回路を通じて発見しているのである。

民衆社会にあっては、乙巳保護条約以降、たとえ暴力的に士意識を後退せしめられたとはいえ、植民地支配を受ける中で、茫洋とながらも自己の運命と国家を一体のものと見るようなナショナリズムが徐々に形成され出してくることを否定することはできない。その支援者を含めて広範な民衆を動員して展開された反日義兵闘争は、敗北したとはいえ、民衆ナショナリズムの高揚を示すものであることに間違いはない。その後も民衆のナショナリズムは、沈潜化させられつつも、確固として底流し続けていく。それゆえ、民族解放の課題を背負い、かつ自覚化せざるを得なくなったという意味を重視するなら、甲午農民戦争段階に一挙に稼働を開始したと言える朝鮮の民衆ナショナリズムは、本格的には乙巳保護条約以降に形成され、植民地期においてこそ一般化するものと見なければならない。

　では、苛酷な武断政治の下で不満を鬱積させていた植民地初期にあっては、民衆ナショナリズムはいかなる特徴を有していたか。端的に言ってそれは、民族の求心点たり得た皇帝への哀惜の念や期待をなお持ち続けていた点に求められようかと思う。大韓帝国期皇帝幻想に浸っていた民衆にとって、文字通りの『鄭鑑録』信仰への回帰はそうたやすいことではない。少なくとも三・一運動前夜においては、青林教のように李王家に何ら敬意を払おうとしない教団を一般化するのは躊躇される。そこで新興宗教の中にあって三・一運動直前段階、青林教同様『鄭鑑録』を利用しつつも、それとは逆に王政復古という形での国権回復を図ろうとした注目すべき教団が存在したことを指摘しておかなければならない。

　一九一七年朝鮮総督府が調査した地方民情報告によれば(16)、忠清北道における「フンチ教」の布教活動のことが出てくる。調査官は「フンチ教」を青林教の一派と誤認しているが、これは吽多《フムチ》(훔치)教のことであり、姜一淳《カンイルスン》によって創始された甑山教《チュンサンギョ》の俗称である。甑山教は東学の影響を強く受けながらも、独自な教派を形成し、一九〇九年の姜一淳死去以後東学同様にそのうちに多くの分派を生み出している。ここでいう「フンチ教」が甑山教系のどの教団を意味するのかは不明だが、当時最も勢力を持っていた、のちに普天教《ポチョンギョ》となる車京石《チャギョンソク》の教団であることはほぼ間違いない(17)。調査官によれば、「フンチ教」はおよそ次のような趣旨のことを宣伝して、信徒の獲得に努めていたという。

『鄭鑑録』によれば李王家の運命は残り一一年であり、やがて鄭氏が鶏林山に都を置いて李王家を絶滅してしまう。日本に留学している英親王《ヨンチンワン》(李王世子)は、皇族と結婚することになっているから、この機会に英親王を朝鮮国王に仰ぐことを哀願すれば、国権回復を果たすことができ、そしてこの嘆願に尽くして成功した暁には、教徒はその功労を認められて重用されるであろう。

興味深いのは、「フンチ教」布教者が『鄭鑑録』をあえて曲解している点である。李王家の命運はなお尽き果ててはおらず、それゆえに鄭氏が出現する前に李王家を再興しようという、『鄭鑑録』を利用しながらも、その実反『鄭鑑録』的な論理にすり替わっているのである。「フンチ教」徒のみは国権回復に尽くして新李王朝下において重用されるという排他的な救済観がやはり存在しはするが、当時の民衆の李王朝観を十分にうかがわせるものがある。三・一運動勃発の背景にある民衆の心性が示唆されるものであると言えよう。

ただし、このような布教もまた特異であり、甑山教の中にあってもそうである。一九一八年一〇月に済州島で、法井寺僧侶金蓮日《キムヨニル》なる人物が、「倭奴は我が朝鮮の仇敵なり」と説き、自ら「仏務皇帝」＝真人を称して日本人官吏と商民を済州島より駆逐すべく蜂起する事件が起きた。中核的な蜂起者は三三名で都大将以下それぞれ軍職を与えられ、四〇〇名ほどの島民が動員された。蜂起民は六日から七日にかけて、済州城に進撃の途中、各所で電線を切断し、駐在所を襲って破壊焼却し、日本人を捕縛殴打した。しかし、この蜂起はただちに鎮圧された。(18) 注目すべきは、指導者の多くは僧侶であったが、蜂起民の多くは車京石の教団の信徒たちであったということである。信徒たちは、高宗《コジョン》皇帝に代位する救世主として、再び真人の誕生を念願するようになっていたのである。この事件はきわめて局所的かつ小規模なものであり、これまた一般化することはできないが、武断政治期の民衆思想の一端として注目されなければならない。

かくして武断政治期において、皇帝崇拝はなお余韻を止めつつも、徐々にそれに代位する真人信仰が、早くも復活の兆しを見せ始めたと言うことができる。しかし、一九一九年一月二二日の高宗皇帝の思わぬ死は、忘れ去りかけようとしていた皇帝への敬愛の念を今さらのように民衆の心に甦らせることになる。

第三節　高宗皇帝の死と三・一運動

三・一運動勃発の要因が何よりも苛酷な武断政治への不満にあり、またその直接の契機がT・W・ウィルソンの一四カ条平和原則中の民族自決主義への期待にあったことは言うまでもない。そして、三・一運動の起爆剤とされたのは、高宗皇帝の死であった。突然訪れた高宗の死をめぐっては、その報が伝えられるやいなや、さまざまな風説が広まった。有力なものとしては第一に、李王世子李垠《イウン》が日本の皇族梨本宮方子と結婚することに憤慨して服毒自殺したというものである。第二には、併合は韓国側が自ら願って調印したものだという文書をパリ平和会議に提出すべく、李《イ》完用《ワニョン》や尹徳栄《ユンドギョン》・趙重応《チョジュンウン》などの売国人士が高宗に御璽を押すよう強要したところ、高宗が拒否したため、毒殺されたというものである。このうち第二の風説はまことしやかに伝えられ、三月一日朝にはソウルの朝鮮人宅の門戸に国民大会の名義で檄文として広く散布されて、「先帝・先后両陛下ノ大讐極怨亦洗フ可ク雪グ可シ」と訴えられた。[19]三・一運動を契機に発刊された『朝鮮独立新聞』も、国葬の三月三日にそのことを暴露した。[20]またその風説を信じた李垠は、李完用や尹徳栄を呼んで詰問憤慨した。[21]総督府の発表では脳溢血による死ということであったが、毒殺説は以後も信じられ、著名なジャーナリストにして歴史家・独立運動家の朴殷植《パクウンシク》は、一年を過ぎた後も確信を持ってこのことを記している。[22]また、故朴慶植《パクキョンシク》も毒殺説を否定する確たる証拠はないとして、むしろ毒殺の可能性を示唆していた。[23]真相は今も藪の中だが、いずれにせよ、毒殺説が当時広く信じられるほどに、高宗に対して悲運の皇帝というイメージがあったことが重要である。

全国一三道から送られてくる報告を整理した「朝鮮憲兵隊長報告書」によれば、皇帝の死にまつわる風説と三・一運動が密接な関係にあったことが分かる。(24) まず国葬が行われたソウルでは、全国からその拝観のために入京して来る者が後を絶たず、およそ二〇万人が上京したと言われる。国葬前の状況について、次のように報告されている。

民族自決を《ママ》共鳴する思想と李太王(高宗)薨去《こうきょ》原因の妄説に迷いたる怨念とは上下の別なく彼等の胸中に充満し、一種の妖雲は京城全市に漲《みなぎ》り、誰云うと無く国葬の前後に於て何事か事変勃発せざるかと伝え、人心頗る平かならざるの状ありたり。

身分を問わず朝鮮人の心になお宿っていた皇帝崇拝の念が民族自決主義と結びつくことで、膨大なエネルギーが噴出するようになったことが確認される。忠清北道では高宗の死に「上下一般驚愕」し、汽車あるいは陸路で上京する者が続出した。忠清南道では、風説が広まるにつれて哀悼服喪の徴喪をする者が顕著となり、一時は何らかの喪章を付けない者はいなくなる状況になったという。慶尚北道でも国葬を前後して哀悼の意を表する白笠の冠用者は、およそ半分からほとんど全員に及んだという。また、国葬前日までだけで望哭式の数は、管内二三〇ヵ所に及んでいる。望哭式は黄海道でも旧両班儒生によって盛んに行われ、やはり上京する者が続出した。慶尚南道では二名の老人の殉死が確認されており、「併合後十年を閲せる今日に於ても依然一般鮮民の朝鮮王族に対する敬虔の念濃密なる」ことが察知された。その他全羅南道・全羅北道・江原道・平安南道・平安北道でも高宗の死にまつわる風説と三・一運動の関係が確認されている。咸鏡南道・咸鏡北道では別段言及せず、後者では「李太王殿下の薨去も一般の民心に及ぼせし影響として見るべきものなし」とまで述べられているが、両道は教育熱がきわめて旺盛で、私立学校数が全国校数の三五・三パーセントを占めていたことと関連があるものと考えられる。啓蒙主義の伝播により、王政復古的性格の運動はなされなかったとも言われる。(25) ただし、咸鏡南道内で最も過激な運動を展開した長津では、決起はある二名の人物が、「此の度李太王自殺せられたる故、我々は憤慨に堪えず、死を決して万歳を唱えんとす」として駐在所を襲ったことに端を発している。(26)

高宗の死は、全般的には朝鮮人に大きな衝撃を与えたのであり、例外的地域があるにせよ、三・一運動の格好な起爆剤となったことは間違いない。「一君万民」の理念は残滓ではあれ、なお民衆の心に宿っていた。二〇万人というのは三月一日までに上京した数で、(27)国葬当日には、拝観者は五〇万人に達したという報告もある。(28)当時学生であった鄭錫海《チョンソッケ》という学者が回顧するところによれば、高宗の死に慟哭する中で人々は、「あなたは他人ではない。おじいさんを同じくする子孫(同士)だ」という、階級や地位を超えた「民族感情の一致」を培うようになったという。(29)

もちろん、高宗の死に対して冷淡な姿勢を見せる者がいなかったわけではない。「李太王薨去ニ関スル全道民情一般」なる報告史料が、江原道・全羅南道・全羅北道・黄海道の四道について残っているが、(30)「薨去ニ対シ極メテ冷淡ナリト認ムルモノ」「薨去ニ対シ毫モ意ニ介セズ反テ冷評ヲ試ムルガ如キモノ」が身分を問わず、存在していたことを確認することができる。しかし、いずれの道においてもそれらの事例の列挙は、「衷心ヨリ哀悼ノ意ヲ表スト認ムルモノ」に比べ少数である。江原道では、「衷心ヨリ哀悼ノ意ヲ表スト認ムルモノ」二五例に対し、「薨去ニ対シ極メテ冷淡ナリト認ムルモノ」「薨去ニ対シ毫モ意ニ介セズ反テ冷評ヲ試ムルガ如キモノ」九例、全羅南道では前者一七例に対し後者四例、全羅北道では前者二六例に対し後者二例、黄海道では前者三二例に対し後者一二例となっている。当時においては、高宗への何らかの崇拝の念を持つのがやはり一般的であったことが確認されよう。

もっとも、「民族代表」について言えば、もはや皇帝崇拝から解放されていた。孫秉熙は、朝鮮独立後の政体について、「民主政体にする考(え)でありました。其事は私のみならず一般に左様な考えで居る事と思います。尚私は欧洲戦争の真最中に教徒等と牛耳洞へ行った時、戦争が熄んだ時の状態が一変し、世界に君主と云う者は無い様になると話した事があります」[31]と証言している。三・一運動が国葬を前に開始されたのは、高宗の求心力が一般民衆にあっては依然として強いことを知っていた「民族代表」が、民衆のエネルギーを最も有効に吸引することができる時と判断したためである。民衆が思い描く独立国家のイメージと「民族代表」のそれとは大きな差異があったのである。天道教幹部にして「民族代表」の権東鎮《クォンドンジン》は、そのような差異を合理的に説明すべく次のように証言している。[32]

朝鮮に於ては、君の臣を視る草莽の如くなれば臣の君を視る敵の如くとの諺がある位で、君臣の情懐く今回国葬の際に於て見る如き有様は見られぬのが自然であるのに、人民が涕涙慟哭したと云うのは李太王の薨《みまか》(り)を悲しむのではなく、現に民族自決の問題が提唱して居るのであるから、李太王が生存して居れば或は以前の如く独立国として貰う事が出来るとの望みがあったが、薨去により始めて夢が醒め、愈々《いよいよ》国が亡びた如く今更の如く併合当時の事を思い起し、亡国となった事を歎いたのであります。

実は啓蒙主義者にして共和主義者の権東鎮は、民衆がかつて皇帝崇拝に浸っており、しかも今もそれから自由でないことを認識し得ていない。しかし、必ずしも哀悼の対象でなくとも、高宗の存在が民衆にとって民族独立の希望であったことは認めている。一九一九年三月以降数カ月にわたって全国にこだました民衆の「独立万歳」の絶叫が、共和思想を何ら知り得ない一般民衆にとっては、王政復古を念願祝賀するものであったのは自然なことである。江原道原城の古老の証言によれば、ある指導者が群衆から、「わが国が独立すれば、誰を君主として推戴するのか」という質問を受けて、共和政治を理解させるのに苦労したという。[33] 独立後の政体として王政を念願したという確固とした文書はないが、朴賛勝《パクチャンスン》が指摘するように、民衆は茫漠とながらも王政復古を当然視していたものと推察される。[34]

ただしそれは、必ずしも単なる大韓帝国への回帰ではない。苛酷な収奪は、武断政治下にあっても大韓帝国下にあっても同じである。それゆえ、新国家は民衆の理想を実現してくれるならば、必ずしも李王朝の文字通りの復活でなくてもかまわない。もはや敬愛してやまないカリスマ性ある高宗が死んだ以上、もとより『鄭鑑録』信仰に慣れ親しんでいたことのある朝鮮民衆にあっては、新国王は李王家出身の者でなくてもよいのである。これも朴賛勝が指摘している(35)ことだが、慶尚南道では、「大統領選出ノ暁ニハ、国民全般ニ渉リ財産ノ均分ヲ得ラルベシト称シ、稍共産主義的言辞ヲ弄スル者」がいた。(36)大統領の意味を当時の一般民衆がどれほど理解し得たか果たして疑問であり、大統領といいつつ、その実は国王とほとんど同義のものと考えていた民衆が多かったと推測される。(37)新国王＝大統領の誕生の後に、甲午農民戦争以後明確になった民衆の理想である平均主義社会の到来を念願する民衆がいたものと思われる。財産均分説は全羅南道でも流布されていたことが確認できる。(38)また忠清南道では、パリ講和会議後世界的規模で財産均分が行われ、東洋西洋の区別もなくなるというような、一種の大同思想が流布されている。(39)大同思想はナショナリズムを超えた思想である。民衆のナショナリズムは、高宗の死を媒介にして一挙に頂点に達したかに見えながら実は不安定であり、なお始源的性格を持つものであった。しかし誤解がないように付言しておけば、植民地期どれほど拡散していくにしても、民衆のナショナリズムとは生活主義を前提とするものである以上、本来的に素朴にしてそうしたものなのであると著者は考えている。

第四節 「民族代表」の国家・民衆観

かつて「民族代表」の評価をめぐって、姜徳相《カンドクサン》と朴慶植を中心に論争があった。前者が、「民族代表」は功名心や事大性・対外依存性・民衆蔑視のゆえに投降に走り、民衆を指導し得ていないと言うのに対し、(40)後者は、歴史的・社会的諸条件や階級的制約性を前提とした上で、彼らが署名した独立宣言書の内容とその影響力、そして「無抵抗主義」は高く評価されなければならないとした[41]。姜徳相の見解は萌芽的には山辺健太郎の研究に示されている[42]。「民族代表」の指導問題については、宣言書の影響と民衆との連帯は区別されるべきであり、宣言書の影響が大きかったにせよ、民衆が次第にそれを無視していったのは紛れもない事実である。宣言書の末尾で[43]、①「決して排他的感情に逸走してはなら」ず、②「民族の正当な意志を快く発表」し、③「一切の行動は最も秩序を尊重」して「公明正大に行え」という箇条からなる非暴力主義を唱えた「公約三章」は、民衆によっていとも簡単に無視された。万歳示威運動が暴力的に行われたことは朴慶植も認めるところである。彼の枠組み設定には、朝鮮民族が直面している統一問題の歴史的射程として民族主義者が評価されなければならないという課題化的な問題意識が横たわっているように見受けられる。しかし、馬淵貞利が指摘するように、「その場合、まず民衆の立場からする民族的結集のあり方が基軸にすえられなければならない[44]」はずである。

百歩譲って「民族代表」が、教団組織や独立宣言書自体の権威によって、初期においてはたとえ間接的であれ万歳示威運動を指導したと言えるにせよ、三・一運動全般にわたって運動を指導し得なかったことは、姜徳相の研究をはじめとして、今日までの研究でもはや定説になっていると言うことができる[45]。その思想については、その独立思想の強固性と非暴力主義をなお高く評価する見解があるにせよ[46]、民衆史的見地からする時、日本ではもとより、韓国でもそのように評価しないのが一般的である。民衆運動史を叙述しようとする本書の立場が、そのような評価に共感するものであることは言うまでもない。「民族代表」の思想を問題視する研究は、姜徳相と並んで、孫秉熙を「消極的親日派」と規定づけた安秉直《アンビョンジク》を先駆に、康成銀《カンソンウン》や朴賛勝に継承されている[47]。ここでは民衆の闘争とその論理をより鮮明にしようとする行論の都合上、「民族代表」との対比が不可欠であることから、先行研究を踏まえつつも、訊問記録を主たる史料として孫秉熙の思想を中心に、彼らの国家・民衆観について著者なりに考えてみたい。

崔南善《チェナムソン》が書いた独立宣言の格調は高い。「威力の時代は去りて道義の時代が来たれり」と謳いあげ、「正義の軍と人道の干戈」をもって「侵略主義」と「強権主義」を否定した。それは、愛国啓蒙運動期に全盛を極め、帝国主義への批判を鈍らせる理論として機能した社会進化論の否定であり、帝国主義一般に対する批判であった(48)。しかし「民族代表」は何故に、対外依存と非暴力主義をもって独立運動を起こさなければならなかったのか。彼らは、「米国大統領が提唱せる民族自決は世界の総ての民族に対するものであると思って居ります(49)」という、孫秉熙の腹心崔麟《チェリン》の証言からも分かるように、ウィルソンの民族自決主義にあまりに過大な期待をかけていた。

また非暴力主義は、あくまでも万歳示威を平和的に行うというに止まっている。三・一運動の非暴力主義をマハートマー・ガンディーのそれに比肩するものという見解が往々にしてあるが(50)、不服従・非協力をともなうガンディーの非暴力主義は三・一運動のそれとは似て非なるものがある。ガンディーの非暴力主義は、「非協力などによって起こる不利益、処分を甘んじて受け、受難や自己犠牲によって、相手の心を変えるのが目的である(51)」。それゆえジャワハルラル・ネルーが解説するように、「それは卑怯者の行動回避ではなかったし、勇敢なる者の悪と民族的屈辱とに対する挑戦であった(52)」。つまりそれは、暴力を魂の力によって抑止しようとする勇者の論理を持つものであり、しかもそれを民衆一般に強く求め、ともに闘おうとする峻烈な精神と民衆への信頼を前提とするものであったのである(53)。それに対して「民族代表」が標榜した非暴力主義は、「公約三章」にあるように徹頭徹尾「秩序を尊重」するよう求めるものであり、不服従・非協力は構想されておらず、従って受難や自己犠牲の甘受＝勇者の論理を求めるものでもない。不服従・非協力の構想があるならば、彼ら自身も自首という、官憲に協力的な行為をし得たはずはない。彼らが民族自決主義に過大な期待をかけたのも、不服従・非協力の構想を持ち得なかったのも、民衆を変革主体＝解放主体として認識し得ない彼らの民衆観に問題があると考えなければならない。

天道教創建以降の孫秉熙の教説が、民衆を変革主体として捉えようとしないエリート的論理を持つものであることはすでに述べた。彼は民衆が暴動化した理由を、「彼等愚昧、結果被告等の発したる宣言書の趣旨を誤解した為であろう」(54)と明快に愚民観をもって語っている。独立宣言の発表を行うことになっていたパゴダ公園に、いつになっても「民族代表」団が来ないのをいぶかしく思った学生らが、泰和館にやって来て脅迫までして来訪を請うと、孫秉熙は「若い者が腕力を以て騒ごうとして成就するものではない。自分達はお前達と事を共にする事は出来ぬ故、お前達で勝手にするが良かろう」(55)と冷たく突き放している。崔麟は、「朝鮮現在の智識状態にては普通に独立宣言をすれば暴動を惹起する事となり、影響する処が重大で、且つ目的を達するに不利益である」(56)と言っているが、彼らが最も恐れたのは、官憲以上に民衆の「愚昧」であったとも言える。準備段階では大衆化・一元化・非暴力が独立運動の三大原則と確認されていた。(57)しかし彼らは、民衆への不信と恐怖から運動の開始時点ですでに、一元的に大衆的に運動を推進していくことをあきらめ、非暴力のみを標榜したのである。「民族代表」の意味は、「三十三人が智識階級を代表するというものであり、(58)その傲慢な自称には、最初から民衆の代表という意識が希薄であったことが示唆される。孫秉熙は一九〇六年一月までの数年間日本に亡命していたが、その頃から「其生活の豪奢王侯に異なら」ないもので、帰国後もそうした生活を維持していた。(59)その教説もさることながら、生活空間においても彼は民衆と隔絶したところに身を置いていたと言える。すでに述べたように、三・一運動に際して金允植《キムユンシク》は、朝鮮民衆の一人ひとりに「智慮」を認めようとする思想的営為をなしていたが、孫秉熙は政治家金允植にも及ばない民衆理解しかできない人物であり、民衆とともに闘うような運動家でも指導者でも到底なかった。

そもそも天道教幹部にあっては、その民族独立の意志がどれほど強いものであったかを疑わせる点がある。日露戦争当時親日家であった孫秉熙の韓国併合に対する感想は、「賛成でも不賛成でもなく中立」(60)であった。崔麟の場合も、

「当時の朝鮮の政治は非常な悪政で到底朝鮮の安寧幸福を維持増進する事が出来ぬ状態にあった為め、併合には不賛成でしたが、致方ない事と思って」いたという。(61) また、崔麟と並ぶ孫秉熙の腹心呉世昌《オセチャン》に至っては、「合併の当時に於ては反対ではありませんでした」(62)とまで述べている。天道教幹部の民族主義は、併合段階においてすでにかなり怪しいものであったのである。

そうした民族主義の希薄性は、天道教教理にも反映されている。「人乃天」の普遍的性格を強調してそれを受け皿に近代文明との接合を果たした孫秉熙にあっては、東学＝天道教が本来有していた「輔国安民」という民族主義的性格をも喪失していく教理理解の転変があった。一九一二年彼は、多くの天道教幹部を前に、「輔国安民」という標語は、「身辺のこと」「身を標準にすること」であると矮小に解釈して見せた。(63) また、現在の多くの宗教がやがては天道教に信仰統一されるだろうとまで唱えて、天道教の世界宗教化の道を示唆した。(64) 予審訊問で、「私の脳裏に国家と云う観念はない。只民族と云う者がある丈け」(65)であると述べているのは、民族意識はあっても、民族主義はないことを告白したものにほかならない。彼が三・一運動を企図したのは、自己の意見が総督政治に採用されないどころか、「排日党」と目されて総督への面会もできず、また天道教の寄付募集も差し止められるという憤懣からであり、彼は、「行政に付いては不平はありません」と述べている。(66) さらには、「私は国よりも天道教の方を大切に思って居り、国の為めに天道教を犠牲に仕様と云う様な考(え)はありません」(67)とさえ述べるに至っては、彼を民族主義者として評価することは到底できない。

実は孫秉熙は、三・一運動以前にかつての開化派政治家として著名な朴泳孝《パクヨンヒョ》・尹致昊《ユンチホ》と三人で独立請願書を日本政府に提出しようという呼びかけを行っていた。朴・尹は明確な態度を示さなかったためにこの提議は実現されることはなかったが、その意図するところは、「許されぬとしても自治位は許されるであろう」というものであり、彼は売国人士の宋秉畯にさえ同様の提起を行っているほどである。[68] その提起を拒否した宋秉畯は、三・一運動が起こる少し前首相原敬に対し、そうした民族自決の潮流に乗ずる動きを牽制しようとするためか、朝鮮人に参政権を与えるよう献策していた事実がある。[69] 孫秉熙が確固とした独立の意志を持っていなかったのは、もとよりのことであったと言うべきであろう。彼に対して崔麟は、独立の意志を明確に述べてはいるものの、西欧の脅威に対するため日本との提携を視野に入れ、「日本政府の助力を得れば、独立国として立っていく事が出来ると思って」[70]いるとの留保付きで独立構想を語っている。独立でなく自治でもよいとする考えは、孫秉熙以外の天道教幹部に明確にあり、呉世昌は「自治又は独立運動を仕度いとの考」えがもとよりあったが、運動の準備段階では自治運動をするつもりであったと言っている。[71]「今後も朝鮮独立運動を止めぬ積りか」という訊問には、「今後左様な運動をした処で成功すべきものではありません」と答え、彼の独立への諦念は深い。また、かつて『帝国新聞』の社主として愛国啓蒙運動の先頭に立ち、独立宣言書の印刷責任者であった天道教有力幹部の一人李鍾一《イジョンイル》は、「(日本人との平等待遇の)希望を申出したのでは到底容れられぬ故、独立の宣言をし」たのであり、実は自治制を希望しており、名義だけの自治制でもかまわないとまで述べている。[72] 彼は日記では、一九一九年三月二日付で、「私は以前一九一〇年九月頃から大韓の独立を熱望してきた」[73]と述べているが、出獄後に書き入れた自己弁明的記録のように思われる。彼によれば、拷問によって嘆かわしいありさまとなり、変節する者が増えていく中で、孫秉熙を筆頭に、もちろん自身を含めて、崔麟・呉世昌・権東鎮、そしてキリスト教側の李昇薫《イスンフン》や仏教側の韓龍雲《ハンヨンウン》など一五名前後の者は毅然とした態度をとり続けたという。[74] 確かに、たとえばキリスト教人の鄭春洙《チョンチュンス》が「自治権を与えて呉れと云う事を請願する考(え)で」あって、「独立の請願をする事は私の意志ではありません」とまで述べ、しかも自治とは「日韓併合前の統監府時代の如きもの」であるとまで言及した[75]のは、変節的証言のように思われる。しかし、毅然とした態度をとり続けた孫秉熙や呉世昌・崔麟・李鍾一が良心に反した証言をしたとは考えられない。

もちろん、「民族代表」が最も望む朝鮮の理想的姿が独立であったことは、孫秉熙が独立後の政体として「民主政体」を言明していたことに端的に示されている。しかしそれは、現実的には絶対的な目標設定ではなかった。そもそも、あれほどの格調高い名文の独立宣言書を起草しながら「民族代表」には名を連ねなかった崔南善は、「日韓併合の目的に対しては反対でな」かったと言うばかりか、独立国として自立できることへの疑念を表明し、「只民族的自尊心に依り朝鮮の独立を理想として居るに止まる」と言ってはばからないほどである。[76] 自治が真意で独立は言説に過ぎないものであったとするなら、それは、真に独立を希求した学生や市民、そして独立と自治の区別などつかない一般民衆に対する明らかな背信である。後述するように、孫秉熙の死後天道教は分裂し、その一部は自治運動を展開するのだが、それは三・一運動の挫折を踏まえた方向転換などではない。むしろ、三・一運動段階ですでに、少なくとも一部の「民族代表」の脳裏にはあった現実的な理念の忠実な実践であった。

「民族代表」の中に確固たる独立を目指し、不屈の精神を吐露した者がいなかったわけではない。たとえば、のちに自治運動に断固反対の姿勢を見せた権東鎮である。実は、天道教側における独立運動の最初の提起者は彼であり、彼が呉世昌と崔麟に発議したのち、三人で孫秉熙に訴えたことによって、三・一独立宣言への道筋が整った。[77] 朝鮮の指導的人士について詳しい細井肇は、かつて軍籍にあった権東鎮を、「武断的教育を受けたるが為め、稍々果断に富む」と評している。[78] 確かに、権東鎮は「併合には不賛成であります」と言明し、「独立出来る迄やる積りであります。今独立出来ぬとするも、私達が今種を蒔き置けば、将来出来る時期が来る事と思います」とまで言って[79]その硬骨ぶりを示した。

しかし、パゴダ公園に集結する民衆の「騒動」を恐れて、独立宣言の場所を変更しようと提起した者の一人は彼であった。[80] ウィルソンの民族自決原則が朝鮮にも適用されることを信じて独立運動を最初に提起した彼としては、民衆の「騒動」は迷惑この上ないものであったのである。

また、仏教側代表の韓龍雲は、李鍾一が「過激にして禅師のような風貌がよく表れている若者である」[81]として、とりわけその気骨ある態度を賞賛した人物である。彼は独立宣言に名を連ねたくないという崔南善に代わって自ら宣言書を書こうと申し出た[82]ほど、独立への熱意を持ち、獄中で有名な「朝鮮独立の書」[83]を書いた。この論文では、「ああ、「剣」がどうして万能であり、「力」がどうして勝利しよう。正義があり人道がある」としつつ、第一次世界大戦では連合国も「準軍国主義」だと批判し、大戦そのものを「蛮夷をもって蛮夷を攻める」戦いであったと総括している。連合国にもこびることなくその帝国主義政策を批判したところに韓龍雲の真骨頂があり、これは独立宣言書をもしのぐ痛烈な社会進化論批判である。今や世界史は、ポーランドやチェコ・アイルランド、そして朝鮮などの被抑圧民族の独立運動と、ロシア革命・ドイツ革命などによって、「自存的平和主義」の方向に進んでいる。それゆえ、「民族自決はウィルソン一人の私言ではなく世界の公言であり、希望の条件でなく既成の条件」であり、誰もが支持するはずのテーゼであった。そして彼は、「朝鮮人は堂々とした独立国民の歴史と遺伝性を有するだけでなく、現世文明に並馳するほどの実力を有している」という自信のもとに民族独立の信念を吐露するのである。

しかし韓龍雲もまた、民衆の「愚昧」を恐れた一人であることに変わりはない。実は「公約三章」を書き入れたのは彼であり、「秩序を尊重」する運動を展開することにおいて、彼は誰にも劣らない戦略上の信念を持っていた。当初パゴダ公園で予定されていた独立宣言文発表の際には、彼が宣言文を朗読することになっていたが、それは同志だけの集会として計画されていた。それゆえパゴダ公園に人々が集結して「暴動」となってはならないから場所を変更するべきだという意見が出ると、彼も素直に賛同した。[84] そして民族自決主義への期待においても、彼は他の「民族代表」に劣らず、やはり大きい。「民族自決はウィルソン一人の私言ではなく世界の公言」とまで言う彼においては、むしろ確信的なものとしてあった。彼は、民族自決は「全世界に対する問題と信じて」いたし、「其運動をすれば、独立を許されるものだろうと思った」と率直に述べている(85)。「世界の公言」の支持を得るためにも、独立運動は秩序をもって、一部のエリートが自己犠牲的に行わなければならないものであったのである。彼は独立宣言の場において、次のように挨拶している(86)。

> これ(独立運動)は我々が先頭に立ち、民衆が後に従わなければならないのです。我々は身命を捧げて自主独立国になるよう期約しようとここに集まったのですから、正々堂々と最後の一刻、最後の一人まで独立争取のために戦いましょう。

韓龍雲にとって、民衆はともに闘うべき存在ではなく、あくまでも指導者の後について来なければならない劣位の存在であった。そこには強烈な士意識があった。彼は訊問時に、検事には「日本に僧月照あり。朝鮮に僧韓龍雲なからん」と言い、判事にはさらに「自分は月照以上のものだと自ら任じて居ります」と語り、その志士たるの並々ならぬ自覚を吐露している(87)。「八道豈復た一人の義士の能く余の志を継」ぐ者があろうかと言い残した全琫準《チョンボンジュン》の士意識を思い起こさせるものがある。ただし全琫準の場合、たとえ愚民観から自由でなかったにせよ、民衆は変革主体であり、ともに闘うべき存在であった。民は士となるべき可能性を秘めた存在であり、士の責務たる民本と勤王は、民が限りなく士に接近することによって、その道が切り開かれ得るのである。いわば全琫準にとっては、士と民は本来連続した存在であり、民と切り離された士意識を持つ韓龍雲との違いは、言辞の相似とは裏腹に大きい。韓龍雲の士意識の在り方には、民衆レベルにおいて士意識が後退した時代状況が色濃く反映しているように思われる。

しかし三・一運動は、封じ込められ、かつ潜在していた民衆の変革=解放意識が一挙に爆発したものであり、瞬時とはいえ、民衆が再び士意識に目覚めて起こした画期的な闘争であった。そこでは、一代の士韓龍雲も考え及び得ない、民衆の独自な世界が繰り広げられたのである。

第五節 万歳示威運動の展開様相

「民族指導者」がついに現れなかったパゴダ公園では、午後二時前後より三、四〇〇〇名ほどの学生が集結し、独立宣言書を朗読した後に一斉に万歳が高唱され、太極旗(韓国旗)を先頭に市中への万歳示威行進が始まった。合流する群衆は数万名に達し、市中所々で独立演説を行いつつ、群衆は三隊に分かれて示威運動を行った。第一隊は高宗の柩が安置され、旧皇室関係者が昼夜慟哭している徳寿宮である。到着すると群衆は一時静粛を保ち、万歳を三唱した後に、さらに街頭示威に向かった。第二隊は外国領事館に向かい、第三隊は総督府を目指した。国葬のため地方から入京中の群衆も入り乱れ、その混雑は名状しがたいものがあったという。憲兵警察の出動により沈静したのは、ようやく午後七時のことであった(88)。

ソウルでは、三〜四日の国葬を挟んで五日にも大規模な示威運動があり、民衆は苛酷に弾圧された(89)。しかしそれに呼応するかのように、九日には鍾路の商家数百戸が閉店した。これは、国政への抗議として朝鮮王朝時代にしばしば行われた「撤市」の伝統を踏襲し、ソウル商人の毅然たる態度を示すものであった。三月中旬には市内で閉店しない店舗はない状況となり、当局の圧力によって四月一〇日頃になってようやく営業を再開した。また、労働者・職工は「示威的罷業」=ストライキを敢行し、学生たちは場合によっては三カ月にも及ぶような同盟休校を行った。この間新聞やビラなどの印刷物が数百種類も発行され、また各所で、電車や派出所を襲撃・破壊し、警官との衝突が相次い

表Ⅲ

	府郡数	集会人員	示威回数	単純示威	示威衝突
京畿道	22	約470,000	288	180	108
江原道	20	約25,000	74	53	21
忠清北道	9	約28,000	56	28	28
忠清南道	13	約50,000	75	35	40
全羅北道	14	約10,000	39	32	7
全羅南道	18	数万	44	40	4
慶尚北道	20	約26,000	62	36	26
慶尚南道	21	約100,000	121	82	39
黄海道	17	約70,000	137	84	53
平安北道	18	約150,000	114	66	48
平安南道	15	約60,000	85	59	26
咸鏡北道	10	約20,000	44	36	8
咸鏡南道	15	約25,000	75	57	18
合計	212	約1,100,000	1,214	788	426

だ。民衆は棍棒・割木・木槍などの原始的武器を所持し、多くの場合投石手段に打って出ている。(90)

このような騒動は、もちろんソウルのみに止まるものではなく、漸次的に地方に広まっていった。表Ⅲに示すのは、ほぼ運動が沈静化する四月末までに行われた万歳示威運動の展開状況である。(91) 運動は、ソウルを中心に置く京畿道で最も激しく行われたことを示している。平安南道・平安北道と黄海道が比較的盛んであるのは、天道教とキリスト教の指導者は西北朝鮮の出身者が多いためであり、ソウルでの動きと当該地域での運動は連動していた。(92) しかし運動は、多くの場合「民族代表」と連携した宗教指導者によって触発されはしても、ひとたび運動が開始されれば、民衆は独自に活動を展開して暴力化し、「公約三章」は往々にして破られた。(93) 慶尚南道は京畿道に次いで運動が盛んに行われた地域だが、それは京畿道に次いで日本人が多く進出し、土地・漁場・金融などを支配していたことと関連している。(94) 運動の被害状況は、当局ができるだけ過小に報告しようと意図したため、諸説あって定かではないが、朴殷植は朝鮮国内からの各種の情報に基づいて、死亡者七五〇九名、被傷者一万五九六一名、被囚者四万六九四八名と見積もっている。[95] 運動がいかに残忍に鎮圧されたかは、今までの多くの研究によって明らかである。

運動は地方によってその規模や強弱が異なっており、その過程も一様ではない。各地域の運動過程については、韓国での研究や朴慶植の研究で詳細を知ることができる。ここでは、民衆の闘争をもっぱらその論理・心性レベルで考えようとする問題意識を持つがゆえに、まずは闘争の一般的様相を抽出してみようと思う。

運動は西北地方などのように、「民族代表」との関係が強い地域では、天道教やキリスト教の組織的な動きによって開始された。そうでない地域では、ソウルの騒擾や国葬の目撃者が帰来し、風説をまじえてその様子を伝えることによって開始される地域が多かった。都市部では学生や知識人の先導的な役割が大きく、宣言書をはじめとする各種印刷物や太極旗・独立万歳旗などを製作し、民衆を動員した。[96] また、納税拒否や日貨不買、あるいは日本人への商品不売や雇用拒否などが、運動として推進される場合もあった。[97] もっとも当局は、「運動の実際は京城に於けるものと大差がない[98]」と総括している。地方都市レベルにおいては確かにそうである。しかし農村地域においては、類似性を持ちつつもいささか異なる運動が展開された。

農村地域でも学生や知識人が果たした役割は小さくないが、やはり一般的には農民が主役である。全国で逮捕された者のうち、五五・六パーセントは農民である。[99] そこでは伝統的な作法による運動が展開された。旧秩序がなお機能しているところでは、両班儒生は、「自らの権勢を官憲に示し一般に徹底し置くは将来好影響を来たす」との考えから民衆を動員したり、あるいは自ら先頭に立たないまでも、勧誘や何らかの「意旨を発表」[100] した。慶尚南道では、両班村たる同族部落で一族が大挙運動に参加したり、あるいは両班儒生が面長や面書記・里長などを指揮して民衆を動員している。[101] そこには、王朝時代以来の徳望家的秩序観がなお生きていたと言うことができる。

多くの場合、万歳示威運動は市日をねらって場市より始まったが、ここにも伝統的な民乱の作法が生きている。濁《マツ》酒《コリ》の酔いに乗じて出発し、途中参加の者も酔狂状態で、「警備機関の目前にて跳ね廻りながら万歳を閧《ママ》呼する動作は全く無我夢中の状態」であったという報告がある。(102) 場市の様相については第二章第四節で若干触れたが、三・一運動直前(一九一三〜一九一七年)の様相を伝える報告によって補足すると、場市には必ず酒幕があった模様で、酒幕が提供する場所で売買する代わりに、商人は使用料的意味合いで必ずその酒幕で飲食しなければならない義務があった。場市振興策として定期的に角力《すもう》大会をするところもあったという。(103) 場市は依然として祝祭的場であった。

万歳示威運動に参加した者の動機について、たとえば全羅南道の憲兵隊は次のように報告している。(104)

①全く独立したりと信じたるもの。
②斯くせば独立し得べしと信じたるもの。
③独立し得るか得ざるか半信半疑の域にありしもの。
④平素官憲に対する不平怨恨の報復機(会)と為したるもの。
⑤内地人より受け居る侮辱屈従に対する報復の好機と認めたるもの。
⑥単に独立を高唱するが如きは何等の犯罪とならずと信じたるもの。
⑦警務官憲乃至軍隊も人民を殺傷するが如きことは万々なしと信じたるもの。
⑧全く脅迫を受けたる為余儀なく参加したるもの。
⑨独立成功の暁官禄を希望して参加したるもの。
⑩全く如何なる趣旨の下に万歳を唱うるものなるやを知らずして徴発的に参加せしめられたるもの。

①の割合がどの程度いたか定かではないが、朝鮮独立がすでに決定したと信じて示威行進に参加した者がいたことは各地の報告に見える。とりわけ平安南道では、平壌において何者かにより、郡守・警察署長の名義で面里長宛に

「朝鮮ハ既ニ独立セリ」という文書が発せられた事実があったためか[105]、「付和雷同者」の「大多数は一時朝鮮は真に独立したりと誤信」していたという[106]。また京畿道でも、ウィルソンが来るとか、米軍が仁川に上陸するとか、あるいは連合国が独立を承認したなどという風説が広まり、それを確信する者が次々と現れている[107]。もっとも、あくまで一時的にそう信じられた時期があるだけで、三・一運動の全期間そうであったわけではもちろんない。「朝鮮は既に独立せりと思惟し祝賀的の意味を以て申合せ的に」参加した者は、ごく少数であったという別の報告もある[108]。運動の時期や地域性によって違いがあるものと思われるが、いずれにせよ、そのように信じた者の存在を軽視するわけにはいかない。⑧や⑩は別にしても、場市という解放的な空間において、独立を信じ期待する者(①②③⑨)や日頃日本人と官憲に不満を持つ者(④⑤)、あるいは「独立万歳」の高唱を罪とは考えなかった者(⑥⑦)など、多くの民衆が祝祭的な気分に浸っていったのは何ら不思議ではない。「独立の美名に心酔し軽挙妄動したるもの[109]」にとって、示威行進はまさに独立の祝祭行事であった。多くの場合示威運動は、祝祭と暴動がいつ交錯するともしれない状況の中で展開されたものと推察される。

示威運動は、少ないもので数十名、多いものでは二万名にも及ぶものがあったが、一般には数百名から数千名の規模で行われた[110]。通常示威集団は、太極旗を押し立て万歳を高唱しながら、郡庁や面事務所に殺到し、郡守や面長を引き出して「独立万歳」の高唱を強制した。あるいは警察署・駐在所を襲撃し、日本人商店を襲ったり、日本人に暴行を加えることもあった[111]。さらには、郵便局を襲うとか、電柱を倒壊、あるいは橋梁を焼毀したりするなどの破壊行為に出て、通信交通を妨害することもあった[112]。一般に示威運動は、憲兵警察に弾圧されてのちに武器を取っての抗争に移行していったものと考えてよい。原口由夫は、官憲史料に「暴民による暴行、襲撃」という記述が多く見られるにせよ、それは虚偽の報告である場合が少なくなく、またそうした行為が実際に行われるのは、官憲の暴力に怒った民衆の対抗的措置である場合が一般的であったことを明らかにしている。[113] しかし、民衆が即座に対抗的暴力に訴えていったことこそが重要な点である。官憲の残忍な弾圧を問題視するあまりに、民衆の暴力を過小評価してはならない。それは民衆の変革=解放意識の過小評価につながりかねない。民衆は実は、最初から暴力的な場合すらあったのである。三月一日の示威運動前ソウルでは、暴力化に直結しはしなかったものの、すでに金物店でナイフが多く売れていたと言われる。[114]「暴民は最初より鎌、鍬、棍棒の如き兇器を携え」ていたという報告[115]は誇張ではなく、そうした場合があったことは今までの研究でも確認されていることでもある。[116] 平安南道の寧遠では天道教徒の集団一五〇名が、三月一一日以前にすでに凶器を持って決起しており、[117]「民族代表」の「公約三章」は直接の影響下にある者たちによってすら遵守されなかった。投石は最も行使された暴力手段であり、エスカレートした場合には駐在所や面事務所を焼毀し、あるいは例外的なようだが、警官を残忍に殺害することもあった。[118] 官憲の死者は八名、負傷者は一五八名、破壊された官公署は、警察署・警官駐在所八七カ所、憲兵駐在所七二カ所、郡・面事務所七七カ所、郵便局一五カ所、その他二七カ所、合計二七八カ所となっている。[119]

駐在所と面事務所が襲撃されたのは、言うまでもなくそこが武断政治の拠点であったからである。憲兵警察は網の目のように厳烈な民衆支配を行ったが、駐在所は民衆に最も近く接した出先機関であり、まさに朝鮮民衆の怨嗟の的であった。面事務所は末端における行政執行機関であり、民衆の武断行政への憤りが具体的に向けられる場所であった。朝鮮人一般の不満が直接にぶつけられる窓口と言ってよい朝鮮人官吏と代書業者が指摘するところによれば、朝鮮人の苦痛は、①墓地の規制、②火田(焼畑)の取り締まり、③税金の賦課、④煩瑣な願い届けとその費用の加重、⑤官吏給与の日本人との格差、⑥日本人の朝鮮人への侮辱、⑦桑苗の強制植え付け等のことであるという。[120] このうち一般の民衆にとって問題となるのは、①②③④⑦である。①は、共同墓地制への反発であり、風水説によって墓地を定めてきた伝統文化への回帰を念願する朝鮮人一般の姿が垣間見える。②は、言うまでもなく無田農民の不満を指摘するものである。③は、煙草税をはじめとして税金賦課が各種各様に及んだことへの不満である。自家用家畜の屠殺にも税金が賦課されるなど、従来では考えられない徴税があった。④は、従来慣習的に処理していた問題に対し、いかなることも近代的法規に照らして処理していこうとする権力の一元的な管理への反発である。たとえば、悲哀にくれている遺族が診断書や埋葬願などの手続きをとり、その上費用も出さなければならないというのは、民衆にとって考えられないことであった。そして最も問題となったのは⑦である。総督府は日本国内の紡績業や製糸業の原料に適した綿花や繭を生産すべく、在来のものに代えて外来の陸地綿や日本種の桑を強制的に栽培させた。しかもその商品作物は、共同販売制によって安く買いたたかれ、主要食物の耕作面積は減少して食糧自給の道も困難となった。面事務所を襲撃する際、民衆は桑苗を焼却しているが[121]、それはこのような事情によっている。

民衆の総督府政治に対する憤りは実にさまざまであり、憲兵隊では各道ごとに朝鮮人各界各層の不満を調査している。ここでは煩瑣になるので、それらを一々列挙しないが、上に指摘したこと以外で民衆に関わる不満のみを拾い出してみれば、①民度に合わない法令の頻発、②厳しい山林取り締まり、③賦役の過重、④旧慣の廃止、⑤小作料の過重、⑥品性に問題がある憲兵補助員・巡査補の採用、⑦労賃の日本人との格差などが追加されよう[122]。いずれも、総督府政治の植民地的政策ないしは近代的政策に対する反発が示唆される[123]。

示威運動が暴動であるとともに祝祭的性格を持つものであったことを示す典型的な事例として、京畿道安城での運動を取り上げてみよう。運動は三月三〇日、安城場市の市日に始まり、翌日も平和的な示威が続いた[124]。熾烈な運動に転化したのは、四月四日になってからである。水原付近の烏山で万歳の隊伍を組んだ集団は、沿道で人々を動員し、数千名の規模に膨れあがって安城に入った。郵便局と駐在所を焼き払い、面事務所を破壊した後、学校に本部を定め、面事務所を破壊し、日本人商店を襲った。このことで日本人は防衛団を組織するとともに、守備兵・警官が一丸となって厳戒態勢をとることになる。翌五日の市日の夕方には再度万歳を高唱する者が現れ、深夜一二時になって、防衛団・守備兵・警官との間に銃声をまじえての乱闘が始まった。しかし翌六日にも、群衆は妓生を先頭に郡庁に押し寄せ、郡守に「万歳だけ唱ふることを許し(て)呉れ」と請い、郡守もこれを許可してともに「独立万歳」を高唱した。夜八時には、郡守は提灯を振って群衆を歓迎し、郡庁前や警察署前で万歳が高唱され、中には民家に入って独立歌を練習する者も現れた。そして夜一一時になり、群衆が三〇〇〇人以上に膨れあがって、指導者の演説が行われるに至り、当局は再度の暴動化を危惧し、ようやく解散を命じることになった。[125]

確かに当初は平和的であったとはいえ、弾圧を受ける前すでに、三度目の示威運動に際して安城邑民は、やはり自ら暴力化している。ところが、暴力化した運動に対し当局は、警戒を強めつつも、運動が「独立万歳」を高唱するだけのものなら、それを許可しようとする姿勢を示したことが何よりも注目される。妓生を先頭に華やいだ雰囲気を醸成して郡守もろともに「独立万歳」を高唱しようとする民衆の熱気は、祝祭的だと言わざるを得ない。郡守も単なる祝祭である限りなら、自身も協力しようとし、おそらくは守備隊や警察・防衛団にも協力を求めた結果、四月五日の場市の一日は平和裏に終えようとした。韓国併合後長きにわたって沈潜せしめられていた民衆の憤りは、独立を既成事実であるかのように錯覚させ、運動と祝祭の垣根ない行動へと赴かせたのだと思われる。しかし、事後における当局の検挙旋風は苛酷で、百余名を逮捕し、当局自ら認めるように、彼らに対して牛豚の如き取り扱いを行い、あるいは拷問をもって対処した。

示威の先頭には妓生のほかに、少年隊が立つこともあり、開城では実に六歳位の少年隊が先頭を行進した。[126]また、大邱では一四歳以下の少年隊三〇名が「遊戯的に」太極旗を振り回しながら行進している。[127]弁当持参で各地の万歳示

威行進に数十名規模の集団で参加し、運動を駆り立てると同時に地域的連携を図ろうとした、いわゆる「万歳クン」(만세꾼、クンとはある仕事を職業としている者のこと)といわれる群衆も登場している。[128] そして、祝祭を演出すべく、農楽や喇叭が吹奏されたり、農民らしく蓆旗《むしろ》が登場することが往々にしてあった。[129]

昼間公然と万歳示威運動を行うことがためらわれたところでは、夜間山上烽火示威や篝火行進が行われている。前者は危急を知らせる烽火をあげて、次々と「独立万歳」の声を轟かせていくものである。たとえば、三月一〇日が過ぎた頃京畿道一帯で行われたという証言がある。[130] 後者は篝火を持って山に登り、あらん限りの声で万歳を声がかれるまで何十回も叫ぶものだが、老人も子どもも連れだって行われている。[131] これは、朝鮮王朝時代に民衆抵抗の一方途としてあった山呼といわれる民俗慣行に倣ったものである。山呼とは守令の政治が宜しくない時、山に登って守令を辱める言葉を叫ぶものである。これは消極的な行為のようではあるが、実は「およそこの変に遭えば、最も善処が難しい」[132]とされるやっかいな民衆の抵抗であった。

郡守や面長への万歳強要の事例は数多いが、咸安では面長が示威隊の先頭に立って「独立万歳」を高唱させられている。[133] また、河東では覚醒した面長が自ら独立演説をするまでに至っている。[134] 中には日本人にさえ万歳を強要しているところもあるが、[135] そうした強制行為には当然ながら、朝鮮人ならば、独立は誰もが祝賀しなければならない慶事であるという論理が働いている。面職員や区長、道参事、あるいは巡査・巡査輔、憲兵補助員、学校職員、果ては資産家などに対してまで、「既に朝鮮は独立したるに、何故倭奴の為に尽すや」として辞職と協力拒否を勧告し、ともに万歳を高唱しなければ殺害するなどという脅迫は、[136] 至るところで行われている。もちろん参加強制は、親日派に対してのみ行われたものではなく、一般の住民に対しても行われた。篝火行進なども、各戸一、二名が割り当てられるという参加強制の論理で行われている。水原のある面では駐在所を襲撃して再集合を約した際、ある主導人物は、「もしここにいる群衆の中で一人でも抜ければ、その家には火を付けてしまうから、そう思え」と叫んでいる。[137]

以上のような、祝祭と暴動が交錯する中で展開された運動は、一見無秩序的に見える。しかし、そこにも民衆固有の自律的な論理が働いていたことを忘れてはならない。参加強制の論理自体がそのようなものであることは議論の余地がない。「予め鎌鍬棍棒等の兇器を携え戦闘的準備を為し、群衆の進退一に指揮者の命を受け、恰も訓練を経たる正規兵の如き観あり」[138]と、率直に規律ある群衆の様子を語っている報告もある。そうした民衆の規律は何よりも、暴動化しつつもほとんど窃盗が行われていないことに端的に示されている。現金や物品の奪取の事例がないわけではないが、奪取されたとする報告はきわめて少ない。[139]たとえ商店を襲撃して商品を奪取したとしても、それは地上に投棄されているし、駐在所や補助員の宿舎を襲撃する際も諸物品は破棄焼却されている。[140]それは略奪行為ではなく、明らかに制裁行為にほかならなかった。あるいは富豪を襲うことはあっても、それはあくまでも独立運動への資金供出を強要するものであった。[141]民衆運動においては、目的を同じくする集合的心性を持った民衆は、その目的を汚す行為を、プライドをかけて忌避するのである。

万歳示威運動は、自然発生的に起きたところも少なくないが、にもかかわらず朝鮮王朝末期に見られた民乱の伝統の上に自律的に運動を展開した点が重要である。とりわけ知識人や学生などの指導を受けることなく決起した農村地帯では、民衆は過去に行った闘争の経験と記憶の上に独自な闘争を展開したのである。一般的に言って山間僻地の農村部における運動であればあるほど、民衆の自律性は強かったものと推察される。三・一運動は決して知識人・学生主導の運動ではない。歴史的状況があまりに違ってはいるが、ジョルジュ・ルフェーブルがフランス革命に見出した複合革命的な性格を、三・一運動はある種帯びていたとも見ることができる。民衆のナショナリズムを考えるに当たって、このことは重要な前提条件となる。

第六節 民衆の運動論理と主体意識

祝祭と暴動が交錯する中で民衆は、実に勇敢であった。最終的には軍事力でねじ伏せられたとはいえ、民衆は発銃する警官に立ち向かい、武器を奪い取る場合も珍しくなかった。実砲を兼ね備えている憲兵に対し、「守備隊の銃は空砲なり。躊躇する勿れ」と言って投石で対抗する示威集団があるかと思えば[142]、「前の者が死んでも、後の者は屈せずに前進せよ」と言って行進に出発する示威集団もあった[143]。あるいは、警察・軍隊を前にして、「われわれはみな、ここで銃に撃たれて死のう」とまで言う者さえ現れるに至っている[144]。当然ながら、三・一運動は何よりも虐げられた民衆の激憤の爆発であったのであり、「独立万歳」の歓声は虐げられた者の一体感を醸成する、この上ない発声装置であった。一〇年近くにも及んだ苦痛と屈辱をともなった閉塞感は、「独立万歳」を高唱する一瞬のうちに解消された。この発声装置の親日派に対する強要は、虐げられた朝鮮民族の側にともに立つのか、あるいは虐げる民族の側に立って裏切り者であり続けるのかという踏み絵であり、「独立万歳」を高唱することで、それまでの民族への背信は許された。祝祭的気分がそうした温情を生み出し、人々は朝鮮民族という一体感の中で酔いしれた。参加強制は、王朝時代の民乱においては村落共同体的論理によって正当化されたが、今やそれは民族共同体的論理によって正当化されている。

東学農民軍弾圧の慶祝の場で万歳が和唱された際、それが日本に主導されつつ、一面反民衆的論理によって演出されたことについてはすでに述べた。万歳は独立協会運動を経て愛国啓蒙運動期には一般化するが[145]、アイロニカルにも三・一運動に至り、民族の一体感を醸成して日本への抵抗を表象する民衆の発声装置となった。万歳は確かに押しつけられ、かつ近代的知識人によって啓蒙的に拡散せしめられた政治文化だが、それは参加強制という民乱の政治文化を媒介として初めて全国にこだました。万歳が民衆文化に吸収され、民衆文化そのものとなることによって、三・一運動は朝鮮史上におけるナショナリズムの画期となり得たのである。

ただし「独立万歳」の論理もまた、アイロニカルにも二重である。確かに、祝祭的に動員された民衆のエネルギーは膨大なものであり、総督府もしばし呆然となるほどのものであった。しかし、祝祭はいずれ終焉を迎えなければならない。「独立万歳」の絶叫のうちに膨大な民衆のエネルギーが解消されゆく可能性もまたあった。安城において万歳を高唱するだけなら示威行動を許可するとした当局の対応は、まさに民衆のエネルギーの平和的解消を期待したものであった。先の表に示されるように、示威回数総数一二一四件中単純示威、すなわち平和的示威に終始したのは七八八件で、およそ六五パーセントである。たとえ武器を携帯して示威運動に参加した者が少なくなかったにせよ、結局は文字通り祝祭的示威の域を出ることがなかった運動の方が多かったのである。

圧倒的多数の民衆が、独立の「事実」ないしはそれへの期待に歓喜して示威運動に参加し、ひとたび参加すれば自律的論理をもって運動を展開していったことは上に述べた通りである。しかし、解放主体意識の点では問題が残る。それは過小評価されてはならないが、さりとて過大評価してもならない。民衆の参加動機に関する全羅南道の憲兵隊報告については前述したが、京畿道の憲兵隊は、「運動者」「有識者」「雷同者」に分けて参加者の動機について次のように分析している。[146]

一、運動者

①平和会議に於て米国の援助に依り独立し得べしと信じたる者。

②朝鮮は独立宣言に依り既に全く独立したるものと確信したる者。

③独立運動の声を海外に波及せしむるには騒擾を強大にし、秩序を破壊せば其効果多かるべしと信じたる者。
④完全に独立し得ざるとするも、後日独立し得べき基礎を築くにありとする者。
⑤内地に於てすら米騒動の如き騒擾を来せり。朝鮮に於て一度声を挙げんが《ママ》、相当に成効《ママ》すべしと信じたる者。
⑥独立は成効《ママ》せざるも、自治権若くは参政権の獲得は容易なりと信じたる者。
⑦財政独立を朝鮮独立と同意義に誤解したる者。
二、有識者
三、雷同者
⑧半信半疑にして鞏固たる自信なきも、若し参加せずして独立せし暁は不利の地位に立つべしと思考したる者。
⑨一種独立の群集心理に唆《そその》かされ、義理的に妄動に投じたる者。
⑩何等の自信自覚なく無意識に雷同し、夢中に彷徨したる者。

「運動者」とは主体的・積極的参加者のことであり、学生・知識人はもちろん一般民衆の一部も含まれるであろう。有識者とは消極的参加ないしは傍観的立場の人士であり、雷同者には多くの民衆が含まれよう。全羅南道の報告が積極・消極を問わず、参加者の文字通りの参加動機を問題にしているのに対し、京畿道の憲兵隊は参加者の主体意識を主に問題にしているようである。ここでは有識者の動機はひとまずおくとして、「運動者」と「雷同者」について考えてみたい。

まず「運動者」について見てみれば、たとえ主体的に示威行動に参加しているにせよ、①と②に示されるように、独立は米国をはじめとする外勢の力によって間もなく達成されるか、ないしはすでに達成したと考えていた者が多くいたことは間違いない。平壌の覆審法院検事長が、「a既ニ独立セルモノトシテ万歳ヲ称ヘタルモノハ之ヲ無罪トシテ釈放シ、b独立ヲ企テントシテ万歳ヲ叫ビシ者ハ之ヲ有罪トシテ処刑」したと証言しているのは示唆的である。[147] 言うまでもなく「民族代表」は①のように考えていたし、その影響下にあった「運動者」にあってはそのような考えを自己のものとするのは当然であった。③は解放主体意識を持っているようでありながら、外勢の力を信じている点では①②と同様である。④と⑤に見られるように、今すぐ独立が達成されないにせよ、今回の運動をこれからも続く独立運動の基礎とし、あくまでも日本との抗争のうちに独立を達成しようとする者もいたことは確かである。真の解放主体意識はこの立場にこそ、認められるべきものだが、これらは「運動者」の最後に位置づけられており、数としては少数派であったことが示唆される。

三・一運動は軍事的勝利を目指したものではないし、非公式な一時的権力の奪取を目指したものでもない。それは強大な軍事力を持つ敵を前にして当然のことではある。しかし、万歳示威と独立を結びつける論理がもっぱら外勢依存であったという事実は、解放主体としての自己確立が脆弱であったということを意味すると言うしかない。朝鮮独立を推し進める根底的な力は、民族自決を唱える世界の潮流であり、日本に対する強大国の力であった。朝鮮人の力は強大国の力に比べれば、実にか弱い。朝鮮人に今できることは自身らの熱誠を世界に発信することだけである。朝鮮人の力自体をもって日本帝国に闘いを挑み、やがて独立を争取するという論理は、三・一運動では実に希薄である。闘いとはもちろん、何も軍事的抗争だけを言うのではない。当時としては不服従・非協力の闘いしか、朝鮮人にはなし得なかった。しかし、そうした闘争を徹底することによって、あくまでも朝鮮人の力によって日本を屈服せしめるという主体の樹立は、不確かなものであった。さらに言えば、次のように言うことができる。三・一運動は封じ込められ、かつ潜在していた民衆の解放願望が一挙に爆発したものであったことは間違いない。しかしそれは、士意識の後退局面に入った植民地期の心性状況を反映して、主体意識が希薄な解放願望であった。士意識は再び目覚めたかに見えながら、なおまどろみの中にあったのである。

このことは当然ながら、一般民衆にあっても同様である。「雷同者」について、当局が言わんとするところは要するに、打算的⑧・義理的⑨・文字通り雷同的⑩であったということである。こうした分析に、当局の偏見が多分に含まれているのは言うまでもない。打算的・義理的・雷同的に見えても、そうした行為をとる根底の意識には、日常的にある総督府政治への不満と憤りがあったことは、先に述べた憲兵隊自身の調査によって明らかである。しかし武断政治の恐怖を知る当時の民衆にあっては、総督府政治への激憤があってもなお、当局への闘いの姿勢を自ら進んで見せることには躊躇する者が多くいたのも事実のようである。実のところ、参加強制は広く行われていた模様であり、江原道では、「他村より侮蔑さるるか、又は圧迫を受くるに至る虞ありとし、区長及地方有力者等の煽動之が動機を為したるもの」は多数であったという[148]。また慶尚北道でも、「農民及労働者に於ては当時独立の何物なるやを解するなく、或は甘言を以て勧誘せられ、或は各種の言動を以て脅迫せられて付和雷同したるに止まるもの多く、敢て深き決心を有するに在らず」[149]と報告されている。漢字を知らない無学の者にあっては、独立の二文字の意味が分からないというのは何ら不思議ではない。ひとたび万歳示威の隊列に入って「独立万歳」を高唱し、祝祭的気分に浸る中で、民族の一体感を味わい、激高していった民衆が多くいたのは紛れもない事実である。しかしそれは、解放主体意識としては一時的にして、なお即自的である。祝祭の終焉とともにその主体意識は消え失せてしまうであろう。

しかも、迷信的動機によって三・一運動に参加する者がいたことにも注目する必要がある。『鄭鑑録』信仰の登場である。慶尚南道の彦陽では、「鄭鑑録の格言に拠れば日本も近く国運衰退に傾き朝鮮は独立の機運に遭遇せりと云ふ」者がいた[150]。『鄭鑑録』に仮託しての「流言巷説」を放つ者は忠清北道でも確認されている[151]。また、京畿道交河では、「陰二月十五日ハ万歳ヲ唱フル日ニシテ、十回唱フレバ一家ヲ保チ、二十回唱フレバ祖国ヲ復シ、此ノ趣ヲ書シ二枚伝フレバ一身ヲ保チ、八枚伝フレバ忠臣孝子トナリ、此ヲ伝ヘザレバ天罰ヲ受ク」と書かれた紙片が鶏龍山の岩中より発見されたという訛伝が流布され、この影響で万歳を高唱した者がいた。(152) この話には鶏龍山が登場しても、『鄭鑑録』の内容は見られない。だが『鄭鑑録』の影響力を考慮しつつ、迷信的世界に生きている民衆を示威運動に動員している点が興味深い。忠臣孝子となることを望み、また天罰を受けたくないという、個人的栄誉や禍福のために示威運動に参加した者に、確固とした解放主体意識を認めることは難しい。ちなみに、迷信というのではないが、天道教徒の中には、独立の暁には孫秉熙が国王となり、自身らも然るべき治者としての地位を与えられると信じていた者たちもいた。(153)

以上のような解放主体意識の希薄性は、三・一運動沈静直後の民衆の意識に明確に現れている。たとえば忠清南道では、五月初めには早くも、「前非を悔ひ其の罪状を自首し謝罪を為すものあり」(154)という現象が見え始め、ついには「一意専心農事に勉励するもの大部分にして」「全く妄動を悔悟せるもの多し」という状況となった。(155) 慶尚北道でも、「道路賦役納税及清潔法施行等の如きは、共に従来人民の好まざりし処なりしに拘らず、唯々として官命に服」するようになった。(156) そして、多くの犠牲を払って目的を達成できなかった民衆の中には、その憤りの矛先をあろうことか運動指導者に向ける者も現れるに至る。慶尚南道では、酒券や飯券をもらって示威運動に参加した者がおり、彼らは扇動者に欺かれたと嘆いているありさまだという。(157) また、ソウルの商人の間では扇動者を怨み、「独立運動ノ如キハ生存ヲ完フシテ後ニナスベキ事」という者が多数にのぼる状況となった。(158) 民衆にとっては、日々生活していくことが何よりも優先されるのであり、長すぎる独立運動は耐え得るものではなかった。忠清北道鎮川のある村では、二度にわたって万歳示威を行いたいという村人に対し、郡内屈指のある富豪は、「妄動セバ小作地全部ヲ取上ゲ里内ニ居住スルヲ許サズ」と断固として反対したため、運動は起きなかった。(159) 民族主義者であることと生活者であることの選択を迫られた時に民衆は、悩みながらも後者を選ぶしかなかったのである。

民衆の憤りが主に向けられた先は、天道教とキリスト教である。各道憲兵隊はいずれも、両教が事後各地で反感や怨恨を買い、非難を浴びている状況を報告している。(160) 憲兵隊の報告ではないが、平安北道の定州では、「汝等ノ為ニ糊ロニ窮ス。飯ヲ与ヘヨ」と言って、両信徒を排斥する者が多くなったという。(161) 民衆の憤りはやはり、運動期間不労の結果生活苦に陥ったというものであり、生活至上主義からくるものである。彼らの憤りは、とりわけ天道教に対して大きなものがあった。教徒でも脱教する者が多くなり、中には教祖孫秉熙を誹謗して脱教する者もいた。(162) 本来なら、民衆の憤りは何よりも、総督府に向けられるべきであったが、今やそれは密かにしかできないものであった。

かくして、忍従の日々がまた始まる。しかし、民衆の感情は不安定である。慶尚南道憲兵隊は、「此の後悔も更に又他の新らしき煽動あらば忽ち霧散し、再び妄挙を演ずるの虞なしとせず」と見ていた。(163) 他道の憲兵隊も概ね警戒の念を解いていない。また、天道教・キリスト教に対しても、運動末期に態度急変して非難する民衆が増えたのは事実だが、それは「自己の立場の安全を図らんが為所謂権勢に阿付《ママ》する辞柄」であり、その実は「悪感を有する者極めて少なく、其行動に対しては寧ろ感謝の念を以て迎えつつある」という、江原道憲兵隊の冷静な分析もある。(164) さらに、天道教徒の大部分はなお独立を「夢想」しているという報告もある。(165) 民衆の解放主体意識は怪しいものではあるが、彼らの解放への願望は根強く、決して絶望することはない。いわば面従腹背をなしていくに過ぎない。

解放主体意識が希薄である以上、民衆の解放願望は依然として依他的である。しかし、日本が断固として朝鮮の独立を容認しないばかりか、外勢ももはや期待できないと分かった今、民衆はいったい何に期待したらよいのであろうか。ここに沈黙を強いられた民衆は、高宗生存時より復活の兆しを見せ始めていた真人思想に再びからめとられていく可能性が生まれてくる。一九二六年四月二五日大韓帝国最後の皇帝純宗《スンジョン》が死去すると、朝鮮共産党は、統一戦線的戦術をもって六月一〇日の国葬に合わせて独立運動を起こそうとした。三・一運動の再現を狙ったのである。全国で望哭式を行ったり、喪に服する者が多く現れ、入京者も相次いで数十万の人出がソウルにあったのは高宗国葬時と同じである。民衆の心の内に、なお皇帝崇拝があったことは間違いない。共産党の計画は、事前に発覚し大きな成果をあげられなかったのは、周知のことである。皇帝崇拝はここに終止符を打たれ、以後民衆は皇帝に代位するものとしてますます真人思想への期待を膨らませていくこととなるであろう。

(1) 「無體法経」(李敦化《イドナ》『天道教創建史』京城、一九三三年)第三編、一〇二頁。

(2) 以上天道教の説明は、より詳しくは拙著『異端の民衆反乱――東学と甲午農民戦争』(岩波書店、一九九八年)第一一章第一節~第二節、参照。

(3) 鄭然泰《チョンヨンテ》「경남 지방의 三・一운동」(韓国歴史研究会・歴史問題研究所編『三・一민족해방운동연구』図書出版청년사、서울、一九八九年)三五七頁。

(4) 朱耀《チュヨ》翰《ハン》編著『増補版　安島山全書』(興士団出版部、서울、一九九九年)一六九~一七五頁。

(5) 朝鮮総督府の宗教政策については、朴相権《パクサングオン》「日帝의 宗教政策과 韓国宗教」(『崇山朴吉真《パクキルジン》博士古希記念　韓国近代宗教思想史』裡里、一九八四年)、張秉吉《チャンビョンギル》「朝鮮総督府의 宗教政策」(『精神文化研究』二五、城南、一九八五年)、平山洋「朝鮮総督府の宗教政策」(源了圓・玉懸博之編『国家と宗教』思文閣出版、一九九二年)、尹以《ユンイ》欽《フム》編著『일제의 한국 민족종교 말살책――그 정책의 실상과 자료』(고려한림원、서울、一九九七年)などがあるが、尹以欽のものが最も詳しく、しかも新興宗教に対する政策史研究の専論となっている。また、政策史を専論として扱ったものではないが、青野正明『朝鮮農村の民族宗教――植民地期の天道教・金剛大道を中心に』(社会評論社、二〇〇一年)も詳しく言及している。その中で、新興宗教のうち公認されて布教規則の適用を受ける教団はついに一つもなかったという指摘と、新興宗教の取り締まりは、植民地初期の段階では保安法により行われていたが、のちに警察犯処罰規則が基本法になるという指摘(七九、八二頁)は、訂正を

要する。「宗教類似ノ団体」と規定されて布教規則を「準用」されたという意味での公認教団はいくつもあった。そのことはたとえば、当局が一九四〇年現在で、「東学系の天道教或いは侍天教又は仏教系統、儒教系統のもの等当局から公認せられて布教しているもの以外は、全部所謂密教として地下に潜入して布教せられている現状である」(『思想犯罪から観た最近の朝鮮在来類似宗教』『思想彙報』第二二号、朝鮮総督府高等法院検事局思想部、一九四〇年、一九頁)と説明していることによって明らかであるし、第九・一〇章で述べる普天教も一時獲得していた。また、新興宗教に対する有効かつ基本的な取り締まりは、植民地期を通じて保安法であり続けたことは間違いなく、このことは次章の第五節で触れる。

(6) 姜徳相編『現代史資料』二五(みすず書房、一九六六年)八頁。

(7) 姜敦求《カンドング》『韓国 近代宗教와 民族主義』(集文堂、서울、一九九二年)一三七～一四五頁。

(8) 村山智順『朝鮮の類似宗教』(朝鮮総督府、一九三五年)一九五頁。

(9) 李康五「東学系総論」『韓国新興宗教総監』(図書出版大興企劃、서울、一九九二年)一三六頁。呉知泳《オジヨン》によれば、崔済愚の時代に甲山に定配された李白初《イベクチョ》という人物が創始したとも伝える(『東学史』京城、一九四〇年)二三八頁。

(10) 前掲拙著、三一一、三九六頁。

(11) 李康五前掲論文、一三六頁。

(12) 「韓国ニ於ケル宗教関係雑纂Ⅰ」(韓国精神文化研究院編『東学農民戦争関係資料集』Ⅴ、図書出版선인、서울、二〇〇〇年)一四九～二〇四頁。

(13) 村山智順『朝鮮の占卜と予言』(朝鮮総督府、一九三三年)六五三～六五四頁。

(14) 前掲『現代史資料』二五、三一頁。

(15) 「韓国ニ於ケル宗教関係雑纂Ⅱ」(前掲『東学農民戦争関係資料集』Ⅵ)四五一～四五八頁。

(16) 前掲『現代史資料』二五、二五頁。

(17) 当時甑山教系の中にあって、車京石の教団以外のものはなお力弱く、しかも車京石に次ぐ勢力を持っていた金亨烈《キムヒョンニョル》の教団は、創立間もないこの時期に早くも勢力を一時喪失していた。一九一六年春、一ヵ月以内に日本に変乱が起きると予言し、

それがはずれたことによって、信徒の信頼を一挙に失ったのである(李正立《イジョンニプ》『甑山教史』甑山教本部、金堤、一九七七年、六七頁、洪凡草《ホンボムチョ》『汎甑山教史』図書出版한누리、서울、一九八八年、一八二頁)。

(18) 金正明《キムジョンミョン》編『朝鮮独立運動』Ⅰ分冊(原書房、一九六七年)二四七頁。慶尚北道警察部『高等警察要史』(一九三四年)二六五頁。今村鞆『朝鮮動乱の歴史的社会的考察』(京城、一九三一年)によれば、この時金蓮日は、天を祭って皇帝即位式を行い、国歌を作り、軍職のみならず右丞相・左丞相などの官職も授け、また動員された人員も三〇〇〇人にのぼったという(一八〜一九頁)。

(19) 前掲『現代史資料』二五、二八一〜二八四頁。

(20) 国史編纂委員会編『韓国独立運動史　資料』五(探求堂、서울、一九七五年)二頁。

(21) 前掲『現代史資料』二五、二九七頁。

(22) 「韓国独立運動之血史」(『朴殷植全書』上、檀国大学校出版部、서울、一九七五年)五一五頁。

(23) 朴慶植『朝鮮三・一独立運動』(平凡社、一九七六年)七二〜七三頁。朴慶植は李垠妃の李方子《イバンジャ》の回顧(『動乱の中の王妃』講談社、一九六八年)に基づいて毒殺の可能性の方がむしろ大きいと言っている。李方子はその後の回想でも、毒殺説をより確信的に主張し、高宗はパリ講和会議に密使を送ろうと計画したところ、日本政府官吏に脅迫買収された宮中典医の安商鎬《アンサンホ》によって毒を盛られたとしている(李方子『歳月よ王朝よ』三省堂、一九八七年、三七〜三八頁)。

(24) 「朝鮮憲兵隊長報告書——大正八年朝鮮騒擾事件状況」(市川正明編『三・一独立運動』原書房、一九八三〜一九八四年)第三巻、二二四〜二三六頁。

(25) 朴慶植前掲書、一五四〜一五五頁。

(26) 前掲「朝鮮憲兵隊長報告書」二八四頁。

(27) 朝鮮総督府官房庶務部調査課「朝鮮騒擾事件ノ思想及運動」(『朝鮮三・一独立騒擾事件』巌南堂書店、一九六九年)四一〇頁。

(28) 『東京朝日新聞』一九一九年三月四日付「李太王殿下の国葬」。

(29) 鄭錫海「南大門駅頭의 独立万歳」(『新東亜』第一〇一号、一九六九年)二一三頁。
(30) 前掲『現代史資料』二五、七〇〜八五頁。
(31) 「孫秉熙地方法院予審訊問調書」(前掲『三・一独立運動』第一巻)二一二頁。
(32) 「権東鎮地方法院予審訊問調書」(同右)二三五頁。
(33) 趙東杰《チョドンゴル》「三・一運動의 地方史的 性格——江原道地方을 中心으로」(『歴史学報』第四七輯、서울、一九七〇年)一二八頁。
(34) 朴賛勝「三・一운동의 사상적 기반」(前掲『三・一민족해방운동연구』)四一二〜四一三頁。
(35) 同右、四一三頁。
(36) 前掲『現代史資料』二五、三八八頁。
(37) 大韓帝国期にあっては、知識人にあっても大統領制＝共和制を堯舜の時代と同一のものと見る近代思想受容の仕方があった。たとえば、李沂《イギ》の思想に典型的に認めることができる(「急務八制議」『海鶴遺書』国史編纂委員会、서울、一九七一年、二〇〜二一頁)。
(38) 前掲『現代史資料』二五、四一九頁。
(39) 同右、四一八頁。
(40) 姜徳相「三・一運動における「民族代表」と朝鮮人民」(『思想』第五三七号、一九六九年)、「日本の朝鮮支配と三・一独立運動」(『岩波講座　世界歴史』二五、岩波書店、一九七〇年)。
(41) 朴慶植「三・一独立運動の歴史的前提——主体的条件の把握のために」(『思想』第五五〇号、一九七〇年)、「三・一独立運動研究の諸問題——民族主義者の評価について」(『思想』第五五六号、一九七〇年)、前掲『朝鮮三・一独立運動』。
(42) 山辺健太郎「三・一運動について」(『歴史学研究』第一八四・一八五号、一九五五年)第一八四号、一一〜一二頁。
(43) 独立宣言書は諸種の史料に全文を見ることができるが、差し当たり「三・一独立宣言文」(月刊「新東亜」編集室編『近代韓国名論説集』東亜日報社、서울、一九七九年)九九〜一〇〇頁。

(44) 馬淵貞利「現代歴史学における三・一運動」(『朝鮮史研究会論文集』第一七集、一九八〇年)一〇六頁。

(45) 鄭然泰・李《イ》智媛《ジウオン》・李《イ》潤相《ユンサン》「三・一운동의 전개양상과 참가계층」(前掲『三・一민족해방운동연구』)は、代表的なものである。

(46) 和田春樹「非暴力革命と抑圧民族――日本人にとっての三・一運動」(『展望』第二一三号、一九七六年)と姜在彦《カンジェオン》「思想史からみた三・一運動」(『朝鮮史叢』第五・六合併号、一九八二年)は、日本では朴慶植以外で、独立宣言書や「民族代表」を思想史的に高く評価した数少ない研究である。わけても後者について言えば、衛正斥邪思想・開化思想・東学＝天道教の三大思想が開化思想に収斂されていくとする史観に立脚しているが、そこには、支配層・知識人層の上からの眼差しによる認識がある。そうした思想史研究には、民衆思想を内在的に認識しようとする視角が欠如していると言わざるを得ない。

(47) 安秉直「三・一運動에 参加한 社会階層과 그 思想」(『歴史学報』第四一輯、서울、一九六九年)、康成銀「三・一運動における「民族代表」の活動に関する一考察」(『朝鮮学報』第一三〇輯、一九八九年)、朴賛勝前掲論文。

(48) 拙稿「朝鮮における日本帝国主義批判の論理の形成――愛国啓蒙運動における文明観の相克」(『史潮』新二五号、一九八九年)参照。

(49) 「崔麟地方法院予審訊問調書」(前掲『三・一独立運動』第一巻)二一六頁。

(50) 朴慶植は、「ガンディーの指導した非暴力闘争に先んじた」闘争とさえ評価している(前掲書、八六頁)。李炫熙《イヒョニ》『三・一혁명、그 진실을 밝힌다』(신인간사、서울、一九九九年)もそうした評価である(二九頁)。

(51) 長崎暢子「戦争の世紀と非暴力――マハトーマ・ガンディーとインド民族主義」(『岩波講座　世界歴史』二五、岩波書店、一九九七年)二七三頁。

(52) ネルー「自叙伝」(『世界の名著　ガンジー・ネルー』六三、中央公論社、一九六七年)四三九頁。ガンディー自身は、「行動的な非暴力とは、自覚にもとづく受難を意味する。それは、悪をなす者の意志にいくじなく服従するのではなく、全身全霊をもって圧制者の意志に抗することを意味する」と述べている(森本達雄訳『非暴力の精神と対話』第三文明社、二〇〇一年、二八頁)。

(53)　時に非暴力の原則を破って暴力に走る民衆に対し、ガンディーはしばしば困惑した。当初は、市民的不服従運動を行う資格がない――規律に従順ではない――民衆に対し、その開始を呼びかけてしまったと反省もしている(ガンディー「自叙伝」前掲『世界の名著　ガンジー・ネルー』六三、三四六～三四七頁)。しかし、ガンディーはあくまでも民衆にそのような資格を与えた上で、そうした民衆とともに闘おうとしているのである。
(54)　「孫秉熙高等法院予審調書」(前掲『三・一独立運動』第二巻)五二頁。
(55)　前掲「孫秉熙地方法院予審訊問調書」二〇九頁。
(56)　前掲「崔麟地方法院予審訊問調書」二二三頁。
(57)　崔麟「自叙伝」(『韓国思想』第四輯、서울、一九六二年)一六四頁。
(58)　前掲「崔麟地方法院予審訊問調書」二二三頁。
(59)　青柳南冥『朝鮮独立騒擾史論』(京城、一九二一年)二七～二八、三四頁。
(60)　前掲「孫秉熙地方法院予審訊問調書」二〇〇頁。
(61)　前掲「崔麟地方法院予審訊問調書」二一五頁。
(62)　「呉世昌地方法院予審訊問調書」(前掲『三・一独立運動』第一巻)二四一頁。
(63)　李敦化『天道教創建史』(京城、一九三三年)第三編、六六頁。
(64)　同右、六九頁。
(65)　前掲「孫秉熙地方法院予審訊問調書」二〇二頁。
(66)　同右、二〇三頁。
(67)　同右、二一一頁。
(68)　前掲「孫秉熙高等法院予審調書」四八頁。
(69)　『原敬日記』第八巻(乾元社、一九五〇年)一九一九年三月二日、一六九頁。
(70)　前掲「崔麟地方法院予審訊問調書」二一五～二一六頁。

(71) 前掲「呉世昌地方法院予審訊問調書」二四七頁。
(72) 「李鍾一地方法院予審訊問調書」(前掲『三・一独立運動』第一巻)二六一頁。
(73) 「黙庵李鍾一備忘録②」(『韓国思想』第一七輯、서울、一九八〇年)二三三頁。
(74) 同右、二三二、二三六頁。
(75) 「鄭春洙地方法院予審訊問調書」(前掲『三・一独立運動』第一巻)三七八頁。
(76) 「崔南善地方法院予審訊問調書」(同右、第三巻)九七頁。崔南善が「民族代表」に名を連ねなかった理由は、自身は「学問に依り本領を発揮しよう」としているのに、名を連ねることによって、研究活動をし得なくなるのを「忍ぶことが出来ぬ」からであった。独立宣言書の起草者が自分であったことも内密にしてほしいという要請さえ崔麟にしている(同、八六〜八七頁)。
(77) 前掲「権東鎮地方法院予審訊問調書」二二八〜二二九頁。
(78) 細井肇『現代漢城の風雲と名士』(京城、一九一〇年)一九六頁。
(79) 「権東鎮検事訊問調書」(前掲『三・一独立運動』第一巻)一二五頁。前掲「権東鎮地方法院予審訊問調書」二二八頁。
(80) 前掲「権東鎮地方法院予審訊問調書」二三〇頁。
(81) 前掲「黙庵李鍾一備忘録②」二三六頁。
(82) 前掲崔麟「自叙伝」一七二〜一七三頁。
(83) 韓龍雲「朝鮮独立의 書」(前掲『近代韓国名論説集』)一〇一〜一〇五頁。
(84) 「韓龍雲検事訊問調書」(前掲『三・一独立運動』第一巻)一九一〜一九二頁。
(85) 「韓龍雲地方法院予審訊問調書」(同右)三八九頁。
(86) 前掲「黙庵李鍾一備忘録②」二三〇頁。
(87) 前掲「韓龍雲検事訊問調書」一九四頁。前掲「韓龍雲地方法院予審訊問調書」三九六頁。高等法院では、「平素志士を自ら任じて居る訳か」と訊問されると、「左様でありません」と答えている(「韓龍雲高等法院予審調書」前掲『三・一独立運動』第二巻、二二二頁)が、韓龍雲の志士然とした態度は裁判当局者にも明瞭に映じたようである。

(88) 前掲「朝鮮騒擾事件ノ思想及運動」四一四頁。朝鮮憲兵隊司令部・朝鮮総督府警務総監部「朝鮮騒擾事件ノ概況」(前掲『朝鮮三・一独立騒擾事件』)五七～五九頁。前掲「朝鮮憲兵隊長報告書」二五六～二五八頁。

(89) この日学生として直接に示威運動に参加した前述の鄭錫海は、「この日の倭奴警察の残忍な所業は筆舌に言い表せない。猛獣であり毒蛇であって人間ではなかった。男女の学生を刀で刺し銃床で殴り、片っ端から捕まえていく様は、人間の情として想像すらできないほど極悪であった」と回顧している(前掲「南大門駅頭의 独立万歳」二一八頁)。

(90) 前掲「朝鮮騒擾事件ノ思想及運動」四一六～四二二頁。前掲「朝鮮憲兵隊長報告書」二五七～二五八頁。

(91) 金鎮鳳《キムジンボン》『三・一運動史研究』(国学資料院、서울、二〇〇〇年)八九頁。

(92) 前掲「朝鮮騒擾事件ノ概況」五四～五五頁

(93) 李潤相「평안도 지방의 三・一운동」(前掲『三・一민족해방운동연구』)三〇三頁。

(94) 鄭然泰前掲論文、三五六～三五七頁。

(95) 前掲「韓国独立運動之血史」五五〇頁。この数字は決して誇張されたものではなく、山辺健太郎は、殺害された者だけでおそらくは一〇万名以上に達するのではないかとさえ推測しているほどである(前掲「三・一運動について」第一八五号、一八頁)。ただし、これは根拠が曖昧である。

(96) 鄭然泰・李智媛・李潤相前掲論文、二三四頁。

(97) 金泳鎬《キムヨンホ》「三・一運動에 나타난 経済的 民族主義」(『三・一運動五〇周年紀念論集』東亜日報社、서울、一九六九年)六四七～六五〇頁。

(98) 前掲「朝鮮騒擾事件ノ思想及運動」四三九頁。

(99) 同右、四四七～四四八頁。

(100) 前掲「朝鮮憲兵隊長報告書」二四二～二四四頁。

(101) 鄭然泰前掲論文、三六三、三七三頁。

(102) 前掲「朝鮮憲兵隊長報告書」二三八～二三九頁。

(103) 善生永助『朝鮮の市場』(朝鮮総督府、一九二四年)二九〜六〇頁。
(104) 前掲「朝鮮憲兵隊長報告書」二三九〜二四〇頁。
(105) 前掲『現代史資料』二五、二八七頁。
(106) 前掲「朝鮮憲兵隊長報告書」二四八頁。
(107) 同右、二五八頁。
(108) 同右、二五二頁。
(109) 同右、二四九頁。
(110) 『韓国独立運動史』二(国史編纂委員会、서울、一九六六年)二五七〜二八六、三一八〜三三八、三七二〜四〇一頁。
(111) 前掲「朝鮮騒擾事件ノ思想及運動」四三八頁。
(112) 前掲「朝鮮憲兵隊長報告書」二五七頁。
(113) 原口由夫「三・一運動弾圧事例の研究——警務局日次報告の批判的検討を中心に」(『朝鮮史研究会論文集』第二三集、一九八六年)。
(114) 前掲「朝鮮騒擾事件ノ思想及運動」四一七頁。
(115) 前掲「朝鮮憲兵隊長報告書」二四八頁。
(116) 鄭然泰・李智媛・李潤相前掲論文、二四五頁。
(117) 前掲『現代史資料』二五、三〇三頁。
(118) 前掲「朝鮮憲兵隊長報告書」二五八〜二五九頁。
(119) 金鎮鳳前掲書、八五頁。
(120) 前掲「朝鮮騒擾事件ノ概況」一七八〜一七九頁。
(121) 前掲「朝鮮憲兵隊長報告書」二六〇、四一九頁。
(122) 同右、三八六〜四〇五頁。

(123) ただし意外にも、土地調査事業への反発はほとんど確認できない。もちろん、面事務所を襲撃して課税戸数台帳や国有地小作人名寄帳などが焼却されていることが確認される事例はある(前掲『韓国独立運動史』二、六七六〜六七七頁)が、それは他の一切の書類とともに焼却されたのであって、ことさらそれのみの焼却が目的とされたわけではない。むしろ朝鮮人官吏や代書業者らは、民衆は土地所有が確定して種々の紛争がなくなったことを喜んでいるとしている。宮嶋博史の緻密な研究によれば、土地調査事業は大韓帝国期の光武量田を継承し、地税確保のために近代的土地所有を創出することに主眼を置いたのであって、必ずしも農民から土地を取り上げることによって地主制を再編強化することを目的としたものではないという(『朝鮮土地調査事業史の研究』東京大学東洋文化研究所、一九九一年)。土地調査事業によって小作人であることが確定した農民も現出し、結果的に近代的地主制が創出されたのは事実であるにせよ、他方では自作農民の土地も明確に法認され、大勢としては民衆の不満は土地調査事業にはそれほど向けられなかった模様である。大韓帝国期、内蔵院の権限強化にともない土地所有紛争が惹起されていたことはすでに指摘した通りである。

(124) 独立運動史編纂委員会編『독립운동사』第二巻(독립운동사 번각 발행처、서울、一九七二年)一七三頁。

(125) 前掲「朝鮮騒擾事件ノ思想及運動」四三九〜四四一頁。

(126) 『東京朝日新聞』一九一九年三月七日付「少年隊を先頭に示威」。

(127) 前掲「朝鮮憲兵隊長報告書」二六四頁。

(128) 趙東杰前掲論文、一二〇頁。鄭然泰・李智媛・李潤相前掲論文、二四〇頁。

(129) 前掲「朝鮮憲兵隊長報告書」二七三、二七五、二七七頁。

(130) 李相玉《イサンオク》「三・一運動 当時의 流言」(前掲『三・一運動五〇周年紀念論集』)三八二頁。

(131) 前掲「朝鮮憲兵隊長報告書」二三九頁。

(132) 『訳注　牧民心書』(創作과批評社、서울、一九七八〜一九八四年)Ⅳ、原文編、三七三頁。

(133) 前掲「朝鮮憲兵隊長報告書」二七三頁。

(134) 同右、二七四頁。

(135) 同右、二六〇頁。
(136) 同右、二七八頁。
(137) 前掲『독립운동사』第二巻、一六四頁。
(138) 前掲「朝鮮憲兵隊長報告書」二五二頁。
(139) 同右報告書には、わずかに三例が見出されるに過ぎない(二五九、二六三、二八七頁)。ただし、運動という次元ではなく、日本人に対する個人的な対応としては、日本人商店への売掛金不払いや、耕作物の窃盗などの行為を働く者はいた(前掲『朝鮮独立運動』I、六八九頁)。
(140) 同右、二六三、二七八頁。
(141) 同右、二七六、二八一頁。前掲『朝鮮独立運動』I、六五九頁。
(142) 前掲「朝鮮憲兵隊長報告書」二六七頁。
(143) 前掲『독립운동사』第二巻、一六二頁。
(144) 同右、三六三頁。
(145) 独立協会運動における万歳和唱の慣行創出については、月脚達彦「独立協会の「国民」創出運動」(『朝鮮学報』第一七二輯、一九九九年)参照。また、愛国啓蒙運動期における万歳の一般化については、次のような金九《キムグ》の回想に示されている。一九〇九年金九は黄海道のある郡に出向くと、郡守は万歳をもって歓迎してくれた。金九はそれを畏れ多いとして、思わず郡守の口をふさぐと、郡守は、「万歳をするのは通例であり、妄言ではありません。友人同士でも送迎の際万歳をするのですから、安心して迎える人々と挨拶などしてください」と言ったという(『白凡金九全集』一、大韓毎日申報社、서울、一九九九年、四三四頁)。
(146) 前掲「朝鮮憲兵隊長報告書」二三七~二三八頁。番号は便宜上、著者が付けた。
(147) 「朝鮮騒擾地巡回日記」(近藤釼一編『万才騒擾事件(三・一運動)』一、友邦協会、一九六四年)六三頁。
(148) 前掲「朝鮮憲兵隊長報告書」二五二頁。

(149) 同右、二四四頁。
(150) 前掲『朝鮮独立運動』I分冊、四八頁。
(151) 前掲「朝鮮憲兵隊長報告書」二二五頁。
(152) 前掲「朝鮮騒擾事件ノ概況」一一九頁。
(153) 前掲「朝鮮憲兵隊長報告書」二四八、三五七頁。前掲『朝鮮独立運動』I分冊、七〇〇頁。
(154) 前掲『朝鮮独立運動』I、六八九頁。
(155) 前掲「朝鮮憲兵隊長報告書」三三九頁。
(156) 同右、三四一頁。
(157) 同右、三四三頁。
(158) 前掲『現代史資料』二五、三六九、三九九頁。
(159) 前掲「朝鮮騒擾事件ノ概況」一二四〜一二五頁。
(160) 前掲「朝鮮憲兵隊長報告書」三五〇〜三七〇頁。
(161) 前掲『現代史資料』二五、三九〇頁。
(162) 前掲「朝鮮憲兵隊長報告書」三六〇〜三六一、三六八頁。
(163) 同右、三四三頁。
(164) 同右、三六五頁。
(165) 同右、三六九頁。

第八章　植民地期の東学――『鄭鑑録』信仰との共鳴

第一節　民衆運動と新興宗教

困苦と閉塞状況が進行していく植民地期の朝鮮では、実にさまざまな新興宗教が誕生した。すでに述べたように、大韓帝国期以降、とりわけ韓国併合を前後する時期から、民衆の救済思想や変革主体としての自覚には大きな変化が起こる。挫折感と無力感が徐々に民衆の心性を支配していく。数多の新興宗教が誕生する所以である。それらの旺盛な活動は、植民地に生きた朝鮮人の救済願望が、いかに切実なものであったかを表象するものであったと言えよう。松本武祝によれば、植民地期を通じて「平等主義的なコミュニティー倫理」が村落内に機能していたというが、(1)それは民乱の政治文化の中で培われたものであり、ユートピア思想が再生産される民衆レベルにおける温床である。

新興宗教は大きく東学系・甑山教系・仏教系・崇神系・儒教系の五つに分けられるが、東学系が圧倒的に大きな勢力を誇っていた。東学系はもとよりのこと甑山教系も、崔済愚《チェジェウ》の後天開闢思想の影響下に誕生したものでありながら、天道教などの東学正系を除けば、そのほとんどは東学以前の終末思想と救世主願望をも自己の教義に取り入れたものであった。すなわち『鄭鑑録』信仰の完全復活である。東学系・甑山教系以外でも、そうした影響が認められるものが少なくない。『鄭鑑録』と朝鮮独立や新王誕生を相関させた各種風説が広まり、中には何ら宗教組織と関わりなく、『鄭鑑録』への信仰のみから密かに独立運動を展開しつつ鄭氏の君臨を待とうとした秘密結社も現れる。(2)皇帝崇拝に代位するものとして真人思想は、植民地期に民衆の心を再び捉えたのである。新興宗教の思想は、まさに当該期の民衆思想を象徴するものにほかならない。神道・仏教・キリスト教以外の土着宗教を宗教と認めなかった総督府は、それらを公認・非公認を問わず、一般に「類似宗教」と呼称していたが、新興宗教調査に当たって大冊『朝鮮の類似宗教』を著した総督府嘱託の村山智順は、次のように述べている。(3)

類似宗教は寧ろ民衆の生活要求に依って発生し、民衆の宗教意識に依って成長し、民衆の生活思想に導かれて活動したものであって、類似宗教が民衆を翻弄したものではなく、却って民衆が之等の類宗を踊らせてその生活舞台に一役を演ぜしめたものと云はねばならない。

村山の立場は、総督府の一員として文明的視点から朝鮮の新興宗教を邪教視し、民衆の愚昧性を論証しようとするものであったが、ここでの指摘は的確である。すなわち新興宗教は、あくまでも民衆の生活の内から出てきた要求・観念・思想に規定されて誕生し、活動したものなのであって、民衆は宗教教団に客体的に規定されていたわけではなく、むしろ主体だというのである。民衆を愚昧視する屈折した観点であるにせよ、民衆に接近する方法としては決して間違っていない。(4)ここにこそ、民衆運動・思想史の観点において新興宗教の研究をする意義は存在する。

実際、植民地期の民衆の生活は悲惨を極めたものであり、植民地統治が進行するほどに民衆の生活は困窮化していった。貧窮農民(通年困窮する農民)の割合は、一九二六年六・二パーセントであったものが、旱災の年であったとはいえ、一九二八年には二一・八パーセントに増大している。春窮農民(端境期のみ困窮する農民)に限ってみると、昭和恐慌後の数字になるが、一九三〇年四七・二パーセント、一九三三年四三・八パーセントとなっている。(5)この数値は増えこそすれ減ることはなく、一九四〇年に行われた京城帝大のある学術調査でも、「朝鮮農民の窮乏は深刻さに於て日本内地の比でなく、年々歳々豊作と凶作との論なく程度の差こそあれ約四割の農民は春窮の苦難を嘗《な》める」とされている。(6) 戦時体制期になれば、戦時貯蓄や穀物の強制供出なども行われ、春窮農民の数はますます増大し、実際は過半数を超えていくのではないかと思われる。ちなみに貧窮農民の割合は、忠清北道だけの数値だが、一九四〇年から一九四二年にかけて平均二六パーセントとなっている。(7)

三・一運動後に第三代総督斎藤実によって推進される文化政治のもとでは、民族資本家や地主層を植民地支配に取り込む努力がなされる一方で、民族的な新聞・雑誌の発行や各種団体の結成などが植民地支配に抵触しない限りにおいて認められた。その結果、物産奨励運動や民立大学設立運動などを中心とする実力養成運動が起こり、啓蒙主義的な青年会運動も全国的に活発化した。やがて社会主義者が台頭し、民族統一戦線組織である新幹会の運動(一九二七〜一九三一年)も華々しく展開されるに至った。

また労農運動も進展し、わけても在地社会では、王朝時代の民乱を思わせるような農民運動が、小作争議を中心として活発に展開されるようになる。そこでは、開明的な在地の有力者や青年が農民運動に積極的に関わり、往々にしてその指導者となった。故大和和明によれば、三・一運動当時「地方有力者をとり込んだ名望家秩序による地方支配は実現でき」ないでいたという。(8) それは「名望家」が民衆とともに、日本への協力を拒否したことを示唆している。在地社会にあっては、少なくとも一九二〇年代中頃までは徳望家的秩序観はなお機能していたと見てよいだろう。

以上のような民族運動や民衆運動においては、たとえ後者の場合であっても、その指導層は知識人であるというのが一般である。運動過程において民衆が主体であるという言辞があったにしても、それは往々にして単なる言説でしかなく、民衆の自律性は啓蒙主義的な立場をとる知識人に多分に制御されるであろう。かつての民乱においてならば、その指導者はたとえ郷村知識人である場合が一般的であるにせよ、彼らは民衆の自律性を理解し得るような伝統的文化を共有していた。そしてそれは、植民地期の民衆運動にも一面確かに生かされている。たとえば、里会・面会・都会などの民乱の作法は、一九二〇年代の農民運動においても、面民大会という形となって継承されており、民衆の自律性は必ずしも無視されるものではなかった。しかし植民地期を経るにつれ、民衆運動指導者は徐々に近代的教養を身につけ、その論理をもって一般民衆に対していくことになる。しかも、文化政治下においては、「名望家」もやがては両断され、大勢は徐々に総督府権力に取り込まれることによって、この秩序観は切り崩されていってしまう。代わって果敢に展開されるようになる農民運動が、一九三〇年頃より始まり、共産主義知識人によって指導された赤色農民組合の闘争である。[9]

植民地期の民衆運動は、真に民衆の地平から見た場合、その自律性が阻害されるか、ないしは民衆が孤立に追いやられる方向性にあったように思われる。どれほど知識人が啓蒙に心血を注ぎ、民衆をすくい上げるべく、各種講演会や労働夜学・農民夜学などを開き、「文盲退治」を実践しようとも、その「恩恵」を被った民衆はごく一部に過ぎない。一九三〇年に行われた国勢調査によれば、朝鮮文・日本文どちらかでも読むことができる者を合わせた、全人口に対する非識字率は七七・七パーセント(男子六三・九パーセント/女子九二パーセント)であり、二〇〜二四歳の若者にあっても六四・九パーセントが非識字者であった。[10] 圧倒的多数の民衆は啓蒙の範囲外にいた。「名望家」から見放され、しかも啓蒙の「恩恵」にもあずかれない民衆は、ますます救済思想に帰依していくしかないであろう。

従来植民地期の民衆運動や思想については、少なくない関心が注がれてきたが、民衆の自律的営為や心性を考えるにおいては、限界があったと言わざるを得ない。著者が植民地期の新興宗教に着目する大きな理由の一つである。植民地期の新興宗教については、宗教学的な関心からする教理を中心とした研究は数多いが、歴史学的な関心からする研究はきわめて少ない。それは展望ある独立運動は知識人が担うのが当然であり、民衆は指導される側であるとする、暗黙の了解があったのと、民衆が自律的な存在であるとする認識の希薄性からくるものであったと思われる。本章で扱おうとする東学についてもそうである。植民地期の東学といえば、ほとんど民族運動の中心を担った天道教についてのみ関心が払われてきた。

ただし、青野正明の近著は著者と問題意識を共有する点を持っており、著者の研究に対し共鳴の弁を述べてくれてもいる研究成果である。(11) そこでは、終末論的な「民族宗教」の展開を歴史学的観点から明らかにしようとする研究姿勢が明らかに打ち出されている。しかし、民衆の自律性に対する着目がやはり希薄なように見受けられる。青野は、「民族宗教」が構築しようとした「村落自治」の場を「近代ナショナリズムの培養基」と捉えているが、果たして民衆思想実現の場は近代に連続するものなのであろうか。

青野は自律性という言葉自体を使っていないようだが、その所説は民衆は自前の民族文化回路を通じて近代ナショナリズムに到達するということが最大の論点になっているように読み取れる。やや結論的な言い方になってしまうが、著者は民衆のナショナリズムは始源的ではあっても、それは必ずしも近代に連続するものだとは考えない。それはむしろ近代と対抗する側面を強く持っている。金九《キムグ》のナショナリズム形成は、民衆が士意識の内面化を通じてナショナリズムを獲得する一つの典型であることについては既述したが、それが一般化できないことも指摘しておいた。金九のナショナリズム形成において、彼が識字者であるというに止まらず、科挙及第をも目指そうとするような教養ある民衆上層であったことは重要な点であり、彼は民衆としてはむしろ特殊な地位にいた人物である。あくまでも近代とは区別される民衆文化の自律性のうちに民衆の心性や思想を捉えようとするのが著者の問題関心である。

青野は新興宗教を民衆宗教ではなく、民族宗教と捉えるべきだとしているが、ア・プリオリに民衆に民族の実体を見ようとしている点も気にかかる。著者は、民衆が背負う自律的文化を前提に新興宗教が現れると考える観点に立つが、だとすると、無前提に民族宗教と捉えるのは逆に問題になってくる。しかも、一般論として宗教学的には、民族宗教とはある民族に固有な宗教をいい、創唱宗教とは区別される。東学も民族的宗教ではあっても民族宗教ではなく、あくまでも創唱宗教である。植民地期の新興宗教はみな創唱宗教であり、これまた宗教学的に見た場合、そうである以上何らかの普遍性を持たざるを得ない。本来人類の救済が視野におさめられている変革願望＝ユートピア思想こそが、終末論的宗教の特徴であり、植民地期朝鮮にあっては民族の救済と人類の救済が連続しているのがさらなる特徴となる。終末論的傾向を見せるようになる青林教の教説も、朝鮮民族一般が救済されるというのではなく、信仰深い青林教徒のみが救済されるという、民族を超えた論理を一面持っていた。終末思想ではないが、民族主義・国粋主義が濃厚な羅喆《ナチョル》の大倧教さえも、実は人類の起源神話を持つとともに、世界の平等を希求する普遍性の一面をあわせ持っている。[12]また、あるべき人間の姿を説く点でも新興宗教は、みな一様に普遍的たろうとしている。

ここでは青野の研究が持つ意味を十分理解しつつも、その批判をも意識して以下植民地期の東学について考察を進めていきたい。その際、天道教についてももちろん検討するが、むしろそれとの比較を意識しつつ、東学系諸教団の活動を明らかにすることを通じて、植民地期における朝鮮民衆の精神世界について考えてみることにする。

第二節　文化政治下の東学系諸教団とその教理

『朝鮮の類似宗教』によれば、一九三四年現在、教団の数は六七で、教徒総数は一七万二八五八人とされる。[13]そのうち東学系は一一万七五八五人で、以下甑山教系二万二一六人、仏教系二万三〇五四人、崇神系四七〇七人、儒教系六七〇二人、その他系統不明五九四人となっている。東学系は全「類似宗教」信徒の実に六八パーセントに達し、しかもそのうち天道教は九万三四〇六人で、東学系の七九パーセントを占め、突出した新興宗教教団であった。ただしこの数字は、総督府警務局と各道警察部の調査に依拠したものである。調査は申告ないしは尋問によるものと推定され、信憑性に問題がある。警察署から密偵が派遣されて調査したのではないかという説もあるが[14]、何らかの嫌疑をかけて尋問調査することは簡単なことである。密偵調査があったにせよ、ごく一部に限られるものと考えてよいであろう。いずれにせよ、新興宗教教団は多分に秘密結社的性格を持っているため、その真相が隠蔽されやすい。実際の勢力をこの約三倍ほどとする説もあるが[15]、根拠があるわけではない。申告しなかった者は相当な数にのぼるものと見られ、予測不可能だが、三倍というのはなお過少な見積もりであり、信徒はこれをはるかに上回るものと思われる。しかし信憑性に問題があるにせよ、『朝鮮の類似宗教』の教勢調査は教勢傾向という限りでは一応の目安になるし、その中に収められている他のさまざまな調査統計もそうである。ここでは本章以下一〇章に至るまで、おおよその目安として随時そうした調査資料(以下、官調査と略す)を示すこととする。

新興宗教が植民地社会で表面化した時期は、文化政治下においてである。斎藤実の宗教政策は、基本的には布教規則に則って新興宗教の統制強化を従来通り図ろうとするものであり、学務局に宗務課を新設(一九一九年、一九三二年社会課に合併)して公認宗教を管轄せしめる一方で、その他の公認されない新興宗教は警務局の管轄とした。しかし、姜東鎮《カンドンジン》が指摘するように、「宗教団体の再編成と御用化を図ることによって、民族主義者を排除する方法をとった」[16]ことが重要な点である。宗教政策はより巧妙化している。武断政治を寺内正毅から継承して三・一運動に直面した第二代総督長谷川好道は、事後自らの失政を顧み、また首相原敬の内地延長主義の政策をも勘案して斎藤に意見書を提出していたが、その中で天道教について次のような意見を披瀝している[17]。

今次ノ騒擾ニ顧ミテ之ヲ秘密政社トシテ解散スルコト必ズシモ不可能ナラズト雖、其信徒約十二万(正確ニアラズ。彼等ハ約百万ト号ス)ヲ有シ、信仰又強固ナルヲ以テ之ヲ解散スルモ所在ニ秘密結社ヲ生ジ、却テ統治上ノ禍根タル虞アリ。陰謀ノ首魁者タル天道教教主孫秉熙《ソンビョンヒ》ハ政教分離ノ理ヲ標榜シテ教主タル地位ヲ退キ、今次ノ陰謀ヲ企テタルモノナルヲ以テ、寧ロ天道教ハ之ヲ宗教ト認メテ取締ヲ厳ニシ善導ノ方針ヲ採ルヲ得策ト認ム。

斎藤の天道教に対する政策は、ほぼこの通りに行われた。具体的には、「天道教〔青林教、済愚教〕ノ将来ハ大ニ講究スルノ必要アリ。故ニ寧ロ進ンデ此際内地人ノ有力者ヲ顧問トシテ置キ、当局ノ方針ニ基キテ布教ニ従事スルコトヲ誓ハシメ、其勧告ニ従フ者ニ対シテハ相当ノ便宜ヲ与ヘ、若シ従ハザル時ハ厳重ニ之ヲ取締リ、場合ニ依リテハ解散ヲ命ズル」という方針である。[18] 天道教を筆頭に青林教・済愚教などの東学系教団に対し、懐柔を基本としつつ、それに応じない教団に対しては断固たる取り締まりをするというのである。斎藤は天道教などを「雑教」と呼んでおり、こうした硬軟両様の対策は、東学系に対してのみならず、他の系統の教団に対しても同様に採用された。

「宗教類似団体」として公認された天道教は、一九二二年五月に孫秉熙が死去して以降、天道教連合会(一九二二年一二月分立)・天道教旧派(一九二五年一一月分立)・天道教新派(一九二五年一一月分立)・天道教中央総部(沙里院派・六任派、一九二七年一一月分立)の四派に分裂し、このうち新旧両派は、一九三〇年一二月合同→一九三二年四月再分裂→一九四〇年四月再合同という過程をたどって解放を迎える。こうした分裂は、東学に本来からある師々相授の淵源制(師弟の系統を明確にして組織化する制度)に原因するところが大きいものと考えられる。公認されたことで内部にある派閥対立が表面化したと言うこともできる。そして文化政治の、いわば宗教「善導」主義は、明らかにこの派閥抗争を助長するものであった。最大規模を誇る新派(一九三〇年現在、七万二八四二人)が「合法的妥協運動」を標榜したのに対し、旧派(同、二万六三二六人)は「非妥協的社会運動」、連合会(同、四三五人)は「急進共産主義」、中央総部(同、三九四一人)は「固陋宗教運動」をそれぞれ標榜した。[19] 結局日本人顧問を置くという方針は貫かれなかったが、新派の「合法的妥協主義」はまさに宗教「善導」主義にそうものであり、天道教内の非妥協的な民族主義路線はその力を減縮された。

断っておくが、宗教「善導」主義は保護奨励とは全く違う。姜東鎮は、新興宗教を「民衆の無智を奇貨として巨大な収奪機構と化し」たものであるとし、「類似宗教の保護奨励は、民衆の民族的自覚を麻痺させることと併せて、既成宗教の弱体化にもその目的があった」と指摘しているが、[20]この点については問題がある。新興宗教は逆に民衆の民族的自覚の温床であったし、また総督府の立場は実は啓蒙主義であって、そのことは後述する農村振興運動に明確に表れている。総督府はむしろ新興宗教の民族的側面を危惧したがゆえに、それを地下から地上に引き上げ「善導」することによって、その危険因子を除去しようとしたのである。そして、それを拒むものに対しては容赦なく弾圧するというのが、文化政治期における総督府の宗教政策であった。

こうして新興宗教は、公認・非公認を問わず文化政治下において社会の表面に現れ出してくる。であればこそ、『朝鮮の類似宗教』の調査も可能になった。では、ここで問題にしようとする東学系諸教団の教理は、具体的にどのようなものであったか。実のところ、各教団とも真人出現による救済思想を露骨には唱えていない。公認されないにせよ、公然と終末思想を語れば、断固とした取り締まりの対象になり、再び地下に潜るしかない。表面的あるいは本来的にはあくまでも穏健である。

まず、天道教についてだが、その教理は前章の冒頭で孫秉熙の教理として述べた通りである。四派いずれもそれを継承しており、教理のほか祭祀・行礼に至るまで大同小異である。[21]天道教にあっては、表裏の別なくその教理は内省主義的であり、後天開闢の終末思想はもはや完全に換骨奪胎せしめられている。天道教はあまりに現実的かつ政治的であるため、「宗教でなく一種朝鮮独特の新思想団体」とする総督府官僚の意見もあったほどである。[22]そして一九〇六年親日主義を掲げていち早く天道教から分立した、李容九《イヨング》を祖とする侍天教もまた、その教理は天道教と大同小異であった。[23] ちなみに内田良平は、当時宋秉畯《ソンビョンジュン》率いる侍天教を保護して天道教に対抗させるべきだという意見を斎藤実に献策していたが、[24] 受けたにせよ、侍天教がとりたてて強い保護を受けた形跡はなく、以後一貫して相対的に弱体教団であり続けた。

東学正系といわれるもののうち、問題は一九二五年六月崔時亨《チェシヒョン》の三大弟子中の一人であった金演局《キムヨングク》が創始した上帝教である。これは天道教とはその教理が明らかに異なっている。[25] 金演局は上帝より紅書一冊を授けられて悟道したと主張しており、そこには異端東学と同じく唯一絶対の人格的な天＝上帝観を認めることができる。唯一絶対の人格的な天＝上帝観を否定する天道教では、「向我設位」と称して、自身以外に神位を設けないが、上帝教では崔済愚段階や異端東学と同じく神位を身外に設け、明確に天空にある上帝の存在を認知しているのである。しかしこれは異端東学とは似て非なるものである。確かに上帝教は、唯一絶対の人格神を認める点で正統東学と異なるが、しかしそれは、実質的には金演局のみを上帝・崔済愚・崔時亨の三位一体の大徳を感知した「天師ノ命訓」の伝授者、すなわち代天者とするものである。一般教徒には誠敬畏信の内省主義が奨励されるものとなっている。上帝との直接的一体化を楽観視して、それがすべての者に可能だとする異端東学の天観とは全く異なる。

植民地期においては、異端東学を継承するような新興宗教は存在し得なくなる。東学系諸教団には、以上の正系六派のほかに傍系が数多くあるが、それらとて、たとえ異端扱いを受けようとも、本来の異端東学とはその教理を全く異にしている。まずは、三・一運動以前異端東学の系譜に連なる可能性を持っていた青林教である。確かに三・一運動直前までの青林教には、文字通り南接の異端教理を継承するものでなかったにせよ、その継承意識がうかがわれ、近似した内容の教理が見られたことは、前章第二節で述べた通りである。青林教は三・一運動頃までの間に、その関係者が断続的に数十回にもわたって検挙されて壊滅的状況となった。[26] しかしその後一九二〇年三月、金相卨《キムサンソル》・李玉汀《イオクチョン》らによってソウルの地において再興がなされた時、青林教の教理は基本的には天道教と同様のものに成り変わっていた。「至公無我」を説き人格修養を最も奨励するものとなり、しかも飲酒禁止・好生悪死・害人禁止・好色禁止・不倫禁止・賭博禁止・守位を定めた七つある戒律の中でも守位(いわば「分」の思想)を説く点で、とりわけ崔時亨の思想と近似していたのである。青林教は斎藤実が「雑教」政策の中で直接に言及した教団であり、再興者の金相高は実は、青林教徒というには怪しい経歴の持ち主であった。彼は、一八九四年一三歳で渡日して陸軍士官学校を卒業し、一九〇〇年から一〇年ほど中国に渡っていた経歴を持つ。三・一運動の時、新たに青林教を興す目的をもって斎藤実のほか、政務総監水野錬太郎や朝鮮軍司令官宇都宮太郎などに接近した。「私は朝鮮の独立は現在は期し難い事として諦めて居ます」と言ってはばからず、典型的な職業的親日分子であったと言うことができる。(27) 復興の当初にはソウルの奨忠壇に大野遊会を開催し、各界人士約二万名を招待して規模の大きさを誇った。(28) 総督府の支援のもとに、牙を抜かれて再興された典型的な教団である。

斎藤が言及したもう一つの「雑教」である済愚教も、総督府が支援した典型的な教団である。済愚教は侍天教人孫《ソン》殷錫《ウンソク》なる者が創始した教団であるが、三・一運動以前主に満州地方で布教活動を行っていた。それには、甲午農民戦争当時黄海道で林鐘賢《イムジョンヒョン》の配下にいて「偽東学党」活動をしていた金裕泳《キムユヨン》という者が、中心人物の一人として名を連ねていた。林鐘賢が青林教の創始者ともいわれる人物であることはすでに述べた。金裕泳は、農民戦争後林鐘賢の意を受け正式に崔時亨の教徒となったが、その後離反し、二〇世紀に入ってからも異端活動を続けていた。(29) 韓国併合後、活動の場を満州に移し、いつしか済愚教に入教した模様である。三・一運動時においては、済愚教徒たちは、「沈黙を守り自重したため、一部の誤解を受けた」と言われる。(30) 金裕泳はもはや異端活動に疲れ果てたのか、植民地期にはその異端性を急激に喪失していったものと推察される。済愚教は一九二〇年二月、「済愚教趣旨書」を発表し、ソウルで本格的な布教活動を開始したが、この趣旨書の発起人の一人に金裕泳の名も見える[31]。本格的布教に当たっては、旧一進会幹部が中心的役割を担っており[32]、総督府の支援があったことは疑いない。しかしそれが禍し、逆に「親日宣伝の具と非難され」教勢が振るわなかった[33]。そこで教名をすぐに龍華教と改め、一九二三年尹敬重《ユンギョンジュン》が教主となるに及んでまた大華教と改めた。その教義は、弥勒仏を本尊として一神教的に尊崇するが、やはり誠心修道の内省主義を奨励している。楽土建設をすべく満州に土地を購入してもいるが、それは小共同体の建設の内に民衆の変革願望を封じ込めてしまう側面を持っていたと言うことができる。

植民地期、なお異端東学を継承する可能性を持っていた教団は、元倧教である。この教団は一九一四年、元天道教徒の金中建《キムジュンゴン》によって満州長白県の地に創始され、「祖国愛を鼓吹し、暗に独立運動の不逞行動を継続した」。元倧教では、ア・プリオリに「宇宙全体は唯我なり」として人間一般に神性を認め、民衆を変革・解放主体として把握していた可能性がある。しかし、一九二二年当地で在留禁止処分を受け、朝鮮国内で秘密布教を始めた。以後振るうことなく、一九三三年金中建の死後自然消滅した。一説に「異常な行動を多く行った」と言われ[34]、その教説は不明な点が多いが、いずれにせよ植民地期においては、異端東学に連なる可能性を持っていた新興宗教は全く消滅したと言うことができる。一応他の東学系諸教団の教理についても言及すれば、概略およそ次のようである。

東学教は崔済愚に直接師事した金時宗《キムシジョン》が、一九〇九年南接道主と号して創始したものだが、しかしその教理は天道教とほぼ同じである。李象龍《イサンニョン》によって一九一九年創始された水雲教[35]は、諸仏諸天を崇拝する点で多神教的である。致誠五款(敬天・拝仏・呪文・清水・功徳米)を尽くして理想的人格を目指すが、「水雲(崔済愚)の再生」と称する李象龍だけは別人格であり、一般教徒の神性獲得は実質的に容易ではない教理となっているようである。水雲教と同じく、崔済愚の降霊付託を受けたと称して張鳳俊《チャンボンジュン》が一九二二年創始した平化教も、教徒には誠・敬・信の内省主義を奨励している。李民済《イミンジェ》が一九二九年創始した性道教は、水雲教に儒教を加味したものだが、「現実ノ世間ノ真義ニ徹底シテ生活の安寧を図り、「博愛ノ精神ヲ以テ人類愛主義」を実行し、「道徳ノ圏内ニテ富ノ自在ナル独立性ヲ養成スルコト」を謳っており、これもその内省主義は明らかである。全廷芸《チョンジョンエ》が一九〇〇年頃天地神霊の心理を悟得したと称して創始した白道教は、彼が一九一九年死んだ後、人天教と白白教に分裂している。人天教の教理は、精誠を尽くすとともに、義理・道徳・柔順・平和の論理をもって天の前に出よというもので、これまた内省主義が奨励されている。大華教と同じく「俗人なき仙境」という小共同体の建設を訴えてもいる。白白教は、教祖の潔白な心霊によって頽廃した世道人心を潔白ならしめようとするもので、教徒の神性は当初から否定されている。

東学系諸教団は以上のほかにもあるが、それらは以上に示した新興宗教の亜流であり、その教理に特別見るべきものはない。『朝鮮の類似宗教』が扱っている教団について、一応その名称のみ示しておけば、天伕教(上帝教の分派)、大同教(水雲教の分派)、天命道(白白教の分派)、无窮教(天道教の分派)、无極大道教(天道教の分派)、天法教(侍天教の分派)等がある。なお、このほかにも教団は多数あり、『東学史』では以上の教団を含め、三二の教団名をあげている。(36)

これら東学系諸教団の教理は、それぞれに微妙な違いを見せているのは確かであるが、しかしそれらは、いずれも内省主義を奨励するという点で共通した特徴を持っている。上帝や弥勒仏を人格神として唯一絶対的に信仰し、あるいは教祖自身を絶対信仰させる教団がないわけではないが、その場合でも、そうした存在との一体化は内省主義を絶対条件とし、事実上不可能に近いものとなっている。しかもその内省主義は、これも崔時亨の手法を継承して多く通俗的に説明されている。青林教の七戒については列挙したが、ほかにも大華教には、貪欲・驕慢・悖行・謀害・欺人・奢侈の禁止を定めた戒命があるし、水雲教にも殺生・陰害・盗賊・奸淫・争闘の禁止を定めた戒命がある。また人天教は、敬天主・尊地霊・忠於君・厳師父・孝於親・和兄弟・愛人族・保妻子・勿為盗・勿姦淫・勿陰害・勿殺人・男女相敬・勿暴悪・勿背恩の十五戒を定めている。白白教にも十五戒命があるが、人天教とほとんど同じである。(37)崔時亨によって成立せしめられた通俗道徳は、植民地期においてこそ、その確立を見るのである。東学正系はもとよりのこと、民衆を変革・解放主体として認め得なくなったこのような東学系諸教団は、果たして植民地期にどのような運動や活動をするのであろうか。それが次の問題である。

第三節　天道教と東学傍系の民族運動

三・一運動と孫秉煕の死を経て分裂した天道教は、崔麟《チェリン》率いる多数派の新派が『東亜日報』系の知識人などと協議し、実力養成運動の一環として、日本への協調による自治運動を画策した。その動きは新旧派の分裂前に始まり、一九二五年頃より本格的に画策され、翌年九月末には自治運動団体を組織することに決した。(38)多くの反対を受けてこの計画は失敗に帰すが、これは親日への第一歩であり、教団的には天道教幹部である知識人のみによる民衆不在の政治行動であったと言うことができる。

少数派の旧派は、こうした動きに反発して非妥協的民族運動を標榜し、一九二七年二月に創立された民族統一戦線的政治団体である新幹会の運動に携わっていく。権東鎮《クオンドンジン》・李鍾麟《イジョンニン》・朴来《パクネ》泓《ホン》の三名が発起人に名を連ねるのである。もっとも、新幹会自体の評価はここでは留保するとして、旧派の民衆との近接度を過大評価することはできない。新幹会副会長にもなった権東鎮は、一面硬骨漢ではあったが、三・一運動では民衆の「騒動」を恐れた一人であることに変わりがないことはすでに述べた。確かに、一九二九年一二月新幹会幹部の一人として光州学生運動に連帯すべく民衆大会を組織しようとして逮捕された(民衆大会事件)ことから分かるように、その民衆への眼差しには、変化の兆しがあるようにも思える。この民衆大会は、光州学生運動を三・一運動以来の大民衆運動に発展させようとする意図を持っていた。そして権東鎮は、この大会で筆頭の演士として登壇することになっていたのである。(39) なお啓蒙的立場にあったにせよ、それは三・一運動段階におけるような傲岸なものでは決してなかったであろう。

しかし、彼のような立場が天道教旧派の一般的な立場であったかというと疑問である。旧派の実力者の一人李鍾麟は、実は本来自治に関心を示しており、当初は新派の崔麟らと自治運動を研究画策する側にあった。(40) 彼も民衆大会事件で逮捕されはするが、それは新幹会幹部として当然のことであり、その計画の中心的人物であったというわけではない。彼の新幹会への合流の意図は不明であるが、その立場が民衆的であったかについては権東鎮以上に疑義を挟まざるを得ない。

話を新派の問題に戻せば、自治運動は確かに新派の推進するところであったが、だからといって新派がみな親日化の方向にベクトルを向けていたと考えることはできない。一九三三年総督府が調査したところによれば、自治運動を展開する穏健な最高幹部たちに反して、中間幹部以下の任員は、「頻《しきり》に地方を遍歴して隠語、反語、諷刺等を以て民族的反抗を喋《ママ》り、或は大衆的一大運動の準備を仄《ママ》し以て教勢の拡大強化を図りつゝある」という。(41) そこで、その運動が注目されなければならないのだが、ここではその問題点も考慮に入れて、紙幅の関係上二例のみを挙げておく。

まず注目すべきは、一九二五年一〇月に創立された朝鮮農民社の運動である。李晟煥《イソンファン》を理事長とする農民社は、当初農民啓蒙団体として発足し、徐々に農業協同組合的事業に進出する中で、農民運動団体へと変容していったものである。新派は必ずしも自己の傘下にはなかったこの団体を、一九三〇年四月天道教青年党の指導を受けるものとして強引に傘下団体とし、李晟煥を脱会せしめた。農民社は、その後天道教の強力な後援を受けたが、しかし一九三三年頃をピークに衰退していく。

農民社の運動が、民衆運動の一形態であったことは間違いない。しかしそれは、終始啓蒙的に展開され、しかもあくまでも農業協同組合運動として展開されたのであり、民族運動として展開されたのではないことを確認しておく必要がある。青野正明は、農民社の運動を「郷村自営」運動として高く評価しているが[42]、なるほど伝統的な相互扶助組織である契の発想を前提にしている点で、それは民衆の自律性を一面尊重するものとなっている。しかし他面、それが迷信打破を掲げ、科学と合理主義を注入しようとするものであったことは、彼も認める通りであり、その点では民衆文化の自律性を否定する運動であった。青野は、「天道教の教理は巫俗的要素も組み込み、また終末思想の反映として「地上天国」建設の夢を与えるものであった」とも言うが、先に述べたように、植民地期の天道教の教理において後天開闢の終末思想は、もはや完全に換骨奪胎せしめられたものになっていた。「地上天国」という用語を使うにせよ、それは比喩的であり、文字通りの終末思想的な「地上天国」が含意されていたわけではない[43]。この点でも農民社の運動は必ずしも民衆の自律性を尊重するものではなかったと言える。迷信や終末思想に拘泥せざるを得ない民衆の立場に降りて組織された運動ではないのである。

そもそもその基本理念において、農民社の姿勢は一九三二年以降展開された総督府の農村振興運動と同じであった。池秀傑《チスゴル》によれば、農民社は協同主義のほかに自力主義・勤倹節約主義なども標榜するものであったが[44]、後二者の理念は後述するように、農村振興運動にも認められるものである。また農民社が、必ずしも農民の経済的利益のために活動したわけではなく、天道教の勢力拡大に利用され、新派の自治運動と連動していたことも、池秀傑は鋭く指摘している[45]。この点からすれば、少なくとも李晟煥脱会後の農民社の親日性が示唆される。一九三三年一二月新派は、大東方主義を提唱して公然と親日への転向を明らかにした[46]。そしてその総帥崔麟は、翌年四月中枢院参議に就任したのを皮切りに、次々と親日派の役職に就いていく。大東方主義とは、東学教祖崔済愚の思想の一部としてある民族主義的側面を東方主義と解釈することによって、朝鮮民族と日本民族の対峙闘争関係を解消し、「協同かつ一致団結して黄人と東土を擁護保存しよう」とするものである。(47) 農村振興運動と類似した理念を持ち自治運動とも連動していた農民社の活動が、それと時を同じくして衰退していかざるを得なかったのは、当然であったと言わなければならない。

新派の民族運動として注目すべきは、吾心党の運動である。天道教青年党の地下組織として、すでに一九二二年不不党が設立されていたが、吾心党は不不党が一九二九年に発展的に組織拡大してつくられた秘密結社である。吾心党員は天道教青年党幹部のうち、厳格な推薦制度の下、過去一〇年にわたって誠実に天道教を信仰してきた者に限定されて組織されていた。十五年戦争の推移を見計らって、一九三五、六年頃に大規模な独立運動を起こすことを計画していたというが、一九三四年九月に発覚して、二三〇名が逮捕されたことで組織は瓦解してしまった。(48)

吾心党の運動は十五年戦争下においても、新派によってなお秘密の民族運動が継続されていたということを確認できる点において、確かに注目に値する。しかし少数精鋭によるエリート的な民族運動であり、三・一運動の際と同様に、民衆を変革主体として捉えられない、その教理に規定された天道教の民衆観が反映されていると言える。しかも、この運動の中心的な指導者の一人である金起田《キムギジョン》は、すでに自治主義者となっており、またこの運動自体非合法性が薄弱だとして、三カ月後にその検挙者たちは全員釈放されている。この点から、尹海東《ユンヘドン》は「事実性は非常に疑わしい」と指摘しているが、(49) 何らかの民族的運動が意図されていたにせよ、独立運動を企図していたというのは、当初から当局による捏造であった蓋然性が高い。

いずれにせよ、以後新派の民族運動は完全に消滅する。宇垣一成の総督治世下において、農村振興運動や自力更生運動、心田開発運動などが喚起される中で、新興宗教教団は存亡の危機に立たされる。宗教教団には、「信仰ニ対スル再検討ノ気運」が生じることとなる。(50) 新派は一九三五年四月二日天道教第九回大会において、「一、吾人は天道教の宗教的地位の法的確立を期す。一、吾人は方向転換意識の徹底を期す。一、吾人は自力更生と農村振興運動に対して能動的労力を期す」との建議案を満場一致で可決した。(51) 天道教は従来、「宗教類似団体」としては公認されても、真性の宗教としては公認されていなかったのだが、文字通りの公認を「本来の所願」とする新派は、(52) 農村振興運動への積極的な協力を標榜することによって、それを勝ち得ようとする姑息な方向に進んでいくわけである。そして一九三五年末には、「政治色彩ヲ払拭シ将来純然タル宗教団体ニ転換スベシトスル所謂信仰更生ヲ決議」した。(53) 具体的には、「依頼的他力的信仰を放棄し、根本的に自力的信仰を確立しよう」とか、「勤労、至誠、自信によって幸福を求めよう」などということが目標として掲げられることになる。(54) これらの標語は、内省主義を一層推し進めようと意図して出されたものであり、まさに植民地支配体制に従順な民衆を作り出そうとしたことがうかがい知れる。ここに新派は、全組織的に民族運動の完全放棄を宣言したと言うことができよう。農民社もまた、一九三九年四月には、ついに農村振興会に合流することによって最終的にその歴史に幕を下ろすに至った。(55)

一方旧派は、一九三〇年一二月崔麟の申し入れを権東鎮と呉世昌《オセチャン》が受け、内外の反対を押し切って新派と合同を果たした。思えば三者は、天道教内で最初に三・一運動の提起をなした同志であった。しかしこのことは、旧派にとってその非妥協的運動の標榜に陰りが見え始めたことの現れとも言え、新幹会自体も穏健な方向を目指そうとするようになり、自治を容認する幹部も現れるようになる。これに対し、当初自治運動に関心を示していた李鍾麟は、むしろ天道教の合同と新幹会の穏健化に反対する姿勢を見せている。(56) 左右の対立が深まった新幹会は、ついに一九三一年五月解消するに至る。そして、旧派は一九三二年四月、新派と再度袂を分かち、新幹会に代わる民族単一党の再結成を企図するが、思うようにいかない状況の中で、やはり「農村振興・自力更生運動等の影響を受け、従来の如き教徒の

盲目的態度漸次改まる」方向に進んでいく。(57)

以上のような合法的に行われた天道教の民族運動に対し、東学傍系教団の運動は、公認活動が行い得る文化政治の下にあっても、終始秘密裏に行われている。そして奇妙なことに、この時期民族運動を行った代表的教団としては、親日化したはずの青林教を挙げなければならない。一九二九年五月、海外に根拠地を持つ民族独立団体が江原道を中心に民衆組織活動をし、一五〇名ほどの検挙者が出たのだが、その中には青林教徒と水雲教徒がいた。(58)「海外朝鮮〇〇政府政治局」の金中山《キムジュンサン》という者が特派した人物によって、民族主義と共産主義が宣伝され、軍資金が募集されたという。組織された青林教徒・水雲教徒の多くが五〇歳前後の「淳厚」な農夫たちであった。この事件は、摘発された組織名すら明らかでなく不明な点が多いが、一九三二年一〇月にも青林教は、民族主義運動の嫌疑によりソウルで二〇名ほどが逮捕されている。(59)この時当局がつかんだ情報によれば、青林教は二〇年間結社活動を行ってきており、青林教の総本部は江原道鉄原にあるという。そして、総首領は鄭信龍《チョンシルリョン》といい、その下には総領事がいて各道にいる道総視と緊密な連絡をとっていたとされる。

青林教はまことに不思議な教団である。総督府は、教団全体を親日化することはできなかった。その一部は分派的に存続し、依然として民族運動を秘密裏に行う宗教結社であり続けたのである。しかも、中央レベルにおいても、その穏健な教理は変質を余儀なくされていく。

三・一運動以降、国内的には公然とした民族独立運動をなし得ない状況の中で、民衆は救済願望を募らせていくしかなくなっていた。徐々に『鄭鑑録』への信仰を取り戻していく所以である。一時は、新幹会が民衆の希望を託すに足る運動をなし得たとも言えるが、それはもとより民衆の自律性を尊重する運動ではなかったし、近代的知識人指導の民衆運動はすべからくそうであった。こうして、困苦からの脱出を即座に念願する民衆は、終末と救済の緊迫性を訴える『鄭鑑録』に、今再び心を奪われていくのである。

穏健な教理を改変したのは、第二世教主を自称する太斗燮《テドウソプ》である。彼は、青林教を再興した親日分子の金相高と分かれて独自に自派の青林教をつくった(60)とも、あるいはもとより青林教の分派であったと考えられる、韓秉秀《ハンビョンス》という者が率いる教団を継承したともいわれる人物である。(61) 一九三一年一一月彼が逮捕されて、その幻想的な終末・救済思想の全貌が明らかとなったが、官憲の調べによれば、それはおよそ次のようなものであった。(62)

南海上にある外関=南辰島には七仙人が住んでおり、内関=朝鮮にいる通玄師と称する太斗燮は、その島と自由に往来することができる。やがてこの七仙人の協力によって鄭《チョン》天子が出現して新国家が作られるが、その際には天変地異が発生して多くの者が死ぬ。しかし青林教徒のみは、鉄糧という仙薬を服し、鉄圏という建物に避難すれば、餓死することも危害を被ることもなく、しかも教養ある信者は新国家の高位高官に就くことができる。

三・一運動以前に一部の青林教徒に広まっていた教理を下敷きにしたものであることは明確だが、教理の荒唐無稽性は強まっている。青林教徒の間にあって内省主義とは無縁なこうした教理は、ますます説得力を持っていったようである。それゆえ、当局は太斗燮を逮捕して大弾圧を加えたのであるが、青林教は壊滅的打撃を受けたにもかかわらず、その後にも密かに活動を続けていく。

救世主を求めるという点では、「海外朝鮮〇〇政府」事件に青林教徒とともに連座した水雲教も同様である。水雲教では『鄭鑑録』に直接的に仮託することはなかったが、創始者李象龍を「水雲の再生」と称する水雲教にあっては、教徒間に水雲=崔済愚は死んでいないという信仰を生んでいた。李象龍はまさに、世界統一の大業を行うべき真人であり、彼を信じる者は病気平癒・幸福増進が得られるだけでなく、朝鮮独立の際には相当の官職に栄達することができるとされた。(63) そこで、一九二九年頃には水雲教の本部がある忠清南道大田郡の錦屛山下にある炭洞面秋木里には、幸福を求める信徒が平安道や黄海道などから移住し、およそ六〇〇戸の家屋が新築され、数千名が居住するようになったという。その年五月には、教徒三〇〇〇名と観覧者一万名が集まり、盛大な誕生祭も行われている[64]。平化教は一九二二年創教当時から、一六年後には民族自決がなされ、世界平和が訪れるという崔済愚の霊言を伝えていた。三・一運動の影響が見られる。男女老少別なく剃髪したことから狂人扱いされ、教勢は弱く、自然消滅したが、やはり霊言を聞いたとされる教主張鳳俊が救世主的存在となっている点が重要である[65]。

その他東学教・性道教などもみな終末思想を裏教義として持ちつつ、布教とも民族運動ともつかぬ活動を秘密裏に行っている。しかしそのことは、新興宗教への弾圧旋風が巻き起こった一九三六、七年以降、より明確なものとなる。農村振興運動の展開こそは、弾圧旋風を巻き起こす最たる要因をなすものであった。

第四節　農村振興運動の展開と新興宗教の弾圧

宮田節子の先駆的な研究が明らかにしたように、農村の疲弊を背景に農村振興運動(一九三二年一一月〜一九四〇年一〇月)は、朝鮮農民に「適度にパン」を与えることによって社会主義運動の農村社会への浸透を抑止しようとした官製運動であり、朝鮮におけるファシズム成立のメルクマールとなるものであった[66]。そこでは「物質生活」の安定化を課題としつつ、実はその前提条件としての「精神生活」の安定化こそが最も標榜かつ指導された[67]。すなわち、勤勉・倹約・貯蓄・禁酒禁煙・色服着用・断髪実行・迷信打破などの実践が盛んに奨励されたのだが、こうした農村振興運動の標語は伝統的な巫俗や新興宗教を敵視することとなった。

迷信による巫覡や宗教団体への寄進行為はもちろんそうであるが、真人の出現によって一挙に幸福が到来すると説く新興宗教諸教団の教説は、表面的には確かに、勤勉・倹約・貯蓄などの精神に反するように見える。当局は、「之(真人出現)を確信した民衆は挙《こぞ》って類似宗教に入り、生業に勤めず手を束ねて其の日の来るを只管《ひたすら》待つ様になり、延《ひい》て(は)勤労精神は漸次退嬰した」(68)と見ていた。しかし、東学系新興宗教教団が勤勉・倹約・貯蓄などの徳目に合致する通俗道徳をその信徒たちに説き、かつ内面化を求めているのは、すでに述べた通りである。そのことは他の新興宗教についても一般に言えることである。その限りでは、同じく通俗道徳の実践＝内省主義を求める農村振興運動と矛盾するものではなかった(69)。

そもそも総督府が朝鮮農民を勤勉・倹約・貯蓄などの精神が欠如した存在と見るのは、韓国併合以前からある、近代主義的観点からする朝鮮停滞論に基づく偏見によるものである。朝鮮農民は一九世紀後半以降、通俗道徳を内面化して自己を厳しく律していこうとしていたことも、第四章第一節で述べた通りである。松本武祝が言うように植民地期の朝鮮農民は十分に勤勉であった(70)。ただ、植民地期において一層促進される苛酷な農民層分解の帰結として、場合によっては小作地さえも確保できないほどに労働を投下すべき土地が狭小になり、しかも雇用機会も過少であったために、時に懶惰《らんだ》として映っていたに過ぎない。

それゆえ実は、官調査によれば、新興宗教への入教の動機は、「個人的に日常生活の安定増進を希望するもの」と「社会的・政治的に権勢を獲得せむと希望するもの」の割合は、前者が五一パーセント、後者が四九パーセントというように拮抗していた(71)。両者とも大状況的な動機としては、開闢＝解放願望があるのは言うまでもないが、前者こそは内省主義＝通俗道徳の内面化を通じて幸福を図ろうとする多くの人々の存在を示唆するものである。教団への致誠の大小が幸福や立身出世に結びつくとする教説は一般的であるが、もとより貧困者が圧倒的に多い新興宗教教団にあって、単に個人的な日常生活の安定のみを希求する者にどれほどの寄進ができたであろうか。寄進行為を通じてよりも、表面的には教祖が優しく説く通俗道徳の忠実な実践を通じて、慎ましくとも人並みの生活をしたいと念願する教徒の姿が浮かび上がってくる。後者は一見、両班志向にとらわれた朝鮮民衆のむき出しの上昇志向と利己的な姿を示唆するものではある。村山智順は、権勢願望が約半数にものぼることをもって、朝鮮の「特異なる現象」と言っている。[72] しかし彼らとて、通俗道徳の実践と無縁であったとは必ずしも言い得ない。苛酷な異民族支配の中では通俗道徳の実践は、何ら生活苦の解消をもたらすものではなく、それゆえ通俗道徳の愚直なる実践は人々の憤りの源泉ともなり、かえって通俗道徳の廃棄という方向にベクトルが逆転換する可能性があるからである。青野正明は、農村振興運動の理念を認識、自覚しながらも、一向に実効があがらないその運動に対して「冷淡な態度」を見せる農民がいたことを示唆しているが、[73] 的確な指摘だと言えよう。そうした農民こそは、通俗道徳を愚直に実践してきたがゆえに、厭倦《えんけん》を覚えて憤怒を垣間見せ始めた人々であったと考えられる。農村振興運動は、すでに通俗道徳の内面化を日々努めていた朝鮮農民に、何らの物理的な援助もすることなく、ただ通俗道徳のさらなる実践を強いるものでしかなかったのである。しかも、農村振興運動が自らの理念と必ずしも矛盾関係にあるわけではない新興宗教を敵視したことは、民衆の閉塞感を一層強めることになっていく。

総督府が新興宗教一般の整理弾圧と統制強化を最初に示唆したのは、一九三五年二月のことである。『朝鮮日報』によれば、「総督府では思想先導と精神文化の統制策として、宗教特に仏教の復興を中心とした統制を断行するように」なったとして、次のようにある。[74]

宗教類似団体は現在六四、五種あるうち、四、五種の教団体を除外してはほとんど迷信的な行動によって全く民心を幻惑させている状態であるので、今回の宗教統制においてこれに対する根本方策を樹立し、宗教復興の中心的な宗教として、仏教・キリスト教・神道・天道教などの四大宗教を認定し、それ以外の宗教類似団体は、近似したものから合同させる一方、普天教その他民心に迷惑を及ぼす団体は断然厳重な取り締まりをし、精神文化の統制をするだろう。

これは農村振興運動の一環として、同年一月より方針化された心田開発運動と連動したものにほかならない。青野正明が言うように、心田開発運動は儒教をも包括した神道・仏教・キリスト教の公認宗教の復興を標榜しつつ、その実は国家神道体制にそれらを組み込んで、国体観念を内面化させようとすることを意図したものであった。(75) ただし、「文明人の名を冠し、文明人として自負するものは均しく、心田開発を目標として進まなくてはならぬ(76)」という言辞があったことから分かるように、そこには従来通りの近代主義的論理も働いていた。

新興宗教統制強化の方針が正式に確認されたのは、同年四月二二日のことである。道警察部長会議の席上総督宇垣一成が、「精神ソノモノヲ深化スベク教育宗教等ノ力ヲ籍《ママ》ツテ疆内民衆ノ心地ヲ開拓セムコトヲ期待」すると訓示を述べると、それに応えて警務局長池田清は次のような演示を行った。(77) すなわちまず、「殆ンド大部分ノ民衆ハ未ダ淫祠邪教ト謂フヤウナモノノ影響下ニアル」とした上で、「宗教類似団体」は「愚民」を騙して農村振興運動やその他の当局の施設に反抗的姿勢を示すものが少なくないとする。そこで、「在来ノ宗教的風俗ヲ洗練美化シテ信仰心ノ涵養ニ努メ、又迷信ハ之ヲ漸次正シキ信仰ニ導」き、「不法不党ノ行為ニ対シテハ仮借ナク阻止又ハ弾圧ヲ加フル」ようにせよというのである。

以上のように、当局が近代主義的な対応を強め、皇民化の前提となるような心田開発を標榜した結果、新興宗教の統制強化が方針化されるようになったことは間違いない。ただし、新興宗教が民衆ナショナリズムの温床であることに鑑みてそれを阻止しようとしたことも重要な要因である。そのことは、刷新改善事項を問う道警察部長会議の諮問に対し、全羅北道の警察部が、「農村振興運動ノ助長ヲ阻害シ、動《やや》モセバ民族意識ヲ煽動スルガ如キ言動ニ出ヅル等弊害ヲ及ボス処尠《すくな》シトセズ」と答申している[78]のを見れば明らかである。

こうして総督府は新興宗教への弾圧を強めていくのであるが、それが本格化するのは、一九三六年六月に甑山教系の普天教への大弾圧を開始して以降のことである。甑山教系はとりわけ「農村振興運動に対して反対的役割をする」教団と見なされたが[79]、弾圧の手は東学系その他の類似宗教へも順次伸びていく。六月、警務局は学務局と協力して、「公認宗教の統制を強化する一方、類似宗教の取り締まりについては、普天教の類の邪教は一切の集会と献金などを厳禁し、全部解散消滅させる」方針を固めたが、それは「宇垣総督の金看板である心田開発運動の全面的展開」のためになされる「一大運動」の一つとされた[80]。この時「類似宗教解散令」なるものが出されたという説があるが[81]、そのような法令が出された事実はない。弾圧は既成の法令によって行われ、主には保安法が適用された。同時に、不敬罪・造言飛語罪・詐欺罪なども併用され、時に治安維持法が適用される場合もあった[82]。一九三七年中に摘発された秘密布教教団・教徒は四七教団にのぼっている[83]。新興宗教中、生き残った教団は、宗教復興の担い手とされた天道教をはじめ、東学正系に属する上帝教・侍天教、あるいは一部を除いた仏教系・儒教系の教団などであった。これらの教団は当然ながら、皇民化イデオロギーを注入する積極的な役割を期待されていく。

このような一連の新興宗教弾圧に対して知識人はいったいどのような姿勢を示したかという問題は、彼らの民衆との距離、ないしそのナショナリズムの在り方を考える上において重要である。結論的に言って、知識人の眼差しもまた、天道教などの公認新興宗教以外の教団を邪教視するものであったと言える。そのことは、『朝鮮日報』の民衆観や新興宗教観に端的に示されている。『朝鮮日報』は本来、『東亜日報』系列の自治運動を推進しようとする知識人に対抗し、新幹会に集った民族主義左派系列の知識人が結集した新聞である。ところが、一九二八年五月第四次の停刊処分を受けた『朝鮮日報』は、新幹会との関係を切ることを条件に復刊を許された。その後『朝鮮日報』は、改良主義的方向に転換するようになるのだが、その象徴的運動が、一九二九年五月より始められた農村啓蒙主義の立場に立つ生活改新運動であった。この運動は、健康増進・消費節約・虚礼廃止・早起運動・色衣断髪・常識普及の六項目よりなっていたが、次第に比重が常識普及にかけられるようになった。その結果、運動は文字普及運動として限定されるようになった。休暇帰郷学生の熱誠を動員して行われたこの運動は、一九二九から三一年まで継続し、三一・三二年と中断してから三四年に復活したが、三五年に総督府から禁止措置を受けた。(84)

しかし、総督府が危険視するような因子は、この運動にはほとんどなかったと言ってよいであろう。というのは、『朝鮮日報』の民衆観は総督府と何ら変わりないものであったからである。常識を持つべきだとする『朝鮮日報』は、「新生活を創造するには何よりもまず、不合理な迷信と因襲から打破しなければならない」(85)という立場であった。それゆえ新興宗教に否定的であることは言うまでもないが、それどころか総督府が推進しようとする心田開発運動にさえ、決して反対の立場ではなかった。一九三六年初頭のある社説には、次のようにある。(86)

朝鮮総督府は、年来民衆の物質的生活のために自力更生という標語を掲げており、また精神的生活のためには心田開発を標榜している。今もし、朝鮮に行なわれるこの種の迷信が、彼らの物質的生活並びに精神的生活に至大な悪影響を及ぼすという一事に想到するならば、この際断然、迷信、特にムーダン(巫覡)・パンス(盲人の占い師)の跋扈跳梁に一大鉄槌的弾圧を加えるのが当然の理致というものではないであろうか。

『朝鮮日報』はむしろ、総督府以上に近代主義的な立場から民衆の伝統文化に対し敵対的立場をとっていると言うことができよう。「一大鉄槌的弾圧」の対象が、邪教視されていた新興宗教にも向けられたものであることは文脈から見て間違いない。この社説のほぼ五カ月後に新興宗教弾圧は本格化するが、『朝鮮日報』はまさにそれを喧伝する立場にあったと言うことができる。結局民衆は、近代主義の眼差しを共有する総督府と知識人から挟撃される存在であった。知識人は民衆の自律的営為を理解することなく、傲慢に近代文明を振りかざして民衆を攻撃し、そのナショナリズムをも摘み取ろうとする役回りを演じたのである。知識人ナショナリズムは民衆ナショナリズムを否定することによって、植民地朝鮮社会の主役の座を占めることができたと言うことも可能なように思える。しかしそれは皮肉にも、近代文明の連合戦線を総督府との間に結ぶことをも意味し、知識人はついには、皇民化の先頭を走る役回りを演じざるを得なくなる苦渋の立場に立たされることにもなっていく。

文字普及運動は、『東亜日報』でもヴ・ナロード運動として一九三一年から三四年にかけて行われ、『朝鮮日報』以上の成果を収めた。すなわち四年間の累計の成果は、講習隊員五七五一名、講習地区一三二六、講習生数実に九万八五九八名に及んだ(87)。「朝鮮人の生活を文化と富に導く」ことを目的としたこの運動は、結局文字の普及に止まり、消極的な啓蒙運動に止まったという評価がある(88)が、その通りだと思われる。ただし、もとより改良主義の立場にある『東亜日報』の民衆への眼差しが、やはり『朝鮮日報』同様、近代啓蒙主義的であるがゆえに、総督府のそれと違うところがなかったという点がより問題とされなければならないであろう。おそらくは、正義を持する宗教家の使命を強調しすぎたために押収されたと思われる社説の中で、ある記者はキリスト教・仏教・天道教以外の新興宗教に対し次のように言っている(89)。

このような迷信的原始的野蛮の宗教は、かえって人民の自由と発展を阻害し、民族と国家を滅亡に導き、最悪の社会的存在物であるので、わざわざここに論ずるまでもない……。

真に邪悪な教団があったにせよ、そこに集う民衆には多かれ少なかれ何らかの民族主義的な動機があった。そのことこそを、彼らは問題にしなければならなかった。しかし、何故に民衆はそのような迷信の教団に入るのかという設問を自らに提示することは、当時の近代的知識人にとって非常に難しいことであったのである。

第五節　天道教の転向と封印されない終末思想

すでに述べたように、農村振興運動や心田開発運動の展開の中で、天道教は新旧両派とも運動の転換を図ることを余儀なくされた。公認「宗教類似団体」であり続け、さらには文字通りの公認宗教となるためには、もはや民族運動をなし得ない状況となったのである。しかし旧派に関して言えば、裏面ではなお民族運動を展開していた。もっとも正確には独立祈禱運動と言うべきものである。旧派を代表する第四代教主の朴寅浩《パクイノ》は、一九三三年九月より朝鮮独立の祈禱をするようにしばしば指令を発していたが、一九三八年二月一七日ついに発覚して多数の逮捕者が出たのである。その祈禱というのは、「犬のような倭賊奴を天主に造化して一夜の間に消滅せんことを、無窮に伝えて大報壇に盟誓し、汗(夷)の敵に恨みを晴らしてみせん」という東学の教典『龍潭遺詞』の一節を唱えるものだが、朝五時と夜九時の祈禱が義務づけられていた。唱える呪文には、「造言」を加えることもあった模様である。[90]

この独立祈禱というのは、天道教の教理から考えてまことに理に合わないものである。徹底した内省主義に基づく「向我設位」の教理によって、自己以外に神位を設けないはずの天道教が、何故にこのような他力祈願とも言える祈禱を行うのであろうか。来るべき国権回復実現の際に必要な活動資金を特別喜捨金という名目で募集してもいたが、基本活動はあくまでも独立祈禱にある。おそらくは独立意志の自己確認という理由づけがあったものと思われる。しかし実のところこれは、もはや何らかの不可思議な力=外力(外国勢力)に依存せざるを得ない状況になったという天道教幹部の弱志の発露ではなかったであろうか。

日中戦争以後、朝鮮においても徐々にファシズム体制が敷かれる中で、国内において公然とした民族運動ができなかったのは、致し方のないことであったと言えよう。天道教がもとより持っている民衆観と相俟って、閉塞状況の一層の進展は、民衆運動の組織化をなおのこと困難ならしめていたのである。旧派もここにおいて民族運動への希望を失い、朴寅浩は除名されるとともに転向した。反骨の権東鎮を含めた幹部も一斉に転向し、実権はもとより自治主義者であった李鍾麟に握られることになる。(91) そして一九三八年四月四日、天日紀念日(教祖布教開始記念日)前日の式典において、「我等は皇道の宣佈に依る東洋の平和を以て天道教の最高理想と合致することを確信し、爾後皇国臣民として健全忠良なる教人たるべし」と宣言された。(92)

親日宣言をした以上、もはや旧派の新派との再合同も時間の問題である。新派は、一九三九年の天日紀念日に中央・地方幹部らが朝鮮神宮に参拝し、六月には国民精神総動員天道教聯盟を組織した。旧派もこれに倣ってやはり中央・地方幹部らが天日紀念日に朝鮮神宮を参拝し、六月には天道教愛国班を組織した。(93) 一九四〇年四月の再合同はこうして可能となった。新教団のトップである初代教領には、旧派の李鍾麟が選出され、合同大会では、「一、我らは八紘一宇の信念によって東亜新秩序建設の聖業を翼賛する。一、我らは教化に主力して布徳天下の理想実現を期す」「一、我らは信仰統一、規模一致の下で霊肉雙全の生活確立を期す。」の三綱領が確認されている。(94) 合同した天道教は、同年一一月国民総力天道教聯盟を結成し、幹部ら八名が「皇紀二千六百年記念事業」として伊勢神宮と橿原神宮を参拝した。また、「神国大日本ノ万世一系ノ神統的国体ノ奉戴」を光栄として、「現人神タル天皇陛下ニ忠義ヲ竭《つく》ス」べきことを表明した。さらに、翌年には東学の根本教典である『東経大全』を純日本的に解釈すべく、推敲作業を進めるにさえ至る。(95) 事実それは、「東洋人は一致団結して各々の国をかの西洋人の圧迫から救出しなければならない」という大東方主義を唱えたものとして解釈されることになる。(96)

このように変質した天道教が、太平洋戦争が始まるや、主体的に戦争協力していくのは当然である。一九四四年四月より朝鮮でも徴兵制が実施されることになると、それを目前に控えた一九四三年一一月、朝鮮宗教戦時報国会が結成されたが、天道教は積極的にそれに参加した。この年には朝鮮人学徒の動員も開始されているが、同月一四日天道教は、臨時特別志願兵士気昂揚大講演会を主催し、瑞原と改姓した李鍾麟はそこで熱弁を振るった(97)。次いで、翌年六月二六日、京城府民館では「米英撃滅宗教団体総蹶起大会」なるものが開かれたが、そこには仏教・キリスト教(カトリック・プロテスタント両教とも)・天理教・紅卍会などと並んで天道教の名が見られ、集った宗教者たちは前線の将兵に謝意を表し、その武運を祈った(98)。さらに八月には、宗教人が日常的に戦争協力するために組織された常設的活動機関である宗教仕奉団に参加し(99)、戦争協力体制の重要な一翼を担うに至る(補注)。

ちなみに他の東学正系の教団侍天教と上帝教もまた、皇民化へ積極的に対応していくことは言うまでもない。前者はもとより親日主義であったし、後者を創始した金演局は、一時その侍天教に大礼師として迎え入れられていた。侍天教はその主流が一九三八年一一月、「東学と皇道とは異名同体にして、学術は東学、道徳政治は皇道と云ふことである」という趣旨のもとに、上帝教にも合流を要請して大東一進会を組織し、「皇国臣民」化を推進した(100)。上帝教は大東一進会への合流を拒否したが、天皇崇拝の理念を教徒に浸透させることを誓うとともに、教主金演局ら幹部七名が、やはり「皇国発祥ノ聖蹟及宮城、明治神宮、靖国神社等」の参拝のため日本へと赴いている(101)。

以上のような天道教をはじめとする東学正系の親日への転回に対して東学傍系は、総督府による弾圧旋風が吹き荒れる一九三六、七年以降も、なお終末論的な布教活動を秘密裏に行っていく。まずは、一九三一年一一月太斗燮の逮捕によっていち早く大弾圧を被った青林教である。その際壊滅的打撃を受けたにもかかわらず、その残党の活動はなお執拗であった。一九三九年一月、江原道通川郡の金剛山に連なる人跡未踏の深山に道場五棟を築き、「朝鮮独立を目的」として、その再建を期していた男女三七名が逮捕された。同様の道場は黄海道新渓郡にもあったと言われる(102)。

青林教の新教主は鄭瑞福《チョンソボク》という者である。彼は太斗燮とともに検挙されたのち、間もなくして病気保釈となり、一九三三年三月以降青林教の再建活動を行っていた。その教説は以前のものとは異なり、切迫性を一層増した終末論となっている。すなわち、一九三九年には一大戦乱が勃発するが、その際自身が金剛山より下ってそれを平定して朝鮮を独立せしめ、鶏龍山に都を定めると予言するのである。また、戦乱時に禍を免れるためには純金を埋蔵した基関なるものを建設し、そこに避難した者は救われるどころか、新国家の大臣・郡守等に栄達できるともいう[103]。確認された信徒数は二〇〇名ほどであったが、背景に泥沼化する日中戦争の進展とファシズム化する朝鮮の情勢、そしてますます募る生活苦があるのは間違いない。

日中戦争を意識した布教活動を最も尖鋭的に行ったのは、東学教である。東学教は、一九三六年解散を命じられたが、その後秘密裏に布教を続け、一九三八年九月頃には次のような趣旨の布教を行っていた。「支那事変」は日本が連戦連勝しているといっても、一〇月頃には敗戦し、朝鮮は中国の飛行機に爆撃され全滅してしまう。先天の時代が「火旺時代」であったのに対し、これからは「水旺時代」となるのだが、蔣介石はその運勢に適応して黄河を決壊させ、また西洋の水があふれて日本にも流れ込み、日本は沈没してしまう。朝鮮人は今や日本人となってしまっているが、東学教を信じる者は天・地・人の理を得て滅亡を免れ繁栄することができる[104]。わずか一カ月後の日本の敗戦を予言するところに一層の切迫性が看取される。当時の朝鮮民衆にとって戦時体制の進行がどれほど閉塞感と生活苦に満ちたものであるかがうかがい知れる。

青林教や東学教は、弾圧旋風後も秘密布教に終始したが、偽装改宗によって合法的に教団の生き残りを模索した教団もあった。当局が新興宗教の改宗を推し進めようとしたことは、青野正明が明らかにした通りであるが[105]、とりわけ仏教への改宗を慫慂《しょうよう》しようとしたことがその特徴である[106]。そうした政策に応じて偽装改宗したのは、東学傍系教団では、水雲教と性道教が代表的である。水雲教は一九三七年、正式に真宗東本願寺派に属することになり、李象龍は得度を受けた。水雲教本部は興龍寺と名を改め、日本から仏像を迎えて入仏式も行ったほどである。この改宗の事実は「非常な波紋を朝鮮宗教界に生ぜしめた」と言われるが、しかしそれは方便に過ぎなかった。改宗者らは依然として、真宗では道通できないので水雲教にそのまま帰依し、李象龍のもとで新国家を建設して富貴功名を遂げようとか、道通者三〇万人を得れば新国家を建設することができ、道通者は道知事以上に栄達できるとか、あるいは日本は敗戦して朝鮮より逃走し、朝鮮は「自由なる国」になるなどと予言していたのである。当局者は、この偽装改宗について次のように分析している。(107)

李象龍自身は或は最初真実内地仏教に転向することを考えていたかも知れぬが、現実の問題としては道通を説き、『鄭鑑録』の予言を説くに非ざれば教徒を牽附け得ないのであって、朝鮮在来類似宗教を内地仏教に転向せしめんとする試みは性道教の例によっても明白なる如く先づ近い将来に於ては絶望と見て差支へないと思ふ。

新興宗教の問題は教祖の思想の問題ではなく、まさに解放を希求する教徒の問題である。浮沈があったとはいえ、王朝時代より連綿として伝承された『鄭鑑録』信仰は実は、一面近代化の波が人々を襲う植民地期においてこそ、最も朝鮮民衆の心を捉えたのである。李象龍は検挙された直後の一九三八年一一月九日、九五歳の高齢をもって獄死するが、残された教徒は、ほとんどが別の「類似宗教」に信仰を移すのではないかというのが、当局の予測である。

真宗東本願寺派に属するようになったのは、性道教も同じである。創始者李民済は幼い時に東学に入教しており、もとより濃厚な民族意識を持っていた人物であったといわれる。しかし創始当時は、終末論的教理をあまり宣伝しなかったせいか、その教勢は不振であった。しかも、一九三五年当局の新興宗教弾圧が強まる中で、李民済は保身のため、侍天教と合併したり、あるいは済生教と名称を変えたりした末に、一九三七年七月やむなく真宗東本願寺派の鶏龍山下新都内にある布教所に入教したのである。偽装改宗であることはおよそ一年後に露見し、一九三八年八月検挙されるが、その際に説いていた教説は、やはり切迫したものであった。一九三七年中から流行し続けている「怪疾」によっても性道教徒のみは死滅を免れ、その後に建国される新朝鮮の国王には「神通者」が登極し、他の「神通者」(篤信者だけに資格がある)は高位高官に就けるというのである。[108] 当時、信者は五〇〇名ほどであったと言われるが、今や裏教義こそが民衆をより引きつける教団の魅力となっていたと言うことができる。

日中戦争期朝鮮民衆は、ますます終末思想の虜になっていったことは間違いない。閉塞感と生活苦が同時に進行する中で、通俗道徳の実践をすでに以前から内面化しようとしていた民衆にとって、その愚直なる実践を一層説く農村振興運動は欺瞞でしかなかったし、また彼らに具体的な救済策を施さない総督府の統治はもはや到底甘受し得るものではなかった。しかし厳烈かつ苛酷な支配の下で、容易に変革・解放主体としての自覚を持ち得ない徒手空拳の民衆は、依他的にしか自らの願望を実現し得ない。新興宗教の教祖や幹部らの終末思想のささやきは、そうした民衆の心性に訴えかけたものであり、それは「流言蜚語」によって増幅伝播される。

ここに、本来人格神を信仰するにせよ、内省主義的方法を奨励するのが一般的であった東学傍系教団は、ますます真人による絶対救済という方向において、民衆の信仰を組織化していくことになる。それは、民衆一般の真人化を否定——性道教のように部分否定の場合もあるが——しているという点で、やはり民衆を変革・解放主体と捉えていない。いつ終わるとも知れない強力な異民族支配が引き続く閉塞状況がより一層深まる中で、民衆には自らの手による変革への諦念が生じてきたとしても不思議ではあるまい。民衆は決して絶望することはなかったが、しかし民衆の希望は、救世主の誕生という不確かな願望のうちに封じ込められつつあったものと推測される。

東学傍系教団のうちには、このような民衆の願望に詐欺的に応えるものもあった。実は青林教の太斗燮は、多くの信徒から莫大な「誠弊金《ママ》」を徴収して穀物相場で蕩尽したが、それでもなお私腹を肥やして、その額は少なくとも四〇万円にのぼっていたとも言われる。(109) それゆえ太斗燮の罪名には、保安法違反のほかに当然ながら詐欺罪が適応されていた。

傍系教団の中でも白白教の犯罪性は際立っている。白道教から派生した白白教は、全廷芸の次男の全龍海《チョンヨンヘ》が教主の座に就いて布教活動を行っていた教団だが、一九二九年三月から一九三七年二月にかけ、前後一〇九回にわたって合計三一四名の信徒を殺害するという前代未聞の奇怪にして残忍な事件を引き起こした。(110) 教主全龍海は、神秘的な力の所有者であることをもって将来天位に就くべき人物であることを誇示し、信者から金品や娘を差し出させ、贅沢と淫欲の限りを尽くした末に、意にかなわない者を気紛れに次から次へと殺害していったのである。全龍海は一九三七年四月七日自殺体で発見されたが、彼は神通していることをもって自身が無善無悪の絶対者であるとして、殺害をも含む自身の行為を正当化していたものと思われる。信徒中には日本語を解する者は一人もなく、ほとんどはハングルさえ読めない者たちで、心底全龍海を「神の子」と信じていたという。彼は、信仰薄き者や自身を疑う者は死ぬと言い、信徒に十五戒命の通俗道徳の実践を説きつつ、自身は悪逆の限りを尽くし、時に幹部には殺人を命じた。しかし、その幹部も心底彼を「神の子」と信じていた。多くの者を殺害した文鳳朝《ムンボンジョ》という幹部は、逮捕の直前まで彼の神通力により自身に手錠がかかることはないと確信していたという。

白白教の犯罪が長きにわたって露見しなかったのは、何よりも地下に潜伏しての秘密布教であったことによっているのだが、当局は信徒に民族意識が潜在し、官憲への密告がはばかられたことが一因としてあることを認めている。それゆえ、白白教徒の中には、全龍海の詐欺性を見抜いて脱教し、その抱く朝鮮独立の理想を自前の新興宗教を創設することによって実現しようとする者もいた。林一奉《イムイルボン》が創設した太極教である。(111) 彼は火田民出身でありながら、普通学校を四年まで通った人物であり、白白教の中では珍しい信徒であった。その説くところは、『鄭鑑録』信仰に基づく平凡な教説であり、鄭王登極の暁には善政が行われ、太極教徒は永遠に栄えるというものであった。ただ、旧韓国旗をかたどった冠を製作するとか、朝鮮独立(太極の世)祈禱を行うとか、あるいは日中戦争での日本の敗北を予言するなどの点で、民族主義が明確に認められる点が特徴的である。

白白教と同様の犯罪行為は、白道教の時代から行われており、全廷芸の長男である全龍洙《チョンヨンス》や他の信徒は、全廷芸の命令によって五名を殺害している。全龍洙は、白白教に対抗して自身を教主とする人天教を起こしてのちには、殺人は犯さなかったものの、やはり全龍海と同様の教説によって、贅沢と淫欲の限りを尽くし、逮捕の後一九三九年八月懲役一五年の刑に処せられた[112]。困苦からの脱出を夢みる民衆の素朴な救済願望が生み出した、植民地期朝鮮の悲惨な事件であった。

第六節　植民地期の民衆と新興宗教

崔済愚が創始した東学は、まことに不可思議な運命をたどっていったと言うことができる。東学は、『鄭鑑録』以来の真人思想の論理を打ち破るべく出現した民衆宗教であったが、真人が外在化するのか、内在化するのか、あるいは永続的な内省主義の果てにあくまでも人格的理想として設定されるものであるのか等の解釈の違いが、後身のさまざまな宗教集団・教団に生じ、民衆の変革観にも差異がもたらされたのである。しかしそれが、それぞれの時期の歴史的状況や民衆の心性に規定されたものであることは言うまでもない。

国王幻想を持ちながらも仲介勢力の打破が課題とされた朝鮮王朝末期においては、南接の異端東学は、独自な教団を作ろうとする意欲を持たなかった。それは、天人合一を神秘主義的に簡明なものとして説く彼らの東学理解が、人間個々人を正義の実体＝真人として把握するものであり、万人に常に開放されたものであったがゆえに、閉鎖的な教団形成をする必要がなかったからである。それゆえに、南接にとっては民衆一般による変革こそが至上目的化されるのであって、教団の形成や維持が自己目的化されることはなかった。

それに対して、異端東学の運動が終息した後の植民地期に誕生した多くの東学系諸教団は、監視と処罰の厳烈な植民地的秩序が形成される中で、変革の展望を容易に持ち得ない民衆の心性を多分に反映していた。植民地期には東学は、大筋としては正系の天道教を典型とする内省主義の方向と、傍系がその本来の教理から離れて、表面的には内省主義を説きながらも、ややもすれば改変を余儀なくされていった真人外在化の方向に二極分化していくと言うことができるであろう。しかし、天道教旧派もまた独立祈禱に最後の願いをかけたことから示唆されるように、民衆は植民地末期になればなるほど、外在化する真人への救済を期待する心性をふくらませていくようになるものと思われる。そして、実際には真人の出現は不確かなものである以上、その出現を信じる人々の集団は、教主を中心とした共同体的紐帯を強めることによって、真人出現を自己確信しようとするようになる。内省主義を説く教団にあっても、同一の宗教的確信に基づくその内省行為が、教徒の紐帯を強めるのであるが、外在化する真人の出現を信じる教団においては、その紐帯はなおさら強いものとなり、教団の形成や維持こそが自己目的化されるようになるのである。白白教事件や人天教事件などの悲惨な事件はこのような教団の在り方に規定されて起きたものであった。

本章冒頭で述べたように、植民地期には東学系以外の新興宗教教団にあっても、『鄭鑑録』信仰に付託して布教拡大に努めるのが一般的であった。その結果、真人出現の聖地とされる鶏龍山麓にある新都内には、さまざまな宗教教団のほか、巫女や卜者にも幻惑されて移住してくる者が増大した。新都内の人口は、一九一八年には五八四戸二六六七人であったものが、三・一運動を契機に急激に増え、一九二二年には一五七六戸七〇一九人に増大したのである。[113]一時的来訪者や生活の方途なく去っていく者も多くいたと推測されるので、新都内はさぞ賑わっていたかに思われる。しかし、実際はそうではない。一九二九年にこの地を探訪したある新聞記者は、そこには聞いたこともないような雑多な宗教教団が看板を掲げていたが、瓦葺きの教堂以外は倒れかかったような矮小な茅屋《ぼうおく》が広がり、ほとんどがいずれかの教団に属する住人はみな貧しい人々であったと報告している。[114]また、全国の村落調査を行った善生永助も次のように報告している。[115]

移居の際家財を売却したる若干の財産は、巫女卜術の徒に搾り取らるゝと、無為徒食の為め忽ち皆無となりて、已むなく草鞋《そうあい》を造り、又は僅少の山野を開拓して麦粟を耕作し、辛うじて露命を繋ぐの状態にして、中には迷夢より覚醒して帰郷せむとするも、旅費に窮して進退谷《きわ》まれる者がある。

はかない救世主願望にかけた、困苦に打ちひしがれていた人々の姿が彷彿と思い描かれる。新興宗教の聖地としては、新都内のほかにも、すでに述べた水雲教の秋木里や人天教の馬汗里、東学系以外では普天教の本部である全羅北道井邑郡笠岩面大興里や仏教系の金剛道の本部である忠清南道燕岐郡錦南面金川里などが有名である。[116]ノーマン・コーンは千年王国主義の救世観として、共同体的・現世的・緊迫的・絶対的・奇跡的という五つの指標を挙げているが、[117]端的に言って植民地期に誕生した新興宗教は、千年王国主義的性格を多分に持っていたと言うことができる。

千年王国主義的運動は、キリスト教系では文字通り千年王国論の影響の下に起きている。三・一運動以降閉塞感と絶望感が広まる中で、「民族代表」の一人であったキリスト教者の吉善宙《キルソンジュ》は、もとより終末論的信仰傾向を持っていたが、「平和が上から降りて来る超越的な力によってなされるということを悟り、人間がすべきことは、神が歴史に干渉するのを待ち、その決定的瞬間が早く到来するように祈禱するだけだ」と悟るに至った。このような人為に対する無力感は、やがて一般信者の間にも起こり、イエスが特定の個人に再臨したという、柳明花《ユミヨンフア》事件と黄国柱《フアングッチュ》事件に代表される、いわゆる降神劇事件がいくつか起きている。(118)

農村振興運動や心田開発運動の展開の中で、それへの歩み寄りを見せた東学正系や仏教系・儒教系以外の新興宗教教団は、一九三六年六月以降ほとんどが解散の事態に追い込まれた。(119) 白白教事件を契機に知識人社会の「邪教団体」への敵視も、さらにヒステリックになっていく。『朝鮮日報』は事件後、「民度が高く迷信を信ぜず、科学を尊重し、労なくして得る観念を棄て、自ら労して得る観念を持ったなら、どうして邪教に幻惑され、財産と貞操と、甚だしくは生命を失うに至ることがあろうか。当局の取締りが平素善良であったなら、どうして不祥事が醸成、結実したであろうか」との社説を掲げている。(120) 通俗道徳の実践に疲れ、深まりゆく生活苦の果てに、民族の独立に夢を託そうとした民衆の打ちひしがれた姿は全く見えていない。民衆はますます孤立していくしかなかった。

にもかかわらず、東学傍系教団だけでなく、その他の新興宗教教団は、その後にも終末論的非合法活動を執拗に継続していく。当局は一九四〇年当時、一九三五年段階に比べて新興宗教信者は「半数にも満たぬものであろうことは断言し得ると思う」と強気の言を吐きつつ、他方では、公認以外の新興宗教は、「全部所謂密教として地下に潜入して布教せられている現状であるから、果して現在幾何の教団が活動しているかは全く不明に属し」ている、と現状把握に自信のないことを表明している。(121)

一九三八年中において一六教団が摘発されているが、そのうち民族主義運動と見なされて摘発されたものは九教団である。この年の民族主義運動関係検挙数は三一件だから、およそ三分の一が新興宗教教団ということになる。しかし、民族主義運動と見なされなかった他の七教団も、実はみな「新社会実現」や「朝鮮の独立」「新国家の実現」などを念願し、多かれ少なかれ終末思想を唱えている。また、新興宗教の摘発件数に入れられていないが、「周易の研究」をしたり、「神兵の力」や「天主様」の存在などを唱えた者たちが民族主義運動関係検挙団体の中には三件入っている。これらを勘案すれば、民族主義運動関係検挙数三八件のうち、半数の一九件は新興宗教教団が関わった事件ということになる。しかも、民族主義運動関係検挙数の中には、公認宗教のプロテスタントの検挙も三件含まれている。宗教全体に拡大して考えれば、民族主義運動関係検挙数三八件のうち二二件が宗教団体ということになり、検挙比率は六割近くに増加する。[122] 宗教教団、なかんずく新興宗教の民族的な活動はそれ以降も続き、検挙された教団の数は、一九四〇年一一月〜一九四一年九月の一年足らずの間にも一八教団にのぼっている。[123]

また、先に述べたように新興宗教はもっぱら保安法違反で検挙されているが、日中戦争開始の一九三七年七月から一九三九年四月までの二年足らずの間に保安法違反で検挙された者のうち、実に七〇パーセントは新興宗教関係者であった。保安法は、後にできた法令である大正八年制令第七号「政治ニ関スル犯罪処罰ノ件」や治安維持法と重複するところがあるが、民族運動に発展する前の「不用意の裡に発現せられた言動」であっても取り締まりの対象となるため、適用範囲が広かった。検挙者の大部分は無学な農民で、学問を受けた者がいたとしても、漢学を学んだ程度の者に過ぎなかったという。[124]

当局は新興宗教が一九三〇年代、とりわけ日中戦争以降になって勢力をかえって増大させていくことを素直に認め、その理由を次のように分析している。すなわち、①満州事変以後の皇民化運動への反発と、②日中戦争以後における統制経済にともなう社会・経済的混乱、および戦争自体に対する心理的不安とである。[125] 十五年戦争体制が進行して、皇民化政策が朝鮮民衆の心を傷つけていくのみならず、大陸兵站基地化にともなう民衆収奪が苛酷さを増していけばいくほどに、民衆の反発心と閉塞感は強まっていく。そしてそうであるだけに、「流言蜚語」が日常化するのみならず、いかに総督府が新興宗教の消滅を画策しようとも、民衆の解放願望を吸引体現している弱小新興宗教教団の活動も秘密裏に執拗に継続されていくのである。日中戦争下における「流言蜚語」の意味を、「支配者と民衆のみえざる闘い」として先駆的に捉えたのは宮田節子[126]だが、しかし、「利害を共通する民衆同士が、個人の枠を越えて、横につながりを持ち、権力に立ち向かうという反戦運動にまで昇華し得ない阻止的要因」をあわせ持っていたという評価は、事実を見誤っている。「流言蜚語」は単に無秩序に飛びかったのではなかった。数多の弱小新興宗教教団は、常にそれをすくい上げて、民衆の心性をある一つの目的に方向付けようとしていた点こそが、「見え難き民衆運動」として評価されなければならず、それは総督府に対し「神経戦」を強いるものであったとも言える。

中には、独立運動を行うという明確な目的を持って新興宗教に着目し、知識人によって意識的に創始された宗教もある。十五年戦争よりも前に起源を持つ宗教だが、統天教と黄極教(当初は黄石公教)である。前者は『大韓毎日申報』の創始者で愛国啓蒙運動の中心的な担い手の一人であった梁起《ヤンギ》鐸《タク》が、一九二〇年に創始したものである。その趣旨は、天道教・侍天教・青林教・吽哆教(太乙教)・済世教・敬天教などを統合して、「世界的大宗教ヲ成立シ地球全体ヲシテ一大霊園ヲ作」ろうというものであった[127]。啓蒙主義の立場を一歩抜けだし、民衆的地平の上に独立運動の基礎を作ろうとしたものであったと推察される。しかし梁起鐸は、創教後間もなくして中国に亡命したため、何ら見るべきものなくその歴史を終わった[128]。

後者は、一九二六年に創始された系統不明の宗教である。大韓帝国期に武官にして中枢院議官で、総督府治政下では没落して一時巡査を行ったこともある金霊植《キムヨンシク》という人物が、「独立達成の為類似宗教を創唱すべき旨を(同志に)提議」し、「神秘と予言を愛好する民衆の心理に投ぜんことを発意」して作ったものである[129]。金霊植とその同志は、独立運動の提起の後初めて易学や心霊学を学び、やはり『鄭鑑録』をその宗教の核心として、鄭氏登極の暁における教徒の高位高官就任を約束すると同時に、独立達成のための努力を訴え、教徒五六〇万名の獲得と五〇〇万円余の独立資金の獲得を目指した。一九三七、八年の両年に検挙されているが、当時の勢力は幹部二三一名、教徒二五〇〇名余であった。本来宗教心とてない知識人が、やはり民衆の立場に降りて独立運動を企図した点が際立っている。

その他、朴重彬《パクチュンビン》を中心とする仏教研究会(後の円仏教)は公認されていた新興宗教教団であり、当局の庇護も受けていたが、ある時突如として不敬行為をなしたことが注目される。すなわち、一九三九年七月長老格の宋寅驥《ソンインギ》が、「今上陛下御登極以来朝鮮各地に災害頻発するは、御聖徳薄く天意の感応を得ざる為」として、昭和元号の改定や皇天上帝の崇拝などを求める書簡を宮中に送ったのである。[130] それは、民衆の解放願望に応えざるを得なくなっている新興宗教幹部が見せた、葛藤の末の行為であったと推察される。

以上のように十五年戦争下においても、新興宗教は民衆の願望に応えるべく、ほとんどが地下に潜伏して布教活動を続けた。公認の新興宗教にあっても、解放願望を募らせる民衆の心性に応えざるを得なくなっている事態が起きるに至っている。中には、総督府の弾圧を覚悟の上で、民衆の願望に便乗して詐欺的に対応する教団もなおあったものと思われる。しかしいずれにせよ、新興宗教は困苦に打ちひしがれている民衆の解放願望を前提に執拗な活動をなし得たのであり、そこに通奏低音としてある民衆ナショナリズムの所在を明確に見て取ることができる。

(1)　松本武祝『植民地権力と朝鮮農民』(社会評論社、一九九八年)二六頁。
(2)　村山智順『朝鮮の占卜と予言』(朝鮮総督府、一九三三年)六五六～六六一頁。
(3)　村山智順『朝鮮の類似宗教』(朝鮮総督府、一九三五年)九五二頁。
(4)　当時、新興宗教は日本でも激増し、多くはやはり「類似宗教」と呼ばれ、社会問題を惹起していたが、マルクス主義哲学者の戸坂潤は、村山同様興味深い分析をしている。すなわち、安上がりの病気治療を欲するような貧しい信徒の存在をもって、彼らは「必ずしも迷信〔科学的無知〕からインチキ宗教へ赴くのではなく、却って理性的な打算からインチキ宗教へ赴く」(戸坂潤『思想と風俗』初版一九三六年、平凡社版、二〇〇一年、三一八頁）のだとして、民衆の主体的な営為を看破していた。

（5）姜萬吉《カンマンギル》『日帝時代　貧民生活史　研究』（創作社、서울、一九八七年）七〇〜七三頁。

（6）京城帝国大学衛生調査部編『土幕民の生活・衛生』（一九四二年）九頁。

（7）樋口雄一『戦時下朝鮮の農民生活誌』（社会評論社、一九九八年）二五三頁。

（8）大和和明『植民地期朝鮮の民衆運動』（緑蔭書房、一九九四年）一五六頁。

（9）金翼漢《キムイッカン》『植民地期朝鮮における地方支配体制の構築過程と農村社会変動』（東京大学博士論文、一九九六年）参照。

（10）板垣竜太「植民地期朝鮮における識字調査」（『アジア・アフリカ言語文化研究』五八、一九九九年）二八九頁。『朝鮮日報』では一九三四年一二月二二日付社説に「文盲者七七％」と題し、この事実をもって「国家行動上、世界文化上の支障となることが多い」と嘆いている（『朝鮮日報社説五百選』朝鮮日報社、서울、一九七二年、三八九頁）。

（11）青野正明『朝鮮農村の民族宗教——植民地期の天道教・金剛大道を中心に』（社会評論社、二〇〇一年）。

（12）姜敦求《カンドング》『韓国近代宗教와　民族主義』（集文堂、서울、一九九二年）一四〇〜一四三頁。

（13）前掲『朝鮮の類似宗教』四七七頁。

（14）青野正明前掲書、一三一頁。

（15）池田種夫「白々教の大検挙と朝鮮の類似宗教」（『東洋』四〇—六、一九三七年）八一頁。

（16）姜東鎮『日本の朝鮮支配政策史研究』（東京大学出版会、一九七九年）四〇五〜四〇六頁。

（17）「騒擾善後策私見」（『斎藤実文書』高麗書林、서울、一九九〇年、第一巻）三九二〜三九四頁。

（18）「朝鮮民族運動ニ対スル対策」（同右、第九巻）一五二頁。

（19）朝鮮総督府警務局「最近ノ天道教ト其ノ分裂ヨリ合同ヘノ過程」（同右、第一〇巻）五一二頁。各派の人数は、官調査による（前掲『朝鮮の類似宗教』六四頁）。

（20）姜東鎮前掲書、四〇九頁。

（21）前掲「最近ノ天道教ト其ノ分裂ヨリ合同ヘノ過程」四七〇頁。

(22) 草深常治「天道教瞥見」(『朝鮮』第一九二号、京城、一九三一年)五八頁。
(23) 呉知泳《オジヨン》『東学史』(京城、一九四〇年)二〇〇頁。ただし侍天教は、「神式」(神道か?)の影響を多少受けている模様である。
(24) 「朝鮮時局私見」(前掲『斎藤実文書』第一三巻)五八五頁。
(25) 以下、本節の東学系新興宗教の概要と教理説明は、特別な注記をしない限り前掲『朝鮮の類似宗教』(一八四〜二九二、四六九〜四七一頁)に基づいている。ただし、その分類については従っていないものもある。すなわち、村山が儒教系とする性道教を東学系として扱い、また東学系とする大道教は、非東学系と分類してここでは取り上げない。
(26) 坪江汕二『朝鮮民族独立運動秘史』(日刊労働通信社、一九五九年)七六頁。
(27) 「朝鮮民情視察報告」(近藤釼一編『万才騒擾事件(三・一運動)』二、友邦協会、一九六四年)七一頁。姜東鎮によれば、金相卨の職業的親日分子としての活動は、韓国併合頃にさかのぼれるという(姜東鎮前掲書、四一八頁)。
(28) 金得梘《キムドゥックァン》『韓国宗教史』(大地出版社、서울、一九六三年)四八一頁。
(29) 拙著『異端の民衆反乱——東学と甲午農民戦争』(岩波書店、一九九八年)三九六〜三九七頁。
(30) 坪江汕二前掲書、七五頁。
(31) 「済愚教趣旨書」(前掲『斎藤実文書』第一二巻)三二四〜三二五頁。
(32) 姜東鎮前掲書、二六二頁。
(33) 坪江汕二前掲書、七五頁。
(34) 前掲『東学史』二三九頁。
(35) 「思想犯罪から観た最近の朝鮮在来類似宗教」(『思想彙報』第二二号、朝鮮総督府高等法院検事局思想部、一九四〇年)二五頁。
(36) 前掲『東学史』二三七〜二四二頁。
(37) 「白々教事件」(『思想彙報』第一二号、朝鮮総督府高等法院検事局思想部、一九三七年)一八頁。
(38) 慶尚北道警察部編『高等警察要史』(一九三四年)四六〜四七頁。

(39)『光州抗日学生事件資料』(風媒社、一九七九年)三八二〜三八三頁。

(40) 前掲『高等警察要史』四七頁。

(41) 朝鮮総督府警務局編『最近における朝鮮治安状況　昭和八年版』(復刻、巌南堂書店、一九七八年)七七頁。

(42) 青野正明前掲書、第三章、参照。飛田雄一「日帝下の自主的農業組合朝鮮農民社の展開」(飯沼二郎・姜在彦編『近代朝鮮の社会と思想』未来社、一九八一年)や新納豊「朝鮮農民社の自立経済運動」(冨岡倍雄・梶村秀樹編『発展途上経済の研究』世界書院、一九八一年)は、それぞれ朝鮮農民社の運動を、「農民大衆の立場に立つ農民大衆の当面利益を徹頭徹尾擁護した」運動(二三四頁)、「朝鮮農民の自主的な「近代化」運動」(三〇六頁)と高く評価している。青野は言及していないが、彼の研究はこうした研究の系譜上に位置づけられ、日本では農民運動団体としての朝鮮農民社への評価は高い傾向にある。

(43) もっとも、天道教の目的は「五万年無極の大道を以て地上天国を建設するにあり」とか、あるいは「地上天国」実現の際は「一般民衆よりも特別の地位を与へられ優遇せらるべし」などと、終末論に近似した教説をもって布教活動を展開する下部信徒が、一部にいたことも否定できない(前掲『朝鮮の類似宗教』七七六〜七七七頁)。しかしそれは、あくまでも天道教を受容した信徒の心性の問題であって、教団の問題ではない。

(44) 池秀傑「一九三二〜三五년간의 朝鮮農村振興運動――植民地〈体制維持政策〉으로서의 機能에 관하여」(『韓国史研究』四六、서울、一九八四年)一二六頁。

(45) 池秀傑「朝鮮農民社의 団体性格에 관한 研究――天道教 青年党과의 관계를 中心으로」(『歴史学報』第一〇六輯、서울、一九八五年)二〇〇頁。

(46) 朝鮮総督府警務局編『最近に於ける朝鮮治安状況　昭和十三年版』(復刻、巌南堂書店、一九七八年)五七頁。逸蓮《イルリョン》「信仰의 更生과 制度의 再建」(『新人間』第九九号、京城、一九三六年)二五頁。

(47) 逸蓮前掲論文、二五頁。

(48)『朝鮮日報』一九三四年一一月二一日付「天道教新派〈吾心党〉今日七〇名을 送局」。「비밀조직 오심당사건」(『新人間』第三五二号、서울、一九七七年)四六〜五一頁。

(49) 尹海東「한말 일제하 天道教金起田의 〈近代〉수용과 〈民族主義〉」(『역사문제연구』創刊号、서울、一九九六年)二五七頁。吾心党には文字通り独立運動計画があったと評価する研究もある(劉準基《ユジュンギ》「抗日秘密結社独立運動団体 吾心党에 대한 연구」『韓国民族運動史研究』一一、서울、一九九五年)が、史料は注(48)に示すものを出ず、論拠が希薄である。

(50) 朝鮮総督府警務局「昭和一二年 第七三回帝国議会説明資料」(『朝鮮総督府帝国議会説明資料』不二出版、一九九四年、第一巻)二九四頁。

(51) 「天道教第九回大会会録」(『新人間』第九一号、京城、一九三五年)四五頁。

(52) 如庵《ヨアム》(崔麟)「天道教의 今後進路에 対하여」(同右)五頁。

(53) 前掲「昭和一二年 第七三回帝国議会説明資料」二九四頁。

(54) 崔碩連《チェソンニョン》「새해의 実行条件」(『新人間』第九九号、京城、一九三六年)一一頁。

(55) 宮田節子編『朝鮮思想運動概況』(不二出版、一九九一年)一八二頁。

(56) 前掲「最近ノ天道教ト其ノ分裂ヨリ合同ヘノ過程」四九〇～五〇六頁。天道教の合同と新幹会の穏健化に最初に反対したのは新幹会京城支部であり、その支部長は李鍾麟であった。当時の天道教新旧両派の対立は、政治的対立のみでは割り切れない人的派閥関係や地位上の利害関係に多分に左右されていたように思える。左右を揺れ動いた李鍾麟には、そうした要素が垣間見える。彼を民族主義左派と位置づける向きもあるが、後述するように彼はのちには親日行為の先頭に立つようになる。

(57) 朝鮮総督府警務局編『最近に於ける朝鮮治安状況 昭和十一年版』(復刻、不二出版、一九八六年)一三三頁。

(58) 『東亜日報』一九二九年五月一八日付「会員多数는 中年의 農夫」。

(59) 同右、一九三二年一〇月三一日「廿年間의 秘社綻露」。

(60) 『東亜日報』一九三二年一一月一二日付「青林教秘社事件 検挙範囲漸拡大 首領太斗燮逮捕」。

(61) 「青林教事件」(『思想彙報』第五号、朝鮮総督府高等法院検事局思想部、一九三五年)一八三頁。

(62) 同右。

(63) 前掲『朝鮮の類似宗教』七七七頁。

(64)『東亜日報』一九二九年五月三〇日付「水雲教徒数千名 忠南大田에 蝟集営住」。
(65) 前掲『朝鮮の類似宗教』二八七〜二八九頁。李康五「東学系総論」『韓国新興宗教総監』(図書出版大興企劃、서울、一九九二年)一三七頁。
(66) 宮田節子「朝鮮における「農村振興運動」——一九三〇年代日本ファシズムの朝鮮における展開」(『季刊現代史』第二号、一九七三年)参照。
(67) 松本武祝前掲書、第五章、参照。
(68)「朝鮮在来の類似宗教に関する調査」(『思想彙報』第一〇号、朝鮮総督府高等法院検事局思想部、一九三七年)二六頁。
(69) 池秀傑が、総督府は「小作貧農層の貧困は構造的な搾取のメカニズムのためではなく、小作・貧農層の怠惰と無識の結果であることを洗脳し、農民の外向化された政治的不満を私事化しようとした」(前掲「一九三二〜三五년간의 朝鮮農村振興運動」一四六〜一四七頁)というのはその通りであり、松本武祝はこの指摘を敷衍させて「「私事化」イデオロギー」と言っている(松本武祝前掲書、一六二頁)。ただしそれは、通俗道徳として本来朝鮮王朝時代より民衆に求められ、民衆の側も崔時亨の教説が画期を示すように、いつしかそれを主体的に内面化しようとした。このような朝鮮史的文脈で考える時、総督府が注入しようとした理念をことさらに「「私事化」イデオロギー」と呼ぶのは、いささか奇異な気がする。その点を考慮してか松本は、のちに著者の用語法に倣って「内省主義」と呼ぶに至っている(同「戦時体制下の朝鮮農民——「農村再編成」の文脈」『歴史学研究』第七二九号、一九九九年)。
(70) 松本武祝前掲書、一七〇頁。
(71) 前掲『朝鮮の類似宗教』七七二〜七七三頁。
(72) 同右、七七四頁。
(73) 青野正明「植民地期朝鮮における農村再編政策の位置づけ」(『朝鮮学報』第一三六輯、一九九〇年)五三頁。一九三六年八月に政務総監として赴任した大野緑一郎は、回顧談で農村振興運動の問題性について、「一方においてはいい農民もおるけども、非常に迷惑しているというようなところもあるようだ」と、曖昧な表現ながらも認めていた(「南総督時代の行政——大野

緑一郎政務総監に聞く」『東洋文化研究』第二号、二〇〇〇年、四四頁)。
(74)『朝鮮日報』一九三五年二月一〇日付「仏教를 中心으로 四大宗教選択決定」。
(75)青野正明「朝鮮総督府の神社政策」(『朝鮮学報』第一六〇輯、一九九六年)九九～一〇四頁。
(76)湯浅睦造「心田開発の目標と野人の叫び」(『朝鮮』第二五〇号、京城、一九三六年)一〇五頁。
(77)「道警察部長会議諮問事項答申書」(辛珠柏《シンジュベク》編『日帝下支配政策資料集』七、高麗書林、서울、一九九三年)二七～二八、四八～五一頁。
(78)同右、一六〇頁。
(79)『朝鮮日報』一九三六年六月一〇日付「全朝鮮類似宗教에 不日中에 大鉄槌」。
(80)同右、一九三六年六月一四日付「民衆을 欺瞞搾取하는 邪教団体一斉弾圧」。
(81)趙載国《チョジェグク》『韓国の民衆宗教とキリスト教』(新教出版社、一九九八年)一五九頁。
(82)前掲「思想犯罪から観た最近の朝鮮在来類似宗教」四五～四六頁。
(83)前掲「昭和一二年　第七三回帝国議会説明資料」二九四頁。
(84)朴賛勝《パクチャンスン》「국내 민족주의 좌우파 운동」(『한국사』一五、한길사、서울、一九九四年)一四五～一四六頁。
(85)『朝鮮日報』一九三三年一〇月三日付社説「復活하는 迷信과 因襲」。前掲『朝鮮日報社説五百選』三六三頁。
(86)同右、一九三六年一月一八日付社説「迷信을 미끼한 巫瞽 退治問題」。同右、四〇八頁。
(87)丁堯燮《チョンヨソプ》「日帝治下의 브・나로드運動에 관한 研究」(『淑明女子大学校論文集』第一四輯、서울、一九七四年)二九九頁。
(88)朴賛勝前掲論文、一四九頁。
(89)『東亜日報』一九二九年七月一一日付「朝鮮의 現状과 宗教団体」(『新東亜』一九七四年一月号別冊付録『日帝下東亜日報押収社説集』서울、二〇一頁)。
(90)『京城日報』一九三八年五月一日付「天道教旧派不穏計画」。「멸왜기도 사건〈좌담회〉」(『新人間』通巻三五一号、서

울、一九七七年)。「龍潭遺詞」(東学農民戦争百周年紀念事業会編『東学農民戦争史料叢書』二六、史芸研究所、서울、一九九六年)〈安心歌〉二五六頁。なおこの祈禱文は、植民地期に日本語訳された金文卿「訳注　龍潭遺詞」(『青丘学叢』第七・八巻、一九三二年)では削除されている。

(91)『東亜日報』一九三八年五月一日付「天道教旧派不穏事件」。「昭和十三年度に於ける鮮内思想運動の概況」(『思想彙報』第一八号、朝鮮総督府高等法院検事局思想部、一九三九年)二七頁。

(92) 前掲「天道教旧派不穏計画」。

(93) 前掲『朝鮮思想運動概況』一八二頁。

(94) 李鍾麟「就任辞」(『新人間』第一四五号、京城、一九四〇年)三頁。

(95) 朝鮮総督府警務局「昭和一六年一二月　第七九回帝国議会説明資料」(前掲『朝鮮総督府帝国議会説明資料』第六巻)六二頁。

(96) 夜雷《ヤレ》「東経大全解説(続)」(『新人間』第一五九号、京城、一九四一年)一七頁。

(97) 姜徳相《カンドクサン》『朝鮮人学徒出陣』(岩波書店、一九九七年)一四二〜一四三頁。ちなみに、天道教の機関誌『新人間』は、第一八八号(京城、一九四四年九月発行)で、「祝半島青年入営」「徴用은　銃後国民의　義務」などの論説を掲げている。

(98)「宗教団体総蹶起」(『新人間』第一八七号、京城、一九四四年)八〜九頁。

(99)「宗教仕奉団을　組織」(同右、第一八八号、一九四四年)一六頁。

(100) 宮田節子編『高等外事月報』(不二出版、一九八八年)二七五〜二八〇頁。

(101) 前掲「昭和一六年一二月　第七九回帝国議会説明資料」六二頁。

(102) 前掲「昭和十三年度に於ける鮮内思想運動の概況」一六〜一七頁。

(103) 前掲「思想犯罪から観た最近の朝鮮在来類似宗教」二七〜二八頁。

(104) 同右、二四〜二五頁。

(105) 青野正明前掲書、一五一〜一五二頁。

(106) 普天教についての記事だが、『東亜日報』(一九三六年八月五日付「普天教弾圧도 一段落」)には、「高等課の方針では、幹部らをして解散後にできるなら、仏教のようなものへ転向させるように慫慂することにし」たいとある。
(107) 前掲「思想犯罪から観た最近の朝鮮在来類似宗教」二六頁。
(108) 前掲「昭和十三年度に於ける鮮内思想運動の概況」一八～一九頁。
(109) 『東亜日報』一九三二年一一月二二日付「青林教徒検挙続報」。
(110) 白白教事件の全貌については、前掲「白々教事件」、長崎祐三「白々教断片」(『思想彙報』第一一～一二号、朝鮮総督府高等法院検事局思想部、一九三七年)、および『東亜日報』一九四〇年三月二〇日～三月二六日付「白白教事件論告要旨」参照。
(111) 「太極教事件」(『思想彙報』第二四号、朝鮮総督府高等法院検事局思想部、一九四〇年)一六四～一七一頁。ここでいう太極教は、第五章第三節で述べた儒教系の同名のものとは違うものである。
(112) 「人天教徒の不穏行動事件」(『思想彙報』第二一号、朝鮮総督府高等法院検事局思想部、一九三九年)二三八～二四〇頁。
(113) 前掲『朝鮮の占卜と予言』六六二頁。
(114) 『東亜日報』一九二九年七月二八日付「伏魔殿을 차저서 一〇」。
(115) 善生永助『朝鮮の聚落　前編』(朝鮮総督府、一九三三年)二五五頁。
(116) 前掲『朝鮮の類似宗教』九四四～九四五頁。
(117) ノーマン・コーン〈江河徹訳〉『千年王国の追求』(紀伊国屋書店、一九七八年)四頁。
(118) 李萬烈《イマンニョル》「한국 기독교의 말세의식과 천년왕국사상」(『현대한국 종교의 역사이해』韓国精神文化研究院、城南、一九九七年)二三八～二四二頁。キリスト教系では、土着の千年王国主義的運動のほかに、外来キリスト教諸派に属する「エホバの証者(人)」を信仰する者の布教活動などもあった(「燈台社事件犯罪事実並び文泰順《ムンテスン》検事訊問調書」『思想彙報』第二四号、朝鮮総督府高等法院検事局思想部、一九四〇年、五五～九一頁、「金奎玉《キムギュオク》判決文」『日帝下社会運動史資料叢書』九、高麗書林、서울、一九九二年、五～一〇頁)。
(119) 前掲「全朝鮮類似宗教에 不日中에 大鉄槌」。前掲「民衆을 欺瞞搾取하는 邪教団体一斉弾圧」。

(120)『朝鮮日報』一九三九年四月二日付社説「邪教淫祠를 徹底膺懲하라」。前掲『朝鮮日報社説五百選』四六九頁。
(121) 前掲「思想犯罪から観た最近の朝鮮在来類似宗教」一九頁。
(122) 前掲『最近に於ける朝鮮治安状況　昭和十三年版』二七〜三四、六三〜六七頁。
(123) 前掲「昭和一六年一二月　第七九回帝国議会説明資料」六二〜六四頁。
(124)「支那事変以後に於ける保安法違反事件に関する調査」(『思想彙報』第一九号、朝鮮総督府高等法院検事局思想部、一九三九年)六一、六三〜六四、七六〜七八頁。
(125) 前掲「思想犯罪から観た最近の朝鮮在来類似宗教」二二頁。
(126) 宮田節子『朝鮮民衆と「皇民化」政策』(未来社、一九八五年)第一章。
(127)「韓国ニ於ケル宗教関係雑纂Ⅱ」(韓国精神文化研究院編『東学農民戦争関係資料集』Ⅵ、図書出版선인、서울、二〇〇〇年)五〇七〜五一二頁。
(128) 金得榥前掲書、四八四頁。
(129) 前掲「思想犯罪から観た最近の朝鮮在来類似宗教」三九〜四〇頁。
(130) 同右、三七〜三八頁。
(補注) 入稿後しばらくして、金正仁《キムジョンイン》「일제강점 후반기(一九三一〜一九四五) 천도교 세력의 친일문제」(『동학연구』九・一〇合輯、慶州、二〇〇一年)を入手閲読する機会を得た。日中戦争下における天道教の親日行為を、教団に保管されている日誌類も駆使し、専論として詳細に明らかにしたものである。残念ながら、本書では参考にすることができなかったが、基本的な事実認識に差異はなく、大筋において同様の見解に達している。ただし、同論考には農村振興運動や心田開発運動との関連において天道教の親日化を捉えるという視点は示されていない。

第九章　救世主の誕生――普天教に集う民衆

第一節　民衆の願望と普天教

民衆運動は、果敢にのみ展開されるものではない。あるいは新興宗教の運動は、あくまでも民衆の困苦に満ちた生活過程に密着した宗教活動であって政治運動ではないと言えるかもしれないが、そうであればなおさら日常の民衆意識や願望を探る上において新興宗教の活動に着目することは重要になってくる。そうした活動なるものは、民衆の生活過程に根ざしたものであるがゆえに、政治運動に比すれば、より日常性を反映しているはずだからである。しかも繰り返して言うが、そうした新興宗教の活動は、在地有力者や知識人の指導・影響のもとに繰り広げられる一般の農民運動や赤色農民組合運動・労働運動などとは違って、自律的なものとしてある民衆固有の文化や思惟世界を前提に展開されている。時として、統天教や黄極教のような知識人層からの独立運動への誘いの手があったとしても、それらは民衆の自律性を無視したものではなかった。

実は、数多ある新興宗教の中で、千年王国主義的言説によって最も教勢を拡大し、社会的にも物議を醸していた教団は、甑山教系の車京石《チャギョンソク》を教主とする普天教である。その影響力は、東学系をも上回るものがあった。官調査によれば、甑山教系中およそ八〇パーセントを占める普天教の教勢は、突出した教勢を誇る東学系の天道教に次いで第二位であるが、その民衆性において際立っている。儒教系を除けば無産階級はどれも九〇パーセントを超えているが、両班・常民の構成比について言えば、甑山教系は九〇パーセントを常民が占め、七〇パーセントを常民が占める東学系を断然引き離しており、仏教系(八二パーセント)・崇神系(六七パーセント)・儒教系(三七パーセント)の追随も許していない。(1) しかも普天教を代表とする甑山教系は、天道教以上に最も不穏事件を惹起し、最も弾圧を被った教団であると、当局から総括されている。(2) 系統不明の新興宗教も、その実は大部分甑山教系と見られている。さらには独立運動団体として不穏視される一方で、一時活発に親日活動も展開し、社会の批判を浴びた点でも不可思議な教団であり、民衆の心性やナショナリズムを考える上で必須の研究対象である。マスメディアへの露出度もきわめて高く、史料も比較的多く存在する。

しかし、一時突出した親日活動をしたせいか、植民地下における民衆思想界での存在が大きかったにもかかわらず、普天教についての関心は薄い。甑山教は分裂を複雑に繰り返し、現在も多くの教団が存在する。一九九七年段階で、三九教団の現存と、行方不明・消滅(最近)教団一二の合わせて五一教団が確認されている。(3) そのため、甑山教自体は社会的影響力も強く、全体としては多くの研究があるのだが、普天教に限ってみると研究はきわめて少ないのである。

実証研究としては一九六六年に発表された李康五《イガンオ》の研究が先駆的な業績である。(4) その後、甑山教団側の記録として同時代史的な史料的価値を有する『甑山教史』が、同教幹部であった李正立《イジョンニプ》によって出され、(5) 普天教への関心もにわかに増してくる。洪凡草《ホンボムチョ》と安厚相《アンフサン》は、独自の聞き取り調査や新聞史料などの発掘によって研究を進展させたが、(6) なお未解明な点が多い。また視角的には、一般の新興宗教研究と同様、宗教学的な関心から普天教教祖の車京石本人の思想解明という観点に立つものが多く、民衆の心性解明という視角からの分析が弱い。安厚相の研究は、歴史学的な関心からするものであり、主観的には民衆の心性解明という観点に立とうとしてはいるが、しかし普天教を独立運動団体としてのみ捉えようとする傾向が強いために、生活に根ざした民衆の複雑な心性を解明するまでには至っていない。

他の研究も、甑山教団側の李正立や洪凡草のものはもちろん、李康五のものを除いては独立運動として普天教の活動を見ようとするものがほとんどである。姜敦求《カンドング》の研究(7)だけは異なるが、専論と言えるものではなく、実証的には不十分であり、またやはり民衆の心性には迫り得ていない。日本では、趙載国《チョジェグク》の研究がある(8)が、やはり甑山教全体を扱い、その関心も宗教学的なものであり、歴史叙述としてはやや概説的な嫌いがある。もっとも、その関心はキリスト教との関係を解明することにあり、専論として書かれたものではない。

本章と次章では、植民地期における朝鮮民衆の精神世界について、対象を東学から普天教に変えて、より具体的に考察してみることにしたい。以上の研究成果は当然踏まえられるべきものではあるが、あくまでもここで課題とするのは、その方法への批判の上に立って、普天教の教理や布教・運動の過程を問題としつつ、その実は民衆の心性やナショナリズムの様相を逆照射することにある。

第二節　甑山とその宗教

甑山教の創始者姜一淳《カンイルスン》は一八七一年、のちに甲午農民戦争の発祥地となる全羅道古阜で貧困家庭に生まれた。甑山《チュンサン》はその号である。本来は由緒ある両班ともされる(9)が、それは晋州(本貫)姜氏の族譜を全面的に信頼して導き出された一般論に過ぎず、その実は常民出身であったと推定される。六歳より書堂で漢文・漢学を修め、神童ぶりを発揮したが、貧困ゆえに、一四、五歳の頃学業を中止して生計獲得の旅に出、モスムや樵の業に携わった。一八九四年書堂を設けて子弟教育を開始するのもつかの間、この年甲午農民戦争が起きる。しかし、甑山は農民軍の敗亡を予言し、周囲に妄動しないよう諭した。甑山最初の弟子である金亨烈《キムヒョンニョル》は、この時甑山に命を救われたことが機縁で、のちに彼の忠実な信徒となった。

一八九七年、甑山は一時閉鎖していた書堂を再開するも、呪術・仏教・陰陽・讖緯など多くの書籍を読む中で、世相と人心を知る必要を感じ、書堂をまたすぐ閉鎖して周遊の旅に出る。そして、多くの見聞と経験を積んで一九〇〇年帰郷した。周遊中、東学に影響を受けつつも、東学に対抗した南学の一派である詠歌舞蹈教の創始者金一夫《キムイルブ》を訪問したことは、特に実り多いものであったようである。教典が伝えるところによれば、金一夫は、上帝が甑山に対してその「天下を匡救しようという意を賞賛」した夢を見たという(10)。そうした周遊の成果あってか、翌年道法を見出すべく全州母嶽山大願寺に籠り、ついに八月一八日「天地大道」を会得するに至る。ここに彼は、「三界の大権を主宰して造化によって天地を開闢し、不老長生の仙境を開いて苦界に陥った衆生を救おう」と決意し(11)、自ら玉皇上帝と称して布教を開始することになる。甑山の布教は、多くの宗教が往々にしてそうであるように、治病活動から始まり、やがて数々の奇行・異蹟・予言を行う中で、多くの信徒を獲得していった。甑山は「漢方医術ノ心得」があると言われ、「疾患ノ快癒スル者等続出」し、やがて「神人」と言われるようになった(12)。

最も古い教義説明によれば、甑山の教義は、迷信・暗黒・病・冤などの世界である天尊地尊の先天時代を克服して、人類の吉凶禍福がすべて自身の思うがままになる人尊の後天時代を築かなければならないというものである。そのためには、「一心」「相生」「去病」「解冤」の四大綱領が実践されなければならない。「一心」とは、絶対平等無差別の神性を心告と呪誦を通じて獲得することであるが、それは「神通」による「開眼」を意味し、万人の同心同徳が目指される。「相生」(弱肉強食・優勝劣敗の大惨劇を克服して人類相愛互助の世界を築くこと)、「去病」(単に生理的病だけでなく制度や道徳、主我的な一切の罪悪を除去すること)、「解冤」(貧者弱者の不平や生老病死のような不可避的な苦悩を説くこと)の三綱領は、「一心」の達成を通じて実現されるのであるが、こうして間もなくして誕生する自由平和の「極楽天国」こそが「後天仙境」にほかならない[13]。

甑山の教義は、明確な多神教を前提としている。人間もまた神の仕業(摂理)として存在し、誰しも死せば神となり得、冥界でしかるべき地位を与えられる。太乙呪(吽哆吽哆、太乙天上元君、吽哩哆耶都来、吽哩喊哩、娑婆訶)をはじめとする一〇以上もある甑山が授けた呪文を読誦することは、人間を生きながらにして神となす霊験あらたかな業であり、それを通じて降神状態になった者は、どのような禍も避けることができ、また自身の病だけでなく、他者の病をも治癒することができるとされる[14]。しかし実のところ、人々はそれ以上には超能力を備えた存在にはなり得ず、本来最高神である玉皇上帝甑山に服従すべき存在である。一神教的に上帝との一体化＝万人真人化を易行の業として説いた、本来の東学や異端東学とは、その信仰内容を明らかに異にしている。東学の後天開闢思想の影響を受けながらも、その創始者崔済愚《チェジェウ》に対しては、甑山はむしろ、対抗意識とともに、批判的継承意識をあわせ持っている。

甑山によれば、玉皇上帝たる彼は天下を大巡して、無惨にも疲れ果てた民衆を救うべく、最初崔済愚に天命と神教を下して東土(朝鮮)に遣わしたのだが、崔済愚はついに大道の光をともすことができなかったので、致し方なく玉皇上帝たる自らがこの世に下ってきたのだという[15]。まことに奇妙なことに、天下大巡の際、彼はマテオ・リッチも同伴している[16]。多神教である甑山の教義にあってはキリスト教もまた、それなりに高く評価されるのである。甑山は日頃マテオ・リッチを賞賛するのみならず、彼を西道の宗長とし、各民族の文化を精選統一させる任を与え、またその霊を招魂して葬った[17]。甑山は、「キリスト教の外形的な力(教団組織や学問的知識)に脅威を抱きながらも、その救済論には惹かれていた」という趙載国の指摘[18]はその通りであろう。

しかし、甑山だけが造化政府を打ち立てて、この世を救済することができる唯一の存在であり、そのために彼が行う神事が「天地公事」というものである。これは洋紙に文字や物形を書いて焼き払うという奇矯な行事をいうのだが、それは「神明」を呼び覚ますという意味を持っていた。[19] 甑山は死に至るまでの九年の間この神事を行い続けるが、教典は、「(天師は)天地の運路をお直しになり、後天世界における人間生活のすべての秩序を決定され、この世の万事万物において何であれ天師の筆端を経ていないものはな」いという。[20] 自由・平等・平均・平和・安楽の理想の制度や生活は、たとえ現在行われていないとしても、それはやがて実現されるべく、甑山がすべて生前に神秘の準備をなしていたというわけである。それゆえ、甑山なき後も「純一の心の中で甑山天師を拝む」ことが甑山の信徒たちには求められ、[21] 甑山は永遠にその信徒間において唯一無二の不滅の救世主であり続けることになるのである。

甲午農民戦争は、異端東学の教理によって自らこそが変革主体であると精神武装した民衆の闘争であったが、甑山は、それが民衆側の敗北に終わって、挫折感と閉塞感が民衆世界の一部に漂い始める状況の中で布教活動を行った。それゆえその布教は、甑山の主観からすれば、活力を喪失した民衆に再び生きる希望と勇気を与えるものでなければならなかった。甑山に追随した信徒のうち確認される七二名中、二一名が東学徒であるという事実は、そのことを示唆している。[22] しかし、闘いに疲れはてて自信を喪失しているかに見える民衆に希望と勇気だけでなく精神の安らぎをも与えようとした甑山は、もはやもう一度本来の東学や異端東学の教義を諭して彼らを闘いに赴かせるわけにはいかなかった。ここに彼は、一時東学に取って代わられたとはいえ、なお『鄭鑑録』信仰＝真人思想に慣れ親しんでいる民衆に対し、自身こそが救世主＝玉皇上帝として降臨した真人であることを宣言したのである。甑山自身は、『鄭鑑録』を強く批判してはいるが、[23] 彼の言説が『鄭鑑録』信仰を継承するものであったことは疑い得ない。

しかし、奇矯な天地公事の神事を行うのみで、一向に造化政府を樹立しないでいる甑山に対する懐疑が、やがて信徒間に芽生えてくるのは当然の成りゆきであった。ある時辛元一《シンウォニル》という高弟が、「弟子の疑惑が甚だしくなっております。先生におかれましては、一日も早くこの世を覆して仙境を建設され、他人の嘲笑を受けないようにされて、待ちに待っている私たちに栄華を与えて下さい」と、不満の声をもらしたというエピソード[24]は、そのことを如実に示している。この時甑山は、人事には機会があり天理には度数があるのだから、しばし待つように説くとともに、「新しい世の中を見るのが難しいのではなく、心を直すことが難しいのだ」と諭したといわれる。これは救世主への信仰のみでは世界改造が達成できないことを言明したものであり、自身の超人性への自己否定にほかならないのだが、信徒に内省の義務を課すことで自身への批判をかわそうとしたものであると言える。

甑山は、崔時亨《チエシヒヨン》が通俗道徳を成立せしめた後にあって、単に『鄭鑑録』信仰に回帰するわけにはいかず、そうした通俗道徳論をも東学から継承し、自身の宗教に取り込まざるを得なかったのだと思われる。具体的には甑山は、賭博行為と誹謗行為を批判して修道と勤勉を勧め、困難を打ち破って困苦を顧みない精神力を奨励し、「分」をわきまえて自立すべきことを説いている。従って、人間は誰しも本来神たる存在なのだと説きつつも、実のところは、修道いかんによっては死後精魂は霧散し、また懦弱な者からは「神明」が去り、信と誠がなければ治病もかなわないとされる[25]。

以上のように、甑山の宗教は彼一人のみを救世主と規定し、しかも民衆個々人に通俗道徳に従った生き方を強いる教義内容を持っていた。甑山は、東学正統思想を継承した第三代教祖にして天道教の創始者である孫秉熙《ソンビヨンヒ》を、邪説によって民衆を誑惑し、かえって民衆収奪をする輩として非難している[26]が、しかし内省主義や通俗道徳を説いて民衆＝変革主体観を放棄した点において、両者は共通する教義内容を持っている。神秘主義を信仰する者すべてに開放することによって民衆を総体として真人＝変革主体として捉える異端東学のような宗教は、基本的には甲午農民戦争で消滅し、すでに述べたように、その後は残党的分子が一九〇四年頃まで孤立分散的に細々と活動をしていくに過ぎない。

甑山の宗教は、甲午農民戦争後、すなわち大韓帝国治世下においてますます内外的矛盾が深まり、民衆が塗炭の苦しみに喘いでいる状況の中で創始された。それゆえそれは、本来鋭い体制批判に動機づけられてはいたのだが、変革思想としてはこのように当初より問題を抱えていたのである。大韓帝国期には、挫折感と閉塞感が民衆世界の一部に漂い始めたとはいえ、実際には民衆はなお士意識を持って変革運動を展開していたということも、すでに述べたところである。そのためか、甑山の宗教は当時にあって、実はあまり広まらなかった。

民族主義的主張においても、甑山の宗教が反侵略的であり、東土(朝鮮)中心主義を色濃く持っているのは事実である。西洋は差別と虐待が甚だしく、それゆえに西洋の悪を制するために甑山は造化力を天より授かったのだとされる。また、清国は民衆が愚鈍であり、日本は民族性が粗暴にして貪欲、侵略熱が強い国だとされる。親日団体一進会に対する甑山の嫌悪感にも根強いものがある。その一方で、朝鮮は世界で最も「神明」の接待を厚くする国であり、甑山が天下を大巡して人類救済を最初に始める選ばれた国なのである。[27] しかし、造化政府の創設による世界の救済という普遍主義的発想は、反侵略の抵抗の武器になる反面、日本の植民地支配の形式変化によっては、それに利用され得る契機も内包していた。甑山の宗教を継承発展させた車京石の生涯は、まさに反日と親日の相克を示すものであった。

第三節　車京石の出自と甑山後の布教

車京石は、一八八〇年全羅北道興徳で車致九《チャチグ》の長男として生まれた。本名は輪洪《ユンホン》、京石は字であり、幼名を寛淳《グァンスン》ともいった。のち井邑の笠岩面大興里に移居したが、大興里は以後生涯の住居地となる。父の車致九は、井邑の東学接主で、甲午農民戦争では第一次蜂起時から全琫準《チョンボンジュン》のもとに馳せ参じた人物である。彼は農民戦争敗北後避身していたが、家族が官軍に悪刑を被っていることを知って興徳郡守尹錫振《ユンソクチン》のもとに自首し、一八九四年一二月末に処刑された。この時わずか一五歳の車京石は、父の遺骸を背負って連れ帰り葬儀を執り行ったという。[28]

父の死を挟んで一〇歳より二一歳まで車京石は安京賢《アンギョンヒョン》という人物のもとで漢学を修めていた。[29]父の死は家の貧窮化をもたらし、他人の家に間借り住まいをしての、その日暮らしのような生活を車京石に強いることになった。しかし、そのような中にあっても賭博には目がなかったと言われ、[30]後年に見られる山師的性格の原型がすでに顔をのぞかせていたようである。

一方では勉学に勤めながらも、他方では自堕落とも言えるこのような貧窮生活を送っていた中にあって、車京石はある時突如として、重大な事件に巻き込まれてしまう。一八九九年井邑の崔益瑞《チェイクソ》を指導者として起きた英学の反乱である。この反乱は、東学異端の残党が三〇〇名ほどの下層民衆を組織して、甲午農民戦争の理念を継承すべく再び大蜂起を企図したものである。準備不足もあってこの反乱は、古阜で最初に蜂起し、興徳・茂長を経て高敞に進撃するも、守城軍に敗れてすぐに鎮圧されてしまうのだが、車京石がこの反乱に一時参加していたことは明らかである。逮捕者らの取り調べの結果分かった反乱参加者の名簿には、彼の名前が「車寛順《チャグアンスン》　井邑中興里　巨魁通引（本来給仕の意）」として出てくる。[31]「寛順」は寛淳と同じ音であり、車京石であることは間違いない。安厚相はこのことをもって車京石が興徳や高敞の襲撃に参加し、逮捕されて死刑判決まで受けたと主張している。[32]しかし、これは間違いである。逮捕者の中に車京石の身代わりとなった車炳玉《チャビョンオク》という京石の又従兄弟がいるのだが、彼の証言によれば、車京石は脅迫を受けてやむなく英学軍に加わったが、興徳に到着した際に暗夜逃亡したという。[33]車京石は、のちに甑山に会って以降も、ある時までは父の報復を考えていた節もあるが、[34]反乱という手段は本来的に彼のとるところではなかったと言えよう。車京石は、むしろその後一九〇四年に親日派の一進会に加入し、評議員あるいは全北総代という任に就くことになる。[35]

しかし車京石は、一進会にあきたらず、会員でありながら、一時孫秉熙に傾倒した時期もあった。甑山と運命的な出会いをするのは、孫秉熙にも不満を持っていた時期のことである。両人は、一九〇七年六月二七日金溝のある酒店で邂逅し、人格的に甑山に圧倒された車京石は弟子となることを懇請することになる。そして、その許可を受けてのち甑山が死するまで、車京石は妻子と家事を顧みることなく、献身的に甑山に仕え、その宗教への信仰を深めていくのである。弟の輪七《ユンチル》はそうした車京石に怒って甑山を問責しようとしたことがあったほどである。(36)

もっとも、甑山の弟子たちは、元一進会員で新参者の車京石を歓迎せず、排斥しようとした。(37) 車京石が一進会を正式にやめるのは、一九〇八年三月のことである。(38) しかし、甑山は当初から車京石を厚く信頼した。それは次のような一連の事柄によって示唆される。(39) まず甑山は、車京石を弟子にして以降、衣冠を正して南朝鮮に向かうと言明したが、これは『鄭鑑録』信仰から付随して出てくる南朝鮮信仰に車京石とともに応えようとしたものであると解される。また甑山は、車京石を「兵判(軍部大臣)にふさわしい」と言明したり、「接主になれ」と命令したり、あるいは「東学神明たち」を全部車京石に付けると言明したりしたが、これらは弟子の中で車京石をことさら愛したことをうかがわせる。そしてさらに、すでに一番弟子金亨烈の次女を「首婦」として娶っていたにもかかわらず、車京石の母方の従姉高判礼《コパンネ》を新たに「首婦」として娶ったことは、車京石への信頼が一番弟子にも劣らないものであったことを何よりも示唆している。もはや甑山の車京石への信頼は、金亨烈をも上回るものがあり、一九〇八年一二月二一日には車京石の家に布政所が定められ、一九〇九年一月二四日(陰暦一月三日)にはついに、車京石は告事致誠祭において甑山に代わって祭礼を執り行うまでになった。(40) 短期の信徒経験しかないとはいえ、甑山の後継者は、ほぼ車京石と決まったのである。

しかし、不死身であるはずの甑山は、一九〇九年八月九日(陰暦六月二四日)突如として死を迎えることになる。自ら玉皇上帝、時には弥勒とも称し、また人々からは「神人」と崇められた甑山の死は、文字通り彼が単なる人間に過ぎないことを信徒の内外に知らせることになり、信徒らの失望と落胆には尋常ならざるものがあった。多くの信徒は欺瞞されたと思念し、即座に立ち去った。葬儀に立ち会った信徒は、金亨烈と車京石ほか四名に過ぎなかったと言われる。[41]

こうして甑山の宗教は、その死をもって沈滞を余儀なくされるに至った。本来貧困であった車京石は、すでに家業をなげうって甑山に仕えていたこともあり、甑山の死後生活の方途もなく、家族は時に餓死の危機にさえ見舞われることもあった。そのような絶望的な状況の中で、やがて奇跡的な幸いが訪れた。一九一一年一一月九日(陰暦九月一九日)甑山の生辰記念を無事に済ませた日の翌日、「首婦」高判礼が降神状態となり、甑山の声を発したのである。以後高判礼は甑山同様、神異な奇行異蹟を行うことになる。車京石は、高判礼の命により、「薬蔵」(薬箱)を始め、金亨烈が保管していた甑山愛用の生前の所持品をすべて取り寄せ、ここに布教が再開された。[42]

布教は甑山同様、治病活動から始まり、降神状態となって病が治癒する者たちが続出した。富裕者の中には財産を傾けて帰依する者まで現れるようになり、教団の勢力は徐々に拡大していった。[43] 教団の最高権威者は甑山の声を発することができる高判礼であったが、実権は車京石が握っていた。車京石は高判礼の従弟であり、甑山の遺命で高判礼は車京石の家に住むことになっていたため、車京石は高判礼の信任を受けて教団を総裁し、訪ねてくる信徒はみな車京石に面会することになっていたからである。[44] もちろん甑山の生前に車京石が後継者と目されていたことは、決定的な要因であったと考えられる。

ここに教団幹部の不満が高まってくる。甑山の生前の意向はともかく、信徒経験が最も浅い車京石は、他の幹部を畏服させることができなかったからである。車京石が自らの実権を強固にするためには、そうした幹部を排除しなければならなかった。その結果一九一四年、金亭烈・安乃成《アンネソン》が相次いで離反分立し、のちにそれぞれ弥勒仏教・仙道を創立した。当時は車京石の教団を含め、これら教団の正式名称はなかったようだが、総督府では一応、車京石の教団を仙道教、金亭烈の教団を太乙教と把握していた[45]。しかし、巷間では両者を混同していたようであり、甑山教系の新興宗教教団は一様に太乙教と呼ばれていたと言われる[46]。事実当時の新聞は、普天教という教名が正式に成立していた時期においてさえ、車京石の教団を太乙教と呼称していた[47]。

車京石に対する不満は、一般教徒の中にもあった。一九一四年六月七日、車京石は神通妙術を行うとして一般人より金銭を巻き上げるのみならず、「大思想」を抱いているとして、憲兵補助員申成学《シンソンハク》らによって告発逮捕された。「大思想」とは、独立思想のことである。証拠不十分で釈放されたが、こうした嫌疑は信徒の不満を前提にして出てくるものであった。事実翌年には、金松煥《キムソンファン》という信徒から、車京石は近く朝鮮が独立して自身が皇帝となると宣伝し、金銭を詐取しているとの告発が全州の憲兵隊本部になされた。後年信徒の中で車京石の皇帝登極への期待は大きな広がりを見せることになるのだが、教団に私財を投じた富裕者の中には、早くも朝鮮独立への期待を真人＝車京石に託した者がいたことが示唆される。車京石は一九一七年六月（陰暦）にも信徒から詐欺の告発を受けている[48]。いずれの場合も逮捕されはしても証拠不十分で釈放されているが、一九一七年四月二四日車京石は要視察朝鮮人甲号（排日思想の持ち主として危険な人物）に編入されて[49]教団への監視体制が強化される。

こうして車京石の実権は、主要幹部が離反独立したことで強化されたかに見えながら、凋落の危機にも直面することになった。しかも、金亭烈・安乃成離脱後、車京石は腹心の李致福《イチボク》を信任して実権を強化していたが、車京石の猜疑心の強さに危機感を感じた彼もまた、一九一六年には離反してしまう。しかし、車京石は教団掌握を万全なものにしていく。同年末には信頼のおける信徒二四名に印章を頒給して教務を分掌させる二十四方主制を創設するとともに、高判礼の居所を礼門と称し、信徒は車京石の許可なくして高判礼に面会できないとする体制を築き上げた。車京石は自らを頂点とする教団組織の整備に着手したのである。官憲の弾圧を避けるため、彼は一九一七年一一月一八日実質的な逃走である「外処遊覧」を余儀なくされるが、その直前には南北道に各執理二人を選んで教財を信託していた。一九一八年九月(陰暦)には、全く実権を剝奪され軟禁とも言える状況にあった高判礼が教団を離脱する(のちに仙道教を創設)が、「外処遊覧」中であるとはいえ、車京石の教団完全掌握が名実ともに実現したのである。(50)

第四節　布教と独立運動

民族独立願望と真人思想を結びつけた宗教運動として最も典型的な運動を展開した車京石の教団が、彼自身の主体的な意志があったかどうかは不明なものの、独立を志向する教団であるという風聞は、教団設立当初よりあった。本格的に布教活動を開始してから三年にもならない一九一四年段階において、すでに車京石が「大思想」を抱いているとして逮捕されたということについては、前述した通りである。しかし、民衆の間に大韓帝国皇帝への哀惜の念がなお強く残されているこの段階では、車京石皇帝登極の風聞はいまだ本格化はしていなかった。「フンチ教」＝車京石の教団が、『鄭鑑録』を利用しながらも、反『鄭鑑録』的に李王朝の復興を期していたことについても、すでに第七章第二節で述べた。また、仏僧金蓮日《キムヨニル》が「仏務皇帝」＝真人を称して済州島で決起した蜂起に、車京石の教団の信徒が多く加わっていたことも、その際述べたところである。

ところが、金蓮日の蜂起は車京石の教団にとって最初の大きな弾圧の契機となるものであった。この蜂起には車京石は何ら関知するところではなかったが、しかし多くの信徒が参加していたために教団の関与が疑われた。済州島から教金一万二五〇〇円が、木浦を経由して教団本部のある井邑に送られた事実を突き止めた当局は、一九一八年一二月保安法違反と詐欺取財罪で多数の教団幹部を逮捕したのである。逃亡中の車京石は逮捕を免れたものの、逮捕者の中には、車京石の実弟輪七と、教団をすでに離れていた高判礼もいた。証拠不十分で翌年一月には全員釈放されたが、当局は車京石の教団が独立運動を企図しているとの心証を持ち、逮捕令を発して車京石を指名手配するに至る。(51)

この頃になると民衆の間には、車京石の教団に真人が誕生し、朝鮮独立を達成してくれるのではないかという期待が、風説とともに広がっていった模様である。折しも金蓮日事件の翌年は、三・一運動が起きて、民衆運動が絶頂に達した年である。官調査によれば、車京石の教団は、一九一八年四四〇七人であったものが、一九年には一万二九三五人と三倍にふくれあがり、さらに二〇年には一万九七二五人、二一年には二万六四一九人と大増殖している。(52) 韓孝《ハンヒョ》植《シク》という人物は、三・一運動以前より朝鮮独立のためには車京石の教団を信ずるしかないとして布教活動を行い、多くの人々を入教させているし、一九一六年に入教した印春植《インチユンシク》なる人物は、国権回復こそが信仰目的であると言い、そのために全財産を車京石の教団に寄付している。また柳《ユ》永瑞《ヨンソ》という人物は、三・一運動で兄を失ったことから、一二歳の身をもって一九年に入教し、具《ク》挏書《ドンソ》という人物は車京石が国権回復をするに足るだけの人物であるとして入教している。(53)

もっとも車京石には、独立運動を自らの力で遂行しようとする意志はなかった。三・一運動が起きて二、三カ月がたった頃彼は、「諸君、少しも妄動することなかれ」という警告文を逃亡の地より発して信徒の運動参加を戒めている。(54) 彼にとっては三・一運動の行方よりは、勢力が拡大した教団運営の方が重要な問題であった。そこで彼は、一九一九年一一月二六日から三〇日にかけて、慶尚南道咸陽郡徳庵里大篁山麓で告天祭を挙行して組織体系を確立しようとした。(55) すなわち、それまでの二十四方主制を改めて六十方主制に拡大し、その下に六任(一方主に六名の任員)を設けたのである。翌年四月(陰暦)には六任の下にさらに十二任・八任・十五任が設置され、壮大な組織大系が完成した。[56] 一方自らは、以前からの呼称である「主人長」をそのままとし、「先生」と呼称させるのを禁止したが、これは当局の指目を意識したためであると推察される。

しかし、車京石の教団が独立を目的とした宗教団体であるとする風評は、三・一運動以降ますます広まっていく。車京石の教団は、教主逮捕令が出されたことからも察せられるように、新興宗教中にあって秘密結社的性格がとりわけて強かった。この教団の布教は当時、「布教者と称している者等も飄然と来って飄然として去ると云ふ有様であり、従って一定の堂宇なども有せず、殆ど実相を捉えるに至難の点が多い[57]」と言われていた。すなわち、布教活動は口伝のみによってなされ、入教式や布教も秘密裏になされていたために、教団を独立運動団体視する風評は、なおのこと増幅されて伝わったものと思われる。三・一運動以降、宗教「善導」主義をとりながらも、硬軟両様の宗教政策を使い分けようとする総督府にあっては、このような教団を簡単に公認するわけにはいかなかった。総督府の弾圧はなお続いていく。

一九二〇年末頃には、間もなくのちに終末が訪れるが、二五年には甑山が再臨して皇帝となり、朝鮮は独立し、その時有力な信徒らは観察使や郡守となり、その他の「太乙教徒」も利益を受けられるとする流説が、平壌にまで広がっている。この流説に関与した人物は、車京石の信任を受けて臨時正理長という資格で当地の布教に従事していた蔡善黙《チェソンムク》・金烘奎《キムホンギュ》(金奎堂《キムギュダン》)の両名であり、間もなく逮捕された[58]。

また、翌一九二一年には江原道で二つの事件が摘発されている。一つは、「太乙教に依り独立を計るべし」として組織された「国権恢復八人組」が、三月金化で摘発された事件である。もう一つは、「関通工夫と称する神術」を研究中の車京石の教団が目的とするところは国権回復にあり、車京石登極の暁には、その信徒は官職を与えられるとする流説に基づいた、「太乙教」による国権回復運動が五月伊川で摘発された事件である。[59] 後者は同年春、全州で当局が教金一〇万円を上海臨時政府に送る軍資金だとして押収した事件との関連で摘発された事件である。当局はこの時、江原道のほか三南各地でも数千名の教徒を逮捕している。[60] 信徒の数が二万六四一九人と、一九一九年の二倍に達したこの年には、全村約一〇〇戸中七、八〇人が「太乙教徒」という村が京畿道高陽に現れるにさえ至っている。[61]

前者の「国権恢復八人組」に関して言えば、あるいは金亨烈の教団に関わる可能性がないわけではない。金亨烈の教団は、創立間もない時期に、日本に変乱が起きることを予言し、それがはずれたことによって、早くも勢力を一時喪失していた。[62] しかしその教団は、車京石の教団同様、三・一運動を契機に勢力を挽回させており、当時少なくとも四五〇〇名の信徒を獲得していた。甑山が再臨して東洋の盟主となり、朝鮮は独立し、金亨烈は宰相となってその信徒は高位高官になるという、車京石の教団が平壌で関与した流説と同様の言説がその教団からも生み出され、それを流布したとの嫌疑で、一九一九年一一月金亨烈はじめ一六名の信徒が検挙されるに至っている。[63] しかし、たとえそうであるにせよ、前述したように車京石の教団と金亨烈の教団は混同されており、民衆の間では、そうした事件が甑山教系の教団のうちで隔絶して最大規模を誇る車京石の教団に関するものだ、と考えられた蓋然性が高い。当局も、甑山教系教団のうち車京石の教団をとりわけ危険視かつ憎悪していた。車京石の教団に対する弾圧は、教勢が全国的に拡大していった一九二〇年の末頃、慶尚北道の青松で行われて以降甚だしくなっていった。教団史によれば、青松では制令第七号「政治ニ関スル犯罪処罰ノ件」違反の嫌疑によって教徒三〇〇〇名が逮捕されたという。教団史は、そのうち数十名が獄死し、七〇〇名が起訴され、一二九人が高等法院まで争い、最高二年六カ月、最低九カ月の懲役刑が言い渡されたが、以後一九二二年までに各地でおよそ三万名の信徒が検挙されたとも伝える。[64] 青松だけで三〇〇〇名の検挙者が出て、しかも一九二二年までに三万名が検挙されたというのは、いささか誇張に過ぎた教団受難史だが、江原道と三南地方各地で数千名の逮捕者が出たというのは、官憲史料が記述するところである。[65] 車京石の教団が当時大弾圧を被ったことは間違いない。金亨烈の教団がわずか一六名の逮捕者を出したにすぎず、しかも全員が翌一九二〇年三月(陰暦)証拠不十分で釈放されている[66]のと対比する時、当局が車京石の教団にいかに厳しい対応をしたかが察せられる。

このように、車京石の教団が実は独立運動団体であるとする認識が風評だけでなく、当局によってもなされた結果、興味深いことに独立運動家が車京石の教団に接近するようにもなった。安厚相が車京石の子息に対して行った聞き取り調査によれば、宋鎮禹《ソンジヌ》・安在鴻《アンジェホン》・張徳秀《チャンドクス》・申錫雨《シンソグ》・趙炳玉《チョビョンオク》・金錣洙《キムチョルス》などの著名な民族独立運動家や言論人が井邑大興里にある普天教本部に秘密裏に出入りしていたという。[67] 子息によれば彼らはみな車京石の教団の信徒であったというが、これは錯覚ないしは記憶違いに基づいた疑わしい証言である。しかし、彼らが車京石と何らかの関係を持っていたことは間違いのない事実であった。

第三次朝鮮共産党初代責任秘書の金錣洙の回想によれば、一九二二年一月にモスクワで開催された第一回極東被圧迫民族会議に参加した金奎植《キムギュシク》・呂運亨《ヨウニョン》・金尚徳《キムサンドク》・羅容均《ナヨンギュン》・鄭光鎬《チョングァンホ》・張徳震《チャンドクチン》・金錣洙ら七人の旅費は、崔八鏞《チェパリョン》と張徳秀が「劇的に車天子に出会った場で」金一万円を受け取って充当したものであった。[68] 金錣洙は、支援金を出す時の「車天子」すなわち車京石の様子として、「言葉も多かったが」と注記している。また、多くの聞き取り調査を先駆的に行った李康五が安厚相に語ったところによれば、独立宣言書非署名者ではあるが、三・一運動における四八人の有力指導者の一人に数えられる林圭《イムギュ》は、実は普天教徒で、教金五万円を受け取って、その一部を三・一運動の土壌作りに尽力した張徳秀に渡し、張徳秀はその金の一部をさらに羅容均に渡したという。[69] こうなると、当局が疑うように、車京石の教団と上海臨時政府との直接的な関係がやはりあったのではないかと思われもするが、そのような確たる証拠はなく、当局の過剰反応であったと考えられる。[70]

しかし、たとえ車京石には、あくまでも教団の布教拡大の方がより重大な関心事であり、自らの教団の全力を傾けて独立運動を積極的に行おうとする意志はなかったにせよ、三・一運動直後頃までは、民族独立運動に対して少なくとも理解だけは示していたことに間違いない。そして、そうした車京石の姿勢が、「車皇帝出現説」と相俟って、彼を実像以上に自らの力で独立を達成しようする指導者として大きく見せたがゆえに、車京石の教団は苛酷な弾圧にもかかわらず、その教勢拡大は止まることがなかった。ここに当局も、他の新興宗教に対するのと同様に、やはり懐柔策を考慮せざるを得なくなっていく。

第五節　普天教の創建と布教活動の本格的展開

当局の大弾圧が全国的に行われているさなか、車京石は一九二一年一〇月二四日、大胆にも二度目の告天祭を慶尚南道の徳裕山麓黄石山で敢行した。今回の告天祭は、教名を告げる目的をもって行われたものだが、背教者金英斗《キムヨンドウ》の密告によって付近一帯を警察や密偵が厳戒包囲する中で、中央幹部・地方幹部合わせて八五二名と一般教徒一〇〇〇名を集めて行われた。高さ二メートル以上の九層からなる祭壇の上には、「九天下鑑之位」「玉皇上帝下鑑之位」「三台七星応鑑之位」の三位が大書され、教名が「普化」と告天され、同時に車京石は正式に教主の位に就いた。[71] この時、国号も告げられ、「時」とされたという。

国名が「時」と宣せられたというのは、その場に居合わせた者の証言によって明らかである。[72] 当局も、「教主ハ旧韓国皇帝ノ衣冠束帯ヲ為シ、本日天子トナリタルニ依リ、今日ヨリ余ヲ天子ト呼ビ国名ヲ時ニ教ヲ普化ト改」めたとの情報を得ている。[73] もっともこのことを証言するのは、のちに車京石と仲違いする幹部の李達濠《イダロ》と朴来弼《パクネピル》であり、同じく車京石と仲違いした文正三《ムンジョンサム》は「天子云々ノ如キ不穏言動ハ絶対ニ無シ」と断言している。韓国皇帝の衣装を着て天子と自称したというのは、おそらくは訛伝に過ぎない。確かに後日、普天教本部から「天子剣」や「玉璽」が発見されたとの新聞報道がなされたり、また本部の建物の瓦に菊の紋章を打ち出して、不敬行為を咎められたとの事実があったりはする。[74] しかし、車京石の後孫や教人の証言によれば、車京石は官憲に対し、「教中天子」と自称し、また教団史も、車京石は「道中天子」と自称したと伝える。[75] 車京石は、あくまでも宗教的世界における最高権威者として自己を位置づけようとしたに過ぎず、世俗世界における権力者として自己を定立してはいなかったものと考えてよい。玉皇上帝＝甑山の意によって自身が文字通り天子になることを車京石自身も運数と心得ていたという指摘[76]は、いささか早計であろう。

ところが第二次告天祭以降、一般教徒の多くは国号までもが定められたことによって、朝鮮の独立がすぐにもなされると考えるようになる。第二次告天祭後間もなくして、甲子(一九二四年)登極説が巷間に流布されるに至るのである。すなわち、「車京石が甲子年四月に皇帝になり、鶏龍山に都邑すれば、その信徒は思うがままに高官・大爵になれる[77]」との噂が広まるのだが、もはや甑山の再臨による民衆救済という言説は全くなくなり、車京石の登極による民衆救済という言説が信徒間において一般化される。出現したばかりの「大時国」では教団幹部はそれぞれ王朝時代の大臣制度に擬して官職を授けられており、「大時国皇帝之璽」もあるという風説が早くも広まる[78]一方で、一般民衆の救済方途も示されていく。全羅北道益山の朴在根《パクチェグン》(三七歳)という者は、一九二三年一一月に論山のある商店の宿直室で、甲子四月八日(陽暦五月一一日)に車京石が朝鮮・日本・中国を統一して鶏龍山に即位するが、そうなれば、「日本政治の下で塗炭の苦痛を受けている人民を救済するはずである」と説いている。[79] 車京石登極の風説は、金亨烈一派が車京石を陥れるために故意に捏造して悪宣伝を行ったという見解もあるが(80)、たとえそうであるにせよ、あくまでも「道中天子」たろうとしたに過ぎない車京石の主観的立場を離れ、彼の皇帝即位とそれにともなう困苦からの脱出を夢見る民衆の心性が注目されなければならない。

　このように車京石の教団は独立と民衆救済を実現しようとする宗教結社としてますます民衆に認知されていくのであるが、それは、教団が非合法であることによってなお一層増幅されたイメージで民衆間に伝播されていった。そこで総督府は、ようやく宗教「善導」主義を車京石の教団にも適用することを決意し、それをむしろ合法化して体制内に包摂する中で監視しようとする方策をとるに至る。第二次告天祭終了後、車京石は変装して官憲の厳重な包囲網を脱出したが、実はその前に官憲側の一部では車京石の教団への懐柔策をとっていた。まず最初に懐柔策を画策したのは、親日団体の東光会幹部金教爀《キムギョフン》と盧《ノ》柄熙《ビョンヒ》である。両人は一九二一年七月(陰暦)車京石への面会を果たし、秘密布教をやめて教団を公開し、官憲の弾圧を避けるように勧告した。両人の目的の一つには車京石を籠絡して教財を奪い取ることもあったとされる。車京石は方主会議で決定することを約束して両人を帰したが、両人は告天祭の前日にも京畿道警察部の刑事課長金泰《キムテ》錫《ソク》の意を受けて車京石に面会を求めに来た。ところが、当日には同じく京畿道警察部の高等課長藤本源市も朴敬煥《パクキョンファン》と鄭基洪《チョンギホン》を派遣して教団公開の勧告をしている。いわば両グループは車京石懐柔の功績争いを展開したのであるが、車京石は朴敬煥一派にのみ教団合法化に関わる情報を提供することを約束した。そこで朴敬煥らは、告天祭終了後にも教徒捜索を行っている咸陽警察に捜索の中止を迫ったが、一方車京石に裏切られたと悟った金教爀は、必死の捜索を続け、その追跡の中を車京石は無事脱出したのである(81)。

　高等課長藤本源市が車京石の教団の懐柔を考えたのは、八月(陰暦)のことである。この月、臨時正理長李《イ》祥昊《サンホ》が京畿道警察部に逮捕され、四〇日間拘留されたが、藤本は李祥昊を丁重に遇し、教団公開の勧告を行った。釈放された李祥昊が、一〇月(陰暦)車京石のもとを訪れ、教団公開を進言すると、すでに教団公開の決意をほぼ固めていた車京石は、方主会議を招集した。議論百出するも、車京石は教団公開の方針を決定し、教団公開に関する全権は、李祥昊に委ねられた。ここに李祥昊は総督府と折衝を重ね、ついに一九二二年二月二七日ソウル東大門外昌信洞に「普天教真正院」という看板を掲げて井字教旗を掲揚し、「普天教宗旨」を声明するに至った。普天教は実質的に公認されたのである。[82] 告天祭において普化教と命名された教団名が、公認に際して何故に普天教とされたのかは理由が定かでないが、当時公認されていた天主教や天道教の名称に倣って、普天教とした方が官憲の疑心を受けることがないだろうという李祥昊の判断に基づくものと言われる。[83]

もっとも、公認によって車京石への逮捕令がただちに解除されたわけではない。車京石逮捕の動きは依然として続き、公認直後の三月(陰暦)にも咸陽警察署は車京石を追跡したし、一一月(陰暦)には総督府通訳官西村真太郎が警官五〇名を率いて井邑の本部を捜索している。[84] しかし、公認によって末端警察の普天教取り締まりは徐々に緩和されていったことは間違いなく、車京石はなお逃亡の身でありながらも、以後布教活動をますます活発化させていく。

もとより十三条からなる戒典(戕公・不敬・姦淫・私蔵・横暴・欺罔・誘引・私遺・擁蔽・比斥・悖倫・濫奢・棄義)[85]を信徒に強いていた車京石は、公認直前の一月(陰暦)には新たに十二条の誡命(尊上帝・崇道徳・親睦同人・罔乱陰陽・理財公正・節用厚生・不有誕妄・無為自尊・莫懐貪欲・慎勿猜妬・正直不阿・勿毀他人)を制定して、信徒の綱紀粛正にともなう組織強化を一層図った。そして、六月一〇日には井邑の本部に正殿を完成させ、普天教の偉容を教団内外に誇示し、翌二三年二月からは中央・地方の組織整備を図っていく。すなわち、中央においては従来の六十方主制を十五方主ずつ四方位に組織替えして肥大化した教団組織の指揮系統を整理し、地方においては各地の支部活動を強化すべく、支部に相当する真正院を重要各都市に設置した。また、年末には婦人方位を組織して、女性信徒の獲得に力を注いでいく。次いで、二四年一月(陰暦)には一般教徒に普天教徒たることの公然とした主張を促すべく、その証として青衣を着用するようにとの教令を発した。(86)

さらに車京石は海外布教をも視野に入れて、日本の大本教との連携も模索している。その契機は、二三年一二月二〇日大本教の松村真澄(謙三)・安藤唯夫が普天教本部を訪ねたことに端を発しており、翌二四年九月三日には普天教幹部の金勝玟《キムスンミン》が亀岡の大本教本部を訪問している。両教団は以後親密に交流し、出口王仁三郎も普天教の使者に面会し、普天教の使者も大本教本部で講演したこともあったという。ただし、のち普天教への弾圧が強まる中で、両者の関係は次第に疎遠になっていったようである。(87)

この間車京石と普天教の勢威を最も誇示した出来事は、二二年九月一一日車京石の母=「大師母」朴《パク》氏の葬儀を、「王者の礼」をもって執り行ったことである。朴氏は前年一二月一五日に死去していたが、普天教公認前であったために正式な葬儀を控えていたのを、公認を契機に盛大に執り行うことにしたのである。追悼会も含め一二日まで行われた葬儀には、教団発表では一〇万名余、『東亜日報』発表では数万名が参加したと言われるが、見物人にも食事を給したため食票は実に四五万枚配給されたといい、信徒らは国葬と称したという。教金一〇万円を蕩尽したともいわれるこの葬儀には、さすがに方主ら幹部の不平不満が高まったが、車京石は責任を幹部の一人蔡奎一《チエギユイル》に転嫁して教団の組織的統一を保った。(88)

逮捕令がまだ解除されていなかったにせよ、公認後二年ほどの間はまさに車京石得意絶頂の時であった。この時期に普天教は、実にさまざまな産業・社会事業にも進出している。何よりも注目すべきは、織物工場・染色工場・笠工場・農機械工場などを設置したことである。ガラス工場や製鉄・製錬場も計画されたが、これらは認可されなかったという。(89) 興味深い事実は、これらの事業が当時展開されていた物産奨励運動と関係があることである。周知のように物産奨励運動は、日貨排斥と国産品愛用を志向した運動だが、安厚相が明らかにしたところによれば、物産奨励運動の主要人物の中に普天教関係者が七名含まれていた。[90] すなわち、朝鮮物産奨励会の創立総会(二三年一月二〇日)と第二回定期総会(四月三〇日)で選出された理事三〇名中、高龍煥《コヨンファン》・李得年《イドウンニョン》・林敬鎬《イムギョンホ》・朱翼《チュイク》の四名が普天教幹部で、金喆寿《キムチョルス》・薛泰《ソルテ》熙《ヒ》・李《イ》順鐸《スンタク》の三名が教団と密接な関係にあったのである。

これら七名中、もっとも注目すべきは、李順鐸である。経済学者にして物産奨励運動の代表的イデオローグの一人であり、解放後一時左右合作運動を行い、さらに李《イ》承晩《スンマン》政権下で初代企画処長・朝鮮金融組合聯合会長ともなった李順鐸は、普天教徒ではなかったものの、普天教幹部李祥昊と李正立(成英《ソンヨン》)の弟で、両者から影響を受けた人物であった。[91] 李祥昊・正立兄弟は、一般に教育水準が低い教団内にあって高い教養を持ち、李正立の場合は日本に留学し、東京高等師範学校地理歴史科を卒業している。後述する『時代日報』買収問題で、車京石と仲違いし普天教を離れるが、両人とも終生忠実に甑山の教えを信奉する宗教家であった。普天教公認に尽力した李祥昊は、普天教のみならずさまざまに分派した甑山教の経典『大巡典経』の著者であり、終生その改訂作業に従事したし、李正立は、甑山教に関する多くの教理書と教団史『甑山教史』を書き残している。両人が普天教並びに甑山教に果たした役割には甚大なものがある。車京石も知識人であった両人を優遇し、他の幹部の妨害があって思い止まったものの、一時は李祥昊を副教主に任命しようとしたほどであった。[92]

この時期普天教はまた、教育啓蒙活動にも力を注いでいる。まず印刷所も備えた雑誌社として普光社を設立し、天道教の雑誌『開闢』に対抗して、二三年一〇月雑誌『普光』を刊行した。そこでは「一心」「相生」「去病」「解冤」の教理が大衆的に宣伝され、社会進化論の否定と絶対平等の社会の実現が訴えられた。この雑誌は四号(二四年三月)まで刊行されている。また教育事業としては、青年会・少年会・少年軍・図書館などを設ける一方で、幼稚園・夜学会・女子学校(普興女子私立修学)などの直接教育機関も設置した。[93] 普天教徒は甑山の遺訓であるとして基本的に長髪を維持し、伝統への強い固執があるのだが、意外にも新学問にも理解が深かったと言うことができる。物産奨励運動と対の関係にあるとも言える民立大学設立運動に、高龍煥・李得年・朱翼などが執行委員・監査に就くなどする形で、普天教が関与していたことも安厚相によって明らかにされている。[94]

以上のことから、普天教の産業・社会事業が物産奨励運動や民立大学設立運動などの実力養成運動と連動していたことは、ほぼ間違いない。しかしそのことをもって、普天教を「国権回復運動のための前衛組織」であるとまで評価する安厚相の見解には疑問がある。[95]

朴賛勝《パクチャンスン》が指摘するように、実力養成運動はあくまでも体制内運動であって、民族運動としてはその限りにおいて評価し得るものである。[96] それは、資本主義文明の樹立を独立より優位に置こうとする傾向性さえ有していた。従って普天教も、「国権回復運動のための前衛組織」などと評価することはできない。しかも、幹部のうちに普天教の活動を物産奨励運動や民立大学設立運動との連動において展開していこうとする者がいたとしても、あくまでも「道中天子」たろうとした車京石が目指したものは、自給自足的な宗教共同体の創出であったと考えられる。当時流布されていた風説には、「大時国」が建設された暁には井田法(中国周代にあったとされる均田制)を実施し、土地の個人所有を廃止して平等分配を行うから、土地所有者は今より土地を売却してその代価を献納すれば、将来高位高官に就けるというものもあった。[97] 事実普天教は、全財産の教団への供出を奨励しており、それは平均・平等理念の実践であったと言える。全財産供出者は弾竭者といわれたが、車京石は、「天が与えた財産は天のことに使えば良い」と言っていた。[98] 安厚相は、普天教の教旗が「井」字である理由として、共産社会を意味する「共」字を暗示的に表象したものだと言うが、[99] これは間違いである。「井」字は本来水源を意味し、普天教の徳化が普く衆生に及ぶことを表象したものである。[100] ただし復古的な意味における共産社会を理想化する思想が車京石にあったのは事実であり、そのことがもし表象されているとするなら、教旗の意味するところは、厳密には井田制の理想化であったと言える。

平均・平等の宗教共同体を築こうとする動きは、一般に宗教団体に往々にして見られるものである。公認獲得当初における普天教の産業・社会事業の展開には、得意絶頂にあった車京石の理想が確かに反映されていたと見ることができる。

しかし、事は順調には進まなかった。産業事業といっても、工場の規模は決して大きなものではなかったものと思われる。井邑の教団本部に移住してきた信徒のために、共同労働請負並びに生活互助的性格を持つ組織として、一九二四年六月三〇〇名ほどの信徒を集めて己産組合なるものが結成された[101]のだが、この組合はそうした工場が移住教徒を十分に雇用するに至っていなかったことを示唆している。己産組合は、井邑近辺の雇用機会を独占しようとし、また人力車事業を行っていたという。後述するように、やがて車京石の理想も信徒らの希望も、無惨に朽ち果てていくことになる。

また、普天教はいかに教育・啓蒙活動を展開しようとも、近代化された都市・知識人社会の邪教視から逃れることはできなかった。それは、普天教に集まる民衆の持つ救世主願望が、迷信による以外の何ものでもなく、また自身の理想とは裏腹に貪欲なまでの金銭・権勢欲をあわせ持つ車京石の言動が、愚昧な民衆をますます迷信的世界に陥れていくものと思われたからにほかならない。普天教は、なお一層啓蒙活動を本格化すべく『時代日報』を買収しようと乗り出した——いわば実力養成運動陣営への本格的参入を意図した——時、皮肉にも都市・知識人社会よりその仲間入りを拒否されて手痛い社会批判を被ることになる。

(1) 村山智順『朝鮮の類似宗教』(朝鮮総督府、一九三五年)八九二頁。

(2) 「思想犯罪から観た最近の朝鮮在来類似宗教」(『思想彙報』第二二号、朝鮮総督府高等法院検事局思想部、一九四〇年)四六頁。

(3) 金洪喆《キムホンチョル》・柳炳徳《ユビョンドク》・梁銀容《ヤンウニョン》『韓国新宗教実態調査報告書』(円光大学校宗教問題研究所、益山、一九九七年、九一八〜九二〇頁)。

(4) 李康五「普天教」(『全北大学校論文集』第八輯、全州、一九六六年、のち『韓国新興宗教総鑑』〈図書出版大興企劃、서울、一九九二年〉に再録、以下引用は再録版から行う)。

(5) 李正立『甑山教史』(甑山教本部、金堤、一九七七年)。

(6) 洪凡草『汎甑山教史』(図書出版한누리、서울、一九八八年)。安厚相「日帝下 普天教運動 上・下」(『남민』四・五、서울、一九九二・一九九五年)、以下第一論文とする。同「戊午年 済州法井寺 항일 항쟁 연구」(『宗教学研究』一五、서울大学校、一九九六年)、以下第二論文とする。同「普天教와 物産奨励運動」(『韓国民族運動史研究』一九、서울、一九九八年)、以下第三論文とする。

(7) 姜敦求『韓国近代宗教와 民族主義』(集文堂、서울、一九九二年)一二九〜一三七頁。

(8) 趙載国『韓国の民衆宗教とキリスト教』(新教出版社、一九九八年)。

(9) 洪凡草『甑山教概説』(創文閣、서울、一九八二年)一三〜一四頁。

(10) 李祥昊『甑山天師公事記』(京城、一九二六年)四〜五頁。

(11) 李祥昊『大巡典経〈一一版〉』(甑山教本部、金堤、一九九一年、初版一九二九年)二―五。『大巡典経』は各章に細かく節番号がふってあるので、以下章―節番号で示す。なお『大巡典経』には、日本語訳(富岡興永訳『回天の聖者』姜甑山先生顕彰会、一九八六年)があるが、これは第八版(一九七九年)を翻訳したものである。

(12) 『普天教一般』(全羅北道、一九二六年、学習院大学東洋文化研究所〈友邦協会〉所蔵)三〜四頁。本書はガリ版刷りのもので、「秘」と押印されており、道警察部から出された調査報告であると推定される。本書は従来、存在は確認されていたものの、韓国では所在が不明であったのか、普天教研究において利用されてこなかったが、多くのことが調査されており、貴重な史料と言える。

(13)「答客難」(『普光』創刊号、京城、一九二三年)二九〜三二頁。
(14)前掲『大巡典経』七—一五。
(15)同右、三—二二、五—一二。
(16)前掲『甑山天師公事記』一一頁。
(17)前掲『大巡典経』三—四九、四—一六二、五—九。
(18)趙載国前掲書、一五一頁。
(19)前掲『甑山天師公事記』一八頁。
(20)前掲『大巡典経』四—一七五。
(21)前掲「答客難」二九頁。
(22)盧吉明《ノギルミョン》「新興宗教創始者와 追随者의 社会的背景과 그들간의 関係」(『甑山思想研究論集』第三輯、서울、一九七七年)一六一頁。
(23)前掲『大巡典経』三—一六四、五—二二。
(24)同右、二—四二。
(25)同右、六—五五、六二、七二、七七、八八、一〇三、一〇四、一二八、八—二八。
(26)前掲『甑山天師公事記』九八頁。同右、四—三三。
(27)前掲『大巡典経』二—三七、三—一四、二七、三七、四—二八、一六九、五—一二、三八、六—一四〇。
(28)『東亜日報』一九二五年一月一二日付「糞窖中蠢動하는 時局大同団①」。崔玄植《チェヒョンシク》『甲午東学革命史』(郷土文化社、井州、一九八〇年)二四六頁。
(29)前掲『普天教一般』九頁。

(30) 前掲「糞窖中蠢動하는 時局大同团①」。
(31) 「全羅南道高敞郡捉得乱党姓名罪目并録成冊」(『各司謄録』第五四巻、国史編纂委員会、서울、一九九一年)七二〇頁。
(32) 安厚相前掲第一論文・上、六八頁。
(33) 「全羅北道裁判所質稟書第一五号」(『司法稟報』第四巻、亜細亜文化社、서울、一九八八年)〈全羅北道井邑古阜所捉匪類供案〉三四六頁。
(34) 前掲『大巡典経』三―二四。
(35) 前掲『普天教一般』九頁。前掲『甑山天師公事記』七〇頁。
(36) 前掲『大巡典経』三―一二三。
(37) 同右、三―二七。
(38) 前掲『普天教一般』九頁。
(39) 前掲『大巡典経』二―一〇八、三―二一、三〇、三三、四―四八。
(40) 同右、四―一一五。『教祖略史』(出所、発行年不詳)五丁。
(41) 前掲『甑山天師公事記』一四五頁。
(42) 前掲『甑山教史』四七~五一頁。
(43) 前掲『汎甑山教史』六九~七一頁。
(44) 前掲『甑山教史』五二頁。
(45) 前掲『普天教一般』一〇~一一頁。
(46) 前掲『汎甑山教史』三三頁。
(47) たとえば、『東亜日報』一九二二年二月二一日~二五日付「佐教太乙①②」「風説이 伝하는 太乙教③④⑤」。
(48) 李《イ》英浩《ヨンホ》『普天教沿革史』(普天教中央協正院・総正院、発行地不詳、一九四八年、脱稿一九三五年)上、一~五丁。
(49) 前掲『普天教一般』一八九頁。

(50)　前掲『普天教沿革史』上、三〜五丁。前掲『甑山教史』五五〜五八、一四二頁。
(51)　前掲『普天教一般』四二〜四三頁。前掲『甑山教史』六〇頁。
(52)　普天教の教勢は以下、前掲『朝鮮の類似宗教』五三一〜五三七頁の表による。
(53)　前掲『汎甑山教史』八二〜八三頁。
(54)　前掲『普天教沿革史』上、七〜八丁。
(55)　同右、八〜一三丁。
(56)　もっとも数字の上では、任員の定数は方主六〇＋六任三六〇＋十二任四三二〇＋八任三万四五六〇＋十五任五一万八四〇〇＝合計五五万七七〇〇人となるが、これはあまりに過大な教徒数である。あくまでも理念優先の組織体系であったと言うべきであろう。
(57)　吉川文太郎『朝鮮の宗教』(京城、一九二一年)三五七〜三五八頁。
(58)　『東亜日報』一九二一年四月三〇日付「太乙教頭目検挙」。前掲『甑山教史』八二〜八三頁。
(59)　金正 明《キムジョンミョン》編『朝鮮独立運動』(原書房、一九六七年)Ｉ分冊、五五八〜五六〇、五九五〜五九六頁。
(60)　同右、六九二頁。
(61)　『東亜日報』一九二一年五月一四日付「全洞里가 太乙教徒」。ちなみに、この頃の宗教界の状況について総督府警務局長赤池濃は、「不健全ナル宗教(例ヘバ太乙教ノ如キ)ノ発生ヲ促スノ風アリ」として、天道教もキリスト教も勢力伸張が難しい中にあって、太乙教のみは「愚民貧民ノ間ニ勢力アリ」と報告している(「朝鮮治安ノ近況概要」近藤釼一編『万才騒擾事件(三・一運動)』二、友邦協会、一九六四年、一一〇頁)。
(62)　第七章注(17)。
(63)　前掲『朝鮮独立運動』Ｉ分冊、二四七〜二五〇頁。
(64)　前掲『甑山教史』八八〜八九頁。
(65)　前掲『朝鮮独立運動』Ｉ分冊、六九二頁。ちなみに、一九二〇年度中の朝鮮人政治犯処罰令違反者は四〇三三人である

『大正九年　朝鮮総督府統計年報』〈警察〉五頁)。
(66) 前掲『甑山教史』六八頁。
(67) 安厚相前掲第三論文、三六六〜三六七頁。
(68) 「김철수 친필유고」(『역사비평』五号、서울、一九八九年)三五四頁。韓国精神文化研究院現代史研究所編『遅耘金錣洙』(城南、一九九九年)一四頁。
(69) 安厚相前掲第三論文、三六七〜三六八頁。林圭が普天教徒であったというのは間違いであり、林圭は一九一九年五月の予審訊問調書において、「無宗教」だと答えている(市川正明編『三・一独立運動』第三巻、原書房、一九八四年、七一頁)。
(70) 安厚相は、李康五が林圭の受け取った資金が上海臨時政府に送られたかどうかについては聞かなかったと答えているにもかかわらず、李康五の証言をもって林圭がその資金を上海臨時政府に渡したと断言する(同右、三九三頁)が、あまりに性急な見解である。
(71) 前掲『普天教沿革史』上、二三〜二四丁。前掲『甑山教史』八三〜八五頁。
(72) 安厚相前掲第一論文・上、七五〜七六頁。
(73) 前掲『普天教一般』一五一〜一五二頁。
(74) 同右、七三〜七四頁。『東亜日報』一九二九年七月二四日付「〈天子剣〉을 筆頭로 〈玉璽〉等証品発見」。
(75) 安厚相前掲第一論文・上、八二頁。前掲『汎甑山教史』一二八頁。
(76) 李康五前掲「普天教」二四七頁。
(77) 前掲「佐教太乙①」。
(78) 『東亜日報』一九二二年一〇月二六日付「自称大時国皇帝」。
(79) 同右、一九二四年一月一二日付「普天教車京錫이 甲子四月初八日에」。
(80) 前掲『普天教一般』一九〜二〇頁。
(81) 前掲『普天教沿革史』上、二一〜二二、二四〜二五頁。前掲『甑山教史』八五〜八八頁。

(82) 前掲『普天教沿革史』上、二七〜二八頁。前掲『甑山教史』九〇頁。
(83) 前掲『汎甑山教史』九〇頁。
(84) 前掲『甑山教史』九四頁。前掲『普天教沿革史』上、三四〜三五丁。
(85) 前掲『普天教一般』四七〜四八頁。
(86) 前掲『普天教沿革史』上、三〇、三四〜三七丁。
(87) 前掲『普天教一般』一七一〜一七二頁。大本七十年史編纂委員会『大本七十年史』上巻(宗教法人大本、一九六四年)七六二〜七六四頁。大本教側では、普天教の方から最初の働きかけがあったと主張している。
(88) 前掲『普天教沿革史』上、三四丁。前掲『甑山教史』九五頁。前掲『普天教一般』一五四頁。『東亜日報』一九二二年九月一八日付「数万名의 태을교도가」および一九日付「食票만 四十五万張」。葬儀の日付は、『東亜日報』発表では九月一三・一四日となっているが、ここでは教史に書かれた日付に従った。
(89) 安厚相前掲第一論文・下、一四四頁。
(90) 安厚相前掲第三論文、三八四頁。
(91) 洪性賛《ホンソンチャン》「한국 근현대 李順鐸의 政治経済思想 연구」(『역사문제연구』創刊号、서울、一九九六年)七一〜七三頁。
(92) 前掲『甑山教史』一〇一〜一〇三頁。
(93) 「地方消息」(『普光』創刊号、一九二三年)六〇頁。前掲『普天教一般』一五〇—五〜一五〇—八頁。
(94) 安厚相前掲第三論文、三九五頁。
(95) 同右、四〇五頁。
(96) 朴賛勝『한국근대 정치사상사 연구』(歴史批評社、서울、一九九二年)第三章、参照。
(97) 前掲『普天教一般』四〇〜四一頁。
(98) 飛《ビ》鳳山人《ボンサンイン》「井邑의 車天子를 訪問하고」(『開闢』第三八号、京城、一九二三年)四〇頁。
(99) 安厚相前掲第三論文、三九七頁。

(100) 前掲『朝鮮の類似宗教』三二八頁。
(101) 己産組合については、前掲『普天教一般』七五〜八三頁に組合規則も載っており、詳しく書かれている。

第一〇章　見果てぬ開闢——普天教の親日への転回と民衆

第一節　社会批判と親日運動の展開

『時代日報』は、一九二四年三月三一日に創刊された新聞で、社長は崔南善《チエナムソン》、編集発行人は秦学文《チンハンムン》であった。しかし、創刊間もなくして経営困難に陥っていた。そこで資本参加に乗り出したのが普天教である。『時代日報』買収の動機の一つには、一九二〇年八月に大本教が全国紙の『大正日日新聞』を買収したことに範をとろうとしたことが挙げられよう。普天教では、李祥昊《イサンホ》・李正立《イジョンニプ》兄弟が前面に出て崔南善との交渉に当たり、一九二四年六月二日、教団が『時代日報』の発行権と経営権を取得する代わりに、『時代日報』の前身雑誌『東明』時代に生じた借金を肩代わりするとともに、崔南善と秦学文に一万円を支払うとの契約を結ぶに至った。このことが社内外に知れわたったことで、普天教に対する批判が一挙に噴出する事態となる(1)。

普天教に対する批判は、迷信打破を標榜する都市・知識人社会にあってすでに公認前よりあったが、公認後には徐々に高まっていった模様である。ただし、一九二二年八月に起きた高興事件といわれる甑山教系教団への不当暴力事件の際には、親和的状況が作られた。これは普天教とは別派の小教団を率いる柳栄善《ユヨンソン》(柳士云《ユサウン》)という人物が、八月一六日(陰暦六月二四日)数百名の教徒と群衆を集めて甑山《チユンサン》の追悼式を全羅道高興で執り行っていたところ、解散を命じに来た警官が銃を乱射して男性一名を殺害し、女性一名にも重傷を負わせた事件である。これは人権問題として朝鮮人の怒りを買い、『東亜日報』では現地に特派員を派遣して調査取材に当たった。九月五日にはソウルで、朴勝彬《パクスンビン》・張徳秀《チャンドクス》などの啓蒙知識人が主導して、民権擁護大演説会が催され、五カ条の非難決議文が採択された。『東亜日報』は李祥昊の憤慨の声も載せており、普天教にも同情を寄せている。(2)

しかし、事件が正当防衛として片づけられ、人々から記憶が薄れていくと、普天教への批判は以前にも増して強いものとなった。ソウルでは早くも、一九二三年五月三一日に慶雲洞の天道教会で、ソウル青年会・無産者同盟会など四団体主催による声討大会が開かれている。(3) そして『時代日報』買収問題は、普天教糾弾の声をなお一層拡大させることとなった。社内においては、社友会が契約無効化の要求を出し、社外では社会有志四〇名が一九二四年六月二五日、真相調査委員五名を選定した。しかし、七月九日には発行人名義が崔南善から李正立に変更され、李正立は経営を刷新すべく『時代日報』の発行を中断した。同紙の論説委員であった安在鴻《アンジエホン》は、名義が替わった翌日一〇日に、「本報は今、不偏不党である民衆の公器という自らの生命を殺し、普天教という一個の宗門の所有になってしまった」と嘆く社説を掲載したのち、(4)『時代日報』を去った。彼ら言論人にとって、普天教は決して民衆的な宗教ではなく、かえって反民衆的な邪教でしかなかったのである。ここに、普天教と崔南善らの経営陣を批判する世論がますます高まることになる。まず、普天教をライバル視する天道教はその機関誌『開闢』誌上において、「社会の公器」である新聞を何かと金銭トラブルの多い普天教の専有物にすべきではないという論陣を張った。(5) 同誌が、一年ほど前には『開闢』創刊三周年を祝賀する普天教の広告を掲載していたことを考えると、(6) 同誌の普天教に対する悪感情の醸成は急激である。

また各界有識者は、八月初旬に会議を開いて一〇日に普天教声討委員会を旗揚げし、九月一日には第一回普天教声討演説会を開催した。(7)『東亜日報』や『朝鮮日報』もそのような批判を後押しした。さらにソウル青年会も、八月普天教の内幕調査を開始している。[8] このような思わぬ事態の推移の中で、『時代日報』は九月三日復刊されたものの、社内外の普天教退陣の圧力は弱まることなく、普天教はついに一二月一日、発行・経営権を放棄するに至った。

発行・経営権の放棄に当たって、車京石《チャギョンソク》の意向が大きく作用したのは、もちろんである。車京石は、崔南善が契約を反古にして発行・経営権を取り戻そうとすると、紛争を回避しようとして完全単独経営のための資金支援を打ち切った。そして、失敗の原因を李祥昊らに一方的に押しつけ、教職を罷免した。李祥昊は、教主車京石や他の幹部(方主)に対する逮捕令を解除するための何らの努力をすることもなく、「妄りに教主継続を夢想」したというのである。[9] 教職罷免の処分は、日頃から李祥昊・正立兄弟の革新路線に批判的であった、李達濠《イダロ》・文正三《ムンジョンサム》ら守旧派が、車京石の信頼が厚い李祥昊・正立兄弟を嫉視して行った非難に車京石が動かされた結果でもあった。[10] 普天教はここに分裂の危機に直面することになる。李祥昊らは一九二四年九月一五日、京城真正院と普光社・印刷所を占拠して普天教革新会公庭という看板を掲げ、翌一六日には、京城真正院職員とともに普天教革新会発会式を開いた。そして、李祥昊が委員長となって声討文と革新会宣言書を印刷して全国の信徒に配布した。[11] 宣言書には、「邪説迷信ヲ打破シ、天師ノ真諦ヲ闡明スル事」という条項をはじめとする五カ条の要求項目があった。車京石は、ただちに彼らを黜教(破門)処分とした。事態は暴力事件にまで発展したが、闘争資金が欠乏した李祥昊は、その調達のため満州にまで渡った。しかし、資金調達に失敗した李祥昊はむなしく帰国し、翌二五年二月には車京石に陳謝した。教団のみならず社会の注目を集めた、いわゆる第一次革新運動は、ここにようやく終息するに至った。[12]

第一次革新運動の当事者の一人である李正立によれば、革新運動は普天教教団に相当な痛手を与え、多くの信徒が脱落して、教勢は衰退の方向に向かったという。[13] しかし彼の証言に反して、普天教はむしろ、革新運動の翌年にこそ最も教勢を拡大している模様である。教徒数(官調査)は三・一運動後順調に伸びて、一九二四年に二万九二四六人であったものが、一九二五年には三万五一〇六人とむしろ増大している。当局は、一九二五年は創始以来、過去最高の信徒を獲得したと見ており、普天教は当局に対しては六万五〇〇〇人と公称していた。[14] 六十方主制の下では任員の定数だけで、五五万七七〇〇人という計算になり、[15] 普天教は一般向けには、一〇〇万とか六〇〇万などと公称する場合さえあった。[16] しかしそれは、自己の勢力を誇示するためのレトリックであり、またあまりに誇張し過ぎた数字である。強制解散時には、その勢力は全盛時に比べほぼ半減していたが、捜索に当たったある高等課長は、教徒数五万戸と推定している。[17] やや粗雑な推定なのではあるが、家族を含めて考えれば、一戸五人としておよそ二五万人ほどであり、子供を三名としてそれを除くとすれば、一〇万人となる。最盛期の普天教の勢力は、最少でも当局への公称通り――警戒を緩和するために過少に称した可能性がある――六万五〇〇〇人ほどであり、最大の見積もりで強制解散時の推定数字一〇万人(家族含、二五万人)の二倍である二〇万人(家族含、五〇万人)というのが、妥当な数字ではないかと思われる。

いずれにせよ、一九二五年には普天教が全盛期を迎えるのは間違いない。井邑大興里の普天教本部では、一九二二年六月一〇日に聖殿が完成し、また方主公室五〇棟が同年八月(陰暦)から建設され始めた。さらに六〇万円の予算をもって、宮殿を擬したとも言われた壮大な規模の十一殿の建設が二五年二月八日より始まった。大教鐘も同年四月二九日に完成している。この大教鐘は、当初「大統大命」の文字を刻んでいたため不謹慎だとして当局より作り直しを命じられたもので、作り直しの上さらに補修を加えてようやく完成したものである。[18] また、「大王の興起を意味するの地」といわれた大興里には信徒が移り住むようになり、大興里は旅館・飲食店・雑貨店などを多数有する一小都邑となった。一九二二年当時わずか一二戸に過ぎなかった大興里は、三年後の一九二五年には四〇〇戸一八五九人にまで人口を増加させていた。[19]

車京石の甲子（一九二四年）登極説が空説化したにもかかわらず、それが何ら教勢衰退に結びつかないというのはまことに不思議なことである。実は二四年末頃には、甲子登極の空説化を合理化する新たな流説が広まっていた。[20]「時がまだ少し早い」という玉皇上帝の託宣があったために、来年立春一月一二日（陽暦二月四日）に登極を延期するが、その際には、普天教に反対する者はすべて死刑宣告を受けるであろうというのである。また、登極する前に車京石はまず朝鮮総督になり、その時には官公吏の三分の二は普天教徒にするという流説もあったという。民衆は、自らが救世主としてひとたび認定した稀代の「英雄」に対する期待を、容易には投げ捨てはしなかったのである。また逆に言えば、車京石のカリスマ性がいかに大きなものであったかが察せられもする。

にもかかわらず、車京石は危機感を募らせないわけにはいかなかったであろう。普天教声討の動きは地方にも波及し、一九二四年九月三〇日には木浦で無産青年会主催による声討演説会があった。[21]『時代日報』事件と李祥昊らの離反がたとえ教勢の衰退につながらないものであるにせよ、社会批判の増大は、ようやく朝鮮社会に認知されようとしている普天教にとって、かえって孤立化を招来する恐れがあった。そこで車京石が思いもかけずに打った手が、日本への接近である。それは、自らにまつわる風説を一挙に否定するような行為であった。公認された普天教がさらなる親日化の方向を目指していくとするならば、それは、総督府にとって目算通りの展開であったと言うことができよう。しかし視点を変えてみるならば、近代啓蒙主義的な都市・知識人社会＝実力養成運動陣営の普天教への依然とした邪教認識が、本来ともに民族主義を標榜する普天教――普遍主義と民族主義が混在している――を皮肉にも親日へと追いやっていくのだということになる。

車京石の日本への接近は、総督府の後援もあってか、幹部の林敬鎬《イムギョンホ》・文正三を日本へ派遣して日本政府の理解を直接的に得ようとする大胆なものであった。一九二四年一〇月一七日に朝鮮を出発した両人は、親日諸団体を糾合して作られた各派有志連盟の幹部である蔡基斗《チエギドウ》の仲介で、七月四日に新任したばかりで東京に出張中であった総督府政務総監下岡忠治を訪ね、さらにその仲介で時の首相加藤高明への面会を果たした。[22] そこで加藤は、「万一今日のような汽船が上古よりあったならば、朝鮮と日本は古来から団合融和したであろう」と言って、普天教が民族融和に尽力すべきことを示唆した。また、一〇月三一日の天長節祝日の式典参加を勧めたので、両人は致し方なくそれに参加した。この来日で天長節祝賀の献上品代三〇〇〇円をはじめとして、五四〇〇〇円の工作費が使われている。式典終了後両人は、下岡忠治とともにソウルに到着した。帰任するや下岡は、今すぐには特別な援助はできないが、普天教が世界的宗教になることを期し、別組織として「時局匡救団」のようなものを組織すれば、そうした援助が可能であるとの提言を行った。この提言を受けて設立されたのが時局大同団である。[23]

普天教側の説明では時局大同団は、「大東洋を一家族のようにすることによって、同人種間に戦争惨殺を避け、西勢の侵害を防止し、平和時代を建設しようという目的[24]」、すなわちアジア主義的見地から設立されたものだという。しかし具体的には、『東亜日報』の報道によれば、まずもって「朝鮮と日本とをなお一層融和させよう」という目的が掲げられており、ほかには「官民一致」「労資協調」「思想善導」「大同団結」が標榜されていたという。[25] 時局大同団は、アジア主義を標榜したものだ、と単にいうよりは、さらに進んで親日団体にほかならなかったと言うしかない。ただ確認しておかなくてはならない点は、すでに述べたことだが、本来甑山の教えの中に東土中心主義や反侵略主義があろうとも、他方にある造化政府の創設による世界の救済という普遍主義的発想は、日本の植民地支配の形式変化によっては、それに利用され得る契機を内包するものであったということである。三・一運動と斎藤実の総督就任を契機とした武断政治から文化政治への転回は、まさにそのような形式変化であった。車京石や普天教幹部の主観においては、自らが誇るべき普遍主義的な甑山の教えによって、日本、そしてアジア、さらには世界を包容し得る可能性のある時代がようやく到来したのだと、確信されたことであろう。普天教と友好関係にあった大本教では、時局大同団による「日鮮融和運動」は、「同教の教義である「一心相生、去病解怨」の精神を実行するというにあ」り、また、「これはたんに、日鮮が融和することのみを終極の目的とするものではなく、世界人類の融和を宗教的にはかることにつながるものと、同教は理解していた」と、解説している。(26) けだし、的を射ていると言えるし、大本教を訪ねてきた普天教の幹部らはそのような説明を大本教側にしていたことが察せられる。

かくして、普天教の親日活動がここに本格的に開始されることになるのだが、時局大同団の活動は、まずもって自らの理念を宣伝することであり、そのために講師を全国一三道に派遣して講演会を開くこととなった。講師は毎道三名、全道三九名で、三名中一名は方主から選定し、他の二名は教外から選定するが、講師になるに当たって、普天教への入教を義務づけた。発会式は、朝鮮はもとより、日本・中国・インド・モンゴルなどからも新聞記者を招き、普天教幹部だけでなく、社会団体の幹部、総督府の高官なども招聘して盛大に行うことになっていた。しかし、三万円の予算が計上されたものの、盛大に開催されることはなかった。時局大同団結成の立て役者である林敬鎬は、職業的な親日分子といってよい蔡基斗と共謀してというべきか、あるいは彼にそそのかされてというべきかは定かでないが、教人の李達濠も巻き込んで、講演会の私物化を図った。発会式の日時も通告せず、東京石による趣旨書の検閲も受けず、また講師も任意に任命し、教人幹部で講師に採用された者は一人もいなかったという。計上された三万円も彼らに着服された模様である。(27) 時局大同団は、普天教の別派でありながら、その結成当初から親日ゴロツキの専有物にも等しい団体でしかなかったのである。各地の講演会が混乱を招くことになるのは、当然の成り行きであった。

第二節　民衆の反発と教徒の離反

時局大同団の講演会は、一九二五年の年明けとともに始まった。一月一〇日、光州で開催されたのがその嚆矢である。以後、大邱・釜山・群山・浦項・金泉・金陵・密陽・安東・金堤・金海・霊山・平壌・統営・信川・順天等で行われ、一月二七日井邑での講演会が最後となった。(28)

講演会の参加者の多くは普天教関係者であり、普天教徒は周辺の郡からも動員されている。一般聴衆が集まったところでは、どこも騒然となったが、金海では流血騒ぎになり、群山では修羅場化した。統営ではわずか五分で講演が中止されている。一方、場所を提供した者の責任も問われ、安東では直接の提供者である学校当局者のみならず、郡守も責任を問われて謝罪した。会館を提供して時局大同団を歓迎した金泉・金陵青年会や、楽隊を出して歓迎した醴泉青年会などは、大邱青年会より問責されている。

各地での騒乱事件は、やがて声討会の開催を中心とする普天教撲滅運動に発展していくが、講演会が行われたところでは、のちにすべて声討会が開かれている。また、『東亜日報』で確認できるところでは、霊光・江西・馬山・固城・済州島・麗水・鳳山・光陽・安岳・長水・青松・順川・徳川・陝川・軍威・平原・安州・楚山・唐津・博川の二〇都市が、講演会が行われていないにもかかわらず、四月までの間に声討会を開いた地域である。(29)

このような一般社会の普天教・時局大同団撲滅の大きなうねりに対して、車京石は日本政界のなお一層の理解と支援を得ようとして、二月六日林敬鎬ら普天教幹部三名と蔡基斗ら大同団員九名を再度日本に派遣した。彼らは普天教の教理と時局大同団の趣旨説明をすべく、帝国ホテルに滞在してロビー外交を展開することになる。すなわち、数百人規模のパーティーを二度にわたって開き、前総督府警務局長の丸山鶴吉や代議士の山口政二・荒川五郎などの知名の士、あるいは新聞記者などを招待して、宣伝活動を盛んに行ったのである。また、中途から普天教幹部の田炳悳《チョンビョンドク》も派遣されて、上京中の下岡忠治政務総監と満州・モンゴル地方への講演問題について協議している。しかしこの豪奢な宣伝工作は、何ら効果を発揮することはなく、三万五〇〇〇円の資金がむなしく費やされたに過ぎなかった。[30]

この間普天教撲滅運動は、一層激しさを増している。釜山と済州島の二例のみを挙げておこう。釜山ではすでに、一月に時局大同団の講演会が開かれた時、聴講していた数百名の青年が暴動を起こして講師を「侮辱」し、教旗を引き裂く事件があった。次いで、普天教撲滅運動が起きるのだが、二月一五日普天教声討会が開かれ、井邑の本部と釜山真正院の解散を勧告するに至った。しかし、依然として真正院の解散に応じない普天教側の対応に業を煮やした青年を中心とする市民は、三月三日五、六〇〇名ほどの大会を開いて普天教真正院に押し掛けた。市民側は最終的に一〇〇〇名ほどにふくれあがったが、ここで流血事件となり、双方に負傷者が三〇名ほど出て、市民側では一二名が検束された。[31]

済州島の場合、撲滅運動は釜山以上に大規模で、全島的に民衆的ユーモアの中で激しく展開された。済州島に真正院が開院したのは一九二三年六月のことで、開院式は管内教人七〇〇〇人、来賓四〇〇人、見物人二〇〇〇人を集めて盛大に挙行された。[32] 済州島は一九二二年段階で普天教徒二万、一九二四年段階で数万といわれ、一説に全普天教徒の四分の一を占めると言われるほどに普天教が盛んな地域であったが、[33] 時局大同団の講演会は行われなかった模様である。しかし、撲滅運動は執拗であった。二月二二日、いち早く結成されていた済州普天教声討会(済州青年会と『東亜日報』『朝鮮日報』『時代日報』の三支局の合同組織)を中核として各地域の青年会など七つの市民団体が連合し、新たに済州普天教声討会連盟が組織された。[34] 創立総会では、声討巡回講演の実施や普天教徒とは金銭の貸借をしないなどの六カ条の決議を行い、その結果脱教者が続々現れるに至っている。何よりも効力を発揮したのは、三月一一日より一〇日間にわたって済州島各所で行われた声討大講演会である。「普天教の黒幕」という素人劇が同時開演された講演会は、空前の大盛況となり、脱教者がますます増大したという。[35] その劇というのは、普天教致誠式を復元して、金銭の献納で守令方伯の官職を授与する車京石と、それを信じる信徒を戯画化したものであり、民衆文化の笑いの渦の中で、普天教の「悪」が「暴露」されたことが撲滅運動成功の原因であった。一部の普天教徒は、普天教徒と教祖車京石を揶揄する、このような事態に激怒し、名誉毀損で官憲に告発したが、官憲は何ら干渉することなく、事態はやはり暴力事件にまで発展するに至っている。[36] そして、二六年一〇月頃には済州島の普天教徒はあるかなきかの状況にまで追い込まれることになる。[37]

以上のように、日本での政界工作は失敗し、また各地での普天教撲滅運動は激しさを増してきたのだが、しかし車京石は、なお時局大同団の活動を中止しようとはしなかった。むしろ、団員を各地の警察署長や郡守のもとに派遣して協力を要請する一方、四月三日普天教中央本所総領院内に時局大同団の看板を掲げて、講演活動の建て直しを図った。[38] にもかかわらず、各地における普天教・時局大同団撲滅運動のうねりは、やはり一向に収まる気配はない。四月一三日に時局大同団の講演会が計画されていた青松では、青年会幹部の叱責によって取りやめるに至ったという。[39] 時局大同団の講演会は、再開されることはなかった模様である。

一方、総督府でも時局大同団の講演活動継続を促している。下岡政務総監からの面会要求を受け、五月頃車京石は総督府を訪問した。正式にはいまだ解除されていないのだが、両者の面会は実質的に車京石逮捕令が無効になったことを示している。下岡との面会は形式的なものに止まったが、警務局長三矢宮松とは具体的な内容の会談をしている。三矢が主張するところは、皇室に抵触する言動あらば容赦しないということと、時局大同団の活動に一層資金を投入せよということであった。[40] 総督府は、普天教をより親日化して、普天教がその内部になお潜めている民衆の抗日＝解放思想の芽を完全に摘み取ろうとしたものと思われる。

もっとも総督府は、時局大同団の活動の継続を促しているにもかかわらず、普天教や時局大同団に対してそれほど協力的ではなかった。普天教側は、警察が「傍観的行動」をとったとして憤慨している。[41] 李康五《イガンオ》は、総督府は親日派として普天教を利用し、普天教に社会の呪詛を向けさせることによって、その分裂と金銭の浪費を待ち、自滅に追込もうとしたとさえ言うが、[42] 確かにそう思えない節もない。しかし、釜山の暴力事件で検挙されたのは一般市民側だけであり、官憲が普天教に対して少なくとも敵対的であったということはない。しかも、全国に吹き巻く反普天教のうねりの中で、総督府は五月に、「直接または間接に該教に対して害が及ぶことは絶対に許さない方針」を各警察署に通達している。[43] 普天教は状況次第では、またいつ反日団体に戻るかもしれない、危険にして巨大な邪教集団であるとの認識から、総督府は普天教自体を積極保護するような対応はしないが、その親日活動への評価から、応分の消極的な支援姿勢のみは示そうとしたものと推察される。

しかし、そうした総督府の消極的支援は遅すぎた。依然として続く全国的な撲滅運動への対処不能という事態と、時局大同団のために支出されたという使途不明金八万円への憤りから、時局大同団への執着を見せたさすがの車京石も、これ以上の活動を展開していく意欲を失い、六月三〇日時局大同団の解散が決定されることとなる。[44] 普天教撲滅の運動は、それ以降も容易には収まらず、『東亜日報』では、普天教撲滅のキャンペーンが一九二五年九月くらいまで続けられている。

かくして普天教の親日運動は、何ら実を結ぶことなく、一般社会からの激烈な非難を浴びて、孤立を深めるだけの結果に終わった。信徒の反発も相当なものがあり、済州島におけるように多くの信徒の離脱を招いている。時局講演会の場においても、講師らは一般民衆からだけでなく、信徒からも非難を浴びることが珍しくなかった模様である。大邱では、講演内容が「十一団体連盟(各派有志連盟の別派)の講演」に過ぎないとして、講師らが、はるばる地方からやってきた信徒によって殴打されているし、[45] 金陵では、教えに何ら関係のない話を聞くために数百里の道のりをやってきたのではないとして信徒が憤慨している。[46] また信川でも、「日鮮融和」を説く講師に対して信徒がひどく憤慨し、講演は十分ほどで中断され、講師は即座にその地を後にしている。[47] このように普天教徒すら疑念を持った時局大同団の活動の結果、教徒数(官調査)は、一九二五年三万五一〇六名であったものが一九二六年には二万六一四八名へと急減した。

離脱者は幹部の中からも現れている。普天教に復帰したばかりの李祥昊は、時局大同団委員の蔡基斗らが売国奴として名高い宋秉畯《ソンビョンジュン》の元部下たちだと非難する一方、時局大同団の趣旨を変えるべきだと主張した。それが聞き入れられなかった結果、若干の経緯を経て、彼は一九二五年末には再び普天教を離れ、当時弥勒教と名乗っていた金亨《キムヒョン》烈《ニョル》の教団に合流し、さらにのち東華教を創教した。[48]

また一九二五年には、方主韓圭淑《ハンギュスク》が関与した独立運動事件も起きている。[49] この事件は、京城普成専門学校の卒業生で、一九二〇年一〇月に制令第七号違反などで逮捕され、翌年一〇月に出所した趙晩植《チョマンシク》という人物が、一九二五年四月頃に女性教徒の朴慈恵《パクチャヘ》に接触したことに端を発している。朴慈恵を通じて韓圭淑に会った趙晩植は、「普天教ノ発展ハ海外ニアル不逞団ト連絡ヲ採ルニ如カズ」と説得した。具体的には、趙晩植と同志で在外独立団正義府所属の鄭賛奎《チョンチャンギュ》と正義府と親しい関係にある李春培《イチュンベ》とともに拳銃を所持し、満州開拓費の名目で軍資金三〇万円を普天教と協力しながら資産家から募集(強奪)しようとした。韓圭淑は元資産家であったが、全財産を処分して普天教に生涯をかけた人物である。また鄭賛奎は、明治大学法科に三年在学したことがある民族主義者であった。しかし李春培は実は密偵であり、その密告で趙晩植・韓圭淑・鄭賛奎らは同年一一月に逮捕されてしまった。この事件は本来民族的動機で普天教に入教している一部の幹部が、普天教の親日化に危機感を深め、車京石の意志に反して趙晩植と提携したものであると考えられる。普天教への幻滅が内外に急速に広がっていったことは間違いない。

しかし、車京石の親日への転回には歯止めがかけられることはなかった。一九二六年三月(陰暦)、総督斎藤実が南朝鮮視察の際に井邑の普天教本部を訪れ、車京石と面会するという思いがけない事件が起きたのだが、このことに感激した車京石は、以後「回謝の礼」をするために再三使者を送って工作をしている[50]。また、上海臨時政府に対して独立運動中止の勧告を行おうとする計画も立てられている[51]。車京石の親日主義が、確信犯的なものになっていったことは確かである。

普天教が親日に走ったことの歴史的評価については、従来大きく四つの見解がある。①単に反民族行為として指弾するもの[52]。②アジア主義に基づいて平和時代の建設を謳った時局大同団の趣旨はよかったが、講師にその人を得ず、あるいは総督府の奸巧によって親日という印象だけを残したとするもの[53]。③普天教はあくまでも民族的であって、時局大同団の活動は総督府の監視を逃れるための方便・戦術にすぎず、あるいは例外的な活動であったに過ぎないとするもの[54]。④甑山の思想自体の中に時局大同団の思想的萌芽を見て、大同建設論と大東亜共栄との野合性を指摘し、普天教の教理のうちに反侵略の契機が本来的に欠けていたことを指摘するもの[55]。車京石は、少なくとも三・一運動直後頃までは民族運動に理解を示していたが、しかし、実力養成運動陣営からの排除と総督府の懐柔を契機に親日主義への転回を確信犯的なものにしていったとする本稿の立場が、④を支持するものであることは言うまでもない。甑山の教えの中にある普遍主義的思想が、親日主義やアジア主義・世界主義と共鳴し得るものであったことについては、すでに述べたところである。車京石は、時局大同団活動の失敗後、一九三〇年代になってからも、親日主義・アジア主義・世界主義等々の主張を執拗に行っている。すなわち、時局大同団は時期尚早で失敗したに過ぎないという立場を堅持しつつ、「わが教が先頭になって東洋民族をまず教化し、政府で後援をすれば漸次西洋まで化することができるというのは、官庁でも知っているところである」(一九三三年三月二四日)とか、あるいは、「わが正当な事業と機関を世界的にして、わが教化を振興させるよう主張せざるを得ない」(同年三月二五日)、「世界の先駆者になって人民に誠意をもって化道を指導し、来世を良い世界に作り、人類が参与できるように注意せよ」(一九三四年一二月二五日)などと、普天教の世界宗教化を夢想した発言を繰り返しているのである。[56] 普天教の有力幹部李達濠は、「われわれは宗教人なので普通の人のように民族主義や社会主義を持ちもしないし、また他の宗教のように宗教の名義の下で民族を区別したり自国のみのためのことをしない[57]」と発言しているが、上層幹部の少なくない部分もまた、車京石の教えを受けて確信犯的に親日主義・アジア主義・世界主義を標榜したと言うことができる。

かくして普天教は、本来持っていた民族主義をここに完全に喪失することとなった。それは、天道教や侍天教が、その本来持っていた文明主義＝普遍主義を近代文明と融合させようとして、もう一面において持ちあわせていた民族主義的側面までも喪失し、日本に取り込まれる結果となったのとよく似ている。しかし、総督府は普天教の完全な親日化を信じたわけではない。都市・知識人社会以上に新興宗教一般を邪教・危険視する総督府にとって、皇民化を推し進めていく上で、やはり普天教は邪教の危険集団でしかなかった。それゆえに普天教は、内部に問題を抱えつつ、以後破滅の道を徐々に歩んでいくこととなる。

第三節　挽回と混迷

時局大同団によるつまずきだけでなく、自らの勢力を誇示しようと、一九二五年二月八日より始めた十一殿の工事も、皮肉なことに普天教の勢力を後退させる契機となっていた。一〇〇万円にまでふくらんだ工事費は信徒の生活を疲弊させ、教団は十一殿工事の人件費を支払う余裕すらない状況となった。事態を最も憂慮した教団幹部は李達濠である。彼は工事の中止を建言したが、聞き入れられなかったために自暴自棄となり、教務を顧みなくなってしまった。ここに彼は、車京石より幹部の地位を追われることになるのだが、これに反発して起こしたのが第二次革新運動である。李達濠は朴来弼《パクネピル》と計らって、一九二五年九月六任会という革新組織を二五〇名の人員をもって組織し、二七ヵ条からなる「数罪案」を議決した。この「数罪案」は天子を自称して母葬を盛大に行い、不正蓄財をするなどした車京石の教団私物化と専横を非難するものであった。そのうち、第二七条に「一般教徒は飢寒切身するも、中央後道に入りてみれば、金銀玉宝を積むこと丘山の如し。これらの物は誰の膏血か」とあるのは、当時普天教に集っていた民衆の、全財産をなげうっての車京石への熱狂的な信仰ぶりを示唆するものとして注目される。しかし六任会の動きは事前に察知されており、車京石側は威嚇によってこれを解散状態に追い込んだ。李達濠らは、対抗処置として普天教本部爆破までも計画していたともいうが、車京石側はこれも事前に警戒して李達濠はじめ一三名の革新グループを連行し、暴行を加えるに至った(58)。

暴行をめぐって両者の争いは、訴訟にまで発展したが、結局李達濠側には得るところがほとんどなく、第二次革新運動は一九二六年三月の痛み分けに近い和解成立をもってひとまず終了した。この間危機感を募らせた車京石は、同年二月、六十方主を全員解職し、普天教を「北鮮」と「南鮮」に両分して致誠金の上納を競わせ、幹部への登用も致誠金の集金力に応じて行うこととした。「北鮮」は林致三《イムチサム》が責任者となって「鮮北教人聯合会」といい、「南鮮」は金正坤《キムジョンゴン》が責任者となって「普天教南鮮総務所」といったが、この組織変更も普天教の不人気を挽回させることはできなかった。見るべき成果がないままに、五月には分割競合策を終結するのやむなきに至った(59)。しかも教団内部の不満は拡散し、事態は意外な方向に進んでいく。車京石の忠実な側近であった文正三が、車京石の冷たい仕打ちに対する憤りから、今度は林敬鎬と蔡奎一《チエギュイル》・林致三、そしてかつて対立した李達濠とも協力して革新運動を継続していくのである。林敬鎬が時局大同団設立の最大の立て役者であったことは既述したが、そのため一時は教団内での実権が強まって、同じく時局大同団の設立に力あった文正三との間に角逐が生まれ、結果的に林敬鎬は失脚するのやむなきに至り、時局大同団活動の失敗直後に脱教していた。蔡奎一も、林敬鎬に追随するかのように脱教していた人物である。また林致三は、「鮮北教人聯合会」の閉鎖に不満を持ち、閉鎖後間もなくして脱教していた(60)。にもかかわらず、当時教団の最高幹部であった文正三が彼らと協力関係を築いたというのは、この頃の車京石の猜疑心が相当に強かったことをうかがわせるものである。具体的には彼らは、一九二六年一〇月(陰暦)京城真正院を占拠して甑山教の看板を掲げて、改革運動の準備を進めていく。そして、翌二七年二月一一日に李達濠・林敬鎬は親日派の蔡基斗を含めた一〇人余で普天教本部を一挙に襲撃することになる。両者合わせて一〇〇名が格闘し、重軽傷者一〇名にのぼったが、結局李達濠側は撃退されてしまった(61)。

かくして車京石の実権は脅かされはしたものの、危機一髪のところで事なきを得て、依然として強大な実権を保っていく。しかし、車京石の危機感は以前にも増して深まり、ここに彼は陣頭に立って幹部を指導激励し、必死の挽回策を講じることになる。その挽回策とは、致誠金の多寡に応じて幹部に登用するという旧態依然たるものに過ぎないが、しかし車京石の執念が幹部に伝わってか、新たなる風説が伝播される中で、果たして普天教は奇跡的な挽回をする。当局が主張するところによれば、「幹部総動員ノ下ニ全鮮各地へ方主宣化師等ノ重要幹部ヲ派遣シテ、密ニ教主登極ノ暁ハ入教者ハ致誠金ノ多寡ニ応ジ各官職ニ任命セラルベシ等ノ無稽妄説ヲ以テ愚民ヲ誑惑誘引スルコト等ノ総有手段方法ヲ以テ義捐金ノ納入ヲ慫慂スル一方、入教者ノ勧誘ニ努力シタル結果教勢漸次挽回スルニ至リ、昭和三年中ニ於テ募集金十六万九千円余、昭和四年中十八万五千円余ヲ算シ」たという。[62] 空説化した甲子登極説に代わって新たに己巳(一九二九年)登極説が流布されたのである。教団史は、「戊辰(一九二八)年に至って教勢が振興」したというが、[63] 事実一九二六年に激減し、二七年も二万五八五六人と不振であった教勢(官調査)は、一九二八年には一挙に三万五八九五人へと、一九二五年水準をも凌駕する回復ぶりを示している。

甲子登極説の時同様、「道中天子」たろうとした車京石が己巳登極説を積極的に流布せしめたわけではない。ひとたび親日化した車京石が自らの登極を流布させることなどあり得ないことである。己巳登極説が流布されたのは、民衆の民族意識に訴えて普天教の拡大を図ろうとした幹部と、救世主であるはずの車京石の親日化に対して疑心に堪えない民衆がなお多くいた結果である。斎藤実の井邑訪問は車京石を感激させ感謝の念を起こさせたのだが、一部の幹部はその事実を、「朝鮮総督が朝会しに来た」というようにあえて歪曲して伝えている。[64] また、一九二九年四月鄭基道《チョンギド》という方主が井邑警察に逮捕されたが、その嫌疑というのは、「普天教を信仰しなければ朝鮮民族というものはできないという不穏宣伝」をしたことであった。[65] 民衆の解放願望が、執拗に真人(車京石)出現信仰、ないしは民族救済宗教=普天教への期待という形をとっていることに注目しないわけにはいかない。解放を夢見る民衆は、ひとたびは幻滅を募らせたものの、普天教に対する新たな幻影が作り出される、あるいは自ら作り出す中で、もう一度それへの信仰を取り戻していくのである。

己巳登極説が現実味をもって流布されたのは、十一殿の完成と関係している。車京石は一九二九年四月二四日(陰暦三月一五日)に、四年の歳月を費やして完成した十一殿の落成式を兼ねて、普天教の本尊である三光影という絵画の奉安式を計画していた。十一殿は三〇〇〇坪の敷地に、その装飾も含め、当代の建築の粋を集めて建てられた本殿で、建坪三五〇坪、高さ約二六メートルの規模を持った壮観な建造物であった。十一殿のほかにも、多くの付属建造物があった。[66] 奉安式が近づくにつれ、それは己巳年己巳月己巳日(陰暦一九二九年四月一六日、陽暦五月二四日)に車京石がいよいよ登極するという風説となって広まっていった。地方からは多くの貧しい信徒が徒歩で来訪し、その数は一説に数万名にのぼったという。[67]

奉安式は、すでに教主である車京石が新たに「道中天子」として正式に即位しようとする意味を持つものであったと推測されるが、登極説の流布は「民心搔動の念慮」があるとして、当局は奉安式の延期を命じた。やむなく五月四日に延期したが、これものちに六月末日まで延期させられ、井邑に集合した信徒も解散せよという命令を受けて、再延長のやむなきに至った。この時信徒らの間には、「奉安式参拝はできなくても教主先生に拝謁でもして帰去しよう」という機運が生じ、それに感激した車京石は夫人とともに拝礼を受け、信徒らに「誠心」を尽くすべきことを諭した。車京石は一般教徒に対しては、あくまでも慈愛深い教主として振る舞ったのだが、当局はこれをも危険視し、後から新たに来集した信徒に対しては車京石への拝礼行為を禁止した。[68] しかも六月末日が近づくと、当局は、登極準備をして内閣を組織し、大臣の任命や玉璽・天子剣の製造も行った疑いがあるとして、不敬罪および内乱罪の嫌疑で普天教幹部四〇名を逮捕し、次いで七月一〇日には車京石も逮捕した。これはかつての忠実な側近蔡奎一の告発によるものであったが、車京石は同時に信徒からの預託金八万円を返還するようにも求められている。[69] 結局は証拠不十分で不起訴処分となるのだが、奉安式はついに行われることはなかった。

普天教は親日化という道をあえてとったにもかかわらず、結局は総督府から信頼されることはなく、以後弾圧は強まっていく。そして、都市・知識人社会からの拒絶に引き続く、教団の内紛、さらには総督府からの予期に反した弾圧強化という事態に直面して、さすがの車京石も相当に意気消沈していった模様である。車京石はあろうことか甑山の教理に対して懐疑心を抱き出すのである。

その直接的契機となったのは、車京石の妻李《リ》氏が一九二八年一月二五日（陰暦一月三日）に見た「霊眼」＝夢である。それによれば、甑山が聖殿を離れ、それに代わって三皇五帝神、ないしは車京石の父車致九《チャチグ》が入って来たという。(70) 一九二八年は普天教の教勢が全盛を迎える年ではあったが、それまでに見られた布教活動の困難化という事態の生起が、この「霊眼」の背景としてあるのは間違いない。唯一無二の不滅の救世主である甑山が行った「天地公事」通りに世が推移するならば、普天教の布教活動は順調に進展していかなければならないはずなのに、現実には普天教は茨の道を歩み続けさせられているという思いが、車京石の甑山への疑念を募らせていったものと見える。この「霊眼」の真偽を知ることはできないが、車京石はこの「霊眼」を利用して早速に教理の改変を図ることになる。すなわち翌二六日には、教理変更の画期となる、いわゆる戊辰説法という訓話を行う。その中で車京石は、「普天教は、布教以来ある者の伝道が間違ったことによって虚栄迷信の言葉に聞き入る弊があったが、今よりは東洋道徳の正宗たる原理を全世界に広めるようになるであろう」(71) と述べるのである。「東洋道徳の正宗たる原理」とは儒教のことにほかならないのだが、「甑山大聖の神権を信じてその権化によって神通妙術ができるとは信ぜず、仁義の大道を遵守するのが正しい」というのが、この説法の含意するところであった。(72) 以後普天教では、太乙呪の読誦によって神通妙術を達成しようとする、いわゆる呪頌修錬が禁止され、静坐修錬のみが奨励されることになる。(73) もとより普天教では降神による人間の超能力化を認め、当初は病気治癒の手段ともしていたが、しかし人々はいかに神通妙術を備えようとも、あくまでも玉皇上帝甑山に服従すべき存在でしかなく、その点で内省主義こそが甑山＝普天教の本質であることについては、すでに述べたところである。呪頌修錬を禁止して静坐修錬のみを奨励するというのは、この方向を一層推し進めて、内省主義を徹底化させようとするものにほかならなかったと言える。

かくして普天教は、儒教的合理主義に傾斜していき、甑山の神性を否定するかのような方向に進んでいく。戊辰説法直後に制定された七大致誠日からは、甑山の誕降日と化天日は除外され、一九三一年二月一九日(陰暦一月三日)には、車京石は一部の幹部を前にして、「数十年の間努力してきたことはすべて虚事となった。そなたらは私に欺かれ、私は甑山に欺かれ、甑山は玉皇上帝に欺かれたのだ。誰を恨み誰を咎めようぞ。今や教団を解散するゆえ各自故郷に帰れ」とまで述べている。(74) 解散まで示唆したというのは、教理改変に反対する幹部の追い出しを狙ったものだと思われ、事実その任に堪えなくなった幹部は辞任することになる。そして翌年一一月(陰暦)には六任の称号を仁義士と改め、さらに一九三四年には教理の確固とした改変を完了するに至る。すなわち、〈教理〉は「仁義」で、〈教綱〉は「敬天」「明徳」「正倫」「愛人」、〈主義〉は「相生」、〈目的〉は「大同」とし、(75) ほとんど儒教ともおぼしき教理内容とするのである。

もっとも車京石は、実のところ甑山の神性を全く否定したわけではなかった。確かに一時車京石が自暴自棄的な心境になり、甑山への信仰を失いかけたということは否定することができないであろう。しかし、のちに車京石に直接取材した村山智順が解説するところでは、普天教では、天は体であり上帝は用であるという認識をしており、神化一心を達成した甑山はやはり玉皇上帝の再生なのであるという。ただ甑山は主宰者ではなく、あくまでも教祖であり、信徒はその恩徳を忘れないために、教祖たる上帝を尊崇しなければならない。(76) 甑山は、主宰者から単なる教祖に格下げされはしたが、神化一心を達成した特異な人物であることには変わりなく、その他の者は車京石自身も含めてそうした存在には決してなり得ず、終生そうした人格を内省主義的に追求していかなければならない無力な存在ということになるのだと推察される。さらに言えば、車京石は、甑山を主宰者としてではなく、教祖としてのみ絶対化することによって、その権化によって神通妙術することが不可能であるばかりか、即座の開闢もあり得ないことを信徒に知らしめ、ひたすら内省主義的に暮らしゆく中に幸福が訪れるだろうことを説こうとしたのだと考えられる。もとより通俗道徳的言説は甑山の時代よりなされており、すでに述べたように車京石も十三戒典や十二誡命などを発布していた。しかしなお一層の通俗的道徳の実践を促すべく、一九三四年一二月三一日には、①「不孝父母・不恭長上・兄弟不友・夫婦不和者」、②「酗酒・姦淫・闘狼・賭博者」、③「狼遊無業・怠惰・造言・欺罔・叱斥者」などの子弟を持つ地方幹部の責任を問う文書を、各地に送達するに至っている(77)。

以上のような教理の改変と内省主義の一層の強調は、その初発の動機がたとえ甑山に対する懐疑にあったとしても、普天教のますますの孤立化と、強まりゆく当局の弾圧を避ける必要から、積極的になされたものでもあったと言えるであろう。そのことによって車京石への幻想が民衆から消え失せ、解放願望のゆえに普天教に集った多くの民衆の支持を一時的に失おうとも、今や普天教が生き残るためにはそうした方向転換は必至であった。

革新運動は第二次以降も続き、一九三〇年七月七日には文正三が数十名を率い、普天教革新団を組織して教主声討文を散布し、質問状を持って普天教本部に現れ、本部の信徒と対峙した。この時は内応者も現れている。文正三は七月二六日にも現れた(78)。こうした内紛に加え、さらに教理変更にともなって、多くの信徒、とりわけ幹部らが反発の姿勢を見せたことは車京石にとってやはり痛手であったであろう。もとより己巳登極もならなかった車京石への失望の声とも相俟って、普天教の教勢(官調査)は一九二八年の三万五八九五人から、一九二九年には再び二万五九一二人へと一挙に衰退し、以降一九三〇年―二万一五八人、一九三一年―一万六三〇二人、一九三二年―一万四六五五人へと漸減していく。一九三三年、三四年にはそれぞれ一万五〇七〇人、一万六四七四人とやや持ち直すが、全盛期の教勢とはほど遠い状態となる。事態はきわめて深刻で、背教者が続出して背教闘争といわれる事態にまで発展し、水山教・元君教・人天教などをはじめとする、新たな分派の教団もいくつか誕生するに至るのである。しかしこうした事態は、教団の護持を至上課題とする車京石にあっては、折り込み済みであったものと考えられる。もっとも車京石は、総督府に対しては誤算していた。普天教がいかに教理変更を行おうとも、結局はその親日化を信用しなかった総督府は、かえって普天教の滅亡を画策していくのである。

第四節　末路と民衆

教勢の衰退は資金調達能力の低下に直結し、車京石を信じて教団本部がある井邑に移住して来た人々は悲惨な運命にさらされていった。本章冒頭で述べたように、新興宗教中で甑山教系は常民の構成比率が九〇パーセントと際立って高く、従って貧民の構成比も新興宗教中最も高かったと考えられる。しかしそうした事情であるにもかかわらず、当初から教団の集金能力は高く、全財産供出者である弾竭者の比重も決して低いものではなかった。ある教団幹部が書き残した致誠金徴収簿である良方成績簿(一九二四年作成)によれば、記載教人一〇三七人中弾竭者は一一六人でおよそ一一パーセントにのぼっている。[79] 田畑や屋敷などを売却し尽くした結果現住地を後にせざるを得なくなった弾竭者は、やむなく車京石を頼って井邑に移住したのであり、井邑在住信徒の多くは実はそうした弾竭者によって占められていた。

十一殿完成間もなくののちに大興里に乗り込んだ『東亜日報』のある記者のルポルタージュによれば、十一殿の壮大華麗さとは裏腹に、信徒の生活は悲惨な状況であったことが分かる。[80] 市街は整頓されずに不潔であり、普天教事務所を除けば、四、五〇〇戸を数える藤縄で作ったような家があたかも逃隠者の家のように連なっていた。そこに出入する人々はみな長髪の姿で、食事を十分にとっていないせいか、夢遊病者のようであったという。インタビューに応じたある信徒は次のようなことを語っている。教団本部より借り受けた家一戸につき、二、三家族住むのが普通であり、白飯は食べることができずにどんな物でも手当たり次第に食べて生きている。大きくて立派な家は幹部の家であり、信徒は春秋に年二度義金を納め、その他にも任意に誠意に応じた誠金を納めている。

旅館・飲食店・雑貨店などを多数有する一小都邑となった井邑大興里が、一九二五年当時四〇〇戸一八五九人にまで人口を増加させていたことは既述したが、実は信徒らは一戸に二、三家族が住んでいるのが普通であったのだから、その人口は実質五〇〇〇人前後であったと推定される。彼らの生活は十一殿完成前はなおいくばくかの仕事があって食い凌ぐことができていたのだが、完成後は惨憺たる状況に追い込まれていった模様である。井邑近在の非教徒の人々からは忌み嫌われ、地主もまた彼らを忌避していたため、小作地を入手することも困難であった彼らは、やむなく無為徒食し、多くの信徒が大興里に住み着いてはその地を後にしていった。それゆえ全羅道の乞食の多くは普天教徒であったといい、井邑ではそうした乞食の存在が行政問題化していた。

大興里の状況は徐々に凄惨なものになっていったのだが、どんな物でも手当たり次第に食べて生きていっていると言った信徒の証言は真実その通りであった。信徒の間では、穀物の不足という事態に直面して、穀食を全くとらずに松葉や草根木皮などだけを食べる辟穀《へっこく》という食事法がかえって健康に良いという噂が広まり、多くの信徒がそれを実践する中で、命を落とすことになった。餓死者の続出という状況を聞いて車京石は辟穀を中止させたが、どれだけの人々が死んだか定かではないものの、一時は惨劇に近い光景が繰り広げられた模様である。[81]一般教徒の普天教離れは否応なしに加速していったと言えるであろう。ある八〇歳の老人は、平安北道から家族とともに井邑に移住して来たのだが、ほとんど全財産を車京石に上納して、「普天教の魔術」に引っかかったと嘆きつつ、大興里を後にしている。[82]

このような一般教徒の悲惨な状況とは反対に、幹部らの生活は安楽であった。『東亜日報』記者によれば、六任―

十二任―八任―十五任などからなる任員は一種官職のように考えられており、昇任するためには信徒を多数獲得するのみならず、その信徒から義金を年二円徴収しなければならないシステムになっていたという。たとえば八任に昇任するには一五人の信徒から一人二円ずつ三〇円徴収して上納していたと言われる。一種ネズミ講のような集金システムをなしていたのであるが、本来無学にして素朴な信徒が多くいる普天教にあって、「浅学菲才ノ徒」が多く納入金の多寡によって官職を授けられていたという当局の調査[83]は、決して誇張ではなかった模様である。普天教正史ともいうべき『普天教沿革史』には金銭をめぐるトラブルが多く記されており、訴訟沙汰になるケースも珍しくなかった。普天教上層部においては腐敗が進行しており、教主である車京石は一般教徒には私蔵を戒めつつ、その実自身は独裁者として公私混同甚だしく教金を不正蓄財していた。また、姦淫を戒めつつも、車京石その他の最高幹部らは日常的に不倫していたとも言われる。[84] こうした幹部らの腐敗も一般教徒の失望を募らせ、普天教の衰退を加速させたであろう。

しかし、いかに方向転換し、いかに悲惨な状況に追い込まれ、また車京石や他の幹部がいかに腐敗していこうとも、普天教の勢力はなお全盛時のおよそ二分の一を保っていく。いつ終わるとも知れない、かえって強まりいく植民地という閉塞状況の中で、国内外の民族運動の動向や世界の情勢を的確に知り得ない徒手空拳の民衆は、苦難の日々を黙々と耐え忍びつつ、ただ生活者としてのみ生き抜くしかなかった。そして、もし未来に光明を見ようとするなら、生活者としての傍ら、やはりその解放の夢を「流言蜚語」への淡い期待に託し、さらには普天教のような終末思想を持つ宗教教団にかけていくしかなかったのである。

事実、己巳登極の夢破れた四年後の一九三三年段階においても、日中戦争に引き続く世界戦争での日本の敗北と、その際における車京石の登極を信じる普天教徒がなおいたことが確認できる。その上興味深いのは、次のような新たな風説が造出されていることである。車京石は実は鄭《チョン》姓であり、車と名乗っているのは、彼の母が鄭某に強姦されたからである。そして鶏龍山に新国家を打ち立てる人物は車京石ではなく、その孫の鄭童瓔《チョンドンヨン》なのであるが、現在深山に籠もって精神修養に勤めており、時期が来れば出現することになっているというものである。(85) 民衆は新たな風説を造出、ないしは流布し信じることで、日々の苦難を耐え忍んでいく。それゆえ普天教は、衰退するとはいえ、自然消滅することは決してなかった。普天教は、あくまでも総督府によって弾圧解散させられていくのである。

奉安式挙行への中止介入以降普天教への弾圧を強めた総督府は、一九三〇年二月二一日には十一殿の使用中止命令さえ出すに至っている。そして六月一九日には、高官大爵を授けるとの約束が反古になったので金二万円を返還することを求める告発が元教徒からあったという口実のもとに、当局は普天教本部を家宅捜査した。また翌三一年三月にも、他の元教徒からの同様の告発により、当局は車京石に井邑警察署への出頭を命じている。(86) こうした普天教への弾圧がいよいよ本格化するのは、農村振興運動の実施以降のことである。

農村振興運動とそれに連動する心田開発運動が新興宗教の弾圧を不可避化させたことについてはすでに述べたが、しかしもとより信徒に通俗道徳の実践を教え諭し、また教理の改変以降内省主義を一層強調し出した普天教にあっては、農村振興運動と矛盾しているという自覚はなかったように思われる。総督府も、普天教が通俗道徳を説いている以上、反道徳的教団として摘発することはできなかった。車京石が内省主義を一層強調した理由も、より具体的には農村振興運動を媒介としての当局の弾圧を避けようとする意図からであったと言えよう。従って総督府は、「断髪実行」という一点から普天教の弾圧を図っていくことになる。

普天教徒への断髪強制は農村振興運動が開始され、各地に農村振興会ができると、すぐに始まった。一九三三年一月二五日に車京石が全国の信徒に送達した諭告文には、およそ次のようにある。(87) 農村振興会の会規だとして強制的に削髪したり、郡守・警官立ち会いのもとで削髪したりする事態が各地の教徒より報告されているが、農村振興会の目的は疲弊農村の復活であり、総督府の方針は「勤倹励行」や失業青年の帰村である。そこには、普天教徒の削髪条項などはないはずである。よって、「青衣保髪はわが道の生活精神」なのだから、これを拒否せよというのである。

しかし、総督府の断髪政策は執拗であった。同年四月一日、新教理の説明のために正理・副正理・布正が任命され各地に派遣されたが、当局は彼らの活動を宗教活動とは認めないという立場から妨害したのである。すなわち、彼らの活動を逐一監視する一方、正当な理由なく逮捕拘留して、殴打・拷問・教旗破棄などをしたのであるが、彼らは多くの場合強制的に断髪させられたのちに放逐された。迫害は一般教徒にまで及び、末端行政機構の面事務所が主体となって一般普天教徒に脱教を迫ったり、やはり断髪強制を行ったりした。当局の弾圧は当然に教団本部にも及び、井邑警察署は同年七月四日に本部に乗り込んで、車京石以下の幹部に断髪を認めるよう三日間にわたって威脅した。ここに車京石らは屈して、六日教約規定書から「保髪」の二字を削除するとともに、保髪・断髪は教徒の自由であるとする諭告文を発するに至る[88]。

こうして普天教は信徒としての外形的矜持を剝ぎ取られてしまうのだが、しかし総督府は、やがてさらに進んで普天教の強制解散を決意するようになる。一九三四年四月には将来日ソ・日米・日中間に戦争が起きるが、普天教徒だけは被害を被ることがないという教説を流布したとして、普天教徒八〇名が逮捕された。同時に各道警察に普天教への警戒を厳命している[89]。そして翌年一二月にはついに、同月八日に第二次の大弾圧を受けた大本教の例に鑑みて、総督府警務局は普天教の解散を具体化させるべくその方針を検討し始める。警務局は普天教を大本教とよく似た不敬な教団とし、車京石を大本教の実質的教主である出口王仁三郎に擬し、「大本教に鉄槌を下したと同じ方法で」近いうちに普天教を解散させることを決意するのである[90]。総督府が新興宗教一般に対する整理弾圧と統制強化を最初に示唆したのは一九三五年二月で、それは前月に心田開発運動が方針化されたことと関係がある、ということについてはすでに述べたところである。普天教に対する厳しい警戒がそれ以前より開始され、一九三五年中には他の新興宗教教団に先立ってひとりその解散の方針が決定されたということは、一時の積極的な親日活動にもかかわらず、総督府にとって普天教は新興宗教中最も反日的で敵視すべき教団であったことを意味する。

稀代の「英雄」車京石は、一九三六年に入ると病を得て、旧正月頃から体調を崩し、四月三〇日ついに死去した。この年の春分には、井邑郡警察署は集会禁止を命じてはいたが、総督府が普天教の解散を断行するのは、彼の死後のことである。彼の生存中に解散させるのは不可能ではなかったが、彼のカリスマ性ゆえに総督府としてもなお躊躇するものがあったのではないかと推察される。彼の死はまさに、普天教潰滅の絶好の機会であった。葬儀は五月八日、総督府警務局・全州警察部・井邑警察署などから派遣された警官五〇名が警戒する中、数千名の参列者を集めて行われた。その後六月一〇日には、全州警察部と井邑警察署は七〇名ほどの人員をもって教団本部を突如捜索する。次いで七月八日と一一日には十一殿と教堂の当局への管理委譲を要求し、さらに七月二三日には、普天教解散・十一殿拋棄・削髪の三条項の無条件受け入れを強要した。こうして七月二五日には普天教本部にある物品は全部撤去され、八月一日には、壮大な規模を誇る十一殿は競売に付された。競売価格は問われず、ただ十一殿の撤去を行い得る者に落札するという条件のみが付されたという。(91) そして十一殿はソウルの太古寺に移建され、その他の建造物は各地に移建された。(92) 第二次大本教事件では、綾部と亀岡の両拠点はダイナマイトで破壊され、跡形もなくなったが、すべての建造物がその場からなくなったという点ではまさに同様の弾圧を受けたと言える。

かくして普天教の歴史はひとまず終わった。しかし、普天教徒の運動はその後も引き続いている。何よりも、普天教の解散がいかなる法令に基づくものなのか不明であり、教徒にとっては納得のいくものではなかった。諸種の史料には、ただ「弾圧」とあるだけである。あるいは、布教規則第一二条に、「朝鮮総督ハ現ニ宗教ノ用ニ供スル教会堂、説教所又ハ講義所ノ類ニ於テ安寧秩序ヲ紊スノ虞アル所為アリト認ムルトキハ、其ノ設立者又ハ管理者ニ対シテ之ガ使用ヲ停止又ハ禁止スルコトアルベシ」とあるのに基づいて行われたものとも思われるが、そのように明記された史料も見当たらない。いずれにせよ、普天教をはじめとする新興宗教の解散は、民衆レベルでのファシズム体制の成立を実感させるような出来事であったと言える。

解散後の普天教徒の運動としてはまず、その翌年七月に、平安北道の熙川と寧辺で復興運動が起こっている。(93) 次いで八月には、車京石と普天教に幻滅した元信徒金重爕《キムジュンソプ》らによって一九二九年に創教された仙道教(高判礼《コパンネ》が創教した仙道教とは別)が摘発されたが、これは朝鮮独立を目的とした明確な宗教秘密結社であった。(94) さらに九月にも、元普天教徒の小教団が井邑大興里で検挙されているが、これは依然として教主登極と朝鮮民族の救済を訴える宗教活動を行っていた。(95)

甑山教系の新興宗教は、普天教以外の教団もみな解散させられたが、それらの教徒もまた地下に潜伏して活動を継続している。甑山教系教団が挑んだ「神経戦」は、新興宗教中最も執拗であった。元普天教徒を含めた甑山教系全体の地下活動は、検挙されて確認されるものだけで一九三八～一九三九年の二年の間に一三件にのぼっている。(96) 名前を列挙すれば、以下の通りである。①人道教(甑山教系中の一派である、蔡慶大《チエギヨンデ》という人物が創始した甑山教が改称したもの)、②人道教(①と同名の別派)、③甑山仙道教、④仙道教、⑤無極大道教(普天教に次いで勢力のあった趙哲済《チヨチヨルジエ》を教主とする同名教団とは全く別の教団)、⑥桃李園教、⑦弥勒仏教、⑧主神教、⑨弥勒教、⑩仙教、⑪陳希文《チンフイムン》の教団、⑫徐漢春《ソハンチユン》の教団、⑬許昱《ホウク》の教団、等である。このうち、③は明確に普天教再建運動を行おうとした教団である。⑪は日蓮宗に偽装改宗して普天教の秘密布教を続け、一九四〇年にも検挙されている。(97) ⑤は、元普天教徒姜昇《カンスン》泰《テ》が済州島で布教したものであり、昭和天皇の廃位と、誕生するはずの鄭天子への朝貢を流布し、不敬罪に問われている。⑬も、「天皇陛下も甑山先生の定むる尺度に従い日本の政治を行」っていると説き、やはり不敬罪に問われている。②は、後天社会になれば、現世のような政治制度はなくなるので、人々はみな最高支配者となると、アナキズム的教説を説いていた点が特異である。(98) 教説は少しずつ異なるが、どれも終末思想を説いて朝鮮の解放を訴えているのは同じである。

甑山教団の秘密結社的宗教運動は、このほかにもあったはずであり、一九四〇年以降も続いていることが確認される。一九四二年には、無極大道教がところを変えてソウルで摘発されている。(99)「救世主水雲大師再現」を唱えているところから見て、前述⑤のものと系統を異にしているもののようである。翌四三年には、井邑・扶安・大邱でそれぞれ三山教事件・天子教事件・仙教事件が起きている。(100) 三山教事件については目下のところ甑山教であることを確認できないが、後二者について言えば、甑山教系であることに間違いない。中でも天子教事件は、執拗に布教活動を展開したことが確認される。一九三〇年洪淳文《ホンスンムン》を教祖として創始された元君教は、三七年当局の弾圧でひとたび解散を余儀なくされたが、四一年無名の結社として再興され、しばらくして天子教と名乗るに至った。その教理は、甑山の再臨と後天五万年の開闢世界＝朝鮮の独立の到来を説くもので、摘発の罪名は治安維持法違反であった。(101) 仙教事件は、これまた前述⑩のものとは系統を異にしており、いかに類似の弱小教団が多く誕生しているかが示唆される。

こうした動きに触発されて、元普天教最高幹部らの間にも、それらに対応した運動を行おうとする動きが現れてくる。その中心人物は、あろうことか普天教における確信犯的な親日分子であったはずの林敬鎬であった。彼は一九四二年末頃文正三と李正立を訪ね、甑山の預言では日本は三年にして敗亡するはずだから、その時に起こる混乱を収拾する対策を講じるべきだとして、甑山教系の諸教団の糾合と、他の新興宗教教団との連帯をも模索していくべきことを提起した。この運動は、一九四三年五月設立された東亜興産社という同人組合を通じて行われようとした。その設立趣旨は大衆の物資調達を円滑ならしめ、あわせて日本の戦争遂行に後顧の慮がないようにするというもので、総督府の許可を得た合法的なものであった。しかしその真意を疑われて、同年九月二六日二四名が治安維持法違反で検挙され、林敬鎬・文正三はじめ六名が獄死した。[102]「宗教統一による朝鮮独立陰謀事件」といわれるこの事件は、生粋の宗教人たる元普天教幹部らが、閉塞感が強まっていく中で、静かに強まりゆく民衆の解放願望に応えざるを得なくなっている事態を示唆している。

解放後普天教は復興された。甑山教系宗教教団は数十に分派し、全体としては現在も盛んである。しかしその中で、普天教自身は植民地期におけるような大きな勢力を再び持つことはできなかった。もはや普天教は、民衆ナショナリズムを吸引組織する教団ではなくなったのである。解放後において民衆ナショナリズムは、一挙に奔流しつつも、その未整序な奔流は南北の国家権力によって上から制御され、かつ強制的に吸引再編成される。普天教は、車京石を教祖とする新派と、甑山を教祖、車京石を教主と考える旧派に分かれて、弱小教団として現在に至っている。

第五節　普天教の活動と民衆のナショナリズム

普天教の活動は、まさに植民地期における朝鮮民衆の素朴な開闢＝解放願望を象徴するものであった。教主車京石は、確固不動の強烈なナショナリズムを持っていたわけではない。確かに東学農民軍接主の遺児である車京石には、応分のナショナリズムを認めないわけにはいかない。であればこそ、三・一運動直後頃までは民族独立運動へのいささかの支援もしたのである。しかし、そもそも民衆を変革主体として把握する視点を欠いている甑山の教理を引き継いだ車京石には、民衆を組織化して独立を獲得しようとする論理を見出すことは全くできない。彼は、生活苦からの脱出と日本帝国の軛からの解放を希求する民衆にはむしろ、通俗道徳を強要して忍耐をもって生き抜くことを奨励したのである。自らはそうした従順な民衆に君臨する宗教的支配者たろうとしたに過ぎない。井邑に聳え立つ壮大な規模を誇った「宮殿」＝十一殿は、まさに自らの宗教王国を象徴するものであった。それゆえ車京石においてはやがて、教団の維持と、さらには世界宗教化こそが自己目的化されることになる。アジア主義を回路しての親日への転回は、そうした自己目的化、あるいは夢想の結果としてなされたものであった。

しかし解放を夢見る民衆は、宗教的支配者を目指したに過ぎない車京石に過大な幻想を抱いていた。それは、民衆もまた自らを変革主体として捉え難くなっていたためである。甲午農民戦争後、苛酷な民衆運動弾圧の中で異端東学のような、民衆を変革主体として捉える宗教は消滅していく運命にあった。また、日本帝国の朝鮮支配も武断政治という苛酷な軍事支配によって始まり、その本質は文化政治下においても変わることはなかった。それゆえ、困苦と忍耐に慣れ親しんでいる民衆の解放願望は、一個の超人、ないしは超自然的な力によって達成されるとの思想潮流が形成される。厳密に言えば『鄭鑑録』＝真人出現信仰の復活である。その意味で植民地期の朝鮮民衆の思想は、なお朝鮮王朝史的文脈のうちに捉えることができる。

確かに通奏低音としてある民衆ナショナリズムは、強靭なものであったと言えるかもしれない。しかし民衆においては、現実の困苦に満ちた生活に対する不満が優先されているのであって、それゆえそれは、理念化された民族独立思想としてあるのでは決してない。民衆は、民族の独立を希求しつつも、国民国家を理念化し得てはいない。朝鮮王朝末期から大韓帝国期にかけて国王・皇帝幻想に浸っていた民衆は、植民地期にはそれに代位するものとして真人思想に再びとらわれていく。自らを変革主体として捉え難くなっていた民衆の多くは、当然に政治主体としての自己を定立できないでいたものと思われる。姜萬吉《カンマンギル》は、三・一運動を画期として復辟運動は淘汰され、共和主義が民族運動の主流となるのだと言うが(103)、確かに表面的には復辟運動はなくなるにせよ、民衆の心性の内に潜む救世主願望を否定することはできない。抗日的な知識人が主導した国民主義の観点からのみ、植民地期の民衆運動を理解することは、真に民衆史的な視点とはなり得ない。

植民地期、都市・知識人社会の近代啓蒙主義的な眼差しは、天道教などの東学正系を例外として、他の新興宗教を邪教視するものであった。その限りで彼らの眼差しは、総督府の近代主義的な新興宗教観と何ら異なるものではなかった。彼らは、普天教を邪教視するあまりに、それに集う民衆の解放を希求する心性を、理解しようとはしなかったのである。ここに、普天教をはじめとする新興宗教とそれに集った数多の民衆は、総督府と都市・知識人社会の双方から挟撃されるという孤立した状況に追いやられることになる。このことは植民地期の民衆ナショナリズムとその営為が、少なくとも都市・知識人社会の啓蒙が及ばない範囲では、なお自律的に展開されていたことを示唆している。端的に言って、民衆は確たる国民主権観念を持って民族の独立を希求していたわけではなく、あくまでも生活防衛という、生活者としての当然の対応に動機づけられて、そのナショナリズムを茫洋と形作っていたのだと言える。そうしたナショナリズムは、多分に民族の救世主の誕生を念願する心性を基底に持つものであった。民族解放の課題を自覚化せざるを得なくなっていたという点において、このナショナリズムは一見質的転換を遂げているかに見えるが、しかしなお生活主義を前提に終末論的なユートピア思想として語られているという点を考慮するならば、いまだ始源的ナショナリズムの範疇を脱するものではない。近代的などということは決してできない。本来民衆のナショナリズムとは、近代ナショナリズム受容の前提条件ではあっても、やはり必ずしもそれと連続するものではないであろう。

朝鮮軍参謀部は、山間部落民や下層農民らに対して、「概ネ世事ニ疎ク、只自己ノ生活安定ト幸福ヲ希求シアルモノニシテ、一朝利害関係或ハ主義者ノ煽動アランカ、左右何レニモ偏シ易ク、之ガ訓育指導ニハ特ニ留意ヲ要スルモノアリ」として、彼らが生活至上主義的であるがゆえの警戒の念を表明している。(104) 偏見的表現であるにせよ、けだし的を射た分析である。

生活防衛的契機が強いがゆえに、この自律的な民衆ナショナリズムは、勢い平均主義をも志向するのだが、そうした要求に応えて車京石が一時自給自足的な宗教共同体を作ろうとしたことは、普天教が成功する大きな要因の一つであったと思われる。車京石が説く通俗道徳の説法が一面説得力を持ち得たのも、生活者として日々黙々と仕事に励む民衆にとって、それらの徳目が当然の事項であると考えられたからである。朝鮮王朝時代の記憶に規定され、地位上昇を図ろうとする民衆もまた普天教には多く包摂されてはいたが、彼らとて本来は通俗道徳と無縁な人々であったとは必ずしも言い切れない。通俗道徳による愚直な生き方が、無に帰するしかない植民地朝鮮の政治社会状況が考慮されなければならないであろう。いずれにせよ、いつ終わるとも知れない強力な異民族支配が引き続く閉塞状況の中で、徒手空拳の民衆は民族独立の確実な方途を見出せないながらも、愚直な生き方の反動として抗日意識をますます沈潜化させていく。普天教が解散させられながらも、なお数多の弱小教団が真人出現＝解放思想を流布していく所以である。

普天教幹部のうちに、初心を忘れて教団内での地位上昇を図っていくことに専心する者が少なからず現れてくるのも事実である。普天教の歴史は、ある意味では金銭・権勢欲にまみれた車京石とその幹部ら、あるいは幹部間同士の抗争と分裂の歴史とも評価し得る。しかし彼らとて、全くナショナリズムと無縁であったわけではない。確かに、有力幹部が車京石同様、宗教家として国家の上に宗教を置いていたことは、「われわれは宗教人なので普通の人のように民族主義や社会主義を持ちもしない」といった李達濠の発言に端的に示されている。だが、彼らも強まりゆく閉塞状況の中で、宗教的信念と民族独立願望を結付させつつ、運動を展開していこうとするのである。林敬鎬の生き方はまさに、抗日と親日の間を揺れ動いた、そうした幹部の典型であった。

つまるところ、十五年戦争が進展し、朝鮮におけるファシズム体制が深化していけばいくほど、表面的な沈黙とは裏腹に、少なくとも非合法化された宗教界にあっては民衆もその指導者も、日本への反発を強めていくことになるのだと思われる。皇民化政策のもとで、親日知識人や皇国青少年が少なからず生み出されたのは事実である。しかし皇民化政策は、民族差別の依然とした重圧ゆえに皇国臣民になり切れない知識人や青少年を逆説的により多く生み出しているのも事実であろう。(105) だとすれば、皇民化政策は無学・非識字者を多く包摂している一般民衆にあっては、どれほどの効力を発したか、果たして疑問である。やはり、面従腹背というしたたかな姿勢こそが、民衆の一般的な対応であったのである。

(1) 普天教による『時代日報』買収の概括的顚末は、鄭晋錫《チョンジンソク》『한국언론사』(도서출판 나남、서울、一九九〇年)四一五～四二〇頁、参照。
(2) 李正立『甑山教史』(甑山教本部、金堤、一九七七年)。『東亜日報』一九二二年八月一九日付「吽哆教徒와 大衝突」、八月二五日付「普天教側에서 対抗策을 講究中」、九月七日付「人権擁護의 第一声」。
(3) 『東亜日報』一九二三年五月三〇日付「普天教声討」。
(4) 「最初의 一念에 殉할 覚悟로써 満天下読者에게 訣別함」(『民世安在鴻選集』一、知識産業社、서울、一九八一年)六三～六五頁。
(5) 一記者「問題의 時代日報」(『開闢』第五一号、京城、一九二四年)参照。
(6) 『開闢』(第三七号、京城、一九二三年)。

(7)『東亜日報』一九二四年八月一一日付「普天教声討演説」。同、八月二二日付「普天教声討委員会」。
(8)『東亜日報』一九二四年八月四日付「普天教의 内幕調査」。
(9)李英浩《イヨンホ》『普天教沿革史』(普天教中央協正院・総正院、発行地不詳、一九四八年、脱稿一九三五年)上、三八丁。
(10)『普天教一般』(全羅北道、一九二六年、学習院大学東洋文化研究所〈友邦協会〉所蔵)九五頁。前掲『甑山教史』一一〇頁。
(11)前掲『甑山教史』一一三頁。
(12)前掲『普天教一般』九五〜九八頁。
(13)前掲『甑山教史』一一三頁。
(14)朝鮮総督府警務局編『朝鮮の治安状況　昭和二年版』(復刻、不二出版、一九八四年)七丁。
(15)第九章、注(56)。
(16)「朝鮮在来の類似宗教に関する調査」(『思想彙報』第一〇号、朝鮮総督府高等法院検事局思想部、一九三七年)一八頁。「祝普光創刊」(『普光』創刊号、京城、一九二三年)五頁。
(17)『京城日報』一九三六年六月一四日付「潰滅へ急ぐ普天怪教　第一次お手入れ秘話」。
(18)前掲『普天教沿革史』三四、六〇〜六一丁。前掲『普天教一般』六〇－一〜六六、六九〜七二頁。
(19)村山智順『朝鮮の類似宗教』(朝鮮総督府、一九三五年)九四四頁。前掲『普天教一般』一八三、一八六頁。
(20)『東亜日報』一九二五年一月一七日付「糞窖中蠢動하는 時局大同団⑥」
(21)『東亜日報』一九二四年九月二八日付「普天教声討演説」。
(22)前掲『普天教沿革史』上、三九〜四〇丁。ちなみに、蔡基斗についても少し触れておく。彼はかつて日本に留学した経験を持ち、愛国啓蒙運動期には東洋平和を攪乱する日本を批判して義兵運動を高く評価し、「亜州革命運動」の流れを期待をもって語っていた人物であった(拙稿「朝鮮における日本帝国主義批判の論理の形成――愛国啓蒙運動期における文明観の相克」『史潮』新二五号、一九八九年、七〇頁)。日本留学生の中では崔麟《チエリン》とともに「二八英雄」に数えられるほどの「英才」であったという(申佶求《シンギルグ》「韓人高等係刑事는 알고 있었다」『新東亜』第一〇一号、서울、一九九六年、二二二頁)。典型的な転向

人士・職業的親日分子と言えるが、一九二二年から翌年にかけて六回斎藤実に面会している(姜東鎮《カンドンジン》『日本の朝鮮支配政策史研究』東京大学出版会、一九七九年、一七二頁)。

(23) 前掲『普天教沿革史』上、三九～四二丁。

(24) 同右、五一丁。

(25) 『東亜日報』一九二五年一月一二日付「糞窖中蠢動하는 時局大同団①」。

(26) 大本七十年史編集委員会『大本七十年史』上巻(宗教法人大本、一九六四年)七六三～七六四頁。

(27) 前掲『普天教沿革史』上、四二～四三丁。

(28) 同右、四三～四四、四八～四九頁。前掲『普天教一般』八五～八六頁。『東亜日報』一九二五年一月一四日付録、一八日、二〇日、二二日、二六日、二月六日。

(29) 『東亜日報』一九二五年一月二〇日、三〇日、二月一六日、一四日、二〇日、三月一二日、一九日、二三日、三〇日、四月六日、八日、一〇日、一一日、一二日、一五日、三〇日、三〇日付録。

(30) 前掲『普天教一般』八六～八七頁。前掲『普天教沿革史』上、四五～四七丁。

(31) 前掲『普天教沿革史』上、四八～四九丁。『東亜日報』一九二五年二月一八日付「훔치教声討会」、同三月六日付「釜山普天声討後報」、同三月一二日付「警察、훔치를 擁護?」。

(32) 「済州真正院開院状況」(『普光』創刊号、京城、一九二三年)五七頁。

(33) 『東亜日報』一九二二年一二月二九日付「耽羅의 古国」、同一九二五年三月二日付録付「훔치教声討連盟」。『未開の宝庫済州島』(全羅南道済州島庁、一九二四年)四八頁。

(34) 『朝鮮日報』一九二五年二月一〇日付「普天教撲滅 徹底한 済州人士」、前掲「훔치教声討連盟」。

(35) 前掲「훔치教声討連盟」、『東亜日報』三月一三日付「훔치도가 悔改」、同三月一四日付「훔치続続脱教」、同三月三一日付「済州훔치撲滅運動後報」。

(36) 前掲『普天教沿革史』上、五〇～五一丁。

(37)『東亜日報』一九二六年一〇月二八日付「巡回探訪」。普天教撲滅運動は、普天教の親日行為に対してばかりではなく、迷信による「民衆欺瞞」への反発も契機としてあるが、普天教が多数いた済州島では、かねてより反普天教の機運があったようであり、一九二四年までに普天教徒は十数回にわたって検挙されている(前掲『未開の宝庫済州島』四八頁)。それゆえ済州島の普天教撲滅運動は、後者に大きく比重を置くものであったと考えられる。そうした事情が時局大同団の講演会の開催さえ阻止したのだと言えよう。当時の済州島における青年会運動の文化運動的性格を論じつつ、反普天教運動にも若干言及した論考として、藤永壮「植民地期・済州島の実力養成運動団体とその人員構成——一九二〇年代を中心に」(『大阪産業大学論集　社会科学編』一一三、一九九九年)参照。

(38) 前掲『普天教一般』八九〜九〇頁。

(39)『東亜日報』一九二五年五月一一日付「훔치 군 逃亡질」。

(40) 前掲『普天教沿革史』上、五三〜五六丁。

(41) 同右、五一丁。

(42) 李康五「普天教」(『韓国新興宗教総鑑』図書出版大興企劃、서울、一九九二年)二五五頁。

(43)『東亜日報』一九二五年五月一八日付「普天教에 有害運動은 絶対로 禁止方針」。

(44) 前掲『普天教一般』九三〜九五頁。

(45) 前掲『普天教沿革史』上、四四丁。

(46)『東亜日報』一九二五年一月一四日付録付「唾罵바든 講演」。

(47)『東亜日報』一九二五年一月二二日付「상투장이도 非難」。

(48) 前掲『普天教一般』九八〜一〇三頁。前掲『甑山教史』一五五頁。

(49) 前掲『普天教一般』一七四〜一七八頁。『洋村及外人事情一覧』(平安南道、一九二四年、学習院大学東洋文化研究所〈友邦協会〉所蔵)中に所載の普天教に関する文書、一三九〜一五五頁。後者は、題名が紛失しており、友邦協会が整理の際、誤って『洋村及外人事情一覧』とひと括りにしてしまった文書のようである。内容は『普天教一般』とよく似ており、同時期にやはり全羅北道警察部が調査したものではないかと思われる。本書ではもっぱら『普天教一般』を引用史料として示してきたが、この部分に関しては後者は、秘密文書「全北高秘第一一四一号」の写しを掲載しており、前者より詳しいので、ここに示しておくこととする。

(50) 前掲『普天教沿革史』上、六九～七〇丁。

(51) 前掲『普天教一般』一八八頁。

(52) 李康五前掲論文、二五二～二五三頁。

(53) 前掲『普天教沿革史』上、五一丁。洪凡草《ホンボムチョ》『汎甑山教史』(図書出版한누리、서울、一九八八年)一〇九頁。金洪喆《キムホンチョル》『韓国新宗教思想의 研究』(集文堂、서울、一九八九年)三〇八頁。

(54) 盧吉明《ノギルミョン》「日帝下의 甑山教運動」(『崇山朴吉真《パクキルジン》博士古希記念　韓国近代宗教思想史』裡里、一九八四年)一〇〇八頁。安厚相《アンフサン》「日帝下　普天教運動　上・下」(『남민』四・五、서울、一九九二・一九九五年)下、一五四頁。梁銀容《ヤンウニョン》「日帝의 종교정책에서 본 증산교」(『도조 강세 제一二六주년 기념 학술대강연회 발표논문집――日帝下 증산종단의 민족운동』甑山宗団連合会、礼山、一九九七年)一二九頁。

(55) 姜敦求《カンドンゴク》『韓国近代宗教와 民族主義』(集文堂、서울、一九九二年)一三四～一三七頁。

(56) 閔泳国《ミンヨングク》編『道訓』(普天教総正院典文司、発行地不詳、一九八六年)六五、七一、一三一、一三四頁。

(57) 車賤者《チャチョンジャ》「昌皮莫甚한 普天教의 末路」(『開闢』五四、京城、一九二四年)六五～六六頁。

(58) 前掲『普天教沿革史』上、六三～六四丁。前掲『普天教一般』一〇九～一三六‐九頁。

(59) 同右、六八～六九、七一丁。同右、一三七～一五〇‐四頁。

(60) 同右、六二、七二丁。同右、一一三～一一四頁。

(61) 前掲『普天教沿革史』上、六六～六八丁。前掲『甑山教史』一一七～一一九頁。『東亜日報』一九二七年二月一三日付「普天教新旧派百余名格闘」。

(62) 朝鮮総督府警務局編『朝鮮の治安状況　昭和五年版』(復刻、不二出版、一九八四年)七〇丁。

(63) 前掲『普天教沿革史』上、七一丁。
(64) 同右、七〇丁。
(65) 同右、下、二〜三丁。
(66) 崔玄植《チエヒョンシク》・崔箕南《チエギナム》・洪南基《ホンナムギ》共編『新編井邑郡誌』(無等教育出版、光州、一九五七年)四四三頁。
(67) 前掲『普天教沿革史』下、三丁。前掲『甑山教史』一二四頁。
(68) 前掲『普天教沿革史』下、三〜八丁。
(69) 同右、一〇丁。『朝鮮日報』一九二九年七月二日付「普天教徒四十名逮捕」。『東亜日報』一九二九年七月二四日付「〈天子剣〉을 筆頭로〈玉璽〉等証品発見」。
(70) 前掲『甑山教史』一八一〜一八二頁。前掲『汎甑山教史』一三一頁。
(71) 前掲『道訓』三六頁。
(72) 前掲『汎甑山教史』一三一頁。
(73) 李康五前掲論文、二八〇頁。
(74) 前掲『甑山教史』一八二頁。
(75) 前掲『汎甑山教史』一三六〜一四〇頁。
(76) 前掲『朝鮮の類似宗教』三一七〜三一八頁。
(77) 前掲『普天教沿革史』下、四八丁。
(78) 同右、一六〜一八丁。
(79) 前掲『汎甑山教史』一二一頁。
(80)『東亜日報』一九二九年七月一二日〜七月二四日付「伏魔殿을 차저서」。
(81) 前掲『汎甑山教史』一二五〜一二六頁。
(82)『東亜日報』一九二九年一一月二三日付「車天子차저갓든 七家族 家産만 蕩尽코 落胆帰郷」。

(83) 前掲『普天教一般』三九頁。
(84) 同右、一五九〜一六一頁。
(85) 村山智順『朝鮮の占卜と予言』(朝鮮総督府、一九三三年)五九三〜五九五頁。
(86) 前掲『普天教沿革史』下、一四〜一六、二一丁。
(87) 同右、三五〜三六丁。
(88) 同右、四〇〜四一、四九〜五六丁。
(89) 『東亜日報』一九三四年五月二三日付「흠치普天教徒들이 流言蜚語를 撒布」。
(90) 同右、一九三五年一二月一九日付「宗教類似団体에 鉄槌 筆頭普天教는 掃蕩」。
(91) 李英浩『普天教沿革史』続編(普天教協正院・総正院、発行地不詳、一九五八年)五、七〜一二丁。
(92) 前掲『新編井邑郡誌』四四三頁。
(93) 安厚相「普天教와 物産奨励運動」(『韓国民族運動史研究』一九、서울、一九九八年)三七三頁。
(94) 「仙道教徒の朝鮮独立運動事件」(『思想彙報』第二一号、朝鮮総督府高等法院検事局思想部、一九三九年)二四三〜二四四頁。
(95) 朝鮮総督府警務局「昭和一二年 第七三回帝国議会説明資料」(『朝鮮総督府 帝国議会説明資料』不二出版、一九九四年)第一巻、二九七頁。
(96) 「思想犯罪から観た最近の朝鮮在来類似宗教」(『思想彙報』第二二号、朝鮮総督府高等法院検事局思想部、一九四〇年)三〇〜三七頁。朝鮮総督府警務局編『最近に於ける朝鮮治安状況 昭和十三年』(復刻、巌南堂書店、一九七八年)六三〜六七頁。
(97) 朝鮮総督府警務局「昭和一六年一二月 第七九回帝国議会説明資料」(前掲『朝鮮総督府 帝国議会説明資料』)第六巻、六三頁。
(98) 「人道教主の不穏行動事件」(『思想彙報』第二五号、朝鮮総督府高等法院検事局思想部、一九四〇年)二二一頁。
(99) 「朝鮮重大視思想事件経過表」(同右、続刊、一九四三年)一〇頁。

(100) 同右、一三頁。
(101) 「山本淳玉外十五人判決文」(『日帝下社会運動史資料叢書』一一、高麗書林、서울、一九九二年)四八一～五二四頁。
(102) 前掲『甑山教史』三〇四～三一五頁。
(103) 姜萬吉〈高崎宗司訳〉『韓国現代史』(高麗書林、一九八五年、原著は同名で、創作과批評社、서울、一九八四年)五〇～五一頁。
(104) 朝鮮軍参謀部「昭和十一年前半期朝鮮思想運動概観」(宮田節子編『朝鮮思想運動概況』不二出版、一九九一年)三六頁。
(105) たとえば、宮田節子『朝鮮民衆と「皇民化」政策』(未来社、一九八五年)、姜徳相《カンドクサン》『朝鮮人学徒出陣』(岩波書店、一九九七年)など参照。

終章　民衆運動の伝統と現在

第一節　結　論

朝鮮後期に小農社会が成立すると、民衆はその安定のためにも士族への上昇を意図するようになり、身分制は動揺をきたし始めた。そして不遜にも民衆は、徐々に両班的規範や生活理念までも共有しようとしていく。ここに、士とは何であるかという問題が当時の思想家にも課せられ、士族と士の意味は分化し、普遍的「道」を実践しようとする者こそが士であるという概念が成立することになる。

こうした士概念の転換の中で、民衆宗教東学が誕生する。それは、神秘主義的に天人合一思想を説いて、後天開闢の世界に民衆を誘おうとするものであった。それ以前民衆は、王朝交代思想と結びついた『鄭鑑録』の世界に淡い解放の夢を抱いていた。真人の誕生によって、民衆には一挙に幸福がもたらされるという、朝鮮的な終末思想である。真人のみがこの世の改造者であるがゆえに、それは民衆個々人を変革主体と捉える思想ではなかった。それに対して東学は、神秘主義的な天人合一思想を説くことで民衆を総体として士と把握し、さらには真人と見なそうとしたのである。実のところ東学の創始者崔済愚《チエジエウ》は、神秘主義の一方で内省主義を説き、むしろそれこそを教徒に強要していき、結局は民衆を変革主体とは捉えなかった。しかし東学の創建は、朝鮮において民衆の変革主体意識が成立する前提条件となるものであったと言える。

開国前夜に南朝鮮全域を襲った壬戌民乱は、まさに民衆が、東学に表象されるような変革主体意識を形成し始めることによって可能となった騒擾である。そこでは民衆は、共同体的世界と自らの固有の文化を起点に自律的に運動を展開した。ただし、民衆が思い描くあるべき士像を士族層に託すことによって、運動がなされた点も重要である。士族の側もそうした民衆の期待に応えようとしたし、また民衆の中にも自ら士たらんとする者も現れた。そこには、徳望家的秩序観なるものの所在を確認することができる。徳望家的秩序観が国家大に拡大された時、最も期待されるべき人物が国王であり、壬戌民乱には国王幻想も色濃く反映されていた。

以後民乱の時代となるが、それは開国後に本格化する。一八八五年の原州民乱の事例を見てみると、世界資本主義に包摂された開国後の状況が反映され、食糧暴動的様相も見られる。端的に言って原州民乱は、徳望家的秩序観に訴えて社会正義と平均主義を実現していこうとする闘いであった。またそこでは、民衆は常に騒擾過程をリードしたが、士族はあるべき士像をめぐって葛藤し、指導者になるよう強要されていることが特徴的事態となっている。

こうしてあるべき士像は、社会に蔓延していき、甲午農民戦争では、文字通りの士人であるにせよ民衆であるにせよ、まさに士意識を持って反乱に立ち上がることになる。それには、異端東学の形成が重要な契機としてある。東学は第二代教祖崔時亨《チエシヒヨン》の下で、一層内省主義を深め、彼は朝鮮において通俗道徳を成立せしめる重要な歴史的役割を果たすと同時に、東学の正統思想をも成立せしめる。しかし他方でそれは、変革主体意識を民衆から抜き取ることを意味するものでもあった。それに対し、徐璋玉《ソジヤンオク》や全琫準《チヨンボンジユン》ら南接と名乗る異端勢力は、東学の神秘主義的解釈を一層推し進め、天人合一が他力本願的に可能だとした。ここに神秘主義は東学を信仰する者すべてに開放され、それゆえに民衆は総体として、士あるいは真人＝変革主体と把握されることになる。端的に言えば、士とは民本と勤王を内容としているのだが、農民軍はまさに民本の論理を国王幻想のうちに訴えようとしたのだと言える。それは「一君万民」

の儒教的ユートピアを思い描くものであり、ユートピア的である点で、民衆のナショナリズムは始源的であった。同じくユートピア的でありながらも、全琫準ら指導者は政治力の国家的集中を意図していたという点で前期的ナショナリズムの範疇で捉えることができ、士意識はナショナリズムの在り方をめぐって分化していたと言うこともできる。しかしいずれにせよ、世はまさに士意識高揚の時代を迎えることになった。主観的には反農民軍や政府の高官さえ、民本と勤王の思想に生きていた。

大韓帝国期には実にさまざまな民衆運動が起きるのだが、それはこうした士意識の高揚を背景に可能になるものであった。元賤民の李在守《イジェス》が指導者になった一九〇一年の済州島の民乱は、まさにその典型である。また、新旧士族の抗争である城津民乱は、一般民衆にも士たる者の本質を改めて厳しく認知させる騒擾であった。こうした世相を反映してか、金允植《キムユンシク》などの開化政治家も、民衆を総体として士と捉える視点を持ち始めることになる。

一九〇〇年代南朝鮮一帯を席巻した活貧党をはじめとする義賊の集団もまた、士としての自覚を持っていたことにこそは、民衆の変革主体意識の様相が端的に見てとれるであろう。彼らは本来最底辺に位置する民衆であったが、現実における官僚・士族の堕落と不正義の盛行、そして国家的危機を認知する中で、主観的には自身らこそを士と位置づけ、転倒した正義感を持とうとした。しかし彼らも士意識を持つ以上、民本のみならず、勤皇(勤王)の論理を持っており、皇帝(国王)幻想を持ってユートピア的思想を提示している。そして一般の民衆もまた、そうした義賊を恐れながらも、反面彼らに真の士としてのイメージを重ね合わせようとするのであった。

こうして大韓帝国期、士意識はさらに拡散し、多くの民衆の心に宿ることになるのだが、しかし当該期は同時に、民衆運動が上からの「一君万民」の論理＝皇帝独裁を意図する大韓帝国と、植民地化を推し進めようとする日本によって、ねじ伏せられようとする時期でもあった。異端東学のような存在も、ほぼ消滅してしまった。ここに大韓帝国末期、士意識は暴力的に後退を余儀なくされ、民衆はやがて苛酷な武断政治のもとに閉塞状況に追いやられることになる。当時最も代表的な民衆宗教であった東学の後身天道教の教理は、士意識をますます後退化させていくものであり、民衆は一層変革主体としては捉えがたくなっていった。

しばしの沈黙の後に、かつての皇帝幻想を梃子に民衆的大蜂起として展開された闘争が三・一運動であった。ここでは独立宣言署名者をはじめとする有力知識人は、愚民観にとらわれていたがゆえに指導を放棄し、徹底した外勢依存という方法を選び取ろうとした。運動に立ち上がった地方の知識人もまた、基本的にはそうであった。一方民衆の運動は、農村地帯であればあるほど自律的に展開され、民乱の伝統的な手法を継承して一面激烈に展開された。しかし、強大な軍事力を前にして、士意識は再び覚醒したかに見えながら、なおまどろんでいた。民衆は「独立万歳」の高唱の中で、今さらながらに朝鮮民族の一体感を享受し、それまでの激憤をぶつけたが、それには祝祭的雰囲気も随伴していた。民衆もまた他律的な解放願望を持っており、それゆえその解放(変革)主体意識は希薄であったのである。

しかし民衆の解放願望は根強く、彼らは決して絶望することはない。面従腹背していくに過ぎない。こうした中で民衆の心を再び捉えたのが、『鄭鑑録』＝真人思想である。民衆は皇帝幻想に代位するものとして、それへの期待を膨らませていく。ここに、真人思想に基づく終末思想的な新興宗教が数多誕生することになるのである。東学系教団では表面的には通俗的道徳を説きながらも、裏教義では真人誕生による朝鮮解放を説くのが一般的であった。農村振興運動の展開の中で、こうした教団は圧殺されるのだが、しかし以降も東学系以外の教団も含め、地下に潜伏しての布教活動＝「神経戦」はおそらく解放の時まで引き続いていく。中には民衆の願望に詐術的に応える教団もあったが、民衆は他律的な力を信じつつ、解放の日を迎える準備を密かにし続けるのである。それに対し近代的宗教となった天道教などは、民族運動を展開しつつも、その一部は終始妥協的であったし、また農村振興運動以降は総督府に屈服し、やがて転向を表明して皇民化に協力することで公認宗教としての位置を保っていくことになる。

実は、植民地期終末論的な民族運動＝「神経戦」を最も執拗に展開したのは、東学系以上に甑山教系の普天教であった。教主車京石《チャギョンソク》は、確固不動の強烈なナショナリズムを持っていたわけではない。一時は親日に転回することによって、公認宗教としての社会的位置を確立しようとしたこともあった。それでも解放を夢見る民衆は、宗教的支配者を目指したに過ぎない彼に過大な幻想を抱いていた。それゆえ普天教は、依然として総督府から危険視されたが、近代啓蒙主義的な都市知識人社会からも邪教として非難を浴びた。そして、新興宗教中まずもって苛酷な弾圧を被る教団となる。しかしそれ以降も、多くの弱小教団が生み出され、やはり終末思想と民族解放を結びつけた秘密布教を行っていく。民衆にとって解放は、植民地期見果てぬ開闢としてあり、それへの願望は民衆の心性を終始一貫支配し続けたのである。

本書の内容は、およそ以上のように整理される。開国前夜から解放までの一〇〇年近くに及ぶ民衆の運動は、民乱・農民戦争・義賊・独立運動・宗教運動という実に広範な領域にわたるものであった。誤解を恐れないで言えば、この五種の民衆運動はほぼ継起して特徴的に現れてきているように思われる。東学の宗教活動は民乱時代の開幕とともに始まりはするが、数多の新興宗教が最も旺盛に活動したのは、植民地期である。また、民乱は甲午農民戦争後にも依然として活発ではあるが、一九〇〇年代初頭の民衆思想は、もちろん民乱を通じても重要な一面が知り得るにせよ、むしろ義賊の活動を通じての方が特徴的に示唆される。大筋としては、農民戦争を絶頂とし、閉塞状況の漸次的進行につれて民衆の運動は、実力による闘争から解放に向けての執拗な夢想＝「神経戦」へ、という方向をたどっていったものと考えてよい。そしてそれは、民衆における士意識の浮沈の歴史であったとも言うことができるであろう。

では、解放を迎えた時、士意識を心の底に長らく押し込めてしまっていた民衆は、いかなる対応をなすのであろうか。一九四五年から四六年にかけて朝鮮全土には、農民を主体にして人民委員会なるものが自然発生的に作られ、南朝鮮では半数以上の郡が人民委員会の統治下に置かれた。人民委員会について詳細に考察しているブルース・カミングスは、その勢力の強弱を赤色農民組合の伝統との相関において捉えようとしている。(1)しかしこれは、より本質的には朝鮮農民の自律的な自治伝統の系譜上に捉えられるべきものであり、甲午農民戦争の際に設置された農民軍自治機構である都所の伝統を継承するものであったように思われる。いずれにせよ、植民地末期に至るまで終末思想に仮託して解放の日を待ち望み、密かにその日のために心づもりをしていた民衆は、たとえ知識人の指導があったにせよ、迅速に対応することができたという点が重要である。

そして、一九四六年の秋から冬にかけて民衆は、米価急騰による生活苦を背景に、慶尚南北道と全羅南道を中心に多くの地域で連鎖的な大暴動を展開する。いわゆる十月人民蜂起であるが、これは壬戌民乱、甲午農民戦争、三・一運動の大民衆蜂起の伝統を踏襲するものであった。結局それは暴動という範疇を出ないものであったにせよ、抑圧せしめられていた民衆の変革主体意識が一挙に噴出したものであったと言えよう。いわば、士意識の再覚醒である。民衆は、三・一運動の時とは違い、祝祭的雰囲気を乗り越え、人民委員会の活動を背景に新しい国の建設に主体的に関与しようとしたのである。民衆は伝統的な民乱の作法を踏まえつつ、警察官のほかに、郡守や地主、そしてその手先たちを襲った。民衆側の死者は一〇〇〇名ほどで三・一運動をはるかに下回るが、殺害した警官は二〇〇名以上であり、(2)逆に三・一運動をはるかに凌駕している。権力との対峙意識において、十月人民抗争は三・一運動を超えるものであり、それは再生された民衆の主体=士意識の反映であったと言うことができる。

第二節　ナショナリズムと政治文化

本書もようやく終点にたどり着いた。最後に、特に植民地期の状況を踏まえつつ、もう一度ナショナリズムの問題に言及し、かつ今日の政治文化の問題にも触れて、本書を終えることとしたい。

現在、朝鮮近代史の研究潮流に「植民地近代化論」なるものと「収奪論」なるものがある。前者は、植民地という不利な状況の中でも、日本が行う抑圧や収奪をともなう近代化政策に朝鮮人は主体的に対応して、今日の経済発展の基礎を築いたとする議論である。安秉直《アンビョンジク》が代表的な論者である(3)。後者は、逆に日本の植民地支配は、政治・経済・文化のあらゆる分野で収奪のみを行い、朝鮮の近代化を阻止したとするものである。慎鏞廈《シンヨンハ》が代表的な論者である(4)。この論争とその問題性については並木真人が要領よくまとめているが(5)、ここでは民衆史的見地に立った場合、両者ともに問題のある論理だということを指摘しておきたい。

本書の論旨から分かるように、圧倒的多数の民衆は近代の外にいてその論理を傲慢に押しつけられていた。「植民地近代化論」にせよ「収奪論」にせよ、近代という到達点から植民地期を評価する点では同じである。民衆的地平から見れば、彼らは本源的蓄積過程において絶えず土地から流離する危険にされされていたばかりではなく、総督府権力からも朝鮮知識人からも愚昧視される存在であったと言うことができる。安丸良夫が指摘するように、近代化とは民俗文化を、「文明と秩序の対極として「分割」し啓蒙的に抑圧してゆく過程」にほかならないのだが(6)、それは朝鮮においても同様である。近代化過程において民衆が収奪され、その文化も剝ぎ取られていくのは普遍的現象である。近代化過程と植民地過程が同時に進行する地域においては、民衆はなおさら苛酷な状況にさらされるであろう。近代化の「恩恵」に容易に浴することができない朝鮮民衆は、総督府の政策も知識人の啓蒙も従順には受け付けず、ますます土俗的な文化や信仰のうちに閉じこもる中で、苦難に立ち向かいつつ、解放願望を募らせていくしかない。

ここにおいて民衆もまた、外圧に対応してナショナリズムを自律的に形成しながらも、それは知識人のナショナリズムと結びつくことは容易にできなかったと言うことができる。知識人のナショナリズムは、近代的価値を共有する一面があるがゆえに、帝国主義の近代的論理に巻き込まれる危険性を持ち、それこそがそのナショナリズムの陥穽であった。しかも民衆を見る近代文明的視点においても、帝国主義と知識人の眼差しはどれほども異なるところがなく、ある種の共犯関係が成立している。こうして民衆のナショナリズムは挟撃され、植民地のナショナリズムは知識人と民衆の間で引き裂かれるのである。

知識人のナショナリズムが近代的であるとすれば、民衆のナショナリズムは始源的と捉えることができるのだが、しかしそれは単純な段階論ではない。民衆は自律的に始源的ナショナリズムを獲得するが、しかしそれは自律的には近代的ナショナリズムにはなり得ない。E・J・ホブズボームは、プロト・ナショナリズムがナショナリズムの課題を容易にすることがあるにせよ、両者は不連続であることを指摘している。(7) 民衆の始源的ナショナリズムは近代国家や知識人に否定され、時に暴力的に近代的ナショナリズムを押しつけられる。林志弦《イムジヒョン》は、近現代においては民族が民衆を専有するという興味深い示唆を投げかけているが、(8) その通りであるにせよ、民衆は客体としてのみ語られてはならない。朝鮮近代史における彼の議論は、日本の国民国家論に対応するものであるが、抵抗と闘争の主体としてのみ語られる民衆像を否定するあまりに、「下から歴史を考える」という視座が弱いものとなっている。民衆は生活主義をベースに、彼らなりに主体的に民族を専有すべく、必死の運動と思想的営為をなしたにもかかわらず、権力と啓蒙主義によってその営為の転倒を強いられるということが強調されなければならない。

解放後において民衆ナショナリズムは、一挙に奔流しつつも、その未整序な奔流は南北の国家権力によって上から制御されるが、それは具体的には民衆運動の弾圧と権力的な啓蒙とを通じてなされた。とりわけ南の状況は際立っていたように思われる。民衆運動の弾圧という問題に限って言えば、十月人民抗争以後にも南朝鮮では民衆運動が高揚し続け、一九四八年にはついに済州島四・三蜂起が起きる。四・三蜂起は、統一した民族国家を志向して南だけの単独選挙に反対したものだが、その基底には民衆の生存権に関わる問題があり、民衆は共産主義者を自らの生存を保障してくれる者たちと見なしていたのだと推察される。数万人が殺害されたこの事件は、イデオロギー的側面だけでは捉え切れないのではないであろうか。国民国家が形成される過程において、まさに生活安定願望に根を持つ民衆ナショナリズムが、無惨に弾圧されなければならない典型的悲劇ではなかったかと考える。

結局近代的ナショナリズムは、アイデンティティの共有を強いる多くの民衆に民族的であることが最も幸福なことであると訴えつつ、その実は反民衆的な態度をとることになる。ここにナショナリズムのアポリアがある。民衆的な方向を重視すれば国家は弱まり、国家的な方向を重視すれば民衆は疎外される。しかし、抑圧された民族は救済されなければならない。朝鮮においてこのアポリアに先駆的に気づいたのは、申采浩《シンチェホ》である。

彼は愛国啓蒙運動期、朱子学的な伝統の根強い朝鮮にあって、政治と道徳を分離する作業を通じて強権主義＝国家主義の定立を目指した。しかし、国家の強権を肯定する論理からは日本帝国主義を批判できないことを悟った彼は、三・一運動以降ドラスティックにも無政府主義に転ずる中で国家主義と決別し、日本帝国主義との対決を目指していく。しかも儒教的教養の豊かな彼は、帝国主義のみならず国家の強権一般に対抗する抵抗主体・変革主体としての民衆を発見することによって士から民への自己規定の転回をなし遂げ、全琫準もなし得なかった愚民観を克服した。もちろん彼は、民族と最後まで決別しはしない。ここでは詳論する余裕はないが、彼の苦闘は、民衆的な立場から民族を捉えようとする思想的営為であり、民衆的地平に立つことによって、ナショナリズムを開かれたものにしようとしたのだと言える。(9)

一八世紀以来士とはいかにあらねばならないかという設問は、朝鮮の知識人が常に念頭に置いておかなければならない自問であった。申采浩の思想的営為は、それへの最も革新的な回答であったと言うことができよう。確かに彼の民衆観は、果敢な闘いを宿命づけられていると捉える点で、なお知識人の高みからする理念的性格を完全には拭いきれないものであったが、それは朝鮮政治思想史上における民衆観転換の画期をなすものであったことは間違いない。

ところが申采浩の思想は、南北に直接的に継承されることはなかった。北半部の社会主義国家では、民衆の願望を革新的に汲み上げることをせずに、植民地期までに形成された素朴な民衆の願望に乗じる形で、大韓帝国においても果たせたとは言えない「一君万民」体制を完成させてしまった。そして民衆は、その背信に遭うのだということは、別著ですでに指摘したところである。(10) 北朝鮮では「全人民のインテリ化」ということが言われるが、それはまさに朴《パク》珪寿《キュス》が切り開こうとした「全人民の総士化」の方向の到達点であるかに見える。ところが、現実には愚民化がなお進行している。

一方南半部でも、民衆の願望としてあった徳望家的秩序観が継承されている。権威主義体制の成立はそのことを示唆するものである。このことについても別著で言及したところだが、(11) 森山茂徳によれば、韓国においても「一君万民」の理念が李《イ》承晩《スンマン》政権のもとで再生されたという。(12) 李承晩は、民衆が平等化・平準化されることを理想として掲げて「一民主義」を唱えたが、それは実は、中間の階層や組織を介さずに「国父」にして「君」たる李承晩に民衆が直接に従う家父長的権威主義体制そのものであったというのである。しかし、長い民主化闘争の末に韓国は、ようやく自前の民主主義を成長発展させつつあるように見える。それは、朝鮮後期以来の伝統の脈絡において捉えられるものであり、いわば「士」民主主義とも言うべきもののように思われる。民衆総体が士になろうとすることによって、維持発展していく民主主義である。士意識を持つにせよ持たないにせよ、士とは朝鮮民衆にとって理想的人間像であり、その意識が強まった時、民衆運動は高揚した。その意識が消沈した時でも、民衆は自らが士となるべきユートピアを思い描きつつ解放願望を募らせ、面従腹背をもって無言の抵抗をし、そしてその封じ込められた士意識はある時一挙に噴出した。今日における韓国の民主主義的様相は、まさにそうした民衆意識に規定された運動の結果なのである。

しかしこの民主主義は、一面危うさをともなっているやもしれない。森山茂徳はこのことについても、「平等主義は権威主義を弱化させる反面、上昇志向を激化させ、さらに上昇した個人の権威主義を強化させる可能性をもつ」(13)と示唆しているが、ここでいう上昇というのはまさに士の問題として考えることができる。士意識ないし士への願望は、確かに変革意識の基底をなすものであったが、変革の目的が達せられた際には、この意識は社会の発展にとって桎梏となる可能性もあるということである。現実問題としてはみなが士への上昇を図ろうとして競争を激化させれば、上昇した個人は権威主義の主体に堕していく危惧もなしとはしないであろう。言うまでもなく、権威主義の蔓延は、権威の階層化を生み出さずにはおかず、独裁権力を胚胎する温床ともなる。民主主義の一層の発展にとって、士意識の内実が問われる時代が到来してきたように思われる。

かくして士とは何かという問題は、現在においても南北の政治体制や朝鮮民衆に関わる問題であり、決して過去の問題ではない。朝鮮の民衆運動は、民族運動や民主化運動も含め、士意識の浮沈のうちに展開されてきたが、それは今後の政治運動や市民運動をもどこかで規定し続けていくであろう。申采浩が出した結論は、民は士たらねばならないという命題を棄てて、逆に士は民たらねばならないという命題を設定することであったが、士＝知識人をめぐる葛藤は、知識人のみならず、一般民衆も含めて、今後も続いていくに違いない。

(1) ブルース・カミングス〈鄭敬謨《チョンギョンモ》・加地永都子訳〉『朝鮮戦争の起源』第二巻(影書房、一九九一年)第九章。
(2) 同右、五七五頁。
(3) 安秉直「한국 근현대사 연구의 새로운 패러다임――경제사를 중심으로」(『創作과批評』九八、서울、一九九七年)。
(4) 慎鏞廈「〈식민지근대화론〉 재정립 시도에 대한 비판」(同右)。
(5) 並木真人「植民地期朝鮮政治・社会史研究に関する試論」(『朝鮮文化研究』第六号、一九九九年)。
(6) 安丸良夫「民衆運動における「近代」」(『民衆運動』〈日本近代思想大系二一〉岩波書店、一九八九年)五〇〇頁。
(7) E・J・ホブズボーム〈浜林正夫・嶋田耕也・庄司信訳〉『ナショナリズムの歴史と現在』(大月書店、二〇〇一年)九六～九八頁。
(8) 林志弦「朝鮮半島の民族主義と権力の言説――比較史的問題提起」(『現代思想』第二八巻第七号、二〇〇〇年)。
(9) 拙稿「金玉均から申采浩へ――朝鮮における国家主義の形成と転回」(歴史学研究会編『講座　世界史』七、東京大学出版会、一九九六年)。
(10) 拙著『異端の民衆反乱――東学と甲午農民戦争』(岩波書店、一九九八年)四三一～四三二頁。
(11) 同右、四三三頁。
(12) 森山茂徳『韓国現代政治』(東京大学出版会、一九九八年)六〇頁。
(13) 同右、二三四～二三五頁。

あとがき

本書は、前著『異端の民衆反乱――東学と甲午農民戦争』（岩波書店、一九九八年）の発表後まもなくして構想するようになったものである。前著では、東学の正統と異端の所在を確認して甲午農民戦争の全貌を描くことに最大の課題を設定した。しかし、言うまでもないことながら、東学の誕生と甲午農民戦争の惹起がたとえ朝鮮民衆史上の画期をなすものであったにせよ、それだけをもって近代朝鮮民衆の思想と運動が語られ得るわけではない。近代の朝鮮民衆は、実にさまざまな思想的営為と運動を自律的に展開していたことが認識されなければならない。前著執筆後やや疲れを覚えはしたが、やむなく新たな構想と執筆に取り組んだゆえんである。

とはいえ本書は、前著のように一挙に書き下ろしたというものではない。各章の初出状況を示せば、以下の通りである。

序　章　書き下ろし

第一章　第一節は書き下ろし。第二節は「朝鮮における実学から開化への思想的転回――朴珪寿を中心に」（『歴史学研究』第六七八号、一九九五年）の一部を加筆したもの。第三節は「朝鮮の終末思想＝『鄭鑑録』と東学――植民地期を中心に」（『歴史学研究』第七二四号、一九九九年、のち加筆修正して「朝鮮の終末思想――『鄭鑑録』と植民地期の東学」と題して歴史学研究会編『再生する終末思想』青木書店、二〇〇〇年、に発表）の一部を修正したもの。

第二章　「開国前夜における朝鮮の民乱——壬戌民乱の歴史的性格」（深谷克己編『民衆運動史——近世から近代』五、青木書店、二〇〇〇年）を加筆したもの。

第三章　「李朝末期の民乱——原州民乱（一八八五年）の事例から」（『朝鮮史研究会論文集』第三三集、一九九五年）の一部を削除して加筆したもの。

第四章　書き下ろし。

第五章　第一節と第二節は書き下ろし。第三節は「大韓帝国期の民衆運動」（『歴史学研究』第六七七号、一九九五年）の一部を加筆したもの。第四節は「金允植における民衆観の相克」（『アジア史研究』第一一号、中央大学、一九八七年）の一部を修正したもの。

第六章　「朝鮮の義賊——活貧党の世界を中心に」（『東洋文化研究』第一号、学習院大学東洋文化研究所、一九九九年）を修正したもの。

第七章　書き下ろし。

第八章　前掲「朝鮮の終末思想＝『鄭鑑録』と東学——植民地期を中心に」を加筆したもの。

第九章・第一〇章　「植民地朝鮮における新興宗教の展開と民衆——普天教の抗日と親日　上・下」（『思想』第九二一号、第九二二号、二〇〇一年）を修正したもの。

終　章　書き下ろし。

見てのように、書き下ろしの部分を含んではいるが、全体の構想を思い描きつつ少しずつ発表した論考や、構想以前に書いたものもベースとしている。ただし、全体の問題意識や論旨の展開を一貫したものにするために、多くの修正や加筆を行っている。全体としては四割ほどは新たに筆を入れたものになったのではないかと思う。

史料のなかの民衆は多くを語らない。彼らのほとんどは、書き記すことを知らないし、また自らの考えや気持ちを表現することにも長けていないからである。それに対して知識人は、実に饒舌に自らを語る。時に自らを正当化し、また自らの後ろめたさを自己弁護し、それを他者や後世に伝えようとする。彼らの発言だけを真に受けて民衆史を語ることは許されない。しかし、民衆史を描こうとする私たちの作業は、往々にしてそうした知識人が記したものを通じてなされるしかない。それはもどかしくもあるが、やりがいのある作業でもある。民衆史を語ろうとすることは、知識人を語る作業にも通じる。非識字者がほとんどいない今日の状況にあっては、現代人一般を語ることにも通じるし、何よりもおのれ自身(知識人の端くれ)を振り返る作業となる。そして、国家にとらわれる以前の民衆の姿を知ることは、国民国家の在り方を考えることにも連なっていかざるを得ない。要するに、近代のみならず現代という時代を相対化する上において、民衆史の持つ意味はとてつもなく大きい。

今回も書き終えて、なお釈然としないものがある。美化もせず貶めもしない等身大の民衆像を追い求めつつ、やはり判然としないものが残る。今は、忌憚のない批判を待つばかりである。

本書の出版に当たっては、前回同様、『世界』編集部の馬場公彦氏のお世話になった。今回も紙幅の予定枚数を大幅に超えてしまったが、氏は気持ちよく出版の労をとってくれ、忙しいなか貴重なアドバイスもしてくれた。感謝にたえない。義賊の問題については、歴史研究者として大先輩である同僚の南塚信吾氏に刺激を受けた。東欧で開かれた国際シンポジウムに二度にわたって連れて行っていただいた経験も、本書になにがしかの影響を与えているように思える。また、同じく同僚の山田賢氏には、終末思想を考える契機を与えていただいた。さらに、安西邦夫・深谷克己両氏を共同代表とするアジア民衆史研究会の方々とは折に触れ語り合った。とりわけ須田努・中島久人両氏とは、他の小さな研究会でもともに語り合うことがあり、大変刺激になった。以上の方々に心より感謝申し上げる。

本書は、史料・文献についても、多くの方のご支援をいただいている。故田川孝三氏をはじめ、円光大学校梁銀容氏、円仏教大学校朴孟洙氏、全北大学校河宇鳳氏、歴史問題研究所尹海東氏、富岡八幡宮宮司富岡興永氏、京都府立大学(四月着任)川瀬貴也氏、滋賀県立大学(四月着任)河かおる氏の方々である。厚くお礼申し上げたい。また、京都大学の水野直樹氏には、種々のアドバイスをいただいた。感謝にたえない。さらに、明治大学大学院博士課程の小川原宏幸氏には、校正のご協力をいただいた。歴史研究者の見地からする実に丁寧な校正には感心させられた。深く感謝する。

昨日、千葉大学の卒業式があった。卒業生のなかに、植民地期朝鮮の民衆史を卒論のテーマに選んで格闘した神田勇一君がいる。彼はこの四月より晴れて社会人となる。ここ数年間同じテーマを追求する者同士として、彼とは朝鮮や民衆について実にさまざまに語り合った。時に、近世日本人の朝鮮観を卒論のテーマに選んだ鈴木文さんをまじえての議論は楽しかった。両人とも大変優れた卒論を書いたが、鈴木さんの場合はその成果を糧に進学することが決まっている。彼らとの出会いは本書の構想を開始するのとほとんど同時期であった。今思えばあっという間のことであった。最後に、新しい世界に旅立とうとする彼らに、月並みだが「頑張れ」という言葉を贈らせてもらうとともに、本書の執筆を卒業したとはいえ、まだ業半ばにも達しない自身への励ましの言葉としたい。

二〇〇二年三月二三日

趙　景　達

■岩波オンデマンドブックス■

朝鮮民衆運動の展開——士の論理と救済思想

2002年5月28日 第1刷発行
2018年6月12日 オンデマンド版発行

著　者　趙《チョ》 景達《キョンダル》

発行者　岡本 厚

発行所　株式会社 岩波書店
〒101-8002 東京都千代田区一ツ橋 2-5-5
電話案内 03-5210-4000
http://www.iwanami.co.jp/

印刷／製本・法令印刷

ISBN 978-4-00-730764-5　　Printed in Japan

人名索引

朝鮮・中国の人名は日本語漢字音で読み，五十音順に配列した．

サ 行

タ 行

マ　行

ヤ　行

ラ　行

ワ　行